Gerke · Bankrisiken und Bankrecht

Bankrisiken und Bankrecht

Herausgegeben von
Wolfgang Gerke

Mit Beiträgen von
Karl-Heinz Berger · Hartmut Bieg
Michael Bitz · Wolfgang Gerke · Rosemarie Kolbeck
Hans Peter Möller · Henner Schierenbeck · Bettina Schiller
Manfred A. Schöner · Joachim Süchting

Fritz Philipp zum 60. Geburtstag

GABLER

CIP-Titelaufnahme der Deutschen Bibliothek

Bankrisiken und Bankrecht: Fritz Philipp zum 60. Geburtstag/
hrsg. von Wolfgang Gerke. – Wiesbaden: Gabler, 1988
ISBN 3-409-14821-3
NE: Gerke, Wolfgang [Hrsg.]; Philipp, Fritz: Festschrift

Der Gabler Verlag ist ein Unternehmen der Verlagsgruppe Bertelsmann

© Betriebswirtschaftlicher Verlag Dr. Th. Gabler GmbH, Wiesbaden 1988
Lektorat: Ute Arentzen

Das Werk einschließlich aller seiner Teile ist urheberrechtlich geschützt. Jede Verwertung außerhalb der engen Grenzen des Urheberrechtsgesetzes ist ohne Zustimmung des Verlags unzulässig und strafbar. Das gilt insbesondere für Vervielfältigungen, Übersetzungen, Mikroverfilmungen und die Einspeicherung und Verarbeitung in elektronischen Systemen.

Satz: Satzstudio RESchulz, Dreieich-Buchschlag
Druck: Wilhelm & Adam, Werbe- und Verlagsdruck GmbH, Heusenstamm
Buchbinder: W. Osswald & Co., Neustadt/Weinstr.
Printed in Germany

ISBN 3-409-14821-3

Vorwort

Zehn Bankwissenschaftler(innen) widmen die aus ihren persönlichen Forschungsschwerpunkten zu Fragen der Bankrisiken und des Bankrechts verfaßten Beiträge ihrem an der Universität Mannheim seit 1966 als ordentlicher Professor lehrendem Kollegen Dr. Fritz Philipp, der am 2.11.1927 in Glashütte-Erzgebirge geboren wurde, zum 60. Geburtstag. Die Aufsätze stehen dabei unter einem Schwerpunktthema, dem Fritz Philipp seit Jahren seine besondere Aufmerksamkeit gewidmet hat. Zur bankaufsichtsrechtlichen Begrenzung des Risikopotentials von Kreditinstituten hat eine Professoren-Arbeitsgruppe unter seinem Vorsitz 1987 ein Verfahren erarbeitet, das die wichtigsten Risikoarten in eine einzige, umfassende Risikobegrenzungsnorm für Kreditinstitute einbezieht[1]. Die Komissionsarbeit wurde dabei nachdrücklich durch Fritz Philipp geprägt, dessen grundsätzliche Arbeiten über Risiko und Risikopolitik[2] ihn dafür prädestinierten, als Moderator und Mitgestalter die kollegiale Vielfalt an Vorschlägen zu bankaufsichtlichen Risikobegrenzungsnormen in einem einheitlichen Konzept zu vereinen.

Bankrisiken können aus sehr verschiedenen Unternehmensbereichen resultieren. Gerade diese Risikenvielfalt, die durch die unterschiedlichen Interessenschwerpunkte der verschiedenen Autoren in diesem Buch besonders gut zum Ausdruck kommt, stellt den Gesetzgeber bei der Abfassung des Bankrechts immer wieder vor große Probleme. Um die Komplexität der verschiedenen Bankrisiken in den Griff zu bekommen, bräuchte der Gesetzgeber ein entscheidungs- und risikotheoretisches Instrumentarium, anhand dessen er die verschiedenen Risikoarten systematisieren und reglementieren kann. Die modelltheoretischen Überlegungen zu bankaufsichtsrechtlichen Normen von Bitz stellen ein derartiges globales Konzept zur Erfassung von Bankrisiken dar: ein Konzept, das sich bei der Erfassung der konkreten Einzelrisiken bewähren muß. Solchen Einzelrisiken widmet Schierenbeck seine Aufmerksamkeit im Bereich der in den letzten Jahren ständig gestiegenen Ausfall- und Zinsänderungsrisiken, während Berger Einzelrisiken von internationaler Brisanz untersucht, indem er Vorschläge zur Berücksichtigung der stark gestiegenen Länderrisiken entwickelt. Einen ganz anderen Bezug zum Schutz vor Bankrisiken haben Maßnahmen zur Kenntlichmachung von Gefahren, denen die Kreditinstitute ausgesetzt sein könnten, durch die externe Rechnungslegung. Süchting greift hierzu die seit Jahrzehnten stark umstrittene Frage nach der gläubigerschützenden oder -täuschenden Wirkung der bankbetrieblichen Bildung von stillen Reserven auf, während Bieg sich mit Fragen der Bilanzierung von Beteiligungspositionen der Kreditinstitute beschäftigt. Aus der Kombination verschiedener Einzelrisiken gestaltbaren Gesamtrisiken geht Möller mit seinem Beitrag nach, der die kapitalmarktorientierte Portefeuillepolitik auf die Anlagepolitik der Kredit-

---

[1] Philipp, Fritz et al.: Zur bankaufsichtsrechtlichen Begrenzung des Risikopotentials von Kreditinstituten, in: Die Betriebswirtschaft, Heft 3, 1987, S. 285–302.
[2] Genannt seien hier vor allem Philipp, Fritz: Risiko und Risikopolitik, Stuttgart 1967 und Philipp, Fritz: Risiko und Risikopolitik in: Grochla, Erwin et al. (Hrsg.): Handwörterbuch der Betriebswirtschaft, 4. Auflage, Stuttgart 1976, Sp. 3453–3460.

institute überträgt. Ganz neue, bisher wenig banktypische Risiken können den Kreditinstituten aus ihrer Tendenz zur verstärkten Ausweitung ihres Leistungsangebotes entstehen. Die Analyse und Ursachenermittlung dieser Risiken liefert der Beitrag von Frau Schiller. Neben den Geschäftsrisiken und Risiken aus neuen Technologien sowie Organisationsstrukturen sind für das Kreditgewerbe auch die speziellen Risiken bestimmter Institutsgruppen von besonderer Bedeutung. Frau Kolbeck richtet deshalb ihre Aufmerksamkeit auf die Risikobegrenzungsnormen des Hypothekenbankgesetzes, während Gerke/Schöner die Auswirkungen der Risikonormen der Gesetze über Unternehmensbeteiligungsgesellschaften und Beteiligungssondervermögen auf die Innovationsfinanzierung untersuchen. Schließlich geht Gerke der Frage nach, ob der Börsenzugang zahlreicher Unternehmen unnötig behindert wird, indem aus risikopolitischen Gründen von der Bankenaufsicht die Zulassungsanforderungen an Investmentgesellschaften zu hoch angesetzt werden.

Die an diesem Buch beteiligten Kollegen hoffen, mit ihren Beiträgen Fritz Philipp eine Freude zu machen, indem sie die Diskussion über Bankrisiken und Bankrecht intensivieren.

WOLFGANG GERKE

Inhaltsverzeichnis

Zur Begründung und Ausgestaltung bankaufsichtsrechtlicher Normen – eine risikotheoretische Analyse
Von Prof. Dr. Michael Bitz
Fernuniversität Hagen

1. Ausgangspunkt und Fragestellung	13
2. Einlegerrisiken im Modell der reinen Teilhaber-Bank (Modell I)	18
2.1. Problemstellung	18
2.2. Variation des Zerfällungsgrades bei konstantem Geschäftsvolumen	18
2.3. Variation des Geschäftsvolumens bei konstantem Zerfällungsgrad	20
2.4. Variation des Geschäftsvolumens bei konstanter Engagementgröße	21
3. Einlegerrisiken im Modell der Einleger-Bank (Modell II)	22
3.1. Modifikation der Ausgangssituation	22
3.2. Variation des Zerfällungsgrades bei konstantem Geschäftsvolumen	23
3.3. Variation des Geschäftsvolumens bei konstantem Zerfällungsgrad	25
3.4. Variation des Geschäftsvolumens bei konstanter Engagementgröße	29
4. Ergebnisse und Ausblick	32
4.1. Zusammenfassung	32
4.2. Implikationen für die Risikozerfällung	33
4.3. Implikationen für das Wachstum	34
4.4. Implikationen für die Eigenkapitalausstattung	35
4.5. Interessengegensätze	36
Anhang: Ableitung der Erfolgs- und Risikoindikatoren für Modell II	38
Literaturverzeichnis	41

Ein Ansatz zur integrativen Qualifizierung bankbetrieblicher Ausfall- und Zinsänderungsrisiken
Von Prof. Dr. Henner Schierenbeck
Universität Münster

1. Ausfall- und Zinsänderungsrisiken als banktypische Risikokategorien	43
1.1. Das Ausfallrisiko in bilanzorientierter Betrachtung	43
1.2. Begriff, Elemente und Determinanten des Zinsänderungsrisikos	44
1.3. Erfassung von Ausfall- und Zinsänderungsrisiken im ROI-Kalkulationsschema	47
2. Erfolgsgrößenorientierte Messung des Ausfall- und des Zinsänderungsrisikos	50

    2.1. Quantifizierung der a. o. Spannen-Risiken 50
    2.2. Quantifizierung der Zinsspannenrisiken 52
        2.2.1. Zins- und Dividendenausfall 52
        2.2.2. Ertragseinbußen aufgrund von Zinselastizitätsdivergenzen 53
        2.2.3. Zusammenfassende Messung der Zinsspannenrisiken 56
    2.3. Beispielhafte Anwendung der umfassenden Quantifizierungsvorschrift . 57
Symbolverzeichnis 61
Literaturverzeichnis 61

Länderrisiken und bankaufsichtsrechtliche Normen
Von Prof. Dr. Karl-Heinz Berger
Universität Hannover

1. Bankbetriebliche Sicht 63
    1.1. Problem 63
    1.2. Stand 65
        1.2.1. Risikoanalyse 65
        1.2.2. Risikobegrenzung 69
        1.2.3. Ergebnis 70
    1.3. Folgerungen 71
2. Aufsichtsrechtliche Sicht 72
    2.1. Problem 72
    2.2. Stand der Risikobegrenzung 73
    2.3. Folgerungen 75
3. Ausblick 76
Anhang: Standard-Indikatoren im Rating-System der Nord/LB 78
Literaturverzeichnis 79

Zur Diskussion um die stillen Reserven bei Banken
Von Prof. Dr. Joachim Süchting
Universität Bochum

1. Stille Reserven und Manager-Schutzfunktion 82
2. Die Besonderheit von Bankrisiken 83
3. Offenes oder stilles Eigenkapital? 84
Literaturverzeichnis 85

Zur Beteiligungsposition im Jahresabschluß von Kreditinstituten
nach Verabschiedung des Bilanzrichtlinien-Gesetzes und der Bankbilanzrichtlinie
Von Prof. Dr. Hartmut Bieg
Universität des Saarlandes, Saarbrücken

1. Vierte Richtlinie, Bilanzrichtlinien-Gesetz und Bankbilanzrichtlinie 87
2. Bilanzgliederung und Beteiligungsdefinition 88
3. Seitheriger Inhalt der Beteiligungsposition 89
    3.1. Die Beteiligungsposition in aktienrechtlichen Bilanzen 89
    3.2. Die Beteiligungsposition in Bankbilanzen 89

3.3. Begründung der banktypischen Positionsabgrenzung 90
3.4. Bilanzielle Auswirkungen der banktypischen Positionsabgrenzung 91
4. Veränderter Inhalt der Beteiligungsposition nach Verabschiedung
des Bilanzrichtlinien-Gesetzes 92
4.1. Interpretation des § 271 Abs. 1 HGB 92
4.2. Auswirkungen auf Bankbilanzen 99
4.3. Bestätigung durch die Bankbilanzrichtlinie 100
Literaturverzeichnis 102

**Das systematische Ertragsrisiko deutscher Aktien –
eine Chance zur Anlageplanung?**
Von Prof. Dr. Hans Peter Möller
Universität Frankfurt a. M.

1. Einleitung 105
2. Portefeuilletheorie und Capital-Asset-Pricing-Modell als Grundlagen der
 Ermittlung des systematischen Ertragsrisikos 106
    2.1. Grundlagen der Portefeuilletheorie 106
    2.2. Grundlagen des Capital-Asset-Pricing-Modells 107
3. Untersuchungen zur Realitätsnähe der kapitalmarktorientierten
 Portefeuilletheorie 109
    3.1. Untersuchungsansätze 109
    3.2. Ergebnisse prämissenorientierter Untersuchungen 111
    3.3. Ergebnisse der Untersuchungen von Theorieimplikationen 112
4. Ermittlung des systematischen Ertragsrisikos deutscher Aktien 114
    4.1. Ermittlungsmethode 114
    4.2. Probleme der Ermittlung des systematischen Ertragsrisikos 116
5. Untersuchung der Stationarität der Ergebnisse im Zeitablauf 120
    5.1. Untersuchungsansätze 120
    5.2. Ergebnisse von Stationaritätsuntersuchungen 121
6. Zusammenfassung und Ausblick 124
Literaturverzeichnis 125

**Full Financial Service – Erweiterung des Leistungsangebotes der
Kreditinstitute mit risikopolitischen und rechtlichen Konsequenzen?**
Von Dr. Bettina Schiller
Universität Mannheim

1. Einführende Betrachtung 127
2. Motive finanzieller Handlungen von Privatkunden als Grundlage eines
 Full Financial Service 128
3. Entwicklung eines Full Financial Service-Programmes 129
    3.1. Sammlung von Informationen über den Geld- und Kapitalmarkt 130
    3.2. Beschaffung von kundenindividuellen Informationen 132
    3.3. Finanzielle Lebenszyklen von Kunden 134
    3.4. Angebot von Handlungsalternativen 135

4. Risiken der Kundenberatung 136
   4.1. Informationsverarbeitung als eine Risikoursache der Kunden-
       beratung im Rahmen des Full Financial Service 138
       4.1.1. Aktualität und Vollständigkeit der Informationen 138
       4.1.2. Ermittlung von Zielen und Risikopräferenzen der Kunden 139
       4.1.3. Risikopotential bei der Entwicklung von Handlungs-
             empfehlungen 140
   4.2. Möglichkeiten zur Verminderung von Risiken in der Kundenberatung .. 140
       4.2.1. Instrumente zur Reduzierung der Fehleranfälligkeit von
             Beratungsleistungen 141
       4.2.2. Maßnahmen zur Vermeidung von Divergenzen zwischen wahrge-
             nommener und tatsächlicher Beratungsqualität 142
       4.2.3. Betreuung der Kunden im Zeitablauf 144
5. Mögliche Veränderungen in der Beziehung zwischen Kunde und Bank 145
6. Mögliche Folgen des Full Financial Service für die Kreditwirtschaft 146
7. Notwendigkeit einer Berücksichtigung des Angebotes von Full Financial
   Services durch Kreditinstitute in der Gesetzgebung? 149
8. Schlußbetrachtung 151
Literaturverzeichnis 152

Die Eigenkapitalvorschriften der Hypothekenbanken als Risikobegrenzungsnormen unter veränderten Rahmenbedingungen
Von Prof. Dr. Rosemarie Kolbeck
Universität Frankfurt a. M.

1. Risikobegrenzung durch Eigenkapitalvorschriften 153
2. Auswirkungen veränderter Rahmenbedingungen auf das Risikopotential der
   Hypothekenbanken seit den 70er Jahren 155
   2.1. Veränderungen wirtschaftlicher Rahmenbedingungen 155
       2.1.1. Mehrheitsbeteiligungen an Hypothekenbanken 155
       2.1.2. Laufzeitverkürzungen an den Finanzmärkten 156
       2.1.3. Veränderungen im Hypothekendarlehensgeschäft 157
       2.1.4. Veränderungen im Kommunaldarlehensgeschäft 159
       2.1.5. Veränderungen im Auslandsgeschäft 160
       2.1.6 Perspektiven wirtschaftlicher Rahmenbedingungen 161
   2.2. Veränderungen rechtlicher Rahmenbedingungen 161
       2.2.1. Die Novellierung des HBG von 1974 162
       2.2.2. Die Novellierung des KWG von 1985 162
       2.2.3. Die Aufhebung der Körperschaftsteuerprivilegien von
             1977 und 1981 164
       2.2.4. Die Änderung der Preisangabenverordnung von 1985 165
       2.2.5. Die Neuordnung des Kündigungsrechts der Darlehensnehmer
             von 1987 165
       2.2.6. Perspektiven rechtlicher Rahmenbedingungen 166
3. Auswirkungen veränderter Rahmenbedingungen auf die Eigenkapitalvorschriften der Hypothekenbanken seit den 70er Jahren 168

3.1. Die Eigenkapitalvorschriften des HBG nach geltendem Recht 168
    3.1.1. Die Eigenkapitaldefinition 168
    3.1.2. Eigenkapitalbezogene Begrenzungsnormen der Geschäftstätigkeit 169
3.2. Diskrepanzen zwischen den Eigenkapitalvorschriften des HBG und des KWG 170
    3.2.1. Diskrepanzen bei der Eigenkapitaldefinition 170
    3.2.2. Diskrepanzen bei den eigenkapitalbezogenen Begrenzungsnormen der Geschäftstätigkeit 170
    3.2.3. Quantifizierung der Diskrepanzen zwischen den Eigenkapitalvorschriften des HBG und des KWG 173
3.3. Anpassung der Eigenkapitalvorschriften des HBG an veränderte Rahmenbedingungen 175
    3.3.1. Anpassung der Eigenkapitaldefinition 175
    3.3.2. Anpassung der eigenkapitalbezogenen Begrenzungsnormen der Geschäftstätigkeit 175
4. Perspektiven der Risikobegrenzung durch Eigenkapitalvorschriften 177
Literaturverzeichnis 185

Die Auswirkungen von Risikonormen auf die Finanzierung von Innovationen – eine Analyse am Beispiel der Gesetze über Unternehmensbeteiligungsgesellschaften und Beteiligungssondervermögen
Von Prof. Dr. Wolfgang Gerke und Dipl.-Volkswirt Manfred A. Schöner
Universität Mannheim

1. Anlegerschutz versus Innovationsfinanzierung 187
2. Relevanz der Kapitalstruktur für das Innovationsverhalten nichtemissionsfähiger Unternehmen 188
3. Mangel an Innovationsfinanzierung über hochorganisierte Märkte 189
4. Agency-Costs der Innovationsfinanzierung 191
5. Vermögensbildung 193
6. Konstruktion und Risikonormen des UBGG 195
7. Die gesetzliche Regelung der Beteiligungssondervermögen (BetSV) 199
8. Risikotheoretische Auswirkungen der Diversifikationsvorschriften 206
9. Die Bedeutung der Diversifikation für die Innovationsfinanzierung 209
10. Schlußfolgerungen 210
Literaturverzeichnis 211

Hemmnisse für die Börsenneueinführung innovativer Mittelstandsunternehmen durch Beschränkung der Gewerbefreiheit für Investmentbanken
Von Prof. Dr. Wolfgang Gerke
Universität Mannheim

1. Interessenkonflikte zwischen Anlegerschutz und liberalem Kapitalverkehr ... 213
2. Desinvestment von Kapitalbeteiligungsgesellschaften über Wertpapierbörsen 214
3. Divergenz zwischen rechtlichen und faktischen Börsenzugangshemmnissen .. 215

4. Die Zugangsmöglichkeiten zu amerikanischen und deutschen
   Wertpapierbörsen 216
   4.1. Hierarchisch abgestufte Zugangsbarrieren am amerikanischen Markt .. 216
   4.2. Der deutsche Markt für Neuemissionen 221
   4.3. Mentalitätsunterschiede der Marktteilnehmer am deutschen und
        amerikanischen Markt 222
   4.4. Wettbewerb zwischen den Emissionshäusern 223
5. Belebung des Neuemissionsgeschäftes in Deutschland durch niedrigere
   Anforderungen an Investmentbanken 224
   5.1 Die Leistungen kleiner Emissionshäuser für mittelständische
       Unternehmen 224
   5.2. Eigenmittelerfordernisse für kleinere Investmentbanken 225
   5.3. Aufsicht über Investmentbanken 226
6. Schlußbetrachtung 227
Literaturverzeichnis 228

Zur Begründung und Ausgestaltung bankaufsichtsrechtlicher Normen – eine risikotheoretische Analyse

Von Prof. Dr. Michael Bitz

1. Ausgangspunkt und Fragestellung

Zu den Besonderheiten der Bankbetriebslehre zählt es, daß sich ihre Vertreter traditionellerweise sehr viel ausführlicher mit den für die Geschäftstätigkeit maßgeblichen Rahmendaten auseinandersetzen, als das in den meisten anderen speziellen Betriebswirtschaftslehren der Fall ist[1]. Dieser Befund wird verständlich, wenn man bedenkt, daß Banken in Deutschland wie auch in praktisch allen anderen Ländern seit langem branchenbezogenen Sondervorschriften unterliegen[2], die zum Teil sehr weitgehend auf den geschäftspolitischen Handlungsspielraum einwirken. Um die Auswirkungen derartiger Rahmenregelungen sachgerecht beurteilen zu können, bedarf es neben dem notwendigen rechtssystematischen, -dogmatischen und -technischen Wissen sowohl praktischer Kenntnisse als auch theoretisch fundierter Analysen bankbetrieblicher Realität und bankpolitischer Gestaltungsspielräume. Es ist daher keineswegs erstaunlich, daß Vertreter der Bankbetriebslehre seit langem gemeinsam und durchaus gleichberechtigt mit Juristen die Diskussion um eine sachgerechte Ausgestaltung aufsichtsrechtlicher Rahmenregelungen führen und immer wieder maßgebliche Anstöße zu deren Fortentwicklung gegeben haben[3].

Eine weitere Besonderheit der Bankbetriebslehre besteht darin, daß formalisierte Modelle bislang weder zur Analyse in der Kreditwirtschaft tatsächlich anzutreffender Gegebenheiten noch zur optimalen Gestaltung der bankbetrieblichen Geschäftspolitik in dem Ausmaß Beachtung gefunden haben, wie das für die meisten anderen betriebswirtschaftlichen Teil-

---

1 So etwa schon Hübner (1854); Wagner (1857) und (1901); Obst (1923); Kalveram (1939) oder auch Hagenmüller (1959); Stützel (1964); Krümmel (1968); Erdland (1981); Hausmann (1981); Philipp u.a. (1981) und (1987); Süchting (1982); Keine (1986).
2 Spezielle rechtliche Normen für bestimmte Kreditinstitutsgruppen wurden bereits im 19. Jahrhundert eingeführt. Die älteste Regelung aus dem Bereich des Sparkassenwesens ist das Preußische Sparkassenreglement von 1838. Es folgten der Erlaß des Genossenschaftsgesetzes (1898) und Hypothekenbankgesetzes (1899). (Vgl. Hartmann (1977), S. 26-28.) Als weitere historische „Meilensteine" bankaufsichtsrechtlicher Regelungen sind das Kreditwesengesetz von 1934, die Neufassung des Kreditwesengesetzes von 1961, die Großkreditbegrenzung von 1978 sowie die Institutsgruppenregelung von 1985 anzusehen.
3 So z.B. grundlegend Stützel (1964) mit seiner Theorie von der Bankenaufsicht als „Einlegerschutzpolizei"; aus der Vielzahl weiterer Autoren seien ansonsten nur beispielhaft Krümmel (1983) oder Philipp u.a. (1981), (1987) erwähnt.

disziplinen kennzeichnend ist.[4] Allerdings ist nicht zu verkennen, daß sich auch auf diesem Gebiet − einschlägigen Entwicklungen auf dem in mancherlei Hinsicht verwandten Bereich der Finanzierungstheorie folgend − eine gewisse Umorientierung abzeichnet.

Die vorliegende Arbeit stellt den Versuch dar, einerseits die bankbetriebliche Tradition einer Beschäftigung mit aufsichtsrechtlichen Fragen fortzuführen, sich dabei andererseits jedoch stärker als bislang üblich formalisierter Modelle zu bedienen. Im einzelnen geht es darum, den Kern der auf den Schutz von Bankeinlegern abzielenden Elemente von Aufsichtsrecht und -praxis in Deutschland unter Rückgriff auf grundlegende entscheidungs- und risikotheoretische Elemente[5] anhand eines einfachen Modells zu analysieren.

Dazu betrachten wir zunächst folgendes einfache Modell einer reinen „Teilhaber-Bank", d. h. einer Bank, deren Einleger zugleich auch die Eigenkapitalgeber sind (Modell I):

− Eine Gruppe von Einlegern habe sich zu einer Sparer-Gemeinschaft zusammengeschlossen. Jeder Sparer hat genau 1 Geldeinheit eingebracht; sonstige Einlagen oder Verbindlichkeiten existieren nicht. Das gesamte Einlagevolumen betrage − der Anzahl der zusammengeschlossenen Sparer entsprechend − S.
− In Höhe des Einlagevolumens S sind n gleich große Kredite gewährt worden. Die Größe k des einzelnen Kredits beträgt also k = S/n. Alle n Kredite weisen einheitlich folgende Risikostruktur auf:
  Mit der Wahrscheinlichkeit von w(0 < w < 1) erfolgt am Ende der Betrachtungsperiode die Rückzahlung der ausgeliehenen Summe einschließlich der vereinbarten Sollzinsen zu dem Satz i_s ($i_s > 0$). Der gesamte Rückzahlungsbetrag pro Kredit beläuft sich also auf k · q_s (mit $q_s = 1 + i_s$).
  Mit der Gegenwahrscheinlichkeit von (1-w) fällt der Kredit hingegen völlig aus; die Rückzahlung beträgt in diesem Fall 0.
− Die einzelnen Kredite sind in ihren Risiken völlig unabhängig voneinander; d. h. die Ausfallwahrscheinlichkeit (1-w) für jeden Kredit bleibt von dem etwaigen Ausfall irgendeines anderen Kredits völlig unberührt.
− Außer den ausgereichten Krediten existieren keine sonstigen Anlagen oder Vermögensgegenstände. Am Ende der Betrachtungsperiode wird das erzielte Ergebnis (Gewinn oder Verlust) gleichmäßig auf alle Einleger aufgeteilt.

Folgende numerische Spezifikation mag zur Illustration dieses einfachen Ausgangsmodells dienen:

Das Einlagevolumen von S = 300 sei zur Herausgabe von n = 2 Krediten gleicher Größe (k = 150) verwendet worden. Der vereinbarte Sollzins betrage i_s = 20 %, die Ausfallwahrscheinlichkeit eines jeden Kredits (1-w) = 10 %. Welches Ergebnis die Einleger in die-

---

[4] Ausnahmen bilden in der älteren deutschsprachigen Literatur insbesondere die Arbeiten von Mülhaupt (1961) und Deppe (1961) und (1969); einen Überblick über den aktuellen Entwicklungsstand bankbetrieblicher Entscheidungsmodelle geben Schmidt (1983) und Süchting (1982), S. 301-329; zu den Problemen der Implementierung vgl. Priewasser (1978).
[5] Zum Risikobegriff Philipp (1967), S. 28-38 und (1976), Sp. 3453-3456, ansonsten Luce, Raiffa (1957), insbes. S. 39-87; Schneeweiss (1967), S. 32-84; Bitz (1981), S. 45-150 und 215−284.

ser Situation erzielen, ist offensichtlich nicht mit Sicherheit vorhersehbar, sondern hängt davon ab, wie groß die Zahl x der erfolgreich abgewickelten Kredite sein wird (x = 0, 1, 2). Die zugehörigen Eintrittswahrscheinlichkeiten p(x) betragen: $p(2) = 0,9 \cdot 0,9 = 0,81$; $p(1) = 2 \cdot 0,9 \cdot 0,1 = 0,18$ und $p(0) = 0,1 \cdot 0,1 = 0,01$.

Für die Einleger liegt also eine Risikosituation vor, d.h. eine Situation, in der die Konsequenzen der eigenen Aktivitäten unsicher sind, in ihren Chancen und Risiken jedoch unter Rückgriff auf die bekannten Eintrittswahrscheinlichkeiten für die unsichere Variable (x) durch bestimmte risikotheoretische Kennzahlen näher verdeutlicht werden können. Tabelle I.0. ermöglicht derartige Berechnungen. C(x) bezeichnet darin den Rückzahlungsbetrag, den die Einleger je nach dem eintretenden x-Wert insgesamt erzielen können, G(x) und V(x) den nach Abzug des eingesetzten Kapitals S = 300 verbleibenden Gewinn oder Verlust[6].

Tab. I.0.: Ergebnisverteilung in der Ausgangssituation (Modell I, Situation 0)

x	C(x)	G(x)	V(x)	p(x)
2	360	60	—	0,81
1	180	—	−120	0,18
0	0	—	−300	0,01

$S_o = 300 \quad n_o = 2 \quad k_o = 150$

Zur Verdeutlichung der Gewinnchancen und Verlustrisiken können folgende Kennzahlen herangezogen werden:

- Die Gewinnerwartung $\quad \overline{G}_o = 60 \cdot 0,81 \quad\quad\quad\quad\quad\quad\quad\quad = 48,60$
- Die Verlusterwartung $\quad \overline{V}_o = -(-1200 \cdot 0,18 - 300 \cdot 0,01) = 24,60$
- Die Ergebniserwartung $\quad \overline{R}_o = \overline{G}_o - \overline{V}_o \quad\quad\quad\quad\quad\quad = 24,00$
- Die Standardabweichung $\sigma_0 \quad\quad\quad\quad\quad\quad\quad\quad\quad\quad\quad = 76,37$

Um für die noch zu untersuchenden Variationen dieser einfachen Ausgangssituation einen einheitlichen Vergleichsmaßstab zu haben, wollen wir im folgenden allerdings nicht mehr die auf die Gesamtheit der Einleger zukommenden Ergebnisse betrachten, sondern die für einen einzelnen Einleger erzielbaren Resultate. Die den gerade angegebenen Ergebnisindikatoren entsprechenden Kennzahlen ergeben sich dann einfach, indem diese durch das gesamte Einlagevolumen S dividiert werden, also:

$\overline{g}_0 = 48,60/300 = 16,2\,\%$
$\overline{v}_0 = 24,60/300 = 8,2\,\%$
$\overline{r}_0 = 24,00/300 = + 8,0\,\%$
$\sigma_0 = 76,37/300 = 25,5\,\%$

---

[6] Der Index o soll im folgenden den Umstand kennzeichnen, daß sich die angegebenen und berechneten Werte auf die Ausgangssituation (Nullsituation) beziehen.

Die angegebenen Kennzahlen erlauben es in zweifacher Weise, die Risiken-Chancen-Struktur der betrachteten Situation zu beschreiben:

- Die Gewinnerwartung $\bar{g}$ verdeutlicht die Aussichten, mehr als das zu Periodenbeginn eingesetzte Kapital zurückzuerhalten. Die Verlusterwartung $\bar{v}$ demgegenüber ist ein möglicher Indikator für die Gefahr, einen Teil des Kapitaleinsatzes zu verlieren. Im vorliegenden Fall steht dem Gewinnindikator von 16,2 % des eingesetzten Kapitals also ein Verlustindikator von 8,2 % gegenüber. Inwieweit eine solche Situation als günstig angesehen werden wird, kann zunächst nicht gesagt werden; dies hängt zum einen von den ansonsten noch zur Auswahl stehenden Alternativen, zum anderen von der Risikoeinstellung des jeweiligen Einlegers ab.
- Die Ergebniserwartung $\bar{r}$ verdeutlicht die „im Schnitt" zu erwartende Rendite auf das eingesetzte Kapital. Die Standardabweichung ist demgegenüber ein Indikator für das Ausmaß, in dem die möglichen Einzelergebnisse von diesem rechnerischen Mittel abweichen, wobei größere Abweichungen relativ stärker gewichtet werden als kleinere. Wegen verschiedener, hier nicht näher zu erörternder Eigenschaften hat die Verwendung von σ oder der Varianz σ^2 als Risikoindikator insbesondere in Kombination mit dem Erwartungswert als Erfolgskennzahl im entscheidungs- und finanzierungstheoretischen Schrifttum besonders große Verbreitung gefunden[7]. Bei Spezifikation entsprechender Entscheidungsregeln wäre es in dem vorliegenden Fall also auch möglich, die gegebene Ausgangssituation auf der Basis dieser beiden Kennzahlen zu beurteilen. Dabei hängt es wiederum von den zur Auswahl stehenden Alternativen einerseits und der Risikoeinstellung der Einleger andererseits ab, ob die durch $\bar{r} = 8$ % charakterisierten Erfolgschancen das durch $\sigma_0 = 25,5$ % gekennzeichnete Risiko rechtfertigen oder nicht.

Für die folgenden Ausführungen wollen wir davon absehen, die Risikoeinstellung der maßgeblichen Akteure genau zu spezifizieren, und lediglich annehmen, daß

- höhere Werte von $\bar{g}$ und $\bar{r}$ besser eingeschätzt werden als niedrigere,
- niedrigere Werte von $\bar{v}$ und σ besser eingeschätzt werden als höhere,
- eine Verminderung von $\bar{v}$, sofern sie mit einer geringeren oder allenfalls gleich großen Verminderung von $\bar{g}$ einhergeht, per Saldo als positiv angesehen wird.

Die Werte dieser vier Indikatoren hängen im Rahmen unseres Ausgangsmodells von der Höhe des Geschäftsvolumens S, der Anzahl der gewährten Kredite n und der Erfolgswahrscheinlichkeit w ab, wobei folgende formale Beziehungen bestehen:

Die Wahrscheinlichkeit p(x) dafür, daß von n Krediten x erfolgreich abgewickelt werden, ist binomial verteilt, entspricht also der Relation

(1) $\quad p(x) = \binom{n}{x} \cdot w^x \cdot (1-w)^{n-x}$

---

[7] So schon bei Markower/Marschak (1938), S. 271; vgl. auch Markowitz (1951); Schneeweiss (1967), S. 52-55; Heinen (1971), S. 169-172.

Ob sich für die Einleger ein Gewinn oder Verlust ergibt, hängt von der Zahl der erfolgreichen Kreditengagements ab. Dabei gilt für x*, die Anzahl von Krediten, die mindestens erfolgreich sein müssen, damit ein Gewinn entsteht, $x^* \cdot k \cdot q_s \geqq S$, woraus unter Beachtung von $k = S/n$ folgt:

(2) $\quad x^* = \Gamma\, n/q_s$ [8]

Für den erwarteten Gewinn pro Einleger gilt somit

$$\bar{g} = \frac{1}{S} \sum_{x=x^*}^{n} (x \cdot k \cdot q_s - S) \cdot p(x),$$

woraus sich durch Auflösung und wiederum unter Beachtung von $k = S/n$ ergibt

(3) $\quad \bar{g} = \sum_{x=x^*}^{n} \left(\frac{x}{n} \cdot q_s - 1\right) \cdot p(x)$

Für die Verlusterwartung v und die Ergebniserwartung $\bar{r}$ gilt entsprechend

(4) $\quad \bar{v} = \sum_{x=0}^{x^*-1} \left(1 - \frac{x}{n} \cdot q_s\right) \cdot p(x)$

und

$$\bar{r} = \left[\frac{q_s}{n} \cdot \sum_{x=0}^{n} x \cdot p(x)\right] - 1,$$

woraus unter Berücksichtigung der für die Binomialverteilung geltenden Erwartungswertformel $E(x) = n \cdot w$

(5) $\quad \bar{r} = q_s \cdot w - 1$

folgt. Für das Streuungsmaß schließlich erhält man ebenfalls unter Rückgriff auf die Binomialrelation $\sigma^2 = n \cdot w \cdot (1-w)$

(6) $\quad \sigma = q_s \sqrt{w \cdot (1-w)/n}$

---

[8] Das Zeichen Γ soll die kleinste ganze Zahl angeben, die nicht kleiner ist als der Wert des nachfolgenden Ausdrucks; also z.B. $\Gamma\, 4{,}7 = 5$.

2. Einlegerrisiken im Modell der reinen Teilhaber-Bank (Modell I)

2.1. Problemstellung

In der eingangs beschriebenen Modellsituation werden die Ergebnismöglichkeiten der Einleger bei gegebener Erfolgswahrscheinlichkeit w und gegebenem Sollzins i_s zum einen von der Zahl n der ausgereichten – annahmegemäß gleich großen – Kredite bestimmt; wir wollen diese Größe im folgenden in Anlehnung an das einschlägige Schrifttum als den *Zerfällungsgrad* bezeichnen[9]. Zum zweiten wirkt sich der Umfang des Einlage-(= Kredit-)Volumens S auf die Ergebnismöglichkeiten aus. Wir wollen diese Größe im folgenden als das *Geschäftsvolumen* bezeichnen. Zerfällungsgrad und Geschäftsvolumen zusammen bestimmen zugleich auch die Engagementsgröße k, d.h. das Volumen des einzelnen Kredits.

Es sollen nun zunächst folgende drei geschäftspolitische Maßnahmen auf ihre Risikowirkungen untersucht werden:

- Variation des Zerfällungsgrades bei entgegengesetzt variierender Engagementgröße und dementsprechend konstantem Geschäftsvolumen (Abschnitt 2.2.),
- Variation des Geschäftsvolumens bei proportional variierender Engagementgröße und konstantem Zerfällungsgrad (Abschnitt 2.3.),
- Variation des Geschäftsvolumens bei proportional variierendem Zerfällungsgrad und konstanter Engagementgröße (Abschnitt 2.4.).

Dabei werden die Auswirkungen dieser drei Arten von Maßnahmen jeweils zunächst unter Rückgriff auf unser Ausgangsbeispiel gem. Tab. I.0. numerisch verdeutlicht und anschließend anhand der Formeln (1) bis (6) allgemein untersucht.

2.2. Variation des Zerfällungsgrades bei konstantem Geschäftsvolumen

Gegenüber der in ihren Konsequenzen durch Tab. I.0. gekennzeichneten Ausgangssituation soll nun als Situation 1 die Zahl der Kredite auf $n_1 = 3$ erhöht, die Engagementgröße dementsprechend auf $k_1 = 100$ herabgesetzt werden. Dann ergibt sich die durch Tab. I.1. verdeutlichte Wahrscheinlichkeitsverteilung der möglichen Ergebnisse.

---

[9] Zum Begriff Risikozerfällung vgl. inhaltlich bereits Stützel (1964), S. 42-44 sowie Krümmel (1968), S. 282 f.; Bitz (1981a), S.169 f.; Keine (1986), S. 161-165.

Tab. I.1.: Ergebnisverteilung für Situation 1 (Modell I)

x	C(x)	G(x)	V(x)	p(x)
3	360	60	—	0,729
2	240	—	− 60	0,243
1	120	—	− 180	0,027
0	0	—	− 300	0,001
	$S_1 = 300$ $n_1 = 3$ $k_1 = 100$			

Die interessierenden Risikoindikatoren nehmen folgende Werte an:

$\bar{g}_1 = 14{,}6\,\%$, $\bar{v}_1 = 6{,}6\,\%$

$\bar{r}_1 = 8{,}0\,\%$, $\sigma_1 = 20{,}8\,\%$

Wie der Vergleich mit den für die Ausgangssituation geltenden Kennzahlenwerten zeigt, bewirkt die Erhöhung der Anzahl von Einzelkrediten und die bei unverändertem Geschäftsvolumen damit einhergehende Erhöhung des Zerfällungsgrades, daß das Risiko für die Einleger bei unveränderter Ergebniserwartung ($\bar{r}_0 = \bar{r}_1 = 8\,\%$) reduziert wird. Dies signalisiert zum einen der Rückgang der Standardabweichung (von $\sigma_0 = 25{,}5\%$ auf $\sigma_1 = 20{,}8\%$), zum anderen auch die Verminderung der Verlusterwartung (von $\bar{v}_0 = 8{,}2\%$ auf $\bar{v}_1= 6{,}6\%$). Diese Risikominderung wird jedoch damit erkauft, daß sich die Gewinnerwartung ebenfalls vermindert (von $\bar{g}_0 = 16{,}2\%$ auf $\bar{g}_1 = 14{,}6\%$). Allerdings geht $\bar{g}_1$ genau in dem Ausmaß zurück, in dem sich auch v vermindert, was in Situationen der hier unterstellten Art von einem risikoscheuen Anleger annahmegemäß positiv bewertet wird.

Daß eine Erhöhung des Zerfällungsgrades ganz allgemein bei unveränderter Ergebniserwartung $\bar{r}$ zu einer Verringerung der Einlegerrisiken führt, verdeutlichen die Formeln (5) und (6) unmittelbar:

- Der Wert $\bar{r}$ ist gem. (5) offensichtlich von n ganz unabhängig, wird also durch entsprechende Änderungen überhaupt nicht berührt.
- Der Wert σ hingegen wird um so kleiner, je größer n wird, nähert sich für sehr großes n c.p. sogar dem Wert 0.

Ist $\bar{r}_0$ wie im vorliegenden Fall positiv, so nähert sich zudem $\bar{g}$ mit wachsendem n immer mehr dem Wert von $\bar{r}$; mithin muß die Verlusterwartung ebenfalls ständig abnehmen und sich mit sehr großem n-Wert dem Wert 0 annähern[10].

---

[10] Ist $\bar{r}$ hingegen negativ, so nähert sich $\bar{v}$ immer mehr diesem Wert, während $\bar{g}$ gegen 0 strebt. Auch in diesem Fall nehmen $\bar{g}$ und $\bar{v}$ bei wachsendem n jedoch in dem gleichen Ausmaß ab, was ja unseren Annahmen entsprechend auf jeden Fall als Verbesserung gewertet wird.

Eine Erhöhung von n bei unverändertem Geschäftsvolumen E bewirkt somit eindeutig eine Reduzierung der Einlegerrisiken, während ihre Ergebniserwartung unverändert bleibt. Eine derartige Risikozerfällung liegt also unzweifelhaft im Interesse risikoscheuer Einleger und damit für die hier unterstellte Ausgangssituation der reinen Teilhaber-Bank zugleich auch in deren geschäftspolitischem Interesse.

2.3. Variation des Geschäftsvolumens bei konstantem Zerfällungsgrad

Als nächstes soll untersucht werden, welche Konsequenzen sich ergeben, wenn das Geschäftsvolumen S durch eine proportionale Erhöhung der Engagementgröße ausgeweitet wird, der Zerfällungsgrad also gerade unverändert bleibt. Zur beispielhaften Verdeutlichung sei als Situation 2 angenommen, das Geschäftsvolumen werde gegenüber Situation 1 durch die zusätzliche Aufnahme von 100 weiteren Sparern um 100, also von $S_1 = 300$ auf $S_2 = 400$, gesteigert, die Engagementgröße steige dementsprechend von $k_1 = 100$ auf $k_2 = 133\ 1/3$; alle übrigen Daten, insbesondere auch der Zerfällungsgrad ($n_1 = n_2 = 3$) sollen hingegen unverändert bleiben. Dann ergibt sich die in Tab. I.2. wiedergegebene Ergebnisverteilung, für die sich die anschließend aufgeführten Indikatorenwerte errechnen.

Tab. I.2.: Ergebnisverteilung für Situation 2 (Modell I)

x	C(x)	G(x)	V(x)	p(x)
3	480	80	—	0,729
2	320	—	− 80	0,243
1	160	—	−240	0,027
0	0	—	−400	0,001
$S_2 = 400 \quad n_2 = 3 \quad k_2 = 133\ 1/3$				

$\bar{g}_2 = 14{,}6\ \%$, $v_2 = 6{,}6\%$

$\bar{r}_2 = 8{,}0\ \%$, $\sigma_2 = 20{,}8\%$

Die Indikatorenwerte für Situation 2 stimmen also sämtlich mit denen für Situation 1 überein. Daß dies nicht nur ein Sonderfall ist, sondern generell gilt, wird bei einem Blick auf die maßgeblichen Formeln (1) bis (6) sofort deutlich: In die Bestimmungsgleichungen für $\bar{g}$, $\bar{v}$, $\bar{r}$ und σ sowie die Hilfsgrößen p(x) und x* gehen als Daten nur die Größen n, w und $q_s = 1 + i_s$, also Zerfällungsgrad, Erfolgswahrscheinlichkeit und vereinbarter Kreditzins, ein. Diese stimmen in den Situationen 1 und 2 jedoch annahmegemäß überein.

Daraus folgt, daß zumindest eine reine Teilhaber-Bank des hier unterstellten Typs bei ihren Einzelengagements tendenziell ein um so größeres Volumen realisieren kann, je größer das Geschäftsvolumen insgesamt ist. D.h. eine gegebene Engagementgröße ist tendenziell mit um so größeren Einlegerrisiken verbunden, je kleiner das betrachtete Institut ist.

2.4. Variation des Geschäftsvolumens bei konstanter Engagementgröße

Schließlich sei untersucht, welche Konsequenzen sich ergeben, wenn eine Ausdehnung des Geschäftsvolumens S im Aktivgeschäft bei konstanter Engagementgröße k allein dadurch erreicht wird, daß die Zahl der Engagements, also der Zerfällungsgrad n, erhöht wird. Zur beispielhaften Verdeutlichung sei als Situation 3 unterstellt, daß S gegenüber Situation 1 wieder von $S_1 = 300$ auf $S_3 = 400$ gesteigert und n nun jedoch von $n_1 = 3$ auf $n_3 = 4$ ausgeweitet werde, während k unverändert $k_1 = k_3 = 100$ betrage. Für diesen Fall ergibt sich die in Tab. I.3. dargestellte Ergebnissituation.

Tab. I.3.: Ergebnisverteilung für Situation 3 (Modell I)

x	C(x)	G(x)	V(x)	p(x)
4	480	80	—	0,6561
3	350	—	− 40	0,2916
2	240	—	− 160	0,0486
1	120	—	− 280	0,0036
0	0	—	− 400	0,0001
	$S_3 = 400$ $\quad n_3 = 4$ $\quad k_3 = 100$			

$\bar{g}_3 = 13,1\,\%$, $\bar{v}_3 = 5,1\,\%$

$\bar{r}_3 = 8,0\,\%$, $\sigma_3 = 18,0\,\%$

Verursachte die mit einer Vergrößerung der Einzelengagements einhergehende Ausweitung des Geschäftsvolumens keine Risikowirkungen, so ist in dem nun untersuchten Fall – ähnlich wie bei dem Übergang von Situation 0 zur Situation 1 – wiederum eine Verminderung der Einlegerrisiken zu verzeichnen, während die Ergebniserwartung weiterhin unverändert bleibt. Dieses Ergebnis ist angesichts der unter 2.2. und 2.3. erzielten Erkenntnisse auch intuitiv plausibel. Die hier untersuchte Ausdehnung des Geschäftsvolumens bei unveränderter Größe der Einzelengagements kann gedanklich in zwei Teilschritte zerlegt werden, nämlich:

1. Ausweitung des Geschäftsvolumens bei konstanter Anzahl von Engagements, was gemäß Abschnitt 2.3 die Einlegerrisiken unverändert läßt.
2. Erhöhung der Engagementzahl, also des Zerfällungsgrades, bei konstantem Geschäftsvolumen, was gem. Abschnitt 2.2 zwangsläufig zu einer Verminderung der Einlegerrisiken führt.

Dementsprechend gelten die aufgezeigten Effekte auch über die zahlenmäßige Verdeutlichung in unserem Beispiel hinaus ganz allgemein. Dies läßt sich anhand der Formeln (1) bis (6) nach ganz ähnlichen Überlegungen zeigen, wie sie im Abschnitt 2.3 bereits vorgetragen worden sind.

3. Einlegerrisiken im Modell der Einleger-Bank (Modell II)

3.1. Modifikation der Ausgangssituation

Das im Abschnitt 1. dargestellte Ausgangsmodell soll für die nun anstehenden Untersuchungen wie folgt erweitert werden (Modell II):

- Die ursprünglich in vollständig gleicher Weise an der Teilhaber-Bank beteiligten Sparer teilen sich nun wie folgt in zwei Gruppen von Bankgesellschaftern einerseits und reinen Einlegern andererseits auf.
- Eine (kleinere) Gruppe übernimmt das Eigentum an dem gesamten Institut mit allen Chancen und Risiken, wobei jeder dieser Bankgesellschafter nun – in Fortsetzung unserer anfänglichen Annahmen genau 1 GE als Eigenkapital einbringt. Dessen Gesamtvolumen betrage B. Den Bankgesellschaftern allein fließen etwaige Gewinne zu; ebenso tragen sie mögliche Verluste, allerdings nur bis zur Höhe des eingebrachten Kapitals. Eine darüber hinausgehende persönliche Haftung existiert nicht.
- Die übrigen Sparer erhalten als reine Einleger einen fest vereinbarten Habenzins i_h ($i_h < i_s$) auf die eingebrachten Einlagen E, partizipieren an darüber hinausgehenden Gewinnen jedoch nicht. Übersteigen auf der anderen Seite die Verluste das Eigenkapital B, so reduzieren sich die von den Einlegern tatsächlich erzielbaren Rückzahlungsbeträge einheitlich um den entsprechenden Prozentsatz.

Die sonstigen Annahmen seien gegenüber der Ausgangssituation unverändert. Für die Größe des Einzelengagements gilt somit k = (E + B)/n.

Zur Veranschaulichung von Modell II sei die eingangs dargelegte Situation 0 mit $n_0 = 2$, $k_0 = 150$ und dementsprechend einem Geschäftsvolumen von 300 betrachtet. Dieser Aktivsumme sollen nun allerdings Einlagen im eigentlichen Sinne von $E_0 = 270$ und zudem ein Eigenkapital von $B_0 = 30$ gegenüberstehen. Der Habenzins betrage $i_h = 10\,\%$. Bei ansonsten unveränderten Annahmen ergibt sich dann die in Tabelle II.0 angegebene Verteilung der für die Einleger einerseits und die Bankgesellschafter andererseits erzielbaren Ergebnisse.

Tab. II.0.: Ergebnisverteilung in Situation 0 (Modell II)

x	C(x)	$G^E(x)$	$V^E(x)$	$G^B(x)$	$V^B(x)$	p(x)
2	360	27	—	33	—	0,81
1	180	—	– 90	—	– 30	0,18
0	0	—	– 270	—	– 30	0,01
	$E_0 = 270$	$B_0 = 30$		$n_0 = 2$	$k_0 = 150$	

Errechnet man nun für die Einleger und die Bankgesellschafter jeweils die vier zuvor eingeführten Kennzahlen zur Charakterisierung der Chancen und Risiken, so erhält man folgende Werte:

Für die Einleger:

$$\bar{g}^E_0 = 8,1\ \% ,\ \bar{v}^E_0 = 7,0\ \%$$
$$\bar{r}^E_0 = +1,1\ \% ,\ \sigma^E_0 = 19,5\ \%$$

Für die Bankgesellschafter:

$$\bar{g}^B_0 = 89,1\ \% ,\ \bar{v}^B_0 = 19,0\ \%$$
$$\bar{r}^B_0 = +70,1\ \% ,\ \sigma^B_0 = 82,4\ \%$$

Man erkennt sofort, daß sich die Risikosituation der Einleger deutlich von der der Bankgesellschafter unterscheidet.

Dementsprechend ist zu vermuten, daß sich risikopolitische Maßnahmen der in den Abschnitten 2.2. bis 2.4. behandelten Art auch in unterschiedlicher Weise auf die beiden Kapitalgebergruppen auswirken. Bevor wir dies wiederum anhand der bereits vorgestellten Situationen 1 bis 3 näher untersuchen, gilt es allerdings, für eine verallgemeinernde Betrachtung die Formeln (1) bis (6) an die modifizierten Gegebenheiten von Modell II anzupassen. Die entsprechenden Ableitungen befinden sich im Anhang.

Im folgenden sollen nun, auf diese Formeln gestützt, die Auswirkungen der drei bereits im Abschnitt 2.1. vorgestellten geschäftspolitischen Maßnahmen daraufhin untersucht werden, wie sie sich auf die Situation der Einleger einerseits und der Bankgesellschafter andererseits auswirken.

3.2. Variation des Zerfällungsgrades bei konstantem Geschäftsvolumen

Gegenüber der durch Tab. II.0. gekennzeichneten Situation sei als Situation 1 nun wieder angenommen, die Zahl der Kredite werde von $n_0 = 2$ auf $n_1 = 3$ erhöht, die Engagementgröße dementsprechend von $k_0 = 150$ auf $k_1 = 100$ reduziert. Bleiben E und B unverändert, so führt dies zu der in Tab. II.1 verdeutlichten Ergebnissituation und den nachfolgend angegebenen Indikatorenwerten.

Tab. II.1.: Ergebnisverteilung für Situation 1 (Modell II)

x	C(x)	$G^E(x)$	$V^E(x)$	$G^B(x)$	$V^B(x)$	p(x)
3	360	27	—	33	—	0,729
2	240	—	− 30	—	− 30	0,243
1	120	—	− 150	—	− 30	0,027
0	0	—	− 270	—	− 30	0,001
		$E_1 = 270$	$B_1 = 30$	$n_1 = 3$	$k_1 = 100$	

$$\bar{g}^E_1 = 7{,}3\ \%\ ,\ \bar{v}^E_1 = 4{,}3\ \%$$
$$\bar{r}^E_1 = +3{,}0\ \%\ ,\ \sigma^E_1 = 13{,}7\ \%$$
$$\bar{g}^B_1 = 80{,}2\ \%\ ,\ \bar{v}^B_1 = 27{,}1\ \%$$
$$\bar{r}^B_1 = +53{,}1\ \%\ ,\ \sigma^B_1 = 93{,}3\ \%$$

Es sei noch einmal daran erinnert, daß die hier unterstellte Erhöhung des Zerfällungsgrades für die reine Teilhaber-Bank bei unveränderter Ergebniserwartung eine deutliche Verminderung des Risikos bewirkt hatte. Für den nun anstehenden Fall der Einleger-Bank stellen sich die Konsequenzen demgegenüber differenzierter dar.

Für die Einleger reduzieren sich im Vergleich zur Ausgangssituation gem. Tab. II.0 wiederum Gewinn- und Verlusterwartung. Allerdings sinkt die Verlusterwartung (von 7,0 % auf 4,3 %) deutlich stärker als die Gewinnerwartung (von 8,1 % auf 7,3 %). Dementsprechend erhöht sich die Ergebniserwartung mit einer Steigerung von 1,1 % auf 3 % ganz erheblich. Zudem vermindert sich die Standardabweichung mit einem Rückgang von 19,5 % auf 13,7 % stärker als das im Modell der Teilhaber-Bank bei Übergang von Situation 0 zu Situation 1 der Fall war (Rückgang von 25,5 % auf 20,8 %). Anhand der im Anhang angegebenen Formeln kann im übrigen verdeutlicht werden, daß die an unserem Beispiel ja nur für einen Einzelfall aufgezeigten Effekte – von ganz besonderen Spezialfällen abgesehen – ganz allgemeine Gültigkeit haben. Aus all dem folgt somit, daß die Einleger in der hier untersuchten Konstellation des Modells II einen Zuwachs an Risikozerfällung noch erheblich positiver beurteilen können als im Modell I.

Für die *Bankgesellschafter* stellt sich die Lage demgegenüber gänzlich anders dar. Für sie verschlechtern sich sämtliche Indikatorenwerte. Die Gewinnerwartung sinkt (von 89,1 % auf 80,2 %), die Verlusterwartung steigt (von 19,0 % auf 27,1 %), dementsprechend sinkt die Ergebniserwartung (von 70,1 % auf 53,1 %), während sich die Standardabweichung erhöht (von 82,4 % auf 93,3%). Diese für die Bankgesellschafter eindeutig negativen Effekte treten allerdings nicht mit absoluter Zwangsläufigkeit auf. Bei sehr hoher Eigenkapitalausstattung – das Modell der Teilhaber-Bank kann ja auch als Grenzfall 100%-iger Eigenkapitalausstattung interpretiert werden – ist es möglich, daß der in 2.2. verdeutlichte insgesamt risikomindernde Effekt der Risikozerfällung nicht nur den Einlegern sondern auch den Bankgesellschaftern zugute kommt. Diese Möglichkeit ist allerdings c.p. um so eher auszuschließen, je niedriger der Eigenkapitalanteil eines Institutes ist. Der oftmals pauschal als Instrument der Risikoverringerung angesehene Vorgang der Risikozerfällung bewirkt insoweit u.U. also gerade das Gegenteil, nämlich eine weitere Risikosteigerung, die zudem noch mit einer Verminderung der Gewinnchancen einhergeht. Das Eigeninteresse der Bankgesellschafter ist in solchen Situationen also eher auf eine Verminderung als auf eine Erhöhung des Zerfällungsgrades gerichtet und steht dem Einlegerinteresse somit gerade entgegen.

3.3. Variation des Geschäftsvolumens bei konstantem Zerfällungsgrad

Wir untersuchen als nächstes nun wiederum den Fall, daß das Geschäftsvolumen bei konstanter Engagementzahl n genau in dem Ausmaß wächst, in dem die Größe des Einlegerengagements ausgeweitet wird. Im Gegensatz zum Modell der Teilhaber-Bank kann die Passivseite nun allerdings in unterschiedlicher Weise an eine solche Steigerung des Geschäftsvolumens angepaßt werden, wobei es für die hier anstehenden Probleme interessant ist, folgende beiden Möglichkeiten zu unterscheiden:

- Kapitalstrukturneutrales Wachstum (Fall 1): Einlagevolumen E und Eigenkapital B werden durch die Hereinnahme weiterer Einlagen einerseits sowie die Aufnahme zusätzlicher Gesellschafter andererseits jeweils genau in dem Ausmaß gesteigert, in dem auch das Geschäftsvolumen k · n und dementsprechend auch die Größe k eines jeden Einzelengagements gesteigert werden. Die Relation von E zu B bleibt somit unverändert.
- Kapitalstrukturwirksames Wachstum: E und B wachsen nicht im gleichen Ausmaß. Dabei wollen wir uns im folgenden nur auf die beiden Extremfälle konzentrieren, daß entweder bei konstantem B nur E ausgeweitet wird (reines Einlagenwachstum; Fall 2) oder umgekehrt bei unverändertem E allein B vergrößert wird (reines Eigenkapitalwachstum; Fall 3).

Zur Analyse des kapitalstrukturneutralen Wachstums kann auf eine numerische Illustration verzichtet werden, da dieser Vorgang bei konstantem Zerfällungsgrad überhaupt keinen Einfluß auf die Risikosituation von Bank und Einlegern hat. Man erkennt diesen zu den im Abschnitt 2.3. erzielten Ergebnissen analogen Effekt sofort anhand der im Anhang zusammengestellten Formeln. Demnach bleiben bei konstantem n zunächst sämtliche Eintrittswahrscheinlichkeiten p(x) gem. (1) unverändert.

Da E, B und k jeweils in dem gleichen Ausmaß steigen, bleiben auch die kritischen x-Werte gem. (2a) bis (2d) unverändert. Da weiterhin auch n und die Quotienten E/B bzw. B/E konstant bleiben, können sich auch die Indikatorenwerte gem. (3E) bis (6E) bzw. (3B) bis (6B) nicht ändern. Kapitalstrukturneutrales Wachstum bei konstantem Zerfällungsgrad wird somit sowohl von den Einlegern wie auch von den Bankgesellschaftern weder als Verbesserung noch als Verschlechterung empfunden.

Um als nächstes die beiden Extremfälle *kapitalstrukturwirksamen Wachstums* zu untersuchen, nehmen wir nun als Situation 2 an, das Geschäftsvolumen werde gegenüber der durch Tab. II.1. verdeutlichten Situation um 100 GE auf 400 GE gesteigert. Im Aktivbereich schlage sich dieses Wachstum bei konstanter Engagementzahl von $n_2 = 3$ in einer auf $k_2 = 133\ 1/3$ erhöhten Engagementgröße nieder, im Passivbereich zunächst in einer Einlagensteigerung auf $E_{2.2} = 370$ (Situation 2.2.). Dem entspricht folgende Ergebnisverteilung mit den zugehörigen Indikatorenwerten:

Tab. II.2.2.: Ergebnisverteilung für Situation 2.2. (Modell II)

x	C(x)	$G^E(x)$	$V^E(x)$	$G^B(x)$	$V^B(x)$	p(x)
3	480	37	—	43	—	0,729
2	320	—	− 50	—	− 30	0,243
1	160	—	− 210	—	− 30	0,027
0	0	—	− 370	—	− 30	0,001
		$E_{2.2} = 370$	$B_{2.2} = 30$	$n_2 = 3$	$k_2 = 133\ 1/3$	

$\bar{g}^E_{2.2} = 7{,}3\%$, $\bar{v}^E_{2.2} = 4{,}9\%$

$\bar{r}^E_{2.2} = +\ 2{,}4\%$, $\sigma^E_{2.2} = 14{,}4\%$

$\bar{g}^B_{2.2} = 104{,}5\%$, $\bar{v}^B_{2.2} = 27{,}1\%$

$\bar{r}^B_{2.2} = +77{,}4\%$, $\sigma^B_{2.2} = 108{,}2\%$

Wird das Aktivwachstum demgegenüber ausschließlich durch eine Erhöhung des Eigenkapitals von $B_1 = 30$ auf $B_{2.3} = 130$ erreicht (Situation 2.3.), so ergibt sich:

Tab. II.2.3.: Ergebnisverteilung in Situation 2.3. (Modell II)

x	C(x)	$G^E(x)$	$V^E(x)$	$G^B(x)$	$V^B(x)$	p(x)
3	480	27	—	53	—	0,729
2	320	27	—	—	− 107	0,243
1	160	—	− 110	—	− 130	0,027
0	0	—	− 270	—	− 130	0,001
		$E_{2.3} = 270$	$B_{2.3} = 130$	$n_2 = 3$	$k_2 = 133\ 1/3$	

$\bar{g}^E_{2.3} = 9{,}7\%$, $\bar{v}^E_{2.3} = 1{,}2\%$

$\bar{r}^E_{2.3} = +\ 8{,}5\%$, $\sigma^E_{2.3} = 8{,}9\%$

$\bar{g}^E_{2.3} = 29{,}7\%$, $\bar{v}^E_{2.3} = 22{,}8\%$

$\bar{r}^B_{2.3} = +\ 6{,}9\%$, $\sigma^B_{2.3} = 55{,}6\%$

Die Beurteilung des Übergangs von Situation 1. zu Situation 2.2. bzw. 2.3. aus der *Sicht der Einleger* ist eindeutig: Reines Einlagenwachstum ist negativ, reines Eigenkapitalwachstum positiv zu beurteilen. Dies wird durch einen Rückgriff auf die für die Einlegerergebnisse maßgeblichen Gleichungen (7E) und (8E) in Verbindung mit Relation (2c) sogar noch deutlicher, als die für unser Beispiel errechneten Indikatorenwerte erkennen lassen: Wird das Einlagenvolumen E nämlich bei konstanten Werten von B und n ausgeweitet, so bewirkt das zunächst gem. (2c), daß die für die Vermeidung von Einlegerverlusten notwendige Mindestanzahl erfolgreicher Kreditengagements (x_c) steigt oder bestenfalls unverändert bleibt. Weiterhin zeigt sich, daß eine Steigerung von E gem. (7E) und (8E) für jeden beliebigen x-Wert

- entweder den Einlegerverlust $v^E(x)$ erhöht,
- oder den Gewinn $g^E(x)$ bestenfalls unberührt läßt, ansonsten jedoch vermindert oder sogar in einen Verlust umkehrt.

Im Vergleich der Situationen 1. und 2.2. gilt somit ausnahmslos

$$[g^E_1(x) - v^E_1(x)] \geqq [g^E_{2.2}(x) - v^E_{2.2}(x)] \quad x = 0, 1, ..., n$$

Das aber bedeutet, daß die der Situation 2.2 entsprechende Ergebnisverteilung von der Verteilung für Situation 1 nach dem Prinzip der Zustandsdominanz[11] dominiert wird. D.h., wie immer sich die Zahl der Kreditausfälle auch entwickeln wird, die Einleger stellen sich in Situation 2.2. auf keinen Fall besser, zumeist aber schlechter als in Situation 1. Für sie ist ein reines Einlagenwachstum somit auf jeden Fall von Nachteil.

In ganz analoger Weise läßt sich für den entgegengesetzten Fall des reinen Eigenkapitalwachstums (Situation 2.3.) zeigen, daß

$$[g^E_{2.3}(x) - v^E_{2.3}(x)] \geqq [g^E_1(x) - v^E_1(x)] \quad x = 0, 1, ..., n$$

gilt, aus der Sicht der Anleger jetzt also eine Dominanzbeziehung zugunsten der Wachstumsvariante besteht.

Diese Befunde sind das Ergebnis von zwei sich überlagernden Effekten:

- Zum einen beeinflußt ein Wachstum des Geschäftsvolumens bei konstantem Zerfällungsgrad die von den Kapitalgebern insgesamt zu tragenden Risiken überhaupt nicht. Diesen Sachverhalt hatten wir bereits im Abschnitt 2.3. verdeutlicht und soeben für den Fall des kapitalstrukturneutralen Wachstums noch einmal bestätigt gefunden.
- Zum anderen ist aus der Finanzierungstheorie allgemein bekannt[12], daß eine Steigerung der Eigenkapitalquote bei sonst unveränderten Ertragsfaktoren die Risiken der Gläubiger, hier also speziell der Einleger, mindert.

Für die *Bankgesellschafter* stellt sich die Situation demgegenüber keineswegs so eindeutig dar. Zwar erweist sich in unserem Beispiel der Fall des reinen Einlagenwachstums (Situation 2.2.) als eindeutig im Interesse der Bankgesellschafter liegend; die entsprechende Er-

---

[11] Zum Begriff der Zustandsdominanz Schneeweiss (1967), S. 25; Bitz (1977), S. 393-398 und (1981), S. 2024; Bamberg/Coenenberg (1985), S. 35.
[12] Philipp (1970), Sp. 1148 f.; Gerke/Philipp (1985), S. 105-107 sowie Bitz/Hemmerde/Rausch (1986), S. 71 und 80-82 m.w. Nachweisen.

gebnisverteilung gem. Tab. II.2.2. dominiert die gem. Tab.II.1. Dies ist jedoch eine Besonderheit unseres sehr einfach gewählten Beispiels, die insbesondere bei größeren Werten von n nicht mehr auftritt. Vielmehr läßt sich allgemein zeigen, daß mit einer Erhöhung von E bei konstanten Werten von B und n — von Degenerationsfällen abgesehen — folgende Effekte verbunden sind:

— Die Verlusterwartung $\bar{v}^B$ bleibt bestenfalls konstant — so in unserem Beispiel —, nimmt ansonsten jedoch zu.
— Die Ergebniserwartung $\bar{r}^B$ hingegen steigt auf jeden Fall, so daß auch die Gewinnerwartung $\bar{g}^B$ zwangsläufig ebenfalls zunehmen muß.
— Die Standardabweichung σ^B schließlich weist bei steigendem E ebenfalls eine steigende Tendenz auf.

Einer — von Grenzfällen abgesehen — Erhöhung des Risikos steht auf der anderen Seite also eine damit einhergehende Steigerung der Erfolgschancen gegenüber.

Im Fall des reinen Eigenkapitalwachstums (Situation 2.3.) sind die Gegebenheiten gerade entgegengesetzt:

— Die Werte für die Gewinn- und die Ergebniserwartung vermindern sich generell, so wie dies auch in unserem Beispiel mit einem Rückgang von $\bar{g}^B$ (80,2% auf 29,7%) und $\bar{r}^B$ (53,1% auf 6,9%) deutlich wird.
— Andererseits bleibt die Verlusterwartung schlechtestenfalls konstant, geht ansonsten jedoch zurück, so wie in unserem Beispiel von 27,1% auf 22,8%.
— In Übereinstimmung damit weist auch die Standardabweichung bei steigendem B ebenfalls eine fallende Tendenz auf.

In diesem Fall stehen also im allgemeinen sinkende Risiken ebenfalls zurückgehenden Erfolgsaussichten gegenüber.

Wie die Bankgesellschafter ein reines Einlagenwachstum oder ein reines Eigenkapitalwachstum beurteilen, hängt somit einerseits von den im jeweiligen Einzelfall vorliegenden Gegebenheiten ab (Zinssätze, Ausfallwahrscheinlichkeiten etc.), andererseits aber auch von der Risikoeinstellung der Bankgesellschafter. Es ist möglich, daß sie eine solche Maßnahme als positiv ansehen, weil sie

— die damit verbundene Verbesserung der Erfolgsaussichten höher bewerten als die gleichzeitige Zunahme der Risiken (Einlagenwachstum),
— bzw. die erzielbare Risikominderung höher bewerten als den Rückgang der Erfolgschancen (Eigenkapitalwachstum).

Ebensogut besteht jedoch auch jeweils die Möglichkeit einer entgegengesetzten Beurteilung. Ganz generell läßt sich allerdings zeigen, daß die Bankgesellschafter — von Konstellationen ausgeprägter Risikoscheu abgesehen — ein reines Einlagenwachstum in aller Regel dem reinen Eigenkapitalwachstum vorziehen werden.

3.4. Variation des Geschäftsvolumens bei konstanter Engagementgröße

Zum Abschluß gilt es zu untersuchen, welche Konsequenzen sich ergeben, wenn das Geschäftsvolumen im Aktivbereich allein durch eine Vergrößerung der Anzahl von Kreditengagements ausgeweitet, der Zerfällungsgrad also erhöht wird. Bezüglich der damit notwendigerweise einhergehenden Ausweitung des Passivbereichs wollen wir unsere Untersuchung wiederum auf die drei im Abschnitt 3.3 bereits vorgestellten Möglichkeiten

- des kapitalstrukturneutralen Wachstums (Situation 3.1.),
- des reinen Einlagenwachstums (Situation 3.2.) und
- des reinen Eigenkapitalwachstums (Situation 3.3.)

beschränken.

Angesichts der im Abschnitt 3.2. im Hinblick auf eine Erhöhung des Zerfällungsgrades erzielten Ergebnisse ist intuitiv zu erwarten, daß die hier zu behandelnde Variation des Geschäftsvolumens bei wachsender Engagementzahl und sonst gleichen Geschäftsgegebenheiten von den Einlegern günstiger beurteilt wird als die entsprechenden Maßnahmen bei konstanter Engagementzahl (Abschnitt 3.3.). Bei den Bankgesellschaftern ist demgegenüber – zumindest bei kleinen Eigenkapitalquoten – gerade der entgegengesetzte Effekt zu vermuten.

Um diese Vermutung zunächst an unserem Beispiel zu überprüfen, nehmen wir an, das Geschäftsvolumen werde (wie in Situation 2) von 300 auf 400 GE gesteigert, die Engagementgröße verbleibe jedoch bei 100, dementsprechend werde deren Zahl auf 4 gesteigert. Erhöhen sich im Fall kapitalstrukturneutralen Wachstums nun die Einlagenvolumen von 270 auf 360 und das Eigenkapital von 30 auf 40, so ergeben sich die in Tab. II.3.1. dargestellten Werte.

Tab. II.3.1.: Ergebnisverteilung für Situation 3.1. (Modell II)

x	C(x)	$G^E(x)$	$V^E(x)$	$G^B(x)$	$V^B(x)$	p(x)
4	480	36	—	44	—	0,6561
3	360	0	—	—	–40	0,2916
2	240	—	–120	—	–40	0,0486
1	120	—	–240	—	–40	0,0036
0	0	—	–360	—	–40	0,0001
$E_{3.1} = 360$ $B_{3.1} = 40$ $n_3 = 4$ $k_3 = 100$							

$\bar{g}^E_{3.1} = 6,6\%$, $\bar{v}^E_{3.1} = 1,9\%$

$\bar{r}^E_{3.1} = +4,7\%$, $\sigma^E_{3.1} = 10,7\%$

$\bar{g}^B_{3.1} = 72,2\%$, $\bar{v}^B_{3.1} = 34,4\%$

$\bar{r}^B_{3.1} = +37,8\%$, $\sigma^B_{3.1} = 99,8\%$

Während der Fall kapitalstrukturneutralen Wachstums bei konstantem Zerfällungsgrad gerade von allen Akteuren indifferent beurteilt wurde, tritt jetzt, wie über die numerische Illustration hinaus auch allgemeiner gezeigt werden kann, die erwartete Interessenverschiebung ein. Für die Einleger führt der Übergang von Situation 1. zu Situation 3.1. zwar zu einem Rückgang der Gewinnerwartung (von 7,3% auf 6,6%), der durch den gleichzeitigen Rückgang der Verlusterwartung (von 4,3% auf 1,9%) jedoch deutlich überkompensiert wird, so daß sich die Ergebniserwartung per Saldo erhöht (von 3% auf 4,7%). Zugleich vermindert sich die Standardabweichung (von 13,7% auf 10,7%). Kapitalstrukturneutrales Wachstum bei konstanter Engagementgröße verbessert also zweifelsfrei die Position der Einleger. Die Situation der Bankgesellschafter wird demgegenüber eindeutig verschlechtert. Sowohl Gewinn- als auch Ergebniserwartung gehen zurück ($\bar{g}^B$ von 80,2% auf 72,2%, $\bar{r}^B$ von 53,1% auf 37,8%); zugleich erhöhen sich Verlusterwartung und Standardabweichung ($\bar{v}^B$ von 27,1% auf 34,4% bzw. σ^B von 93,3% auf 99,8%).

Wird das Wachstum des Geschäftsvolumens demgegenüber bei konstantem Eigenkaptial allein durch eine Erhöhung des Einlagenvolumens von 270 auf 370 (Situation 3.2.) erreicht, so ergeben sich die in Tab. II.3.2. dargestellten Werte.

Tab. II.3.2.: *Ergebnisverteilung für Situation 3.2. (Modell II)*

x	C(x)	$G^E(x)$	$V^E(x)$	$G^B(x)$	$V^B(x)$	p(x)
4	480	37	—	43	—	0,6561
3	360	—	− 10	—	− 30	0,2916
2	240	—	− 130	—	− 30	0,0486
1	120	—	− 250	—	− 30	0,0036
0	0	—	− 370	—	− 30	0,0001
	$E_{3.2} = 370$	$B_{3.2} = 30$	$n_3 = 4$	$k_3 = 100$		

$$\bar{g}^E_{3.2} = 6,6\% \ , \ \bar{v}^E_{3.2} = 2,7\%$$
$$\bar{r}^E_{3.2} = +\ 3,9\% \ , \ \sigma^E_{3.2} = 11,4\%$$
$$\bar{g}^B_{3.2} = 94,0\% \ , \ \bar{v}^B_{3.2} = 34,4\%$$
$$\bar{r}^B_{3.2} = +59,6\% \ , \ \sigma^B_{3.2} = 115,6\%$$

Die Position der *Einleger* wird in unserem Beispiel im Vergleich zur Situation 1. insgesamt verbessert. Die Verminderung der Gewinnerwartung von 7,3% auf 6,6% wird durch den Rückgang der Verlusterwartung von 4,3% auf 2,7% überkompensiert, so daß die Ergebniserwartung von 3,0% auf 3,9% steigt. Zudem geht die Standardabweichung von 13,7% auf 11,4% zurück.

Diese positive Wirkung resultiert aus der Überlagerung von zwei entgegengesetzten Effekten, nämlich

- der für die Einleger eindeutig negativen Wirkung einer reinen Erhöhung des Einlagenvolumens bei konstantem Zerfällungsgrad (vgl. Situation 2.2. in Abschnitt 3.3.) und
- der positiven Wirkung einer Erhöhung des Zerfällungsgrades bei konstanter Passivstruktur (vgl. Situation 1. im Abschnitt 3.2.).

Generell kann allerdings nicht immer davon ausgegangen werden, daß der für die Einleger positive Effekt überwiegt. Eine allgemeingültige Aussage darüber, wie ein mit einer entsprechenden Erhöhung des Zerfällungsgrades verbundenes reines Einlagenwachstum aus der Sicht der Einleger zu beurteilen ist, kann somit nicht getroffen werden.

Ähnliches gilt für die *Bankgesellschafter*. In unserem Beispiel erhöht sich für sie zwar die Verlusterwartung von 27,1% auf 34,4%. Die Gewinnerwartung steigt allerdings noch stärker (von 80,2% auf 94%), so daß die Ergebniserwartung per Saldo ebenfalls noch zunimmt (von 53,1% auf 59,6%). Andererseits erhöht sich auch die Standardabweichung von 93,3% auf 115,6%. Eine eindeutige Aussage über die Interessen der Bankgläubiger ist somit ebenfalls nicht möglich, zumal die in unserem Beispiel erkennbaren Effekte nicht zwangsläufig in dieser Form auftreten müssen, und selbst dann ihre Bewertung immer noch von der Risikoeinstellung der Bankgesellschafter abhängt. Festzuhalten bleibt aber, daß ein reines Einlagenwachstum, das mit einer Zunahme des Zerfällungsgrades einhergeht, möglicherweise sowohl im Interesse der Einleger als auch der Bankgesellschafter liegen könnte.

Die vorangegangenen Feststellungen treffen auf den Fall des reinen Eigenkapitalwachstums allerdings nicht mehr zu (Situation 3.3.). Bleibe E konstant bei 270 GE, und wird B stattdessen um 100 GE auf 130 GE erhöht, so ergeben sich bei der Beibehaltung der sonstigen Annahmen die Werte der Tab. II.3.3.

Tab. II.3.3.: *Ergebnisverteilung für Situation 3.3. (Modell II)*

x	C(x)	$G^E(x)$	$V^E(x)$	$G^B(x)$	$V^B(x)$	p(x)
4	480	27	—	53	—	0,6561
3	360	27	—	—	− 67	0,2916
2	240	—	− 30	—	− 130	0,0486
1	120	—	− 150	—	− 130	0,0036
0	0	—	− 270	—	− 130	0,0001

$E_{3.3} = 270 \quad B_{3.3} = 130 \quad n_3 = 4 \quad k_3 = 100$

$\bar{g}^E_{3.3} = 9,5\% , \bar{v}^E_{3.3} = 0,8\%$

$\bar{r}^E_{3.3} = +8,7\% , \sigma^E_{3.3} = 6,1\%$

$\bar{g}^B_{3.3} = 26,7\% , \bar{v}^B_{3.3} = 20,3\%$

$\bar{r}^B_{3.3} = +6,4\% , \sigma^B_{3.3} = 48,4\%$

Wie nicht anders zu erwarten, wirkt sich ein reines Eigenkapitalwachstum in Kombination mit einer Steigerung des Zerfällungsgrades für die *Einleger* äußerst positiv aus. Wie sich von Extremfällen abgesehen – auch allgemein zeigen läßt, erhöhen sich durch den Übergang von Situation 1 zu Situation 3.3 Gewinn- und Ergebniserwartung der Einleger spürbar (im Beispiel von 7,3% auf 9,5% bzw. von 3,0% auf 8,7%), während die Risikoindikatoren noch deutlicher zurückgehen (und zwar $\bar{v}^E$ von 4,3% auf 0,8% und σ^E von 13,7% auf 6,1%). Ein solcher Vorgang liegt also eindeutig im Interesse der Einleger.

Aus der Sicht der *Bankgesellschafter* ist der Übergang von Situation 1. zu Situation 3.3. demgegenüber tendenziell negativ zu beurteilen. Gewinn- und Ergebniserwartung gehen stark zurück (im Beispiel von 80,2% auf 26,7% bzw. von 53,1% auf 6,4%); die Verlusterwartung vermindert sich zwar ebenfalls (von 27,1% auf 20,3%), jedoch weniger als $\bar{g}^B$. Allerdings kann die Standardabweichung – so wie in unserem Beispiel – ebenfalls zurückgehen, was isoliert betrachtet ja als Verbesserung der Situation anzusehen ist. Zur Relativierung dieses Umstandes ist allerdings zu bedenken, daß das μ-σ-Prinzip, also die Formulierung einer Zielfunktion auf der Basis von Erwartungswert und Standardabweichung oder Varianz, keineswegs uneingeschränkt als vernünftige Entscheidungsregel angesehen werden kann[13]. Im vorliegenden Fall resultiert der Rückgang von σ im wesentlichen daraus, daß sich die Renditewerte im Vergleich zu Situation 1 auf einem deutlich niedrigeren Niveau (Rückgang von $\bar{r}^B$!) etwas stärker um den Mittelwert konzentrieren. Andererseits kann jedoch auch gezeigt werden, daß beim Übergang von Situation 1 zu 3.3 die Wahrscheinlichkeit eines Totalverlustes der Bankgesellschafter (d.h. $\bar{r}^E = -100\%$) zurückgeht, so wie in unserem Beispiel von 27,1% auf 5,2%. Letztlich kann eine eindeutige und allgemeingültige Aussage darüber, wie die Bankgesellschafter ein reines Eigenkapitalwachstum bei zunehmendem Zerfällungsgrad beurteilen, ohne präzisierende Annahmen über deren Risikoeinstellung nicht getroffen werden. Für den hier zu untersuchenden Zusammenhang ist es jedoch wichtiger, festzuhalten, daß die Möglichkeit einer der Interessenlage der Einleger gerade entgegengesetzte Beurteilung durch die Bankgesellschafter zweifelsohne besteht.

4. Ergebnisse und Ausblick

4.1. Zusammenfassung

Die aus der Analyse der beiden Modellvarianten I und II gewonnenen Ergebnisse lassen sich im wesentlichen in den folgenden vier Punkten zusammenfassen:

(1) Bei konstantem Geschäftsvolumen und gegebener Kapitalstruktur vermindert eine Erhöhung des Zerfällungsgrades, d.h. eine Herabsenkung der Größe der – annahmegemäß voneinander unabhängigen – Einzelengagements, die Risiken der Einleger und

---

13 So ist es sogar möglich, daß sich σ beim Übergang zu einer eindeutig dominanten Handlungsalternative erhöht, insoweit also eine scheinbare Verschlechterung der Situation signalisiert. Vgl. dazu z.B. Schneeweiss (1968), S. 96–105; Bitz (1981), S. 103 f.; Laux (1982), S. 160–166.

verbessert zugleich auch noch die Ergebniserwartung. Risikozerfällung liegt somit auf jeden Fall im Interesse risikoscheuer Einleger und verbessert zugleich auch noch ihre Ergebniserwartung.

(2) Ein Wachstum des Geschäftsvolumens vermindert bei unveränderter Kapitalstruktur ebenfalls die Risiken der Einleger und erhöht zugleich ihre Erfolgsaussichten, sofern die Größe der Einzelengagements nicht in genau dem gleichen Verhältnis steigt, der Zerfällungsgrad also erhöht wird. Kapitalstrukturneutrales Wachstum, das im Aktivbereich zumindest zum Teil aus einer Steigerung der Zahl eingegangener Engagements resultiert, liegt somit ebenfalls im Interesse risikoscheuer Einleger.

(3) Die zuletzt genannten Ergebnisse verlieren um so eher an Gültigkeit, je eher das Wachstum mit einer Verminderung der Eigenkapitalquote einhergeht. Denn bei gegebenem Zerfällungsgrad und konstantem Eigenkapital führt ein reines Einlagenwachstum eindeutig zu einer Verschlechterung der Position der Einleger, während umgekehrt ein reines Eigenkapitalwachstum bei gegebenem Einlagenvolumen im Interesse der Einleger liegt.

(4) Die Interessen der Bankgesellschafter im Hinblick auf Risikozerfällung, Wachstum und Eigenkapitalausstattung sind denen der Einleger im allgemeinen gerade entgegengesetzt:

– Zwar bewirkt Risikozerfällung eine Minderung der Risiken nicht nur für die Einleger, sondern auch für die Kapitalgeber insgesamt; nichtsdestoweniger tritt für die Gruppe der Bankgesellschafter u.U. gerade der gegenteilige Effekt auf. Die Ergebniserwartung der Gesamtheit der Kapitalgeber wird hingegen von einer Erhöhung des Zerfällungsgrades nicht berührt. Wenn sich diese Größe aber für die Einleger dennoch erhöht, so muß das zwangsläufig mit einer Minderung der Erfolgsaussichten der Bankgesellschafter einhergehen.

– Im genauen Gegensatz zu den Einlegern beurteilen die Bankgesellschafter ein kapitalstrukturneutrales Wachstum gerade dann um so negativer, je weniger die Größe der Einzelengagements steigt. Lediglich bei konstantem Zerfällungsgrad stehen sie einem kapitalstrukturneutralen Wachstum gerade indifferent gegenüber.

– Das Interesse der Bankgesellschafter an Variationen der Kapitalstruktur in der einen oder der anderen Richtung kann ohne weitere Annahme über ihre Risikoeinstellung nicht eindeutig bestimmt werden. Tendenziell kann jedoch davon ausgegangen werden, daß sie zumindest im Vergleich zwischen reinem Eigenkapital- und reinem Einlagenwachstum – im Gegensatz zu den Einlegern – letzteres vorziehen. Allerdings ist nicht auszuschließen, daß sie zwischen diesen beiden Extremen liegende Mittellösungen insgesamt bevorzugen.

4.2. Implikationen für die Risikozerfällung

Ergebnis (1) bestätigt die im einschlägigen Schrifttum seit langem vertretene Ansicht, daß Großengagements eine besonders gewichtige Risikoursache darstellen und rechtfertigt insoweit zugleich aufsichtsrechtliche Regelungen nach Art von § 13 KWG, die sich in ähnlicher Weise auch in den Aufsichtssystemen anderer Staaten finden lassen. Diese Aussage läßt sich weiter erhärten, wenn man in unserem Ausgangsmodell die Annahme einer einheitlichen Engagementgröße k aufgibt und zuläßt, daß die Einzelengagements individuell in mehr oder weniger großem Umfang von der Durchschnittsgröße $\bar{k} = (E + B)/n$ abweichen. Für diesen Fall läßt sich zeigen, daß die Einlegerrisiken − nach wie vor bei unveränderter Ergebniserwartung − um so größer werden, je stärker die Einzelengagements in ihren individuellen Größen von dem Durchschnittswert k abweichen, je größer und gewichtiger also die Anzahl deutlich überdurchschnittlich großer Engagements wird. Auf die formale Ableitung dieses im übrigen aus der Versicherungsmathematik geläufigen Effektes[14] sei hier verzichtet.

Wenn Risikozerfällung auch ein Instrument zur Risikoverringerung für die Kapitalgeber insgesamt ist, so tritt diese Wirkung dennoch keineswegs für jede einzelne Kapitalgebergruppe ein. Wie wir gesehen haben, sind die Eigenkapitalgeber u.U. vielmehr gerade in entgegengesetzter Weise betroffen. Auf den daraus resultierenden Interessenkonflikt werden wir gleich noch eingehen.

4.3. Implikationen für das Wachstum

Auch das Ergebnis (2) findet Analogien im Versicherungsbereich[15]: Je größer das Geschäftsvolumen eines Institutes ausfällt, um so eher ist es in der Lage, sich das „Gesetz der großen Zahlen" zunutze zu machen und selbst bei (unterproportional) steigender Größe der Einzelengagements die Einlegerrisiken zu verringern. Dementsprechend wird es einem größeren Institut um so leichter fallen, in begrenztem Umfang auch einmal größere Einzelrisiken einzugehen, also etwa einen Kredit mit höherer Ausfallwahrscheinlichkeit oder besonders großem Volumen zu vergeben, ohne deshalb höhere Einlegerrisiken zu erreichen, als ein kleineres Institut, das auf derartig riskante Einzelengagements verzichtet.

Vor diesem Hintergrund muß die gerade in der Bankwirtschaft besonders häufig und dezidiert anzutreffende Einordnung des Wachstums in die Gruppe der primären betrieblichen Zielgrößen keineswegs nur dem Prestigestreben der verantwortlichen Vorstände entspringen; diese Zielvorstellung kann vielmehr auch durch risikotheoretische Analysen der hier angestellten Art gerechtfertigt werden. Diese Überlegungen liefern zugleich auch einen (weiteren) Rechtfertigungsgrund für die aufsichtsrechtliche Praxis, Kreditinstitute überhaupt nur dann zum Geschäftsbetrieb zuzulassen, wenn sie eine gewisse Mindestgröße aufweisen, die ganz erheblich über der für die Gründung sonstiger Unternehmen geltenden Untergrenze liegt[16]. Unterstellt man nämlich, daß das Aufsichtsamt das Erreichen eines gewissen Mindest-Zerfällungsgrades aus Risikogesichtspunkten für notwendig erachtet, so ist dies bei einer in etwa gegebenen Durchschnittsgröße für die Einzelengagements erst dann erreichbar, wenn das Geschäftsvolumen eine bestimmte Untergrenze überschreitet. Im einzelnen sieht die Verwaltungspraxis des Bundesaufsichtsamtes etwa für die Grün-

---

14 Z.B. Mahr (1970), S. 195 f; Schnetzer (1983), S. 208 f.
15 Z.B. Farny (1965) und (1969); Albrecht (1986) und (1987).
16 Reischhauer/Kleinhans, Anm. 6 zu § 33 KWG; s.a. Hemmerde (1985), S. 58−61.

dung einer Universalbank im allgemeinen ein „Mindestkapital" von 6 Mio. DM, für die Gründung einer Hypothekenbank sogar von 30 Mio. DM[17] vor. Auch diese Differenzierung der Mindestanforderungen kann im Rahmen unseres Modells gerechtfertigt werden, wenn man unterstellt, daß die durchschnittliche Größe der Einzelengagements bei einer Hypothekenbank im allgemeinen deutlich höher liegt als bei einer Universalbank.

4.4. Implikationen für die Eigenkapitalausstattung

Wie nicht anders zu erwarten, stellt sich auch im Rahmen unseres Modells die Situation der Einleger tendenziell um so günstiger dar, je größer der Eigenkapitalanteil des betrachteten Institutes ist. Eine Steigerung des Eigenkapitals erhöht tendenziell die Erfolgsaussichten der Einleger und vermindert zugleich ihre Risiken. Dementsprechend sind die vorangegangenen Ausführungen auch insoweit zu relativieren, daß ein Wachstum des Geschäftsvolumens, das im Passivbereich ausschließlich oder zumindest ganz überwiegend mit einer Ausweitung des Einlagenvolumens einhergeht, keineswegs den Interessen der Einleger entsprechen muß. Insofern finden also auch Regelungen nach Art von Grundsatz I gem. § 10 KWG ihre Rechtfertigung. Durch diese Restriktionen wird ja keineswegs ein unter Umständen durchaus auch im Interesse der Einleger liegendes Wachstum des Geschäftsvolumens insgesamt verhindert; vielmehr wird lediglich die Möglichkeit eingeschränkt, eine derartige Expansion mit unverändertem Eigenkapital, also allein durch eine Ausweitung der Einlagen, zu betreiben. Das Wachstum des Geschäftsvolumens wird also letztlich an ein entsprechendes Eigenkapitalwachstum geknüpft. Genau dies entspricht jedoch den Interessen der Einleger.

Im übrigen kann auch das im Grundsatz I vorgesehene Verfahren, die Aktiva je nach ihrer Zugehörigkeit zu verschiedenen Risikogruppen bei der Ermittlung des durch die Höhe des Eigenkapitals zu begrenzenden Geschäftsvolumens in unterschiedlicher Weise zu gewichten, durchaus durch ein Modell der hier vorgestellten Art gerechtfertigt werden. Dazu wären die bisherigen Ansätze in der Weise zu erweitern, daß man mehrere Kreditkategorien unterschiedlichen Risikogehaltes zuläßt. Aus Raumgründen muß darauf verzichtet werden, eine derartige Modellerweiterung hier explizit zu präsentieren. Als Ergebnis zeigt sich jedoch erwartungsgemäß, daß eine Umschichtung des Kreditportefeuilles zugunsten der riskanteren Engagements tendenziell zu einer Erhöhung der Einlegerrisiken und einer gleichzeitigen Verminderung ihrer Erfolgschancen führen würde. Wenn der Grundsatz I derartige Umschichtungen, sofern sie über ein gewisses Maß hinausgehen, ebenfalls an ein entsprechendes Eigenkapitalwachstum knüpft, so liegt das sicherlich ebenfalls im Interesse der Einleger.

---

17 Reischhauer/Kleinhans, Anm. 6 zu § 33 KWG; s.a. Hemmerde (1985), S. 58 – 61.

4.5. Interessengegensätze

Ergebnis (4) lenkt das Augenmerk auf einen Umstand, der im einschlägigen Schrifttum zum Problem der Bankenaufsicht bislang vergleichsweise wenig Beachtung gefunden hat, nämlich auf die Möglichkeit tiefgreifender Interessenkonflikte zwischen den Gesellschaftern einer Bank einerseits und den Einlegern andererseits. Dabei können derartige Interessenkonflikte nicht etwa nur aufgrund unterschiedlicher Zielvorstellungen auftreten, sondern, wie unser einfaches Modell deutlich zeigt, auch dann, wenn die maßgeblichen Präferenzfunktionen für beide Gruppen genau das gleiche Aussehen haben. Der Grund dafür wird aus den für Einleger und Gesellschafter maßgeblichen Ergebnisfunktionen gem. (7E), (8E) bzw. (7B), (8B) deutlich. Die aus der Gestaltung der bankbetrieblichen Geschäftspolitik für die Kapitalgeber insgesamt resultierenden Chancen und Risiken sind auf die beiden hier interessierenden Gruppen asymmetrisch verteilt. Angesichts der fest vereinbarten Verzinsung partizipieren die Einleger an den Chancen einer riskanteren, aber bei gutem Verlauf auch ertragreicheren Geschäftspolitik praktisch nicht, tragen jedoch die Risiken etwaiger Fehlschläge, durch die die Solvenz des Institutes gefährdet werden kann, in erheblichem Umfang mit. Den Eigenkapitalgebern hingegen kommen die Chancen riskanterer Geschäfte weitgehend allein zugute; angesichts des in aller Regel allenfalls begrenzten Ausmaßes einer persönlichen Haftung[18], sind sie von den entsprechenden Risiken hingegen nur begrenzt betroffen. Oder um es plastisch auszudrücken: Wenn eine Bank sechs Jahre ganz erhebliche Gewinne erzielt und im siebten Jahr zusammenbricht, so kann sich das für die Eigenkapitalgeber durchaus gelohnt haben, für den Einleger hingegen ist es sicherlich ein schlechtes Geschäft.

Diese asymmetrische Verteilung von Chancen und Risiken stellt eigentlich das gewichtigste Argument zur Rechtfertigung einer mit Gesichtspunkten des Einlegerschutzes motivierten aufsichtsrechtlichen Beschränkung der freien bankbetrieblichen Geschäftstätigkeit dar. Zwar ist es richtig, daß Bankeinleger häufig im Geschäftsleben wenig erfahren und oftmals weder in der Lage sind, die mit einer Bankeinlage verbundenen Risiken zu erkennen, noch das Bankmanagement hinlänglich kontrollieren können[19]. Auch trifft es zu, daß Einleger von einer Fehleinschätzung des für sie besonders wichtigen Qualitätsaspektes „Sicherheit" oftmals besonders hart, eventuell bis zur Gefährdung ihrer ökonomischen

---

18 „Haftungsbegrenzung" ist in diesem Zusammenhang nicht als rein juristisches Phänomen, sondern auch darüber hinaus als Inbegriff aller Umstände zu verstehen, die es einem Bankgesellschafter ermöglichen, bei Insolvenz des Instituts gewisse Vermögensgegenstände vor dem Zugriff der Gläubiger zu bewahren, sich aber dennoch deren Nutzung zu sichern. Ein Instrument dazu kann die Wahl einer entsprechenden Rechtsform für die Bank sein, ein anderes die formale Übertragung von Vermögensgegenständen auf andere Personen, die jedoch die Nutzung durch den ursprünglichen Eigentümer dulden, oder die Verbringung von Vermögensgegenständen in Bereiche, die nicht dem Zugriff des deutschen Rechts ausgesetzt sind.
19 Insofern sind die Ansätze zum Einlegerschutz auf der gleichen konzeptionellen Ebene einzuordnen wie die vielfältigen sonstigen Regelungen zum Schutz von Verbrauchern, die sich häufig nur in sehr eingeschränktem Umfang ein zutreffendes Bild von der Qualität der angebotenen Ware machen können. (Vgl. in diesem Zusammenhang Krümmel (1975), S. 527 f.; Bitz/Hemmerde/Rausch (1986), S. 77 f.; Keine (1986), S. 31 – 34 m.w.N.)

Existenz betroffen sind. Wenn jedoch davon ausgegangen werden könnte, daß die Personen, die sich als Bankiers betätigen, in der Verfolgung ihrer eigenen Interessen im Prinzip auch genau jene Maßnahmen ergreifen werden, die zugleich den (Sicherheits-)Vorstellungen der Einleger entsprechen, könnte die Berechtigung derartig einschneidender Eingriffe in die geschäftliche Gestaltungsfreiheit, wie sie Vorschriften nach Art von Grundsatz I oder § 13 KWG darstellen, mit guten Gründen in Frage gestellt werden. Eine staatliche Bankenaufsicht könnte sich dann — zumindest unter Einlegerschutzgesichtspunkten — eigentlich darauf beschränken, darauf hinzuwirken, daß solche Personen daran gehindert werden, Bankgeschäfte zu betreiben, denen

- entweder die hinlängliche fachliche Qualifikation fehlt, so daß sie sich, gar nicht einmal aus Vorsatz, sondern aus Unerfahrenheit und Dummheit und zugleich entgegen ihren eigenen Interessen, einlegerschädigend verhalten,
- oder die persönliche Integrität fehlt, so daß zu befürchten ist, daß sie die Einleger in betrügerischer Weise schädigen werden.

Erst der Umstand, daß ein durchaus fachkundiger und seriöser Bankmanager in loyaler Verfolgung der Zielvorstellungen der Gesellschafter zu geschäftspolitischen Entscheidungen kommen kann, die den aus den obengenannten Gründen schutzwürdigen Interessen der Einleger unter Umständen voll zuwiderlaufen, macht diese Interessen, weil gefährdet, auch schutzbedürftig und liefert somit erst den eigentlichen Rechtfertigungsgrund für weitergehende Begrenzungen des bankgeschäftlichen Handlungsspielraums.

Besondere Beachtung verdient in diesem Zusammenhang noch der aus der Finanzierungstheorie inzwischen hinlänglich bekannte Umstand, daß Interessendivergenzen zwischen Eigenkapitalgebern und Gläubigern tendenziell um so schärfer ausgeprägt sind, je niedriger die Eigenkapitalquote eines Unternehmens ist[20]. Vorschriften wie die Grundsätze I und Ia oder § 13 KWG, die das Ausmaß, in dem das Geschäftsvolumen ausgeweitet und Risiken eingegangen werden dürfen, an die Existenz eines im bankaufsichtsrechtlichen Sinne „hinlänglichen" Eigenkapitals knüpfen, erhalten unter diesem Aspekt zusätzliche Rechtfertigung. Darüber hinaus stellt sich die — hier allerdings nicht mehr weiter zu erörternde — Frage, ob es nicht sinnvoll wäre, Banken ganz abgesehen von der Begrenzung der Geschäftsrisiken die Einhaltung einer Mindestrelation zwischen Eigenkapital und Einlagen aufzuerlegen[21]. Rechtfertigungsgrund für eine derartige Restriktion könnte allerdings nicht das Bemühen sein, die Geschäftsrisiken zu begrenzen — diesem Anliegen werden die derzeitig geltenden Begrenzungsnormen viel besser gerecht — sondern die Absicht, die mit

---

20 Drukarczyk (1980), S. 242 und (1981), S. 253; Schmidt, R.H. (1981), S. 206; Swoboda (1981), S. 165; Schildbach (1983), S. 2132; Marschdorf (1984), S. 1989; Bitz/Hemmerde/Rausch (1986), S. 72—76.
21 Zur Diskussion über Möglichkeiten und Grenzen zur Fixierung einer Mindestausstattung mit Eigenkapital für Unternehmen allgemein vgl. Rogusch (1979), insbes. S. 182—273; Bitz/Hemmerde/Rausch (1986), S. 86—92, 140—163.

abnehmender Eigenkapitalquote zunehmende Interessendivergenz zwischen Einlegern und Eigenkapitalgebern zu beschränken[22].

Anhang: Ableitung der Erfolgs- und Risikoindikatoren für Modell II

Zunächst ist festzuhalten, daß die Wahrscheinlichkeitsverteilung für die Anzahl der insgesamt erfolgreichen Kreditengagements x gegenüber dem Ausgangsmodell keine Änderung erfährt. Formel (1) behält also ihre Gültigkeit. Je nachdem, in welchen Wertbereich x fällt, sind nun allerdings vier verschiedene Ergebniskonstellationen a bis d zu unterscheiden.

Konstellation a: Die Einleger erhalten Zins und Rückzahlung in voller Höhe; für die Bank verbleibt ein Gewinn oder sie erzielt zumindest keinen Verlust. Dies ist genau dann der Fall, wenn

$$k \cdot q_s \cdot x \geqq E \cdot q_h + B$$

gilt (mit $q_h := 1 + i_h$). Bezeichnet x_a die Mindestanzahl von Krediten, die erfolgreich sein müssen, damit diese Bedingung erfüllt ist, so gilt

$$(2a) \quad x_a = \left\lceil \frac{E \cdot q_h + B}{k \cdot q_s} \right\rceil$$

Konstellation b: Die Einleger erhalten Zins- und Rückzahlung in voller Höhe, die Bank erleidet jedoch Verluste. Dies ist der Fall, wenn

$$E \cdot q_h + B > k \cdot q_s \cdot x \geqq E \cdot q_h$$

gilt. Sofern überhaupt ein ganzzahliger x-Wert existiert, der diese Bedingung erfüllt, ergibt sich für die zum Eintritt dieser Konstellation notwendige Mindestzahl (x_b) erfolgreicher Kredite somit:

$$(2b) \quad x_b = \left\lceil \frac{E \cdot q_h}{k \cdot q_s} \right\rceil$$

Konstellation c: Die Einleger erhalten nur noch die Rückzahlung in voller Höhe, müssen jedoch ganz oder teilweise auf den vereinbarten Zins verzichten. Die Bankgesellschafter verlieren demgegenüber das gesamte eingesetzte Kapital. Dies tritt dann auf, wenn

---

[22] Stützel bezeichnete bereits 1964 speziell die besonders niedrigen Eigenkapitalquoten im Kreditgewerbe als eigentliche Rechtfertigung für spezielle gewerbepolitische Eingriffe. Allerdings forderte er als zweites Begründungskriterium das Vorliegen eines überwiegenden Verkehrsinteresses, worunter er die Schutzwürdigkeit des Vertrauens der gewöhnlichen Bankeinleger verstand. (Vgl. Stützel (1964), TZ 42–54.)

$$E \cdot q_h > k \cdot q_s \cdot x \geqq E$$

gilt. Sofern diese Bedingung überhaupt für einen ganzzahligen x-Wert erfüllt ist, ergibt sich für die zugehörige Mindestanzahl erfolgreicher Kredite:

$$(2c) \quad x_c = \left\lceil \frac{E}{k \cdot q_s} \right.$$

was genau der in unserem Ausgangsmodell für das Auftreten eines Gesamtgewinns notwendigen Mindestanzahl x* gem. (2) entspricht.

Konstellation d: Die Einleger erhalten nicht einmal die eingelegten Beträge zurück; die Bankgesellschafter verlieren das gesamte Kapital. Dies ist der Fall, wenn

$$(2d) \quad x < x_c$$

gilt.

Die Einleger erzielen also in den Konstellationen a und b insgesamt einen Gewinn in Höhe der vereinbarten Zinsen ($E \cdot i_h$). In Konstellation c ergibt sich ein Gewinn in Höhe der Differenz zwischen dem Gesamtrückfluß aus dem Aktivgeschäft und dem Einlagenbetrag ($k \cdot q_s \cdot x - E$), in Konstellation d hingegen ein Verlust in entsprechender Höhe.

Bezieht man die angegebenen Ergebniswerte nun jeweils auf das Einlagevolumen E, so erhält man unter Beachtung von $(E + B) = k \cdot n$ folgende Bestimmungsgleichungen für die Gewinne und Verluste eines Einlegers in Abhängigkeit von der Anzahl der erfolgreichen Engagements (x):

$$(7E) \quad g^E(x) = \begin{cases} i_h & \text{, wenn } x \geqq x_b \\ \frac{x}{n} \cdot q_s \cdot (1 + B/E) - 1 & \text{, wenn } x_b > x \geqq x_c \\ 0 & \text{, wenn } x < x_c \end{cases}$$

$$(8E) \quad v^E(x) = \begin{cases} 0 & \text{, wenn } x \geqq x_c \\ 1 - \frac{x}{n} \cdot q_s \cdot (1 + B/E) & \text{, wenn } x < x_c \end{cases}$$

Aufgrund analoger Überlegungen läßt sich für die auf den Kapitaleinsatz B bezogenen Gewinne und Verluste der Bankgesellschafter ermitteln:

(7B) $g^B(x) = \begin{cases} \dfrac{x}{n} \cdot q_s \cdot (1 + E/B) - E/B \cdot q_h - 1 & \text{, wenn } x \geqq x_a \\ \\ 0 & \text{, wenn } x < x_a \end{cases}$

(8B) $v^B(x) = \begin{cases} 0 & \text{, wenn } x \geqq x_a \\ 1 + E/B \cdot q_h - \dfrac{x}{n} \cdot q_s \cdot (1 + E/B) & \text{, wenn } x_a > x \geqq x_b \\ 1 & \text{, wenn } x < x_b \end{cases}$

Für die hier interessierenden Erfolgs- und Risikoindikatoren gilt somit:

(3E) $\bar{g}^E = i_h \cdot \sum\limits_{x=x_b}^{n} p(x) + \sum\limits_{x=x_c}^{x_b-1} \left[\dfrac{x}{n} \cdot q_s \cdot (1 + B/E) - 1\right] \cdot p(x)$

(4E) $\bar{v}^E = \sum\limits_{x=0}^{x_c-1} \left[1 - \dfrac{x}{n} \cdot q_s \cdot (1 + B/E)\right] \cdot p(x)$

(5E) $\bar{r}^E = i_h \cdot \sum\limits_{x=x_b}^{n} p(x) + \sum\limits_{x=0}^{x_b-1} \left[\dfrac{x}{n} \cdot q_s \cdot (1 + B/E) - 1\right] \cdot p(x)$

(6E) $\sigma^E = \left[i_h^2 \cdot \sum\limits_{x=x_b}^{n} p(x) + \sum\limits_{x=0}^{x_b-1} \left[\dfrac{x}{n} \cdot q_s \cdot (1 + B/E) - 1\right]^2 \cdot p(x) - \bar{r}_E^2\right]^{1/2}$

(3B) $\bar{g}^B = \sum\limits_{x=x_a}^{n} \left[\dfrac{x}{n} \cdot q_s \cdot (1 + E/B) - \dfrac{E}{B} \cdot q_h - 1\right] \cdot p(x)$

(4B) $\bar{v}^B = \sum\limits_{x=x_b}^{x_a-1} \left[1 + \dfrac{E}{B} \cdot q_h - \dfrac{x}{n} \cdot q_s \cdot (1 + E/B)\right] \cdot p(x) + \sum\limits_{x=0}^{x_b-1} p(x)$

(5B) $\bar{r}^B = \sum\limits_{x=x_b}^{n} \left[\dfrac{x}{n} \cdot q_s \cdot (1 + E/B) - E/B \cdot q_h - 1\right] \cdot p(x) - \sum\limits_{x=0}^{x_b-1} p(x)$

(6B) $\sigma^B = \left[\sum\limits_{x=x_b}^{n} \left[\dfrac{x}{n} \cdot q_s \cdot (1 + E/B) - E/B \cdot q_h - 1\right]^2 \cdot p(x) + \sum\limits_{x=0}^{x_b-1} p(x) - \bar{r}_B^2\right]^{1/2}$

Literaturverzeichnis

Albrecht, Peter: Die Versicherungsproduktion – eine Kuppelproduktion bei Risiko; in: Zeitschrift für Betriebswirtschaft 3/87, S. 316–328.

Albrecht, Peter: Konstruktion und Analyse stochastischer Gesamtmodelle des Versicherungsgeschäfts auf der Grundlage risiko- und finanzierungstheoretischer Ansätze, Habilitationsschrift, Mannheim 1986.

Bamberg, Günther/Coenenberg, Adolf Gerhard: Betriebswirtschaftliche Entscheidungslehre, 4. überarbeitete Auflage, 1985.

Bitz, Michael: Strukturierung ökonomischer Entscheidungsmodelle, Wiesbaden 1977.

Bitz, Michael: Entscheidungstheorie, München 1981.

Bitz, Michael (Hrsg.): Bank- und Börsenwesen, Bd. 2, München 1981(a).

Bitz, Michael/Hemmerde, Wilhelm/Rausch, Werner: Gesetzliche Regelungen und Reformvorschläge zum Gläubigerschutz – Eine ökonomische Analyse, Berlin, Heidelberg, New York, Tokyo 1986.

Deppe, Hans-Dieter: Zur Rentabilitäts- und Liquiditätsplanung von Kreditinstituten; in: Weltwirtschaftliches Archiv 1961, S. 303–351.

Deppe, Hans-Dieter: Über Ziele und Problemstellungen theoretisch-deduktiver Analysen einzelner Kreditinstitute; in: Schmalenbachs Zeitschrift für betriebswirtschaftliche Forschung 1966, S. 616–648.

Deppe, Hans-Dieter: Bankbetriebliches Wachstum – Funktionalzusammenhänge und Operations Research in Kreditinstituten, Stuttgart 1969.

Drukarczyk, Jochen: Finanzierungstheorie, München 1980.

Drukarczyk, Jochen: Zum Problem der Auslösung insolvenzrechtlicher Verfahren; in: Zeitschrift für Betriebswirtschaft, Heft 3/1981, S. 235–257.

Erdland, A: Eigenkapital und Einlegerschutz bei Kreditinstituten, Berlin 1981.

Farny, Dieter: Produktions- und Kostentheorie, Veröffentlichungen des Deutschen Vereins für Versicherungswissenschaft e.V., Heft 72, Karlsruhe 1965.

Farny, Dieter: Grundfragen einer theoretischen Versicherungsbetriebslehre, in: Wirtschaft und Recht der Verrsicherung, hrsg. von D. Farny, Karlsruhe 1969, S. 27–72.

Gerke, Wolfgang/Philipp, Fritz: Finanzierung, Stuttgart, Berlin, Köln, Mainz 1985.

Hagenmüller, Karl-Friedrich: Bankbetrieb und Bankpolitik, München 1959.

Hartmann, Manfred: Ökonomische Aspekte der Reform des KWG. Forschungsberichte Band 3, Hrsg.: Gesellschaft zur Förderung der wissenschaftlichen Forschung über das Spar- und Girowesen e.V., Stuttgart 1977.

Hausmann, Rainer: Der Schutz von Bankgläubigern. Ein Beitrag zur Verbesserung des Schutzes von Kleinanlegern, Frankfurt 1982.

Heinen, Edmund: Das Zielsystem der Unternehmung – Grundlagen betriebswirtschaftlicher Entscheidung, 2. Auflage, Wiesbaden 1971.

Hemmerde, Wilhelm: Insolvenzrisiko und Gläubigerschutz, Frankfurt/Main 1985.

Hübner, Otto: Die Banken, Leipzig 1854.

Kalveram, Wilhelm: Bankbetriebslehre, Berlin, Wien 1939.

Keine, Friedrich-Michael: Die Risikoposition eines Kreditinstituts – Konzeption einer umfassenden bankaufsichtsrechtlichen Verhaltensnorm, Wiesbaden 1986.

Krümmel, Hans-Jacob: Liquiditätssicherung im Bankwesen; in: Kredit und Kapital 1968, S. 247–307 und 1969, S. 60–110.

Krümmel, Hans-Jacob: Bankpolitische Normen und ihre Wirkungen auf das Bankgeschäft; in: Kredit und Kapital 1975, S. 524–548.

Krümmel, Hans-Jacob: Bankaufsichtsziele und Eigenkapitalbegriff, Frankfurt/Main 1983.

Laux, Helmut: Entscheidungstheorie, Berlin, Heidelberg, New York 1982.

Luce, Robert/Raiffa, Howard: Games and Decisions, New York 1957.

Mahr, Werner: Einführung in die Versicherungswirtschaft, 3. Auflage, Berlin 1970.

Markower, Helen/Marschak, Jacob: Assets, Prices and Monetary Theory; in: Econometrica (5), 1938, S. 261–288.

Markowitz, Harry M.: Theories of Uncertainty and Financial Behavior; in: Econometrica (19), 1951, S. 325–327.

Marschdorf, Hans-Joachim: Unternehmensverwertung im Vorfeld und im Rahmen gerichtlicher Insolvenzverfahren, Bergisch Gladbach 1984.

Mülhaupt, Ludwig: Ansatzpunkte für eine Theorie der Kreditbank; in: Jahrbuch für Sozialwissenschaft, 1961, S. 132–143.

Obst, Georg: Das Bankgeschäft, Bd. 2., 6. Auflage, Stuttgart 1923.

Philipp, Fritz: Risiko und Risikopolitik, Stuttgart 1967.

Philipp, Fritz: Modelle der Finanzierung; in: Kosiol, Erich (Hrsg.): Handwörterbuch des Rechnungswesens, Stuttgart 1970, Sp. 1145–1160.

Philipp, Fritz: Risiko und Risikopolitik; in: Grochla, Erwin/ Wittmann, Waldemar (Hrsg.): Handwörterbuch der Betriebswirtschaft, 4. Auflage, Stuttgart 1976, Sp. 3453–3460.

Philipp, Fritz et al.: Zur Bestimmung des „haftenden Eigenkapitals" von Kreditinstituten, Frankfurt/Main 1981.

Philipp, Fritz et al.: Zur bankaufsichtsrechtlichen Begrenzung des Risikopotentials von Kreditinstituten; in: Die Betriebswirtschaft, Heft 3, 1987, S. 285–302.

Priewasser, Erich: Die Implementierung von bankbetrieblichen Planungs- und Entscheidungsmodellen; in: Müller-Merbach, H. (Hrsg.): Quantitative Ansätze in der Betriebswirtschaftslehre, München 1978, S. 301–314.

Reischauer, Friedrich/Kleinhans, Joachim: Kreditwesengesetz (KWG), Loseblattkommentar für die Praxis nebst sonstigen bank- und sparkassenrechtlichen Aufsichtsgesetzen sowie ergänzenden Vorschriften.

Rogusch, Michael: Mindesteigenkapital, Haftungsbeschränkung und Gläubigerschutz bei der GmbH. Zur Problematik einer betriebswirtschaftlich begründeten Eigenkapitaluntergrenze einer GmbH als Anknüpfungspunkt für gläubigerschützende und die Haftung der GmbH-Gesellschafter erweiternde Maßnahme, Frankfurt/Main 1979.

Schildbach, Thomas: Sicherheiten versus conditio creditorum – Eine betriebswirtschaftliche Analyse im Zusammenhang mit der Insolvenzrechtsreform; in: Betriebs-Berater, Heft 34/1983, S. 2129–2136.

Schmidt, Reinhard H.: Grundformen der Finanzierung; in: Kredit und Kapital 1981, S. 186–221.

Schmidt, Reinhart: Neuere Entwicklungen der modellgestützten Gesamtplanung von Banken; in: Zeitschrift für Betriebswirtschaft 1983, S. 304–318.

Schneeweiss, Hans: Entscheidungskriterien bei Risiko, Berlin, Heidelberg, New York 1967.

Schneeweiss, Hans: Die Unverträglichkeit von (μ, σ)-Prinzip und Dominanzprinzip; in: Unternehmensforschung (12) 1968, S. 96–105.

Schnetzer, Wilhelm: Möglichkeiten für eine Versicherung von Bankeinlagen in der Bundesrepublik Deutschland – Gestaltungsformen, Grenzen und Konsequenzen, Diss. Hagen, 1983.

Süchting, Joachim: Bankmanagement, Stuttgart 1982.

Süchting, Joachim: Zum Problem des „angemessenen" Eigenkapitals von Kreditinstituten; in: Zeitschrift für betriebswirtschaftliche Forschung 5/1982(a), S. 397–415.

Stützel, Wolfgang: Bankpolitik – heute und morgen, Frankfurt/Main 1964, (3. Auflage, Frankfurt/Main 1983).

Swoboda, Peter: Betriebliche Finanzierung, Würzburg-Wien 1981.

Wagner, Adolf: Beiträge zur Lehre von den Banken, Leipzig 1857.

Wagner, Adolf: Bankbrüche und Bankkontrollen; in: Deutsche Monatsschrift für das gesamte Leben der Gegenwart, Jg. 1901, S. 74–85 und Jg. 1902, S. 248–258.

Ein Ansatz zur integrativen Quantifizierung bankbetrieblicher Ausfall- und Zinsänderungsrisiken

Von Prof. Dr. Henner Schierenbeck

Fast alle Geschäfte von Kreditinstituten verursachen für sich genommen oder in ihrem strukturellen Zusammenwirken Risiken, die es im Sinne einer ertragsorientierten Geschäftspolitik zu identifizieren und im Hinblick auf ihre Tragfähigkeit zu begrenzen gilt. Eine derartige Begrenzung kann jedoch nur dann adäquat vorgenommen werden, wenn eine quantitativ fixierte Vorstellung darüber besteht, welche negativen ertragsmäßigen Konsequenzen mit einem geplanten Geschäftsverlauf sowie bestimmten unerwünschten Entwicklungen verbunden sind. Erst dadurch ist es möglich, den mit einer Geschäftsbegrenzung i.d.R. einhergehenden Verzicht auf entsprechende Ertragschancen auf das notwendige Maß einzuschränken und das marktmäßig mögliche Geschäftspotential weitestgehend auszuschöpfen.

Vor diesem Hintergrund liegt das Ziel des vorliegenden Beitrages darin, einen Ansatz zur integrativen Quantifizierung bankbetrieblicher Risiken vorzustellen. Als Risikoarten werden dabei mit dem Ausfall- und dem Zinsänderungsrisiko die beiden bedeutendsten Erfolgsrisiken eines Kreditinstituts betrachtet. Unberücksichtigt bleiben dementsprechend die Risiken des Betriebsbereichs, die Liquiditäts- und die Währungsrisiken.

1. Ausfall- und Zinsänderungsrisiken als banktypische Risikokategorien

1.1. Das Ausfallrisiko in bilanzorientierter Betrachtung

Das Ausfallrisiko beinhaltet als Gläubigerrisiko die Gefahr des teilweisen oder vollständigen Verlustes von Forderungen im Kreditgeschäft und von Ansprüchen aus festverzinslichen Wertpapieren. Durch die Übernahme von Eigentümerpositionen an Unternehmen entsteht daneben mit dem Anteilseignerrisiko die Gefahr des teilweisen oder vollständigen Wertverlustes oder des Rückganges oder Ausfalls des Ertrages von Beteiligungen und sonstigen Anteilswerten (Schierenbeck (1987), S. 296 ff.).

Unter bilanzorientierter Betrachtungsweise ist das Ausfallrisiko sowohl mit bilanzwirksamen als auch mit bilanzunwirksamen Geschäften verbunden (ausführlicher hierzu Hölscher (1987), S. 42 ff.). Als in der Bilanz erfaßte Geschäfte werden im engeren Sinne nur die Positionen oberhalb des Bilanzstrichs bezeichnet, im weiteren Sinne sind hierzu jedoch auch die Vermerke unter dem Bilanzstrich hinzuzurechnen. Die kreditgeschäftlichen Ausfallrisiken der erstgenannten Gruppe resultieren im wesentlichen aus der Geldleihe, bei der einem Kunden für eine begrenzte Zeit Zahlungsmittel zur Verfügung gestellt werden. Wichtige Positionen unterhalb des Bilanzstrichs stellen die verschiedenen Formen des Kreditleihgeschäfts dar, also insbesondere die eigenen Ziehungen im Umlauf, die Indossamentsverbindlichkeiten aus weitergegebenen Wechseln sowie die Verbindlichkeiten aus Bürgschaften, Gewährleistungen u.ä.. Sie führen bei ihrer Inanspruchnahme zunächst zu einer Forderung gegenüber dem Kunden, der beispielsweise seinen Wechselverpflichtungen nicht nachgekommen ist oder der einen Kredit, für den die Bank als Bürge auftrat, nicht ordnungsgemäß zurückgezahlt hat. Erst wenn das Kreditinstitut die entstandenen Forderungen nicht durchsetzen kann, wird das Ausfallrisiko erfolgsmäßig wirksam.

Die nicht aus der Bilanz ersichtlichen Risiken, die auch als Off-Balance-Sheet-Risiken bezeichnet werden, resultieren aus schwebenden, nicht bilanzierungsfähigen Geschäften. Obwohl die Off-Balance-Sheet-Geschäfte in den letzten Jahren verstärkt in den Blickpunkt gerückt sind, gehören sie zum üblichen Leistungsangebot eines Kreditinstituts und werden traditionell beispielsweise in Form von Kreditzusagen oder Übernahmegarantien im Emissionsgeschäft betrieben. Kreditzusagen sind nach ihrer Inanspruchnahme selbstverständlich mit einem Ausfallrisiko verbunden, so daß für einen bestimmten Zeitraum unwiderrufliche Zusagen risikomäßig in gleicher Weise wie die bilanziell erfaßten Geschäfte zu beurteilen sind. Durch die Übernahmegarantien werden negative Erfolgseffekte dann hervorgerufen, wenn ein nicht marktgerechter Übernahmepreis vereinbart wurde und die Papiere nur zu einem geringeren Kurs am Markt abgesetzt werden können.

Neben diesen traditionellen Off-Balance-Sheet-Geschäften sind in den letzten Jahren neue Instrumente in den Vordergrund getreten. Die mit diesen Geschäften verbundenen Risiken sollen beispielhaft an den Euronote-Fazilitäten aufgezeigt werden. Dabei beinhalten die Euronote-Fazilitäten den revolvierenden Absatz kurzfristiger, als Euronotes bezeichneten Papiere, ergänzt um die Rückgriffsmöglichkeit auf eine oder mehrere Banken, falls die Notes zu einem bestimmten Höchstzinssatz nicht abgesetzt werden können. Die beteiligten Banken sind in diesem Fall zur Übernahme der Papiere oder zur Bereitstellung eines entsprechenden Kredits verpflichtet. Von ihrem Charakter her sind die Euronote-Fazilitäten daher je nach Geschäftsgestaltung den Übernahmegarantien oder Kreditzusagen vergleichbar. Im Gegensatz zu den Underwriting-Verpflichtungen wird die fortwährende Emission kurzfristiger Papiere jedoch über einen mehrjährigen Zeitraum garantiert. Das hieraus ableitbare höhere Ausfallrisiko wird noch verstärkt dadurch, daß die beteiligten Banken dann die Kapitalbereitstellung übernehmen müssen, wenn die Bonität des Emittenten zurückgeht und andere Stellen die Übernahme des Risikos bereits abgelehnt haben.

Die erfolgswirksame Realisation des Ausfallrisikos setzt damit bei den Euronotes ebenso wie bei den traditionellen Off-Balance-Sheet-Geschäften und den Eventualverbindlichkeiten die Umwandlung einer bilanzunwirksamen in eine bilanzwirksame Position voraus. Dies ist für die später zu erläuternde Quantifizierung des Ausfallrisikos von Bedeutung, die dadurch über die tendenziell höhere Ausfallgefährdung der umgewandelten Engagements vorgenommen werden kann und nicht an sämtlichen bilanzunwirksamen Geschäften sowie deren voraussichtlicher Ausfallrate anknüpfen muß.

1.2. Begriff, Elemente und Determinanten des Zinsänderungsrisikos

Unter dem Zinsänderungsrisiko wird allgemein die Gefahr einer von Marktzinsänderungen herbeigeführten Verringerung der Zinsspanne verstanden. Die Entstehung von Zinsänderungsrisiken kann dabei zunächst auf eine unterschiedliche Anpassungsfähigkeit der durchschnittlichen Aktiv- und Passivzinssätze an veränderte Marktverhältnisse zurückgeführt werden (Rolfes (1985b), S. 529-552). Diese auch als Zinsreagibilität oder Zinselastizität bezeichnete Anpassungsfähigkeit ist mit Ertragseinbußen verbunden, wenn

- bei einem nachgebenden Zinsniveau der durchschnittliche Aktivzins stärker als der durchschnittliche Passivzins reagiert (aktiver Zinselastizitätsüberhang) oder
- bei einem steigenden Zinsniveau der durchschnittliche Passivzins stärker als der durchschnittliche Aktivzins reagiert (passiver Zinselastizitätsüberhang).

Ein Elastizitätsungleichgewicht kann sowohl aus Festzinspositionen als auch aus variabel verzinslichen Geschäften resultieren. Im variablen Geschäft sind zwar die Zinssätze auf beiden Seiten der Bilanz formell uneingeschränkt anpassungsfähig, die Art der speziellen Bankgeschäfte verhindert jedoch häufig faktisch die gleichgewichtige Anpassung der Zinsvereinbarungen. Um dies differenzierter zu begründen, sind die Determinanten der Elastizitätssituation offenzulegen. Dabei müssen transformations- und marktorientierte Bestimmungsfaktoren unterschieden werden (Hölscher (1987), S. 18 ff.).

Die transformationsbedingten Elastizitätsdivergenzen resultieren zunächst aus der von den Kreditinstituten betriebenen Kapitalbindungstransformation und aus der empirisch festzustellenden Zinsanpassungsfähigkeit kurz- und mittelfristiger Engagements. Es wird dabei deutlich, daß die Schwankungsbreite der (kurzfristigen) Geldmarktsätze erheblich größer ist als die der (langfristigen) Kapitalmarktzinsen. Beispielsweise stieg der Geldmarktzins in den Jahren 1978 bis 1981 um 9,3 Prozentpunkte, während sich der Kapitalmarktzins nur um 5,9 Prozentpunkte erhöhte (Rolfes (1985a), S. 23). Betreibt ein Kreditinstitut positive Kapitalbindungstransformation, so bedeutet dies folglich nichts anderes als die Umwandlung kurzfristiger (passivischer) Mittel mit hoher Zinselastizität in langfristige (aktivische) Gelder mit geringer Zinsreagibilität. Bei einem steigenden Zinsniveau resultieren daraus zwangsläufig Ertragseinbußen. Weitere transformationsbedingte Elastizitätsungleichgewichte ergeben sich aus der Zinsbindungstransformation, mit der die Beziehungen zwischen variablen und festverzinslichen Geschäften angesprochen werden. Eine positive Zinsbindungstransformation liegt bei einer Umwandlung variabel verzinslicher Passiva in festverzinsliche Aktiva vor. Es entsteht dadurch ein passiver Elastizitätsüberhang, so daß ein Zinsänderungsrisiko eintritt, wenn das Zinsniveau steigt und die Passivzinsen angepaßt werden müssen, während die Zinsen auf der Aktivseite konstant bleiben.

Die marktbedingten Elastizitätsdivergenzen überlagern die unterschiedliche Zinsreagibilität aufgrund der Kapitalbindungstransformation. Sie resultieren daraus, daß Marktzinsänderungen im Rahmen der Mittelbeschaffung und Mittelverwendung nur ungleichmäßig auf die Kundenvereinbarungen übertragen werden können. Gelingt es beispielsweise bei positiver Kapitalbindungstransformation und einer allgemeinen Zinssteigerung nicht, die Erhöhung der Kapitalmarktzinsen durchzusetzen, während die höheren Geldmarktzinsen in vollem Umfang weitergegeben werden müssen, so liegt ein passiver marktbedingter Elastizitätsüberhang vor, der zu einer weiteren Zunahme der Ertragseinbußen führt. Die Entstehungsursachen können dabei zum einen im Bereich der Konkurrenzsituation liegen, die nur eine begrenzte Zinsänderung zuläßt, ohne einen erheblichen Kundenverlust hinzunehmen. Verstärkend kann sich zum anderen jedoch auch die Kundenstruktur auswirken. Besteht nämlich ein hoher Anteil von Kunden mit starker Verhandlungsmacht und großer

Preiselastizität, so führt dies bei einer Zinserhöhung tendenziell zu einer stärkeren Anpassung der Passiv- als der Aktivzinsen (Hölscher (1987), S. 21 f.).

Die transformations- und marktbedingten Elastizitätsdivergenzen können nun mit der eingangs angesprochenen Unterscheidung Festzinsrisiko/variables Zinsänderungsrisiko verbunden werden (vgl. Abb. 1). Das Festzinsrisiko beinhaltet den Teil des gesamten Zinsänderungsrisikos, der durch ein kapital- und zinsbindungsbedingtes Elastizitätsungleichgewicht zwischen aktivischen und passivischen Festzinspositionen hervorgerufen wird. Dabei bildet die Zinsbindungstransformation die mit der Bezeichnung" bezeichnete Risikoursache direkt ab. Die Bedeutung der Fristentransformation ergibt sich daraus, daß je nach Fristigkeit der zwischen aktivischen und passivischen Festzinspositionen bestehenden Festzinslücke die Höhe des Zinsänderungsrisikos schwankt. Bestehen beispielsweise langfristige aktivische Festzinspositionen und liegt auf der Passivseite eine Festzinslücke vor, so sind die bei einer Zinssteigerung aus diesen variabel verzinslichen Positionen resultierenden Ertragseinbußen um so geringer, je länger deren Laufzeit und je geringer folglich die Kapitalbindungstransformation ist. Das variable Zinsänderungsrisiko entsteht daneben durch einen mit der Kapitalbindungstransformation und mit den marktbedingten Determinanten verbundenen Elastizitätsüberhang im variabel verzinslichen Geschäft. Dies ergibt sich unmittelbar aus der Erläuterung der Elastizitätsdivergenzen, so daß auf die Elemente des variablen Zinsänderungsrisikos nicht erneut eingegangen werden muß.

ZINSÄNDERUNGSRISIKO		
Festzinsrisiko		Variables Zinsänderungsrisiko
Zinsbindungs-transformation	Kapitalbindungs-transformation	Markt-situation
Transformationsbedingte Determinanten		Marktbedingte Determinanten

Abb. 1: Determinanten und Elemente des Zinsänderungsrisikos

Als Ursache für Zinsänderungsrisiken wurden bisher Elastizitätsungleichgewichte festgestellt. Daneben existiert mit dem Abschreibungsrisiko jedoch noch ein weiterer zinsänderungsabhängiger Risikokomplex (Schierenbeck (1987), S. 316). Er entsteht bei festverzinslichen Wertpapierbeständen auf der Aktivseite noch zusätzlich dadurch, daß bei steigendem Zinsniveau die Kurswerte der Papiere fallen und auf diese Weise ein Abschreibungsbedarf auftritt. Diese Gewinneinbußen sind jedoch zunächst nur buchmäßiger Natur und werden lediglich bei einem vorzeitigen Verkauf endgültig realisiert. Sofern die Papiere jedoch bis zum Fälligkeitstag im Bestand der Bank verbleiben, treten spätestens zu diesem Zeitpunkt außerordentliche Erträge auf. Endgültig durch andere Erträge gedeckt werden muß das Abschreibungsrisiko daher nur bei einer vorzeitigen Abgabe der Wertpapiere, während ansonsten lediglich eine Überbrückung der Ertragsminderung erforderlich ist (Hölscher (1987), S. 22 f.).

1.3. Erfassung von Ausfall- und Zinsänderungsrisiken im ROI-Kalkulationsschema

Da die Übernahme von Ausfall- und Zinsänderungsrisiken für Kreditinstitute zum alltäglichen Geschäft gehört und auftretende Risiken die Erfolgslage negativ beeinflussen, ergreifen die Banken zum Schutz gegen diese Risiken bestimmte risikolimitierende und risikodiversifizierende Strategien. Hierzu gehören im Rahmen des Ausfallrisikos beispielsweise die strukturelle Steuerung des gesamten Kreditportefeuilles und die einzelgeschäftsbezogene Durchführung von Kreditwürdigkeitsprüfungen, innerhalb des Zinsänderungsrisikos beispielsweise die Begrenzung der offenen Festzinspositionen. Trotz dieser Maßnahmen können jedoch die Risiken nicht vollständig beseitigt werden, bzw. werden aufgrund der verbleibenden Unsicherheit auf lange Sicht auch risikobedingte Ertragseinbußen auftreten. Die Erfolgsgrößen, in denen sich diese entstehenden Risiken niederschlagen, sollen daher im folgenden näher betrachtet werden.

Dazu gibt die nachstehende Abb. 2 zunächst das Grundschema der ROI-Kennzahlenhierarchie wieder (ausführlich Schierenbeck (1987), S. 66 ff.).

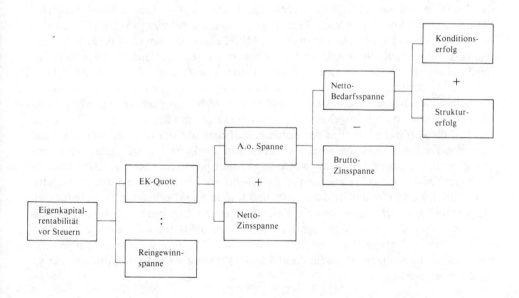

Abb. 2: ROI-Kennzahlenhierarchie (Grundschema)

Die Veränderung der Eigenkapitalquote kann zum Ende des Geschäftsjahres zusammen mit dem Ausschüttungssatz als vereinfachter und komprimierter Maßstab zur Beurteilung der Erfolgslage in der abgelaufenen Periode herangezogen werden. Während des Geschäftsjahres stellt die Eigenkapitalquote ein Datum dar. Sie dient als Bezugsgröße, um die Reingewinnspanne in die für Steuerungsüberlegungen letztlich ausschlaggebende Größe „Eigenkapitalrentabilität" umzuformen.

In die a.o. Spanne gehen sämtliche, ein Kreditinstitut treffende außergewöhnlichen Ereignisse ein. Hierbei handelt es sich neben den unvorhergesehenen Erträgen hauptsächlich um die unerwarteten Aufwendungen im Wert- und Betriebsbereich. Die a.o. Spanne enthält einen wesentlichen Teil der auftretenden Risiken und weist daher häufig einen negativen Wert auf. In der Nettobedarfsspanne werden zum einen die ordentlichen Aufwendungen im Betriebsbereich, zum anderen die Aufwendungen und Erträge im provisionsabhängigen Geschäft erfaßt. Die Bruttozinsspanne resultiert schließlich aus der Hereinnahme und der Überlassung von Kapital. Sie kann als Differenz zwischen den durchschnittlichen Aktiv- und Passivzinssätzen ermittelt werden. Um die entstehenden Risiken kalkulatorisch eindeutig erfassen zu können, besitzt diese Berechnungsweise jedoch nicht die notwendige differenzierte Aussagefähigkeit. Hierzu ist vielmehr die Identifikation der Elemente der Bruttozinsspanne in der Weise erforderlich, wie dies mit Hilfe der Marktzinsmethode möglich wird (ausführlich Banken (1987); Schierenbeck (1987)).

Dieses, auf dem Opportunitätsgedanken beruhende Kalkulationsverfahren trennt den aus der Durchführung von Transformationsprozessen resultierenden Strukturerfolg von dem aus dem Abschluß von Kundengeschäften hervorgehenden Konditionserfolg. Einen Strukturerfolg kann ein Kreditinstitut bereits dadurch erzielen, daß es keine Geschäfte mit Kunden tätigt und nur am Geld- und Kapitalmarkt engagiert ist. Liegt beispielsweise eine normale Zinsstruktur vor, d.h. der Zins steigt mit zunehmender Zinsbindungsfrist, so erwirtschaftet die Bank einen Erfolg, wenn sie Mittel kurzfristig am Geldmarkt aufnimmt und langfristig am Kapitalmarkt ausleiht, also positive Fristentransformation betreibt. Der Strukturerfolg beruht damit auf der Entscheidung der Geschäftsleitung und ist zu verstehen als Kapitalbindungs- bzw. Kapitalüberlassungsprämie. Er geht aus der Zins- und Kapitalbindungstransformation hervor und kann berechnet werden, indem jedem Bankgeschäft ein seinem Laufzeitgehalt entsprechender Geld- und Kapitalmarktsatz zugeordnet, und die Differenz zwischen den durchschnittlichen aktiven und passiven Geld- und Kapitalmarktsätzen berechnet wird. Der neben dem Strukturerfolg stehende Konditionserfolg resultiert dagegen aus der Nutzung produktspezifischer Konditionsvorteile im Aktiv- und Passivgeschäft. Er berechnet sich als Differenz zwischen der mit einem Kunden vereinbarten Kondition und dem am Geld- und Kapitalmarkt geltenden Zinssatz für Gelder gleicher Laufzeit. Eine positive Erfolgsquelle stellt ein Kreditgeschäft demzufolge nur dann dar, wenn der vereinbarte Satz den alternativen Geld- und Kapitalmarktsatz überschreitet; ein Einlagengeschäft besitzt einen positiven Konditionsbeitrag nur bei geringeren Geldaufnahmesätzen, als sie für die gleiche Fristigkeit am Geld- und Kapitalmarkt gezahlt werden müßten.

In einer zusammenfassenden Betrachtung läßt sich damit die Bruttozinsspanne folgendermaßen in den Konditions- und den Strukturerfolg aufteilen (vgl. Abb. 3).

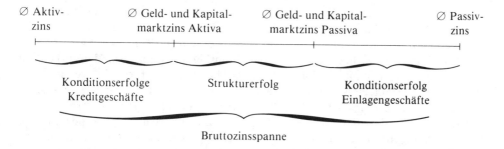

Abb. 3: Konditions- und Strukturerfolg als Elemente der Bruttozinsspanne

Während der Strukturerfolg nur als Gesamtgröße die erfolgsmäßigen Konsequenzen der durchgeführten Transformationsprozesse richtig widerspiegelt, stellt der Konditionserfolg bereits geschäftsbezogen und damit auch aktiv- und passivseitig ein aussagefähiges Erfolgselement dar.

Für das Verständnis der skizzierten ROI-Kennzahlenhierarchie ist nun bedeutsam, daß die bankbetrieblichen Risiken mit den einzelnen Erfolgsgrößen verbunden werden können. Der Kapitalausfall als ein Element des Ausfallrisikos wird dabei über die Bildung spezieller Abschreibungen in der a.o. Spanne erfaßt. Dieser traditionellen Abbildungsform, die beispielsweise auch im Rahmen externer Bilanzanalysen angewandt wird, soll auch hier gefolgt werden. Dabei darf allerdings nicht übersehen werden, daß die Kreditinstitute realistischerweise nicht von einer vollständigen Rückführung sämtlicher Engagements ausgehen können, sondern von vornherein bereits ein bestimmtes Ausfallvolumen in ihren Planungen berücksichtigen. Diesen erwarteten oder kalkulierten Risikokosten fehlt jedoch der Charakter des „außerordentlichen", so daß sie unmittelbar auch von der Bruttozinsspanne abgezogen werden könnten. In der a.o. Spanne würde dann entsprechend nur der wirklich außerordentliche, weil nicht kalkulierte Wertberichtigungsbedarf aus Kredit- und Wertpapiergeschäften erfaßt (Schierenbeck (1987), S. 81).

Neben den Kapitalverlusten umschließt das Ausfallrisiko (neben etwaigen Dividendenausfällen) auch die Zinsmindereinnahmen. Diese Ertragseinbußen schlagen sich zwangsläufig zunächst in der Bruttozinsspanne nieder und sind lediglich für den Fall, daß die Zinsforderungen kapitalisiert wurden und letztlich doch abgeschrieben werden müssen, in der (unkorrigierten) a.o. Spanne zu berücksichtigen. Innerhalb der Bruttozinsspanne werden die zinsbedingten Ertragsausfälle vom Konditionsbeitrag erfaßt. Dies ergibt sich daraus, daß die Zinsminderungen aus einer speziellen Kundenbeziehung resultieren, unabhängig vom Umfang der Zins- und Kapitalbindungstransformation entstehen und folglich verursachungsgerecht nicht dem Strukturerfolg angelastet werden dürfen (Hölscher (1987), S. 68).

Ebenso wie das Ausfallrisiko schlägt sich auch das Zinsänderungsrisiko sowohl in der a.o. Spanne als auch in der Bruttozinsspanne nieder. Während dabei die a.o. Spanne die aufgrund von Marktzinssteigerungen und Kursrückgängen erforderlichen Abschreibungen festverzinslicher Wertpapiere enthält, bildet die Bruttozinsspanne die Ertragseinbußen aufgrund eines Elastizitätsungleichgewichts und einer unvorteilhaften Zinsentwicklung ab. Für eine weitergehende Zuordnung des Zinsänderungsrisikos zum Konditions- und Strukturerfolg müssen die Ursachen für den Eintritt zinsspannenbezogener Zinsänderungsrisiken betrachtet werden. Das transformationsbedingte Zinsänderungsrisiko geht dabei auf Ungleichgewichte in der Kapital- und Zinsbindungstransformation zurück. Da der Strukturerfolg den mit der Kapital- und Zinsbindungstransformation verbundenen Erfolgsbeitrag erfaßt, enthält er folglich auch das gesamte transformationsbedingte Zinsänderungsrisiko. Das marktbedingte Zinsänderungsrisiko resultiert daneben aus dem Umstand, daß Marktzinsänderungen zu Lasten der Zinsspanne nicht sofort oder nicht in vollem Umfang in den Konditionen der Bank ihren Niederschlag finden. Hiermit wird folglich die konkrete Kundenbeziehung angesprochen, so daß das marktbedingte Zinsänderungsrisiko in den Konditionsbeitrag eingeht (Hölscher (1987), S. 69 f.; Schierenbeck (1987), S. 309 f.). Wird die erfolgsmäßige Zuordnung des Zinsänderungsrisikos schließlich ausgehend von der Klassifikation in das variable und das Festzinsrisiko vorgenommen, so muß letzteres alleine dem Strukturbeitrag (Kapital-, Zinsbindungstransformation) zugeordnet werden. Das variable Zinsänderungsrisiko beeinflußt dagegen sowohl den Struktur- (Fristentransformation) als auch den Konditionserfolg (marktmäßige Durchsetzbarkeit).

2. Erfolgsgrößenorientierte Messung des Ausfall- und des Zinsänderungsrisikos

2.1. Quantifizierung der a.o. Spannen-Risiken

Um später zu erläuternde Verbundbeziehungen zwischen den einzelnen Risikoarten eindeutiger und klarer herausarbeiten zu können, soll die Entwicklung eines Ansatzes zur Quantifizierung der erfolgsmäßigen Konsequenzen bankbetrieblicher Risiken von der im vergangenen Abschnitt vorgestellten, erfolgsgrößenorientierten Systematisierung der Risikoarten ausgehen. Als (ursprüngliche) a.o. Spannen-Risiken müssen damit zum einen die ausfallbedingten Abschreibungen von Krediten und Wertpapieren, zum anderen die zinsänderungsbedingten Abschreibungen festverzinslicher Wertpapiere erfaßt werden. Bezieht man diese Abschreibungen auf das Geschäftsvolumen oder setzt man in einer differenzierten Betrachtung den Abschreibungsbetrag eines Geschäftsbereichs in Beziehung zu dem von dieser Teileinheit verantworteten Volumen, so ergibt sich die Abschreibungsrate. Sie zeigt an, welcher Abschreibungsbedarf je DM risikobehafteten Aktivvolumens entstanden ist:

$$\frac{\text{Abschreibungsrate}}{\text{Kapitalbetrag}} = P_{k1} = \frac{\text{Wertberichtigungsbedarf für Kapitalausfälle und Wertpapierabschreibungen}}{\text{Geschäfts- resp. Kredit-/Wertpapiervolumen}}$$

Die Multiplikation der Abschreibungsrate mit dem zugrundeliegenden Volumen führt selbstverständlich wieder zum absoluten Wertberichtigungsbedarf bzw. resultiert aus der multiplikativen Verknüpfung von differenzierten Abschreibungsraten und den Anteilswerten der Kredit-/Wertpapiervolumina der betrachteten Teileinheiten am gesamten durchschnittlichen Geschäftsvolumen (a_i) sowie der Addition der gewonnenen Ergebnisse der relative, gesamtbankbezogene Wertberichtigungsbedarf. Über den letztgenannten Ansatz können damit die a.o. Spannen-Risiken folgendermaßen quantifiziert werden:

$$AR/ZÄR^{AO} = \sum a_i \times p_{ki}$$

Um im Rahmen einer prospektiven Betrachtung einen Einblick in die zu erwartenden Ertragseinbußen zu gewinnen, müssen sowohl die Strukturanteilswerte als auch die wahrscheinlichen Abschreibungsraten bekannt sein. Die Ermittlung der voraussichtlichen Geschäftsstruktur auf der Basis aktueller Verhältnisse sowie unter Berücksichtigung bestimmter Entwicklungslinien und Wachstumsraten soll an dieser Stelle nicht näher beleuchtet werden. Ein besonderes Augenmerk verdient jedoch die Abschreibungsrate bzw. die Bestimmung des erwarteten Wertberichtigungsbedarfs.

Zur Bewertung des Abschreibungsrisikos ist dabei zunächst eine Prognose über die voraussichtliche Entwicklung des Zinsniveaus erforderlich. Daraus lassen sich unter Berücksichtigung der Verzinsungs- und Tilgungsmodalitäten der Papiere sowie der Struktur des geplanten Wertpapierportefeuilles die rechnerischen Kurse und durch den Vergleich mit den aktuellen Kursen die Abschreibungsbeträge bestimmen (Kugler (1985), S. 163 ff.). Die Berücksichtigung der Art der im Wertpapierbestand enthaltenen Papiere ist insbesondere deshalb erforderlich, weil zum einen Wertpapiere mit kurzer Restlaufzeit und zum anderen Papiere mit geringer Nominalverzinsung bei gleicher absoluter Erhöhung des Zinsniveaus einen anderen Bewertungsabschlag erfordern als Wertpapiere mit langer Restlaufzeit resp. hoher Nominalverzinsung.

Bei der Ermittlung des Wertberichtigungsbedarfs im Kreditgeschäft sind primär zwei Fragestellungen von Bedeutung: Auf der einen Seite geht es darum, aus der Entwicklung in der Vergangenheit und unter Berücksichtigung zukünftiger Tendenzen den voraussichtlichen Abschreibungsbedarf zu prognostizieren; auf der anderen Seite muß im Rahmen eines grundsätzlichen Entscheidungsprozesses bestimmt werden, welche der in einem Kreditinstitut eingesetzten Instrumente zur Wertkorrektur von Aktivpositionen in dem Prognoseprozeß zugrunde gelegt werden sollen. Hierbei bieten sich mit den Abschreibungen nach § 26a KWG, den Sammel- und Einzelwertberichtigungen sowie den effektiven Ausfällen letztlich vier unterschiedliche Maßgrößen an. Die (Pauschal-) Wertberichtigung nach § 26a KWG sind ein Instrument der stillen Reservepolitik und sollen insbesondere bei schwankenden Gewinnen und periodisch unterschiedlich hohen Risiken eine Stabilisierung der Ertragslage ermöglichen. Ihnen fehlt der konkrete materielle Bezug zu einer einzelnen Position, so daß sie sich ebenso wie die Sammelwertberichtigungen, die lediglich grobe, aufsichtsrechtlich definierte Durchschnittswerte zur Abbildung des latenten Kreditrisikos widerspiegeln, nicht zur adäquaten Erfassung des voraussichtlichen Wertberichtigungsbedarfs eignen.

Es verbleiben folglich die Einzelwertberichtigungen oder die effektiven Kapitalausfälle als mögliche Bezugsgröße. Dabei dienen Einzelwertberichtigungen der (bilanziell) richtigen Ermittlung des Periodenerfolges. Sie müssen bei einem akut drohenden Ausfall einzelner Forderungen gebildet werden und orientieren sich in ihrer Höhe an der als uneinbringlich geltenden Restforderung, die von etwaigen Kreditsicherheiten nicht mehr abgedeckt wird.

Die effektiven Kreditausfälle bilden dagegen die tatsächlich ausgebuchten Kredite ab. Bei Betrachtung der Totalperiode führen die Einzelwertberichtigungen und die effektiven Ausfälle selbstverständlich zum gleichen Ergebnis. Der Unterschied zwischen diesen beiden Größen liegt darin, daß sich die tatsächlichen Ausfälle erst nach der vollständigen Abwicklung, insbesondere nach der Verwertung der Sicherheiten feststellen lassen und insofern im Gegensatz zu den Einzelwertberichtigungen kein Unsicherheitsmoment über die Höhe der Ausfälle mehr gegeben ist.

Vor diesem Hintergrund erscheint es zunächst notwendig, den Wertberichtigungsbedarf auf der Basis der letztlich allein richtigen, effektiven Ausfälle zu prognostizieren. Dies hätte aber zur Konsequenz, daß die nicht zurückgezahlten Kredite erst eine erhebliche Zeitspanne nach der erstmaligen Sichtbarkeit einer akuten Gefährdung quantifiziert würden. Da sich dies jedoch zum einen aufgrund rechtzeitig einzuleitender, risikobegrenzender Gegensteuerungsmaßnahmen als nicht adäquat erweist und zum anderen die eintretenden Risiken bereits bei der Bildung einer Einzelwertberichtigung, also nicht erst nach der Quantifizierung der effektiven Ausfälle, ertragsmäßig abgedeckt werden müssen, ist der Rückgriff auf die ausgebuchten Kredite zur Ermittlung des steuerungsmäßig relevanten Wertberichtigungsbedarfs nicht sinnvoll. Es müssen vielmehr die Einzelwertberichtigungen herangezogen werden, die jedoch zur Integration der Unsicherheit um die in der Vergangenheit beobachteten Differenzen zwischen den angenommenen und den tatsächlichen Werten korrigiert werden sollten.

2.2. Quantifizierung der Zinsspannenrisiken

2.2.1. Zins- und Dividendenausfall

Von denjenigen Risiken, die sich bei ihrem Wirksamwerden in der Zinsspanne niederschlagen, sollen zunächst die Zins- und Dividendenausfälle näher betrachtet werden. Die Entwicklung eines Quantifizierungsansatzes kann in Anlehnung an die im Rahmen der Kapitalausfälle beschriebenen Vorgehensweise erfolgen. Es muß also zunächst eine Ausfallrate definiert werden:

$$\frac{\text{Ausfallrate}}{\text{Ertragszahlungen}} = P_{zi} = \frac{\text{Zins- und Dividendenausfälle}}{\text{ursprünglich vereinbarte/angenommene Ertragszahlungen}}$$

Die Ausfallrate gibt an, in welcher Höhe Ertragsausfälle je DM ursprünglichem Ertragsvolumen aufgetreten sind bzw. voraussichtlich auftreten werden. Wird die Ausfallrate mit dem tatsächlichen Zins einer bestimmten Position und dem Volumen resp. dem Strukturanteil dieses Geschäftsbereichs multipliziert, so erhält man wiederum die absolute bzw. die relative Höhe der Ertragsausfälle. Aus der Addition dieser für alle Geschäftsarten durchgeführten Berechnung resultieren die gesamten Zins- und Dividendenausfälle, wodurch der allgemeine Berechnungsansatz folgendes Aussehen hat:

$$AR^{ZSP} = \sum a_i \times z_i \times p_{zi}$$

Da Änderungen der Zinsverhältnisse im Rahmen des Zinsänderungsrisikos untersucht werden und die Zinssätze auch in einer zukunftsorientierten Betrachtung folglich auf der aktuellen Marktsituation beruhen, erweist sich die Ermittlung dieses Elements einer umfassenden Bestimmungsgleichung als vergleichsweise unproblematisch. Ebenso wie bei den Kapitalausfällen muß jedoch die Höhe der Ausfallrate näher beleuchtet werden. Dabei kann innerhalb des Kreditgeschäfts nicht generell davon ausgegangen werden, daß die Ausfallrate der Zinsen der Ausfallrate der Kapitalbeträge entspricht. Obwohl keine entsprechenden Zahlen vorliegen, ist vielmehr zu vermuten, daß neben dem mit einem Zinsausfall einhergehenden Kapitalverlust ein Teil der Kredite nur mit einem Zinsverzicht zurückgezahlt werden kann, so daß die Ausfallrate der Zinsen die Ausfallrate der Kreditbestände tendenziell übersteigt. Im Rahmen des Wertpapiergeschäfts läßt sich im Gegensatz zu den Zinsverlusten die Höhe der zu erfassenden Dividendenausfälle nicht endgültig bestimmen. Da mit dem Kauf eines Anteilswertes Ertragszahlungen in einer endgültig festgelegten Höhe nicht verbunden sind, müssen die Ausfälle von Dividenden vielmehr in einem separaten Entscheidungsprozeß in Abhängigkeit von der erwarteten Höhe oder alternativ erzielbaren Renditen festgestellt werden (Hölscher (1987), S. 91).

2.2.2. Ertragseinbußen aufgrund von Zinselastizitätsdivergenzen

Aktiv- und passivseitig unterschiedliche Anpassungsmöglichkeiten der Zinsvereinbarungen stellen die wesentlichen Ursachen für das Entstehen von Zinsänderungsrisiken dar. Die Quantifizierung dieser Ertragseinbußen soll dabei in Anlehnung an einen von Rolfes eingeführten und von Hölscher weiterentwickelten Ansatz erfolgen (Rolfes (1985a), S. 156 ff.; Hölscher (1987), S. 102 ff.). Den Grundgedanken dieses an sog. Zinselastizitäten ausgerichteten Konzepts mag ein einfaches Beispiel verdeutlichen (vgl. Abb. 4). Dabei vergibt ein Kreditinstitut lediglich Kontokorrentkredite und refinanziert sich vollständig über Termineinlagen. Das Zinsniveau steigt nun um 1,5 %-Punkte, wobei der Zinssatz für Kontokorrentkredite um 0,6 %-Punkte erhöht werden kann und der für Termineinlagen um 1,2 %-Punkte angehoben werden muß. Die daraus insgesamt resultierende Verschlechterung der Ertragslage in Höhe von 0,6 %-Punkten kann auf zwei Wegen berechnet werden. Zum einen resultiert sie in einer Aktiva und Passiva gleichzeitig erfassenden Betrachtung aus der Differenz der Zinserhöhungen (1,2 - 0,6 = 0,6 %-Punkte). Zum anderen ergibt sich das Zinsänderungsrisiko aus den positionsbezogen ermittelten Unterschieden zwischen der Erhöhung des allgemeinen Zinsniveaus und den Positionszinssteigerungen sowie der Zusammenführung der Ergebnisse. Eine geringe Erhöhung des Positionszinses führt dabei auf der Aktivseite zu einer Ertragseinbuße, auf der Passivseite zu einem Zusatzertrag. In dem Beispielsfall resultiert folglich aus der geringeren Erhöhung des Zinssatzes für Kontokorrentkredite gegenüber der Marktzinsänderung ein Zinsänderungsrisiko in Höhe von 0,9 %-Punkten, passivseitig entsteht eine Zinsänderungschance von 0,3 %-Punkten.

Die letztgenannte Berechnungsweise liegt der elastizitätsorientierten Risikomessung zugrunde. Als Repräsentationsgröße für das Zinsniveau wird dabei der Tagesgeldzins eingesetzt (zu den Argumenten pro und contra, den Tagesgeldzins als Maßstab für das Zinsniveau und für die Berechnung von Strukturbeiträgen zu verwenden, siehe ausführlicher Schierenbeck (1987), S. 105 ff. und 313).

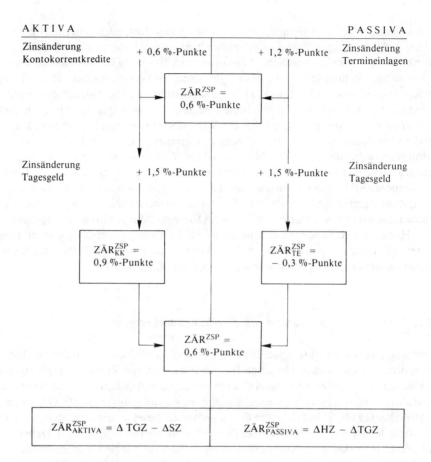

Abb. 4: Beispiel zur Ermittlung des Zinsänderungsrisikos

Die Differenz zwischen dem aktivischen Geld- und Kapitalmarktsatz und dem Tagesgeldzins gibt dann den aktivisch zuzuordnenden Strukturbeitrag wieder, entsprechend zeigt der Unterschied zwischen dem Tagesgeldzins und dem passivischen Geld- und Kapitalmarktsatz den passivseitig zuzurechnenden Strukturbeitrag an. Wird der jeweilige Strukturbeitrag um die Konditionsmarge ergänzt, so ergibt sich die gesamte, einzelgeschäftsbezogene Zinsmarge. Sie resultiert für Aktivgeschäfte somit aus der Differenz zwischen dem Sollzins und dem Tagesgeldzins, für Passivgeschäfte entsprechend aus der Differenz zwischen Tagesgeldzins und Habenzins. In der obigen Beispielsrechnung sind nun die Veränderungen dieser Unterschiedsbeträge als positionsbezogen ermittelte Zinsänderungsrisiken interpretiert worden. Dabei zeigen die je Einzelgeschäft bestimmten Zinsänderungsrisiken letztlich nichts anderes als die Veränderung der Zinsmarge eines Geschäftes an.

Die in dem Beispiel vorgestellte Ermittlungsweise gewährleistet die vollständige Messung des Zinsänderungsrisikos. Sie erfordert jedoch aufwendige Berechnungen und verdeutlicht nicht die Beziehungen zwischen der Zinsniveauentwicklung und der Veränderung des

Zinsergebnisses. Aus diesem Grund werden die oben ermittelten Steigungsdifferenzen in Zinselastizitäten umgeformt. Dazu wird die Differenz zwischen der Erhöhung der Zinssätze in Relation zur Zinsniveausteigerung gesetzt und eine feste Beziehung zur Zinsentwicklung hergestellt. Zudem ist es im Sinne einer einheitlichen Terminologie erforderlich, die Differenzbildung übereinstimmend und nicht aktiv- und passivseitig unterschiedlich festzulegen. Wird dabei auf die aktivische Berechnungsweise zurückgegriffen, so ist die Zinserfolgselastizität folgendermaßen definiert:

$$E_i = \frac{\Delta TGZ - \Delta PZ}{\Delta TGZ}$$

Mit der Zinselastizität wird zum Ausdruck gebracht, wie stark sich der Zinserfolg einer Position verändert, wenn sich das Zinsniveau um eine Rechnungseinheit verändert. Sie gibt das Zinsänderungsrisiko damit nicht mehr in absoluter, sondern in relativer Höhe wieder. Über die Richtung der Erfolgsänderung wird mit der Elastizitätsziffer zunächst jedoch nichts ausgesagt. Eine positive Zinselastizität bringt auf der Aktivseite eine Zunahme, auf der Passivseite eine Abnahme des Zinsänderungsrisikos mit sich. Um die entstehenden Ertragsveränderungen analytisch richtig abbilden zu können, ist daher die Einführung einer sog. Wechselvariablen (w_i) erforderlich. Diese nimmt für Aktivgeschäfte den Wert „+1", für Passivgeschäfte den Wert „–1" an und führt folglich dazu, daß unabhängig von der jeweiligen Bilanzseite risikoerhöhende Veränderungen als positive Größen gemessen werden.

Mit der Ermittlung der Elastizitätsziffern und der Wechselvariablen können zwar die Erfolgsänderungen der verschiedenen Geschäftsarten, jedoch noch nicht die insgesamt entstehenden Zinsänderungsrisiken berechnet werden. Dazu müssen die Zinselastizitäten zum einen mit den Strukturanteilen der einzelnen Geschäftsarten gewichtet werden. Zum anderen muß eine Prognose über die Entwicklung des Zinsniveaus vorliegen. Insgesamt lautet damit die Berechnungsvorschrift zur Messung des Zinsänderungsrisikos folgendermaßen:

$$ZÄR^{ZSP} = \Delta TGZ \sum w_i \times a_i \times E_i$$

Wie bereits oben erläutert, können die sich in der Zinsspanne niederschlagenden Zinsänderungsrisiken auch differenziert dem Konditions- und dem Strukturbeitrag zugeordnet werden. Um dies analytisch nachzuvollziehen, muß die Zinselastizität der Gesamtmarge in die Zinselastizität der Konditions- und Strukturmarge aufgespalten werden. Dies geschieht, indem zwischen die Veränderungen des Tagesgeld- und des Positionszinses als weitere Größe die Veränderung des Geld- und Kapitalmarktsatzes eingefügt wird. Dadurch entsprechen die Zähler der Elastizitätsziffern prinzipiell den Vorschriften zur Berechnung der Margen im Rahmen der Marktzinsmethode. Die Veränderungsgrößen werden lediglich in einer anderen Reihenfolge erfaßt, da hier erfolgsvermindernde Einflüsse als risikoerhöhende und damit positive Effekte abgebildet werden. Die Elastizitätsziffern lauten folgendermaßen:

$$E_i^{SM} = \frac{\Delta TGZ - \Delta GKZ}{\Delta TGZ}$$

$$E_i^{KM} = \frac{\Delta GKZ - \Delta PZ}{\Delta TGZ}$$

Mit den Elastizitätsziffern werden die in der Struktur- und der Konditionsmarge sichtbaren Zinsänderungsrisiken quantifiziert. Die bei der Strukturmarge im Zähler der Elastizitätsziffer sichtbare Steigerungsdifferenz gibt an, inwieweit die (längerfristigen) Sätze am Geld- und Kapitalmarkt die Veränderung des Geldmarktzinses nachvollziehen oder ob eine Verschiebung der Vorteilhaftigkeit lang- gegenüber kurzfristiger Geschäfte eingetreten ist. Dagegen zeigt die Steigungsdifferenz in der Reagibilitätsziffer der Konditionsmarge, ob die am Geld- und Kapitalmarkt eingetretenen Zinsveränderungen an die Kunden vollständig oder nur zum Teil weitergegeben werden. Die (relativen) Zinselastizitäten bringen damit insgesamt zum Ausdruck, wie sich der Struktur- resp. der Konditionserfolg bei einer Änderung des Tagesgeldzinses um einen Prozentpunkt verändert.

Ebenso wie die Zinselastizität der Gesamtmarge können auch die Elastizitätsziffern der Konditions- und der Strukturmarge zur analytischen Bestimmung des Zinsänderungsrisikos eingesetzt werden:

$$ZÄR^{SM} = \Delta TGZ \sum w_i \times a_i \times E_i^{SM}$$
$$ZÄR^{KM} = \Delta TGZ \sum w_i \times a_i \times E_i^{KM}$$

Da die Struktur- und Konditionsmargenelastizitäten lediglich die Elastizität der Gesamtmarge in zwei Elemente aufteilen, resultiert aus der Zusammenfassung der Bestimmungsgleichungen wieder das gesamte Zinsänderungsrisiko.

2.2.3. Zusammenfassende Messung der Zinsspannenrisiken

In der bisherigen Untersuchung wurden die Risiken isoliert hinsichtlich ihrer Erfolgswirkungen analysiert. Die bankbetriebliche Realität ist demgegenüber jedoch durch das gleichzeitige Auftreten mehrerer Risikoarten gekennzeichnet. Es taucht daher die Frage auf, welche erfolgsmäßigen Konsequenzen daraus entstehen, daß Ausfall- und Zinsänderungsrisiken gemeinsam auf die Zinsspanne einwirken (ausführlicher Hölscher (1987), S. 149 ff.). Die Beantwortung dieser Frage kann sowohl ausgehend vom Zinsänderungsrisiko als auch auf der Basis des Ausfallrisikos erfolgen.

Wird zunächst die Veränderung des – in einem Zinselastizitätsüberhang begründeten – Zinsänderungsrisikos untersucht, so wird deutlich, daß eine Korrektur der Elastizitätswerte erforderlich ist. Während die einzelnen Positionen ohne Beachtung des Ausfallrisikos jeden beliebigen Reagibilitätswert aufweisen können, sind die in eine integrative Analyse eingehenden, aufgrund eines Zinsausfalls unverzinslichen Positionen vollständig zinsunelastisch. Der Positionszins kann bei einer Änderung des Zinsniveaus nicht angepaßt werden, so daß diese Geschäfte eine Elastizität in Höhe von Eins besitzen und mit diesem effektiven Wert in die Rechnung eingehen müssen. Wird die oben entwickelte Meßvorschrift für das in der Zinsspanne sichtbare Zinsänderungsrisiko nur um die hier abzubildenden Verbundbeziehungen ergänzt, so müssen nur noch die Differenzen zwischen der effektiven Elastizität von Eins und den nominellen Elastizitäten $(1 - E_i)$ zusätzlich berücksichtigt werden. Der Strukturanteil für den die Elastizitäten geändert werden müssen, ergibt sich entsprechend aus der Multiplikation von ursprünglichem Anteilswert und Zinsausfallrate. Unter zusätzlicher Berücksichtigung der zur Messung des Zinsänderungsrisikos erforderlichen Zinsniveauänderung und bei Umdimensionierung der Ausfallrate ergibt sich folgender, die Verbundbeziehungen zwischen den in der Zinsspanne enthaltenen Ausfall- und Zinsänderungsrisiken abbildender Ansatz:

$$VE_{AR/ZÄR}^{ZSP} = \Delta TGZ \sum w_i \times a_i \times \frac{1}{100} P_{zi} (1 - E_i)$$

Die Entwicklung der Verbundeffekte, ausgehend vom Ausfallrisiko, führt zu der Überlegung, daß der isoliert gemessene Zinsausfall auf der Basis konstanter Zinsverhältnisse ermittelt wurde. Da die Zinsen sich jedoch tatsächlich ändern und die Änderungsbeträge die Höhe des Zinsausfalls beeinflussen, muß die Berechnungsvorschrift für das Ausfallrisiko um die ausfallenden Zinsänderungsvolumina korrigiert werden. Dies gibt auch der o.a. Verbundeffekt wieder, denn die Multiplikation der Marktzinsänderung mit dem „Elastizitätsrestwert" führt zur Positionszinsänderung:

$$\Delta TGZ \times (1 - E_i) = \Delta PZ$$

$$\Delta TGZ \times \left(\frac{\Delta TGZ}{\Delta TGZ} - \frac{\Delta TGZ - \Delta PZ}{\Delta GZ}\right) = \Delta PZ$$

Durch die Gewichtung der Positionszinsänderung mit der Zinsausfallrate und dem jeweiligen Strukturanteil sowie der Addition der positionsbezogen ermittelten Ergebnisse ergibt sich der gesamte Verbundeffekt.

Die in der Zinsspanne sichtbaren Ergebnisveränderungen müssen entweder dem Konditions- oder dem Strukturbeitrag zugeordnet werden. Da der Zinsausfall aus der spezifischen Beziehung zwischen der Bank und ihrem Kunden entsteht, ist der oben geschilderte Verbundeffekt ein Bestandteil des Konditionsbeitrages. Der Verbundeffekt entsteht unabhängig von dem Ausmaß der Kapital- und Zinsbindungstransformation und darf folglich dem Strukturbeitrag nicht angelastet werden.

2.3. Beispielhafte Anwendung der umfassenden Quantifizierungsvorschrift

Die in den vergangenen Kapiteln ermittelten Bestimmungsgleichungen können nun zu einem umfassenden Quantifizierungsansatz zusammengefaßt werden. Durch Addition der Komponenten und bei einer erfolgsquellenorientierten Aufspaltung der Zinsspanne ergibt sich:

$$\mathrm{AR/ZÄR} = \underbrace{\sum a_i \times p_{ki}}_{\text{a.o. Spannen-Risiko}} + \underbrace{\Delta \mathrm{TGZ} \times \sum w_i \times a_i \times E_i^{SM}}_{\text{Strukturmargenrisiko}}$$

$$+ \underbrace{\Delta \mathrm{TGZ} \sum w_i \times a_i \left[E_i^{KB} + \frac{1}{100} p_{zi} (1 - E_i) \right] + \sum a_i \times z_i \times p_{zi}}_{\text{Konditionsmargenrisiko}}$$

Die Anwendung der Bestimmungsgleichung soll nun an einem Beispiel verdeutlicht werden. Dabei geht ein Kreditinstitut für die kommende Periode von der in der nachstehenden Abb. 5 wiedergegebenen Geschäftsstruktur aus. Bei einer Konstanz der aktuellen Zinssätze und ohne Berücksichtigung von Kapital- und Zinsausfällen ergibt sich eine Reingewinnspanne in Höhe von 2,85 %. Sie resultiert zum einen aus den im Vergleich zu den Sätzen am Geld- und Kapitalmarkt aktivseitig höheren Zinserträgen und passivseitig geringeren Zinsaufwendungen (Konditionsbeitrag). Die Reingewinnspanne wird zum anderen durch die Fristentransformation herbeigeführt, deren erfolgsmäßige Konsequenzen durch einen Vergleich der aktiven und passiven Kapitalmarktsätze oder durch die Gegenüberstellung der Sätze am Geld- und Kapitalmarkt und des Zinssatzes für Tagesgeld sowie der Zusammenführung der Ergebnisse bestimmt werden können.

In der risikobehafteten Situation werden Ausfall- und Zinsänderungsrisiken wirksam. Die akuten Ausfallrisiken der Kreditbestände betragen insgesamt 175 TDM. Sie verteilen sich mit 70 TDM auf die variabel verzinslichen Hypotheken, mit 45 TDM auf die festverzinslichen Hypotheken und mit 60 TDM auf die Kontokorrentkredite. Die Zinsausfälle wurden daneben durch die Zuordnung des Sollzinses von Null zu den unverzinslichen Kreditbeständen in das Kalkulationstableau integriert. Da der Geld- und Kapitalmarktzins sowie der Tagesgeldzins der unverzinslichen Positionen die allgemeinen Zinsschwankungen nachvollzieht, wird der Zinsausfall ausschließlich im Konditionsbeitrag erfaßt. Das Zinsänderungsrisiko der ordnungsgemäß bedienten Kredite wird dadurch ersichtlich, daß sich bei einer Zunahme des Tagesgeldzinses um 2 %-Punkte sowohl der Sollzins als auch der Geld- und Kapitalmarktzins verändert haben. Lediglich bei den festverzinslichen Hypotheken bleiben die beiden letztgenannten Zinssätze aufgrund einer steuerungsadäquat im Zeitablauf konstanten Konditionsmarge und folglich einer Zurechnung sämtlicher Zinsänderungsrisiken zur Strukturmarge konstant. In der risikobehafteten Situation ergibt sich insgesamt eine Reingewinnspanne in Höhe von 0,2564 %. Im Vergleich zur risikofreien Situation werden die in akuten Ausfall- und Zinsänderungsrisiken begründeten Ertragseinbußen sichtbar. Sie belaufen sich auf 2,5936 %-Punkte.

PLANBILANZ OHNE AUSFALL- UND ZINSÄNDERUNGSRISIKEN

AKTIVA									PASSIVA						
Geschäftsart	Volumen in Mio. DM	Ausfall- rate Kapital %	Kapital- ausfall	Ausfall- rate Zinsen %	Zins- kapital	Soll- zins %	Tages- geld- zins %	Kondi- tions- marge %	Struktur- marge %	Geschäftsart	Volumen in Mio. DM	Haben- zins %	G/K- zins %	Tages- geld- zins %	Kondi- tions- marge %	Struktur- marge %
Hypotheken variabel	3.500	–	–	–	3.500	8	4	1	3	Sicht- einlagen	3.000	1	4	4	3	0
Hypotheken fest	4.500	–	–	–	4.500	5	4	0	1	Termin- einlagen	4.000	6	5	4	–1	–1
Konto- korrent	2.000	–	–	–	2.000	10	4	4	2	Spar- einlagen	3.000	5	7	4	2	–3
Σ	10.000	–	–	–	10.000	7,05	4	1,15	1,9	Σ	10.000	4,2	5,3	4	1,1	–1,3

Konditionsmarge 1,15% + 1,1%
+ Strukturmarge + 1,9% – 1,3%
– Ausfallrate Kapital – 0%
= Reingewinnspanne = 2,85%

PLANBILANZ MIT AUSFALL- UND ZINSÄNDERUNGSRISIKEN

AKTIVA									PASSIVA						
Geschäftsart	Volumen in Mio. DM	Ausfall- rate Kapital %	Kapital- ausfall	Ausfall- rate Zinsen %	Zins- kapital	Soll- zins %	G/K- zins %	Tages- geld- zins %	Kondi- tions- marge %	Struktur- marge %	Geschäftsart	Volumen in Mio. DM	Haben- zins %	G/K- zins %	Tages- geld- zins %	Kondi- tions- marge %	Struktur- marge %
Hypotheken variabel	3.500	2	70	2	3.430 70	8,8 0	8,6 8,6	6 6	0,2 –8,6	2,6 2,6	Sicht- einlagen	3.000	1	6	6	5	0
Hypotheken fest	4.500	1	45	4	4.320 180	5 0	5 5	6 6	0 –5	–1 –1	Termin- einlagen	4.000	8	6,2	6	–1,8	–0,2
Konto- korrent	2.000	3	60	5	1.900 100	11,2 0	7,4 7,4	6 6	3,8 –7,4	1,4 1,4	Spar- einlagen	3.000	6	8,4	6	2,4	–2,4
Σ	10.000	1,75	175	3,5	10.000	7,3064	6,74	6	0,5664	0,74	Σ	10.000	5,3	6,8	6	1,5	–0,8

Konditionsmarge 0,5664% + 1,5%
+ Strukturmarge + 0,74% – 0,8%
– Ausfallrate Kapital – 1,75%
= Reingewinnspanne = 0,2564%

Abb. 5: Berechnungsbeispiel zur Messung der Ausfall- und des Zinsänderungsrisikos

Die vergleichsweise aufwendige tabellarische Kalkulation kann durch die Anwendung der Bestimmungsgleichung vereinfacht werden. Dazu müssen die Veränderungen der Zinssätze zunächst gemäß der an anderer Stelle gegebenen Definitionen in Elastizitätswerte transformiert werden. Es ergibt sich dabei für die einzelnen Geschäftsarten:

	Zinselastizität der		
	Gesamt- marge	Konditions- marge	Struktur- marge
Hypotheken variabel	0,6	0,4	0,2
Hypotheken fest	1	0	1
Kontokorrent	0,4	0,1	0,3
Sichteinlagen	1	1	0
Termineinlagen	0	$-0,4$	0,4
Spareinlagen	0,5	0,2	0,3

Die gesamten Ertragseinbußen können durch das Einsetzen der jeweiligen Daten in den Quantifizierungsansatz ermittelt werden:

A.o. Spannen-Risiko

$0,35 \times 2 + 0,45 \times 1 + 0,2 \times 3$ = 1,7500 %

Strukturmargenrisiko

$2 (1 \times 0,35 \times 0,2 + 1 \times 0,45 \times 1 + 1 \times 0,2 \times 0,3$
$- 1 \times 0,3 \times 0 - 1 \times 0,4 \times 0,4 - 1 \times 0,3 \times 0,3)$
$= 2 (0,33)$ = 0,6600 %

Konditionsmargenrisiko

$2 [1 \times 0,35 (0,4 + 0,02 \times 0,4) + 1 \times 0,45 (0 + 0,04 \times 0)$
$+ 1 \times 0,2 (0,1 + 0,05 \times 0,6) - 1 \times 0,3 (1 + 0) - 1 \times 0,4 (-0,4$
$+ 0) - 1 \times 0,3 (0,2 + 0)] + 0,35 \times 0,08 \times 2 + 0,45 \times 0,05 \times 4$
$+ 0,2 \times 0,1 \times 5$
$= 2 [-0,0312] + 0,246$ = 0,1836 %

Ausfall- und Zinsänderungsrisiko <u>2,5936 %</u>

Neben den a.o. Spannen-Risiken in Höhe von 1,75 %-Punkten verringert sich die Strukturmarge um 0,66 %-Punkte und die Konditionsmarge um 0,1836 %-Punkte. Die Konditionsmargenrisiken verteilen sich dabei auf - positive - Ertragseffekte durch das Zinsänderungsrisiko und die Elastizitätsänderung aufgrund des Zinsausfalls in Höhe von 0,0624 %-Punkten sowie auf den teilweisen Ausfall der unter ursprünglichen Verhältnissen gemessenen Zinseinnahmen in Höhe von 0,246 %-Punkten.

Symbolverzeichnis

a.o.	außerordentliche Spanne
AR	Ausfallrisiko
a_i	Strukturanteil der Geschäftsart i
E_i	Zinselastizität der Geschäftsart i
E_i^{KM}	Zinselastizität der Konditionsmarge der Geschäftsart i
E_i^{SM}	Zinselastizität der Strukturmarge der Geschäftsart i
HZ	Habenzins
i	Laufindex für Geschäftsarten
KK	Kontokorrent
KM	Konditionsmarge
PZ	Positionszins
P_{ki}	Ausfallrate Kapitalbetrag der Geschäftsart i
P_{zi}	Ausfallrate Zins-/Dividendenbetrag der Geschäftsart i
SM	Strukturmarge
SZ	Sollzins
TE	Termineinlagen
TGZ	Tagesgeldzins
VE	Verbundeffekt
w_i	Wechselvariable der Geschäftsart i
ZÄR	Zinsänderungsrisiko
ZSP	Zinsspanne
z_i	Zins-, Dividendensatz der Geschäftsart i

Literaturverzeichnis

Banken, Robert, Die Marktzinsmethode als Instrument der pretialen Lenkung in Kreditinstituten, Bd. 35 der Schriftenreihe des Instituts für Kreditwesen der Westfälischen Wilhelms-Universität Münster, Hrsg.: Schierenbeck, Henner, Frankfurt/M. 1987.

Hölscher, Reinhold, Risikokosten-Management in Kreditinstituten, Ein integratives Modell zur Messung und ertragsorientierten Steuerung der bankbetrieblichen Erfolgsrisiken, Bd. 36 der Schriftenreihe des Instituts für Kreditwesen der Westfälischen Wilhelms-Universität Münster, Hrsg.: Schierenbeck, Henner, Frankfurt/M. 1987.

Kugler, Albert, Konzeptionelle Ansätze zur Analyse und Gestaltung von Zinsänderungsrisiken in Kreditinstituten, Frankfurt/M. 1985.

Rolfes, Bernd, Die Steuerung von Zinsänderungsrisiken in Kreditinstituten, Bd. 29 der Schriftenreihe des Instituts für Kreditwesen der Westfälischen Wilhelms-Universität Münster, Hrsg.: Schierenbeck, Henner, Frankfurt/M. 1985a.

Rolfes, Bernd, Ansätze zur Steuerung von Zinsänderungsrisiken, in: Kredit und Kapital, 1985b, S. 529-552.

Schierenbeck, Henner, Ertragsorientiertes Bankmanagement, 2. Aufl., Wiesbaden 1987.

Länderrisiken und bankaufsichtsrechtliche Normen

Von Prof. Dr. Karl-Heinz Berger

1. Bankbetriebliche Sicht

1.1. Problem

Mit der Vergabe von Krediten geht die Bank Ausfallrisiken ein. Diese sind kundenbedingt. Man bezeichnet sie auch als Kunden-, Debitoren-, Delkredere- oder Bonitätsrisiken. Es handelt sich um totale oder partielle Verlustgefahren aus dem je Kredit vereinbarten Kapitaldienst. Partielle Risiken können die Höhe der Tilgung, der Verzinsung und auch zeitliche Verzögerungen betreffen. Sie wirken in jeden Fall ertragsmindernd. Der totale Ausfall bedeutet den schlagartigen Abbruch von Zinserträgen und die verlustwirksame Ausbuchung von Forderungen.

Auslandskredite haben eine zweistufige Risikostruktur:

– Kundenrisiko
– Länderrisiken
   a) ökonomisch bedingt
   b) politisch bedingt.

Länderrisiken sind neben dem Kundenrisiko zusätzliche Verlustgefahren für den Kredit. Sie resultieren aus dem Tatbestand des grenzüberschreitenden Kreditverkehrs.

Bei isolierter Betrachtung jeder der beiden Stufen ist das Kundenrisiko im Auslandsgeschäft prinzipiell identisch mit dem des Inlandgeschäftes. Illiquidität und/oder Überschuldung als Hauptursachen des Debitorenausfalles können jeden Schuldner treffen, und die Bank kann durch hohe, riskante Einzelengagements, unglückliche Schwerpunktbildung bei den Kundengruppen, Anschlußkonkurse einzelner Kunden u.a.m. im Inland wie im Ausland hart getroffen werden, wenn Kundenrisiken eintreten.

Die zusätzlichen Länderrisiken entstehen in Verbindung mit der Rechtshoheit souveräner Staaten. Gerät ein Land in Zahlungsschwierigkeiten, kann es den Transfer von Zins- und Tilgungsleistungen von sich aus unterbinden. In diesem Fall wäre das Länderrisiko ökonomisch bedingt. Hinzu kommen politisch bedingte Verhaltensmuster mit gleicher Wirkung. Das Einholen nationaler Gerichtsurteile im Gläubigerland ist völkerrechtlich für das Risikoland unverbindlich.

Bei Krediten unmittelbar an die öffentliche Hand eines Risikolandes, z.B. Finanzkrediten, sind Schuldnerrisiko und Länderrisiko identisch. Trotzdem empfiehlt sich für Zwecke der bankbetrieblichen Analyse und der auf dieser Grundlage zu beschließenden Steuerungsmaßnahmen eine strenge methodische Trennung von Kunden- und Länderrisiken.

Die Fachwelt ist spätestens vor etwa 10 Jahren mit der Bedeutung der Länderrisiken in großem Stil konfrontiert worden, als Polen Zahlungsschwierigkeiten signalisierte und etliche Kreditinstitute den notwendigen Wertberichtigungsbedarf in ihrer G + V -Rechnung nicht darstellen wollten bzw. konnten. Dabei war es durchaus strittig, welcher Wertansatz als notwendig anzusehen sei. Mit der Zuspitzung der Situation in Lateinamerika seit Beginn der 80er Jahre ist das Problem der Quantifizierung und der Begrenzung des Länderrisikos für die große, international operierende Bank immer deutlicher geworden. An dieser Stelle kann auf Statistiken z.B. über die Verschuldung der Dritten Welt verzichtet werden. Allein Brasilien, Mexiko und Argentinien schulden dem Ausland gegenwärtig fast 260 Mrd. Dollar.

Das Problem „Länderrisiken" kann aus der Sicht der kreditgebenden Bank im Überblick nach Ursachen, Wirkungen und Steuerungsinstrumenten wie folgt aufgezeigt werden:

Bankexterne Ursachen sind entweder weltwirtschaftlich oder länderspezifisch bedingt. Die ersteren hat ein Schuldnerland nicht zu vertreten, sondern es leidet darunter, muß sie hinnehmen. Beispiele sind die Ölkrisen. Das Auffangen oder Mindern der weltwirtschaftlich verursachten Länderrisiken ist heute auch zur Aufgabe weltweiter Finanzinstitutionen geworden (Weltbank; BIZ).

Zu den länderspezifischen Ursachen gehören u.a. die Wirtschaftspolitik (z.B. expansive Industrialisierungsprogramme ohne hinreichenden Erfolg), unproduktive Mittelverwendung (Prestigeinvestitionen, Waffenkäufe), schlechtes Finanzmanagement der Regierungen, Kapitalflucht. Speziell die länderspezifischen Ursachen erfordern eine sorgfältige Analyse durch die Kreditbank, zumal ökonomische und politische Gesichtspunkte nicht immer so sicher abgegrenzt, gemessen und gewichtet werden können, wie es für die bankbetriebliche Risikosteuerung benötigt wird.

Bankinterne Ursachen könnte man verallgemeinernd unter der Bezeichnung Managementfehler zusammenfassen, würde damit aber über das Ziel hinausschießen, weil das Unterlassen solcher „Fehler" vielleicht ein noch größerer Fehler gewesen wäre. Die mangelnde Prognostizierbarkeit zwingt jedes Management in Risiken hinein, deren Ausmaß oft erst später deutlich wird. Einzelne Ursachen dieser Art können in einer zu starken Betonung des Auslandsgeschäftes liegen (Frage: Wo beginnt das „zu" stark?), in einer zu starken Gewichtung von Ertragschancen gegenüber den Ertragsrisiken, in einseitigen Ausrichtungen (ungenügende Streuung der Länderrisiken; Frage: Wo beginnt „ungenügend"?), in zu expansiver Wahrnehmung der Betreuungsfunktion als Hausbank, zu hohem Einsteigen bei Konsortialgeschäften, u.a.m.

Selbstverständlich ist vom Management aber zu verlangen, daß das einsetzbare Instrumentarium zur Länderanalyse und zur Risikosteuerung auch genutzt und berücksichtigt wird.

Die *Auswirkungen* des Risikoeintritts auf das kreditgewährende Institut sind immer auch Ertragsminderungen. Das wird besonders deutlich bei Verzögerungen und Ausfällen von Zinszahlungen. Tilgungsausfälle bzw. Verzögerungen bringen Einbußen bei der Refinanzierung. Der Wertberichtigungs- und Abschreibungsbedarf wirkt auf das Eigenkapital, entweder nur auf das lfd. Ergebnis oder sogar darüber hinaus; je nach Situation der Bank entstehen im Einzelfall ernste Bilanzierungsprobleme mit Auswirkung auf das Standing, ggf. sogar auf die Existenz der Bank. Zu den bankbetrieblichen Auswirkungen gehören auch Sachzwänge zur Aufstockung der Altkredite trotz hoher Länderrisiken. Anderseits ist es bisher zu Totalausfällen ganzer Risikoländer auf Dauer noch nicht gekommen.

Die Zusammenhänge zwischen dem Risikoeintritt und seinen Folgen für die Gläubigerbank lassen sich wie folgt aufzeigen:

(a) Zahlungseinstellung (default)
 – permanent, d.h. Nichtanerkennung der gesamten Restschuld (repudiation);
  Folgen: Renditeentgang und Ausfall Restbetrag
 – temporär, d.h. vorübergehend; hier wird im Rahmen eines Moratoriums die (suspension) Kreditlaufzeit verlängert, wobei tilgungsfreie Perioden und Reduzierungen der Annuitäten üblich sind;
  Folgen: Wertberichtigungen; ggf. Renditeminderungen durch Eintritt des Zinsänderungsrisikos

(b) Antrag des Schuldnerlandes auf Umstrukturierung z.B. über
 – Moratorien Verlängerung der Laufzeiten;
 – Umschuldungen Folgen wie oben
  (resceduling)
 – Neuerliche Verhandlung (renegotiation) über den Teilverzicht auf die Restschuld und/oder die Herabsetzung der Marge; Folgen: Renditeentgang und Teilausfall.

Instrumente der Steuerung solcher Auslandsrisiken sind externe Absicherungen (HERMES-Deckung, Bundesbürgschaften u.a.m.), interne Absicherungen durch hohes haftendes Eigenkapital und kreditpolitische Maßnahmen der Bank, z.B. Limitierungen und Streuungen. Voraussetzung für letztere Gruppe von Instrumenten ist ein hinreichendes Länderrisiko-Beurteilungssystem.

1.2. Stand

1.2.1. Risikoanalyse

Die politischen und ökonomischen Gegebenheiten eines Landes können ausreichend nur über eine Vielzahl von Beschreibungsmerkmalen erfaßt werden. Die Meßmöglichkeiten hierfür sind sehr unterschiedlich. Einzelne Kriterien der politischen Risikoanalyse sind der kardinalen Messung nicht zugänglich. Wo immer gemessen werden kann, sind die Maßeinheiten sehr heterogen (Mengen- und Wertangaben; absolute Größen und Quotienten). Um dann überhaupt messen, bewerten, gewichten, addieren und verdichten zu können, damit Gesamteinstufungen möglich sind, sind Punktwertsysteme irgendwelcher Art fast unvermeidlich.

Derartige Verfahren wirken in der wissenschaftlichen Darstellung recht exakt und vermitteln den Eindruck hoher Genauigkeit. Tatsächlich sind sie nicht frei von Ermessens-Zuordnungen, ja sogar von Willkür in wohlverstandenem Sinne. Das gilt besonders für Gewichtungen einzelner Komponenten innerhalb eines Verdichtungsprozesses zu einem Gesamturteil. Punktwertsysteme sind in der Betriebswirtschaftslehre häufig empfohlen worden, um Unmeßbares meßbar und um Unaddierbares addierbar zu machen. Dauerhaft gehalten hat sich die Anwendung solcher Punktwertungen bisher nur bei der analytischen Arbeitsbewertung, und zwar nicht wegen der zwingenden Methodik, sondern als Kompromiß nach langen Auseinandersetzungen zwischen Arbeitnehmern und Arbeitgebern. Die moderne statistische Anwendung im Rahmen der Diskriminanzanalyse zwecks Insolvenzprognose ist noch nicht so bewährt, daß abschließende Urteile möglich sind. Auf dem Gebiet der Analyse von Länderrisiken sind Punktwert- oder ähnliche Systeme offenbar notwendig, zumindest zweckmäßig.

Ein Hauptproblem dürfte auch in der Qualität der Prognosen liegen. Die Urteilskriterien sind Daten der Vergangenheit und Gegenwart. Daraus entwickelt der Fachmann in der Praxis mittelfristige Vorschaubetrachtungen zum Länderrisiko. Diese sind im Normalfall ausreichend, nicht aber bei raschen Veränderungen und ebenso nicht als Grundlage für Zusatzentscheidungen (s. unten).

Die Analyse des Länderrisikos muß nicht unbedingt auf ausgefeilte, möglichst im eigenen Hause entwickelte Bewertungsverfahren gestützt sein. Möglich sind auch drei andere Vorgehensweisen:

(1) Unmittelbare Pauschaleinstufung
(2) Einstufung über einzelne Kriterien
(3) Einstufung mittels veröffentlichter Länderbeurteilungen.

Die unmittelbare Zuordnung von Land und Risikoklasse erfolgt über Expertenmeinungen, z.B. über Berichte eigener Mitarbeiter vor Ort. Oft fällt die Kreditentscheidung zugleich mit dieser qualitativen Beurteilung. Diese Art des Vorgehens gilt in der Praxis heute als unzureichend.

Einstufungen über ein Auswahlkriterium (bzw. über eine sehr geringe Anzahl isoliert betrachteter Kriterien), z.B. Kennziffern wie die Kapitaldienstrate oder die Importdeckungsrate, gelten heute ebenfalls als nicht ausreichend.

Banken können heute auf einige veröffentlichte, periodisch aktualisierte Länderrisiko-Berechnungen zurückgreifen, durchgeführt von Spezialinstituten und Zeitschriften. Hierzu sei auf eine Übersicht in der Zeitschrift „Die Bank" 7/1987 verwiesen.

Dort finden sich auch methodenkritische Hinweise, auf die hier nicht weiter eingegangen wird. Die einzelne Bank könnte derartige Berechnungen unmittelbar in Risikoklassen überführen. Ob aber die gewählte Methode der Bewertung sich mit der Auffassung der einzelnen Bank zur Problemstruktur deckt, ist im Zweifel sehr fraglich. Insofern dienen veröffentlichte Länder-Ranglisten mehr dem Vergleichen mit eigenen Urteilen.

Banken, die sich auf eigene Risikoanalysen stützen wollen (was großen Häusern zu empfehlen ist und dort auch zum Alltag gehört), benötigen dazu eine effiziente volkswirtschaftliche Abteilung. Die von den großen Häusern entwickelten Verfahren unterscheiden sich u.a. durch

- das Ausgangsmaterial (unmittelbare Fakten; Indikatoren),
- die Zahl der einbezogenen Beurteilungskriterien,
- die Weiterverarbeitung der Einzelkriterien (qualitative Methodik, quantitative bzw. statistische Verfahren, gemischte, sogenannte Checklist-Verfahren),

- die Bewertung und Gewichtung einzelner Größen,
- die Einführung zusätzlicher Rechengrößen (Dominanzen, Glättungen, Bonus- und Malusansätze),
- das Ausmaß der Verdichtung (z.B. Anzahl der festgelegten Risikoklassen).

Ausführlichere Verfahrensvergleiche sind an dieser Stelle nicht beabsichtigt. Einige Besonderheiten aus einem praktischen Fall seien herausgestellt, wobei von folgenden Schritten ausgegangen wird:

(1) Erfassung der politischen Risikokomponente eines Landes
(2) Erfassung der ökonomischen Risikokomponente eines Landes
(3) Zusammenfassung zu Risikoklassen.

Bei den politisch bedingten Risikokomponenten besteht zunächst ein Auswahlproblem. Das Heranziehen von 15 einzelnen Risikodeterminanten ist nicht ungewöhnlich. Für jede dieser Risikoausprägungen muß sodann eine Meßaussage gefunden werden.

Allgemein bestehen erhebliche Probleme der Messung von politischen Gegebenheiten und Tendenzen. Es ist aber möglich, einzelne Komponenten im Rahmen abgestufter Beschreibungsmuster ordinal zu messen und ggf. eine Punktwertung oder Benotung vorzunehmen. So könnte z.B. das Kriterium „Ethnische Homogenität" mit einer begrenzten Zahl von Stufungen konkretisiert werden (Stufe 1 = absolute Homogenität bis Stufe 5 = militärisch rivalisierende Gruppen).

Bei der Erfassung der ökonomisch bedingten Risikofaktoren eines Landes bestehen ebenfalls erhebliche Auswahlprobleme. Auch hier ist die Berücksichtigung von 15 einzelnen Determinanten in der Bankenpraxis nicht ungewöhnlich.

Ökonomische Risikokomponenten sind zahlenmäßig relativ leicht zu belegen. Der Umweg über qualitativ-verbale Einstufungen kann vermieden werden. Prognosen sind besonders dann schwierig, wenn sie von hohem politischen Risiko beeinflußt werden. Auch gibt es immer eine Fülle weiterer Gesichtspunkte, die je nach Meinung des einzelnen Analytikers wichtiger sein mögen, aber nicht berücksichtigt werden.

Im Anhang dieses Beitrages ist die veröffentlichte Zusammenstellung von 14 politischen und 14 ökonomischen Indikatoren gezeigt, mit denen die Nord-LB arbeitet.

Die ernsten methodischen Probleme beginnen u.E. erst, wenn die durchschnittlichen Meßwerte der einzelnen Indikatoren für die Vergangenheit ermittelt und für die Zukunft geschätzt sind. Die Beurteilung kann z.B. durch Wertziffern (Noten) erfolgen. Ob dabei drei, vier oder z.B. bis zu zehn Noten zweckmäßig sind, entzieht sich der generellen Aussage. Die Benotung setzt ökonomische Urteilsfähigkeit und Verfahrensanweisungen voraus. Mit dem einheitlichen Gerüst von Wertziffern ist die Addierbarkeit heterogener Indikatoren möglich.

Vorweg sind Gewichtungen unvermeidlich. Die Gewichtungseinheiten GE (Summe = 1) sind auf die Gesamtheit der Einzelkriterien zu verteilen. Hier wird das Ermessensproblem besonders deutlich. Unterscheidet man z.B. bei den ökonomischen Kriterien drei Gruppen

Binnenwirtschaft	0,25 GE
Außenwirtschaft	0,25 GE
Verschuldung etc.	0,50 GE
	1,00 GE

dann ist der Gewichtungsspielraum innerhalb der Gruppen je nach Unterteilung unterschiedlich.

Die Summe der gewichteten Einzelnoten kann ohne Probleme in eine Rangfolge der Länder umgerechnet (Istpunkte in % der maximal möglichen Punkte) und/oder zur Bildung von mehr oder weniger Risikoklassen (z.B. 1 - 5) verwendet werden.

Von den Möglichkeiten der zusätzlichen Korrektur, Gewichtung und allgemeinen Zahlensteuerung zwecks Risikominderung seien erwähnt: Boni in Abhängigkeit von Sonderziehungsrechten des Landes; Mali bei extrem schwacher Benotung von potentiell dominanten Kriterien; Boni bei Mitgliedschaft in der NATO u.a.m. Zusätzliche, wichtige Schwerpunktbildungen erreicht man, wenn die Wertziffern je Einzelkriterium getrennt nach Vergangenheit und Zukunft vergeben und die anschließenden Gewichtungen ungleich vorgenommen werden (z.B. Vergangenheit 25 %, Zukunft 75 % der Gewichtung). Die Praxis kennt verschiedene Spielarten der Berücksichtigung prognostizierter Tendenzen.

Es ist eine verbreitete Methode, die politischen und die ökonomischen Risikodeterminanten in einem geschlossenen Bewertungs- und Verdichtungsschema zu erfassen. Die Gesamtpunktzahl = 100 wird nur erreicht, wenn alle Einzeldeterminanten ihren maximalen Punktwert erhalten. Dieses Vorgehen ist u.a. zweckmäßig, wenn relativ wenige Einzelkriterien herangezogen und beide Gruppen nicht gleich gewichtet werden. Anderenfalls ist es informativer, wenn für jedes Land eine politische und eine ökonomische Risikoklasse bestimmt wird (z.B. jeweils 1 - 5).

Die Zusammenführung über eine Matrix bietet weitere Möglichkeiten der zielorientierten Variation: Eine Kombination aus der ök. Klasse 2 und der polit. Klasse 4 könnte die Gesamtrisikoklassen 2 oder 3 oder 4 ergeben; aus den Teilklassen 4 und 4 könnte die Gesamtklasse 4 oder 5 festgelegt werden.

Die Zuordnung von Ländern und Risikoklassen aus einem geschlossenen Punktwertsystem heraus ist besonders einfach. Man bildet eine Rangfolge der Länder nach ihrer Gesamtpunktzahl (country rating) und unterteilt dann diese Auflistung in die gewünschte Anzahl von Risikoklassen. Bei 5 Klassen, 100 Gesamtpunkten und gleichmäßiger Verteilung erfolgt z.B. alle 20 Punkte ein qualitativer Sprung.

Ergebnis dieser Art des Vorgehens ist die Einordnung jedes Landes in eine Risikoklasse. Damit ist eine wichtige Grundlage für die darauf fußende Risikosteuerung gegeben.

Derartige Zuordnungen von Ländern und Risikoklassen sind zu überprüfen, sobald die hauseigene Statistik Änderungen der Indikatoren signalisiert. Hierin liegt bei raschen Veränderungen ein praktisches Problem.

1.2.2. Risikobegrenzung

Rangfolgen der Länder nach dem Bonitätsrisiko und Zuordnungen dieser Länder in Risikoklassen sind eine wichtige Grundlage bankbetrieblicher Risikobegrenzung. Sie wird in leistungsfähigen Stabsabteilungen erarbeitet. Die eigentliche Risikobegrenzungspolitik erfordert Entscheidungen der Unternehmensleitung und weitere Stabsarbeit. Ziel ist die Quantifizierung von bankinternen Länder-Kreditlinien. Damit wird die Summe aller Einzelkredite je Land in der Planung limitiert.

Besonderen Einfluß auf solche Länderlimits haben neben der Risikoklasse

(1) die Kreditpolitik der Bank insgesamt,
(2) das Eigenkapital der Bank,
(3) die Größe des Kreditlandes in Verbindung mit seiner Wirtschaftskraft.

Kreditpolitische Basisbeschlüsse der Geschäftsleitung betreffen z.B. den wünschenswerten Anteil des Auslandsgeschäftes am Gesamtgeschäft. In Verbindung damit können Mindeststreuungen nach verschiedenen Gruppierungen beschlossen werden (Wirtschaftsräume, Branchen, Kreditarten u.a.m.). Hierzu gehört auch die Grob-Verteilung des Auslandsgeschäftes auf Risikoklassen. Eine Großbank hat einen Vorstandsbeschluß, wonach 60 % des gesamten Auslandsgeschäftes in Länder der besten Risikoklasse zu legen sind.

Für die Quantifizierung derartiger Quoten gibt es u.W. keine wissenschaftlich abgesicherten Entscheidungsmodelle. Der Satz von 60 % in obigem Beispiel macht eine qualitative Risikoposition der Bankleitung deutlich.

Das gilt ebenso für Limitierungen und Streuungen des Auslandsgeschäftes in Verbindung mit dem Eigenkapital. Im Kern wird dabei nur planmäßig ausgedrückt, wieviel Eigenkapital die Bank im Falle des Eintretens von Länderrisiken zu opfern bereit ist. Welche Schichten von Eigenkapital für solche Überlegungen geeignet sind, wird noch andiskutiert.

Für die Berücksichtigung des Bruttosozialproduktes als Ausdruck der Größe des Schuldnerlandes hat sich in einem untersuchten Fall instrumentaltechnisch die Bildung von Größenklassen als geeignet erwiesen.

In verschlüsselter und vereinfachter Darstellung des hier beschriebenen Beispiels wäre folgender Weg zu einem Länderlimit vorstellbar:

Land X habe die Risikoklasse 3 und die Größenklasse V. In einer Matrixdarstellung können für das Feld 3/V drei Koeffizienten x, y und z ermittelt und aufgezeigt werden, die der Errechnung des Länderlimits wie folgt dienen:

x o/oo des Sozialproduktes Land X	= 120 Mill DM
y o/o des Eigenkapitals (Bank)	= 160 Mill DM
z o/o des Soll-Auslandsgeschäftes (fiktiv)	= 110 Mill DM
Arithm. Mittel = 130 Mill DM mal 3	= 390 Mill DM

Das Länderlimit für Land X würde hier von der Stabsabteilung auf der Grundlage von eigenen Berechnungen und von Vorgaben der Geschäftsleitung mit 130 Mill DM dargestellt.

Dabei können die Größen x, y und z durch zusätzliche Risikobegrenzungsüberlegungen beeinflußt werden. Bei graphischer Darstellung (Ordinateneinteilung nach Kreditsumme, Abszisseneinteilung nach Risiko) dürfte die Kurve der Limite das Bild einer Hyperbel zeigen.

Die Einhaltung derartiger, stabsmäßig ermittelter Zuteilungen führt zwangsläufig zu Auffassungsunterschieden mit den vor Ort Verantwortlichen. Das zentrale Management hat dann die besonders gelagerten Argumente (Wettbewerbslage; Zielsetzungen; Kundentreue; Kontaktpflege mit Ländern; Außenpolitik; kooperatives Vorgehen der Gläubigerbanken u.a.m.) zu würdigen.

1.2.3. Ergebnis

Geht eine Bank im Prinzip den hier nur knapp dargestellten Weg der Risikoanalyse und der Risikobegrenzung durch Kreditlimitierung im Auslandsgeschäft, dann hat sie etliche, schwierig zu beurteilende Ermessensentscheidungen zu treffen, um methodisch überhaupt ans Ziel zu kommen. Als Beispiele seien nochmals genannt:

(1) Entscheidungen bei der Risikoanalyse

- Auswahl der ökonomischen Kriterien
- Auswahl der politischen Kriterien
- Bestimmung der Meßmethoden
- Bewertung und Gewichtung (Methoden)
- Verdichtung zu Gesamturteilen (Methoden)
- Bildung von Risikoklassen
- Zuordnung von Ländern und Klassen

(2) Entscheidungen bei der Kreditlimitierung

- Gesamtvolumen Auslandsgeschäft
- Maximal zu opferndes Eigenkapital
- Streuungsregeln
- Rechentechnik zur Bestimmung von Länderlimits.

Insgesamt dürfte das Kreditinstitut sich damit zumindest im mittelfristigen Bereich eine brauchbare Entscheidungsgrundlage geschaffen haben.

Bei der wissenschaftlichen und der praktischen Beurteilung sind indessen auch Kritikpunkte zu nennen. Im methodischen Bereich stört z.B. der augenfällige Kontrast zwischen rechnerischer und statistischer Feinstarbeit einerseits und den groben Zuordnungsrastern andererseits. Bei der Verdichtung einzelner Meßgrößen zu einem Gesamturteil kann es entweder zu einem Ausgleich der einzelnen Fehleinschätzungen kommen oder zu einer Kumulation, ohne daß es erkennbar wäre. Mögliche falsche Einstufungen wären die Folge.

Positiv zu solchen potentiellen Verfahrensmängeln sei entgegnet, daß die Bank allein durch das ständige Arbeiten mit solchen Einflußgrößen gute Lerneffekte für die Vorbereitung von Kreditentscheidungen verzeichnet. Auch der Quervergleich über die Länder, mit denen man Auslandsgeschäfte macht, wird durch die einheitliche Methode besser möglich.

Besondere Beachtung verdienen zwei aus der Praxis kommende Kritikpunkte: (1) Unbeweglichkeit und (2) Unwohlsein. Tatsächlich ist die Risikosteuerung über Punktwertbetrachtungen nicht sehr flexibel. Die Situation einzelner Länder kann sich rasch ändern, ohne daß die Bank das Kreditvolumen unmittelbar anpassen kann. Rutscht das Land X von der Risikoklasse 3 nach 4, dann müßten bei ausgereiztem Limit sofort Kredite fällig gestellt werden. Das ist illusorisch. Im Regelfall braucht das Land X dann meist noch Neu-Kredite. Diese wären bei Anwendung des Standardverfahrens im Hause nicht mehr vertretbar. Hier könnte eine Zusatzrechnung z.b. unter Heranziehung weniger, dominanter ökonomischer Auswahlkriterien erfolgen, also als eine Art Alarm-Scoring.

Auch der Fall des dringenden, kurzfristigen Exportgeschäftes über kurzfristige Zusatzfinanzierung hat in dem beschriebenen System keinen Platz. Die Bank braucht hier ebenfalls Ergänzungsrechnungen.

Diese könnten zur Darstellung warenbegleitender Nebenkontingente führen. Man begnügt sich mit einer verkürzten Liquiditätsanalyse, z.B. über 360 Tage, und berechnet daraus den zusätzlichen, kurzfristigen Bewegungsspielraum. Ein solches, allgemein positiv zu beurteilendes Vorgehen enthält jedoch zwei Teilprobleme: (1) Die Bank vertraut auf die Vorab-Transferwilligkeit und Transferfähigkeit für solche Sondergeschäfte seitens des Schuldnerlandes. (2) Bei der Bewertung solcher Nebenkontingente in der Bilanz besteht erfahrungsgemäß ein gewisser Begründungszwang gegenüber den Prüfern. Wenn z.B. Polenkredite mit 50 % des Nominals bilanziert werden, dann dürfte der Prüfer auch für das (risikoarme) Nebenkontingent eine derartige Bewertung verlangen. Das ist für Banken mit mäßiger Ertragslage nicht leicht darstellbar und ist im Einzelfall auch nicht nötig.

Das obengenannte Stichwort Unwohlsein hängt mit der rechnerischen Beurteilung des Auslandsgeschäftes zusammen und ist teilweise ein Problem der Kalkulationsmethode. Wenn die Bank sämtliche Risikokosten - was immer das sei - verrechnet, dann entstehen für einzelne Länder, ggf. auch für die Gesamtabrechnung, mitunter permanente Minusergebnisse. Verlagerungen in risikomäßig interessantere Länder sind kurzfristig nicht möglich, vielleicht sogar nicht einmal innerhalb der strategischen Planung. Man kann, übertrieben gesagt, die Ertragsmaximierung und die Risikominimierung nicht gleichzeitig haben. Wohl aber bieten sich hier Ansatzpunkte zur Überprüfung der Kalkulationsmethode, zur Frage nach den Deckungsbeiträgen, die das Auslandsgeschäft hereinholen sollte.

1.3. Folgerungen

Die bisher abgehandelten Möglichkeiten der Risikobegrenzung im Auslandskreditgeschäft sind Grundlagen für Kreditentscheidungen. Das Risiko soll möglichst nicht bzw. möglichst gesteuert und von vornherein begrenzt eingegangen werden. Praktisch reicht die Vorsorge in dieser Form nicht aus, eben wegen der einleitend genannten Prognoseprobleme. Die Bank muß daher ihre Risikobegrenzungspolitik durch flankierende Maßnahmen ergänzen. An dieser Stelle sind hierzu nur einige Hinweise möglich. Es geht um (1) Bilanzpolitik und (2) Risikoabwälzung.

Die Bilanzpolitik hat hierbei als Schwerpunkte die Sammelwertberichtigungen und allgemeine stille Reserven. Beides setzt eine erhebliche Ertragskraft voraus, die nicht immer gegeben ist. In den letzten Jahren konnte der Gedanke von Sammelwertberichtigungen auf gefährdete Auslandskredite auch in Steuerbilanzen schon teilweise durchgesetzt werden z.B. über das berühmt gewordene „Polen-Urteil" des Kasseler Oberfinanzgerichtes. Die BHF-Bank beklagt allerdings, daß der Fiskus teilweise nicht anerkenne, was die Aufsichtsbehörde an Risikovorsorge verlange; man habe u.a. die Vorsorge für Costa Rica, Sudan, Zaire und „sogar für Polen" als überhöht beanstandet (Handelsblatt Nr. 186 v. 29.9.1987, S. 8).

Die bilanzielle Vorsorge erstreckt sich selbstverständlich auch auf versteuerte stille Rücklagen. Damit wird der potentielle Risikoeintritt bilanziell aus dem Gesamtergebnis der Bank aufgefangen, also von den ertragsbringenden Sparten. Eine der wichtigsten Folgerungen aus der Risikostruktur von Banken mit viel Auslandsengagement ist der deutliche Hinweis auf die Notwendigkeit stiller Reserven, damit die informatorische Offenlegung von partiellen Verlusten aus eingetretenen Risiken begrenzt bleibt. Das dient nicht der Tarnung von Managementfehlern, sondern dem Schutz der Bank vor zusätzlich zu erwartenden Standingeinbußen.

Die Risikoabwälzung wird in neuester Zeit wieder stärker ins Kalkül der Banken einbezogen. Besonders aktuell ist die Diskussion um die mögliche Securitization von Auslandsforderungen. Angenommen, solche Forderungen seien bereits zu 50 % wertberichtigt. Man emittiert jetzt in Höhe des Restbuchwertes Schuldtitel. Damit ginge das Kapitaldienstrisiko von der Bank auf den Käufer dieser Wertpapiere über. Er hat aber neben dem hohen Risiko eine hohe Zinserwartung, falls diese Zahlungen auf das ursprüngliche Nominal bezogen werden und die Ausstattung des Wertpapieres entsprechend ist.

2. Aufsichtsrechtliche Sicht

2.1. Problem

Kreditinstitute unterliegen speziellen, aufsichtsrechtlichen Regelungen auf der Rechtsgrundlage des KWG. Zu diesen Regelungen gehören auch Risikobegrenzungsnormen. Notwendigkeit und Begründungen solcher Regelungen werden hier als bekannt und als akzeptiert vorausgesetzt.

Bankmanagement ohne Risikobegrenzungsplanung ist real nicht vorstellbar. Es gäbe und gibt derartige Ausrichtungen unabhängig von der Existenz des BAK und des KWG. Im Idealfall würden die staatlich gesetzten Risikobegrenzungsnormen mit den von der einzelnen Geschäftsleitung vorgegebenen übereinstimmen. Praktisch ist das nur der Fall, wenn die einzelne Bank risikofreudiger geführt werden würde, als die Bankenaufsicht es gestattet. Die offiziellen Regelungen bilden dann Obergrenzen.

Sieht man von diesem Muster ab, so wäre die Übereinstimmung jeweils zufällig, denn jede Bank hat ihre individuelle Risikostruktur und bräuchte daher ihre individuellen Risikobegrenzungsnormen. Das ist aufsichtsrechtlich nicht darstellbar und würde einen unwirtschaftlichen Verwaltungsaufwand voraussetzen.

Ein weiterer problembildender Aspekt kommt hinzu. Die Entwicklung der Märkte, Bankleistungen und Bankrisiken liegt generell zeitlich vor den Möglichkeiten der aufsichtsrechtlichen Installierung von Risikobegrenzungsnormen. Diese werden in Anpassung an Veränderungen geschaffen, variiert, ergänzt. Sie hinken hinterher. Im Gegensatz dazu muß das Bankmanagement risikoflankierend disponieren.

Es überrascht nicht, wenn vorweg festgestellt wird, daß die Risikovorsorge für Auslandskredite in der Bankenpraxis früher erkannt und methodisch ausgebaut wurde, als es aufsichtsrechtlich möglich war. Gleichzeitig existiert die ständige Besorgnis, man könne in der Praxis Risikostrukturen aufbauen, für deren Auffangen die Bankenaufsicht zu spät kommen würde.

Diese Problemstruktur erleichtert die Urteilsbildung zur Frage, ob und wie das Länderrisiko aufsichtsrechtlich begrenzt wird. Erinnert sei vorweg nochmals an einige, nicht unbedingt kodifizierte Gestaltungsprinzipien der Bankenaufsicht: (1) Keine direkten Eingriffe, sondern Rahmenbedingungen; (2) einfach, einheitlich, effizient; (3) Wirtschaftlichkeit.

2.2. Stand der Risikobegrenzung

Für das Ausfallrisiko finden sich aufsichtsrechtliche Begrenzungsnormen an verschiedenen Stellen des KWG. Schwerpunkt ist die aus § 10 KWG abgeleitete Regelung in Grundsatz I der Bankenaufsicht. Hier wird, vereinfacht gesagt, das Kreditvolumen in Abhängigkeit vom haftenden Eigenkapital der Bank begrenzt.

Ein spezielles Länderrisiko hat das BAK lange Zeit nicht gesondert gesehen, sondern innerhalb des Kundenrisikos subsummiert. Das gilt nicht nur für den Grundsatz I, sondern auch für die Großkreditregelung und andere relevante Ansätze im KWG zwecks Begrenzung des Ausfallrisikos.

Mit dem Beginn der 80er Jahre kam es zu deutlichen Signalen und auch zu Anpassungen der Rechtsgrundlagen der Bankenaufsicht. Hier sollen drei Gruppen von Maßnahmen unterschieden werden:

(1) Änderungen des KWG
(2) Änderungen des Grundsatzes I
(3) Anordnungen, Absprachen etc. seitens des BAK.

Zu (1): Das Kreditwesengesetz wurde 1985 geändert. Wegen der zwangsläufigen Einschaltung des Gesetzgebers sind derartige Anpassungen schwerfällig. Die Novelle zum KWG war schwerpunktmäßig auf die veränderte Risikosituation im Auslandsgeschäft gerichtet und nutzte instrumental vor allem den Konsolidierungszwang mit ausländischen Tochterbanken, um das Länderrisiko zu begrenzen. Das Gesetz wird nach einer Übergangszeit zweifach greifen: Kreditpyramiden mit der Wirkung des Unterlaufens von Grundsatz I werden abgebaut. Zudem können auch die Großkreditregelungen nicht mehr über ausländische Töchter umgangen werden.

Da dieses Problem bereits längere Zeit gesehen wurde, kam es im Vorfeld der Gesetzesänderung schon zu Kontakten zwischen dem BAK und den großen Banken. Ergebnis waren u.a. bestimmte, freiwillige Informationen seitens der Praxis für die Aufsichtsbehörde.

Zu (2): Änderungen des Grundsatzes I können unmittelbar vom BAK verfügt werden. Damit hat die Aufsichtsbehörde ein Instrument, das prinzipiell sehr elastisch eingesetzt werden könnte. Praktisch wird es nicht so eingesetzt. Im Regelfall erfolgen Änderungen des KWG und der Grundsätze etwa gleichzeitig. Zwischenzeitliche Ergänzungen der Grundsätze werden durchaus exerziert, z.B. im Falle der 50 %-igen Anrechnung bestimmter, nicht bilanzierungspflichtiger Innovationen im internationalen Geschäft, sind aber selten.

Die Fassung von Grundsatz I durch Bekanntmachung vom 19. Dezember 1985 enthält bezüglich des Länderrisikos keine Änderungen gegenüber früheren Ausprägungen. Die mittels Anrechnungsquoten gebildeten Risikoklassen wurden zwar etwas variiert, aber es bleibt bei der 50 %-igen Berücksichtigung von Krediten an Kreditinstitute außerhalb des Geltungsbereichs des KWG. Die im Zweifel problembildenden Finanzkredite an schwache Länder sind nach wie vor eingestuft wie normale, warenbegleitende Exportkredite.

Umgekehrt hatten Fachleute erwartet, daß Staatskredite an EG-Länder der inländischen Einstufung angenähert würden (Null-Risiko). Das ist unterblieben.

Mit den Ausbaumöglichkeiten von Grundsatz I hat das BAK ein stark greifendes Instrument in den Hinterhand.

Zu (3): Die Aufsichtsbehörde hat verständlicherweise dasjenige Instrumentarium zuerst eingesetzt, das schnell und relativ unauffällig greifen kann. Hierzu gehören Vereinbarungen mit der Praxis über bestimmte, freiwillige Verhaltensweisen. Dazu kommen Schreiben an das Institut der Wirtschaftsprüfer. Diese haben de facto Anordnungscharakter und wirken über die Prüftätigkeit risikobegrenzend. Wegen der historischen Bedeutung sei hier aus dem sogenannten „Bähre-Brief" vom 18.1.1980 zitiert:

„Aufzunehmen in die Prüfberichte bitte ich hiernach mindestens Angaben darüber,

a) aufgrund welcher Informationen und nach welchen Maßstäben (z.B. bestimmte Klassifikationen und Bewertungsziffern) das Länderrisiko von dem Kreditinstitut beurteilt wird,
b) ob und von wem Kredithöchstgrenzen, bezogen auf die einzelnen Länder, festgelegt werden, wie sie lauten und wieweit sie ausgenutzt sind,
c) wie die Kredite im Auslandsgeschäft bezogen auf die einzelnen Länder, gestreut sind."

Formal sind derartige „Bitten" ein recht schwaches Instrument. Tatsächlich dürften daraus wesentliche Impulse auf die Prüftätigkeit selbst ausgehen. Leider existiert u.W. bisher keine veröffentlichte Studie, in der nach 15 Jahren Erfahrung mit solchen Prüfberichten aufgearbeitet wird, ob und welche Nutzeffekte eingetreten sind. Das ist vielleicht in der Sache schwierig, und Prüfberichte sind halt streng vertraulich. Aus der Einsicht in einzelne Exemplare aus verschiedenen Bankengruppen sei hier ohne Anspruch auf Verallgemeinerung festgestellt:

– Die Methodenbeschreibung und ihre Beurteilung dürfte kein großes Gewicht haben, zumal Jahr für Jahr weitgehend Wiederholungen erwartet werden können,
– über Kreditvolumina je Land, ihre Veränderungen zum Vorjahr und – soweit installiert – den Abstand vom jeweiligen Limit dürften sehr genau berichtet werden,

- über die Risikovorsorge in Form von Wertberichtigungsquoten je Risikoland dürfte ebenfalls genau berichtet werden, auch über Veränderungen zum Vorjahr.

Bei der Beurteilung, ob Wertberichtigungsquoten je Risikoland ausreichen, dürfte der Wirtschaftsprüfer von seinem Dachverband Hilfestellung erwarten können. Offensichtlich gibt es hierzu aber auch interne Meinungen im BAK (vgl. hierzu die oben zitierte Pressemeldung der BHF).

Mit der Auffassung über erforderliche Mindestwertberichtigungen hätte das BAK ein indirektes, aber scharf greifendes Instrument der Begrenzung von Länderrisiken.

2.3. Folgerungen

Geht man davon aus, daß die bisher installierten Risikobegrenzungsnormen der Bankenaufsicht ausreichen, dann wäre alles gesagt. Anderenfalls böten sich folgende Instrumente an:

(1) Das Volumen der Auslandsgeschäfte könnte durch eine Verschärfung von Grundsatz I strenger begrenzt werden (oder die Banken müßten zusätzliches Eigenkapital beschaffen). Formal böte sich ein Grundsatz Ib an, der eine separate Relation von Auslandskrediten zum haftenden Eigenkapital verlangt. Alternativ dazu könnte man innerhalb der Anrechnungsquoten von Grundsatz I variieren, z.B. mit einem Malus (z.B. 9-faches, 5-faches, 2-faches des haftenden EK) beim Überschreiten eines vorzugebenden Anteils der Auslandsgeschäfte am Gesamtvolumen. Dieses Instrument könnte sehr elastisch und zeitlich begrenzt eingesetzt werden, aber die Fachleute scheuen davor zurück. Der Bankenpraxis kann man es nicht verdenken, wenn sie mit jeder Verfeinerung der BAK-Normen zusätzliche Bürokratie befürchtet.

Eine Ergänzung von Grundsatz I durch Zuordnung der Länder in Risikoklassen und entsprechende Limitierungen wird vom BAK aus bisher generell abgelehnt, u.a. mit dem Hinweis auf ein Konfliktpotential, das die Außenpolitik der Bundesrepublik Deutschland stören könnte. Auf die Dauer erscheint diese Argumentation nicht haltbar, zumal weltweite Finanzorganisationen mit derartigen Einstufungen bereits operieren.

(2) Die Begrenzung von Länderrisiken könnte auch über eine Verfeinerung des Instruments der Wertberichtigungen erfolgen, z.B. in Verbindung mit Risikoklassen. U. Baxmann (1986) hat hierzu Vorschläge gemacht. In diesem Fall könnte eine zusätzliche Steuerung über den Grundsatz I u.E. entfallen.

(3) Die Aufsichtsbehörde muß selbstverständlich alle Neuentwicklungen auf den internationalen Finanzmärkten beobachten. Wertpapiere mit Länderrisiko sowie nicht bilanzierte Obligos mit Länderrisiko sind Anlässe, z.B. den Grundsatz I von dieser Seite aus kritisch zu prüfen.

3. Ausblick

Die Annahme, das Länderrisiko könne nach Ursache und Wirkung für jede betroffene Bank isoliert und aufsichtsrechtlich national begrenzt behandelt werden, ermöglicht folgende Aussagen:

Gemeinsam ist für Banken und Bankenaufsicht das Ziel einer sinnvollen Risikobegrenzung.

Unterschiedlich sind u.a. folgende Gesichtspunkte zu sehen:

– Zeitlich betrachtet ist die Risikobegrenzung bankbetrieblich mehr ein planendes Agieren, aufsichtsrechtlich mehr ein Reagieren.
– Managementorientiert wird die Risikobegrenzung durch aktive Kreditentscheidungen bewirkt, aufsichtsrechtlich durch passive Rahmengebilde.
– Methodisch schafft sich die Bank eine maßgeschneiderte Urteilsgrundlage, während aufsichtsrechtlich nur Einheitskonfektion möglich erscheint.
– Haftungsmäßig wird das zum Auffangen von Verlusten aus eingetretenem Länderrisiko verfügbare Eigenkapital unterschiedlich gesehen. Das KWG definiert eine Schicht von „haftendem" Eigenkapital, das in der Realität nur teilweise verfügbar ist und teilweise ohne Existenzgefährdung nicht verbraucht werden kann. Das Kreditinstitut hat dagegen eine ziemlich strenge Hierarchie von Eigenkapitalschichten, die nacheinander verbraucht werden, z.B.:

(1) Stille Reserven
(2) Lfd. Wertberichtigungen
(3) Lfd. Restergebnis
(4) Offene Rücklagen
(5) Eingezahltes Eigenkapital (partiell)
(6) Neue Einlagen
(7) Eigenkapital-Surrogate (eingezahlt)
(8) Einlegerschutzvorrichtungen
(9) Sonstige (z.B. Haftsummenzuschlag)
(10) Staatliche Hilfen.

Die hier gewählte Reihenfolge mag innerhalb der Positionen 5 - 9 variierbar sein. Aber bereits innerhalb der Positionen 3 und 4 ergeben sich Standing-Risiken, die aus der einzelnen Bank heraus nicht aufzufangen sind. Insofern ist die aufsichtsrechtliche Eigenkapitalbasis etwas wirklichkeitsfremd.

Eine von Fritz Philipp geleitete Professorengruppe, in der wir mitarbeiten konnten, hat eindrucksvoll auf die Notwendigkeit von Gesamtbetrachtungen über alle bankbetrieblichen Risiken hingewiesen. Im Rahmen dieser Studie wurde das Länderrisiko mit dem klassischen Instrumentarium der Begrenzung von Ausfallrisiken behandelt und so über Verfeinerungen der Risikoklassen im Grundsatz I berücksichtigt.

Der Grundgedanke der Gesamtsicht ist u.E. außerordentlich wichtig und klang insofern schon an, als das Auffangen eingetretener Länderrisiken keineswegs hypothetisch mit eingetretenen Länderchancen aufgerechnet werden sollte, sondern ein Problem der gesamten Bank ist. Es müssen die Erträge aus anderen Sparten herhalten, und es sind aus diesen Erträgen (stille) Reserven vorzuhalten.

Gegenwärtig und zukünftig bleibt aber das Anliegen der Gesamtsicht nicht auf die einzelne Bank und auf die nationale Bankenaufsicht beschränkt. Die Gläubigerbanken befinden sich in einem internationalen Verbund, sei es als Frühstückskartell, sei es formalisierbar, z.B. als Konsortium. Der Sachzwang zur Kooperation liegt vor, und wer aussteigen will, verliert das im internationalen Geschäft benötigte Standing. Dabei ist die Gruppe der Gläubigerbanken nicht isolierbar, sondern sie wird wirtschafts- und finanzpolitisch wirksam beraten, z.B. auch von den Notenbanken.

Auch das Aufsichtsrecht ist nicht mehr nur eine nationale Angelegenheit. Beschlüsse des Cooke-Committee und anderer internationaler Gremien werden an Einfluß gewinnen. Es ist ohnehin interessant, wie unterschiedlich in den einzelnen Industrieländern die aufsichtsrechtlichen Begrenzungsnormen und Maßnahmenkataloge noch sind.

Für die international operierende Großbank wird das Geschäft nicht leichter. Ihr wird politisch empfohlen, fresh money zu geben. Dabei sollen aber die Risiken dem Bankmanagement verbleiben. Die Bankenaufsicht will ausreichende Wertberichtigungen sehen, die aber vom Management zu erwirtschaften sind. Steuerlich wird die Bank bei dieser Risikovorsorge nicht ausreichend begleitet.

Am Ende zählt betriebswirtschaftlich nur, ob die Bank insgesamt schwarze Zahlen schreiben kann.

Anhang: Standard-Indikatoren im Rating-System der Nord/LB

Politische und soziale Indikatoren

Kultur- und Wertesystem

- Bedeutung der Religion/Tradition im Leben der Bevölkerung und in der Politik
- Nationalverhalten
- Ethnische Homogenität/Gastarbeiter

Sozialstruktur

- Bevölkerungswachstum
- Wachstum der städtischen Bevölkerung
- Arbeitslosigkeit

Innenpolitik

- Rekrutierungsbreite der Eliten
- Bedeutung der Opposition und des Militärs (Spannungspotential)
- Sozialpartnerschaft (Rolle der Gewerkschaften/Arbeitgeber)
- Anpassungsfähigkeit der Wirtschaftspolitik
- Effizienz der Verwaltung

Außenpolitik

- Stellung im machtpolitischen Umfeld
- Mitgliedschaft in der NATO/OECD
- Mitgliedschaft im Warschauer Pakt/COMECON

Ökonomische Indikatoren

Binnenwirtschaft

- reales Wachstum des BSP
- Entwicklungsstand/-aussichten (Umsetzung von Know-how, Human-capital-Potential, Verfügbarkeit und Nutzung von Rohstoffen und Energie)
- Inflationsrate

Außenwirtschaft

- Terms of trade
- Verhältnis Importe/Exporte
- Anteil der wichtigsten Exportgüter/Exporte
- Anteil der wichtigsten Exportländer/Exporte
- Anteil der volkswirtschaftlich unverzichtbaren Importgüter/Importe

Verschuldung/Währung

- Verhältnis Auslandsverschuldung/BSP
- Verhältnis Auslandsverschuldung/Exporte
- Veränderung der Auslandsverschuldung
- Debt-Service-Ratio
- Importdeckung
- Reserveposition im IWF

Quelle: Claussen (1986), S. 503

Literaturverzeichnis

Baxmann, Ulf G., Bankbetriebliche Länderrisiken, München 1985(Anmerkung: Dieses Standardwerk enthält ein umfassendes Literaturverzeichnis)

Baxmann, Ulf G., Ansatzpunkte zur bankaufsichtlichen Reglementierung von Länderrisiken, ZfgK 11/1986,S. 516-522.

Berger, Karl-Heinz, Risiko und Risikobegrenzung im Auslandskreditgeschäft, Beitrag Nr. 1 aus dem Bankseminar Hannover, 1982

Berger, Karl-Heinz, Länderrisiko und Gesamtrisiko der Universalbank, ZfB 1/1982, S. 96-107.

Berger, Karl-Heinz, Möglichkeiten der Erfassung von Risiken im Bankbetrieb, in: Rechnungswesen im Dienste der Bankpolitik (Festschrift für Klaus Mertin, Hrsg. Krumnow, J./Metz, M.), Stuttgart 1987, S. 251 ff.

Claussen, Rainer, Erfahrungen mit der Länderrisikoanalyse, Die Bank 10/1986, S. 501-505.

Köglmayr, Hans-Georg/Müller, Stefan, Bewertung von Länderrisiken, Die Bank 7/1987, S. 378-384.

Philipp, Fritz, et. al. (Professoren-Arbeitsgruppe), Bankaufsichtsrechtliche Begrenzung des Risikopotentials von Kreditinstituten, DBW 3/1987,S. 285-302.

Zur Diskussion um die stillen Reserven bei Banken[1]
Von Prof. Dr. Joachim Süchting

Wie dies für Nichtbanken mit der 4. und 7. EG-Richtlinie geschehen ist, so wird auch für die Kreditinstitute eine Harmonisierung der Jahresabschlüsse in Europa erfolgen. Die „Richtlinie des Rates vom 8. Dezember 1986 über den Jahresabschluß und den konsolidierten Abschluß von Banken und anderen Finanzinstituten (86/635/EWG)" ist vorgelegt worden. Für die Umsetzung dieser Bankbilanzrichtlinie in nationales Recht wird den Mitgliedsstaaten eine Frist bis Ende 1990 gesetzt; die Vorschriften sind jedoch grundsätzlich erst auf den Jahresabschluß 1993 anzuwenden.

Aus den Reaktionen auf die Bankbilanzrichtlinie in der Kreditwirtschaft der Bundesrepublik gewinnt man den Eindruck, daß sie glaubt, damit leben zu können. Dies dürfte vor allem darauf zurückzuführen sein, daß sich die deutsche Auffassung zu der Notwendigkeit von Bewertungsprivilegien für Banken durchgesetzt hat. Zwar ist der Umfang der stillen Reserven auf 4 % der nach dem Niederstwertprinzip bewerteten Kredit- und Wertpapierpositionen begrenzt worden. Faktisch dürfte dieser Bewertungsspielraum indessen sowieso nicht ausgefüllt werden, da die Ertragskraft vor allem von Dividendenerfordernissen sowie dem Zwang zur Dotierung des offen auszuweisenden Eigenkapitals beansprucht wird. Entsprechend der unterschiedlichen Ertragskraft der Institute können diese in dem genannten Rahmen Reserven *still* legen (und auflösen), da in der Bankbilanzrichtlinie auch die Möglichkeit der Kompensation von Wertberichtigungen auf Forderungen und Wertpapiere mit den entsprechenden Erträgen aus ihrer Auflösung gegeben ist.

Da die Angelegenheit geklärt ist, besteht insoweit derzeit kein Anlaß, die Diskussion um die stillen Reserven der Banken erneut zu beleben. Wohl aber besteht Veranlassung, eine der Verabschiedung der Richtlinie unmittelbar vorausgegangene, von Köllhofer präsentierte Position der Bankpraxis zu dieser Frage noch einmal aufzugreifen (Köllhofer (1986), S. 552-559). Der Autor setzt sich kritisch unter anderem mit meiner Auffassung (Süchting (1981), S. 207-220) - und damit einer in der Substanz gleichen Position einer Kommission bankbetrieblicher Hochschullehrer (Kommission Bankbetriebslehre (1982), S. 441-446) - auseinander. Seine Argumente dürfen nicht unbeantwortet bleiben.

Dabei geht es im wesentlichen um die folgenden Sachverhalte:

(1) Das Verhältnis zwischen Bank-Management und Bank-Eigentümern;
(2) die Besonderheit von Bankrisiken;
(3) die Frage, ob Reserven offen oder (auch) still zu legen sind.

---

[1] Dieser Beitrag wurde erstmals in der Börsen-Zeitung Nr. 102 vom 30. Mai 1987, S. 17, unter dem Titel: „Bankeinleger sind nicht so dumm - Aber die EG hat sich auf Kosten der Aktionäre geeinigt" veröffentlicht.

1. Stille Reserven und Manager-Schutzfunktion

Köllhofer bezichtigt mich „emotionaler Rundumschläge" (Köllhofer (1986), S. 553), wenn ich sage: „Wer für die Aufrechterhaltung der Bewertungsprivilegien von Kreditinstituten plädiert, wird sich darüber klar sein müssen, daß er insoweit . . . eine im Vergleich zu anderen Wirtschaftszweigen verminderte Effizienzkontrolle der Geschäftsleitungen von Banken hinzunehmen bereit ist und Bankeigentümer in bezug auf Gewinninformationen über ihre Gesellschaften weiterhin diskriminiert" (Süchting (1981), S. 210). Benachteiligt sind insbesondere die Aktionäre der Banken, welche gegenüber denen der Nichtbanken geringere Möglichkeiten besitzen, die durch das Management erzielten Erfolge zu kontrollieren und zur Grundlage einer Vorteilhaftigkeitsanalyse ihrer Geldanlagen zu machen.

Unabhängig von der Zugehörigkeit der Gesellschaften zu dem einen oder anderen Wirtschaftszweig setzt sich die heutige Finanzierungstheorie in einer wichtigen Forschungsrichtung bei von Managern geleiteten Unternehmen mit dem Verhältnis Eigentümer - Manager auseinander, und zwar unter dem Stichwort Principal-Agent-Beziehung (Schneider (1985), S. 26 ff. und S. 411 ff.; Spremann (1985), S. 34 f.). Man geht davon aus, daß zwischen dem Auftrag- und Geldgeber-Eigentümer (Principal) und dem geldverwaltenden Treuhänder-Manager (Agent) keine natürlich vorgegebene Interessenidentität besteht und der Manager dem Eigentümer gegenüber einen Informationsvorsprung besitzt. Das Problem besteht vor allem darin, die Interessenidentität über Organisationsmechanismen herzustellen, sei es über den Hebel von Anreizen (z.B. in den USA den Aktienbesitz eines Managers an dem von ihm geleiteten Unternehmen) und/oder Kontrollen (z.B. durch Ausschüsse des Aufsichtsrates). Hier soll nicht auf die mit derartigen Anreiz- und Kontrollsystemen verbundenen Probleme und Kosten (agency costs) eingegangen werden. Wichtig sind nur die möglichen Interessendivergenzen zwischen Aktionären und Managern sowie deren Informationsvorsprünge.

Daß Interessendivergenzen bestehen können, ist plausibel. So werden Manager vor allem die Verlängerung ihrer Arbeitsverträge und damit ihr Arbeitsplatzrisiko im Auge haben, während Aktionäre ihr Engagement unter dem Aspekt des Geldanlagerisikos sehen. Weil Aktionäre das Geldanlagerisiko im Rahmen ihrer (unternehmensexternen) Portefeuilles diversifizieren und damit reduzieren können, sind sie weniger daran interessiert, daß Manager ihnen diese Risikobegrenzungsüberlegungen abnehmen, indem sie zur Sicherung ihres Arbeitsplatzes unternehmensinterne Diversifikationsstrategien verfolgen. Daß Manager im allgemeinen einen Informationsvorsprung vor den Aktionären besitzen, braucht nicht besonders begründet zu werden; es genügt, auf die Insiderregeln im In- und Ausland zu verweisen.

Nach diesen Überlegungen überrascht nicht, wenn Coenenberg et al. auf empirischer Basis zu dem Ergebnis kommen, daß Manager aus ihrem Interesse heraus bei der Gestaltung des Jahresabschlusses durch Nutzung von Bewertungswahlrechten eine Politik der Gewinnglättung betreiben (Coenenberg/Schmidt/Werhand (1983), S. 321-343). Darin kommt eine Manager-Schutzfunktion zum Ausdruck.

Interessendivergenz und Informationsasymmetrie zwischen Managern und Aktionären müßten verstärkt werden, wenn Unternehmen eines Wirtschaftszweiges wie Kreditinstitute über Bewertungsprivilegien verfügen. Grundsätzlich sollte der Principal dem Agenten als Anreiz zur Entfaltung seiner Manager-Fähigkeiten (wie in einem Profit-Center) einen möglichst großen Handlungsspielraum einräumen. Die Kehrseite der Gewinnverantwortung ist dann allerdings die Rechenschaftspflicht mit Hilfe der Demonstration möglichst unverfälschter Ergebnisse. Entzieht sich das Management dem durch Gestaltung des Gewinnausweises unter Nutzung bankeigentümlicher Bewertungsspielräume (Manager-Schutzfunktion), so erschwert dies die „Effizienzkontrolle der Geschäftsleitungen von Banken" durch Aufsichtsrat und Hauptversammlung, so werden „Bankeigentümer in bezug auf Gewinninformationen über ihre Gesellschaften diskriminiert".

Inwiefern diese Thesen als ein „emotionaler Rundumschlag" bezeichnet werden können, wird im übrigen auch aus den Erörterungen Köllhofers nicht ersichtlich, wenn er sagt: Gegenargumente (gegen stille Reserven, der Verf.) im Hinblick auf die Hauptfunktionen des Jahresabschlusses, nämlich die Gewinnermittlungsfunktion (Bestimmung des ausschüttungsfähigen Gewinns) und die Informationsfunktion (Bilanzadressaten erhielten ‚falsche' Informationen als Grundlage für ihre zukunftsgerichteten Entscheidungen) wären erheblich beeinträchtigt, . . . können sicherlich nicht a priori verneint werden". Und weiter: „Sicherlich kann nicht verkannt werden, daß der Einblick in die Vermögens-, Finanz- und Ertragslage durch stille Reservenbildung beeinträchtigt wird" (Köllhofer (1986), S. 555 und 556).

2. Die Besonderheit von Bankrisiken

Die Bewertungsprivilegien der Banken werden auch in der Bankbilanzrichtlinie mit den besonderen Risiken des Geschäftszweiges der Kreditinstitute begründet.

Köllhofer stimmt mir zu, wenn ich sage, daß Bonitäts- und Zinsänderungsrisiken keine bankeigentümlichen Risiken sind, vielmehr auch bei Nichtbanken vorkommen. Er pflichtet mir auch darin bei, daß sie bei Banken mit erheblich größerer Intensität auftreten (Köllhofer (1986), S. 553). Leider bleibt er bei dieser Aussage stehen und unterläßt es, die von mir aufgezeigten analogen Risiken bei Nichtbanken zu erwähnen, so daß der Leser mit seiner ungleichgewichtigen Darstellung allein gelassen wird.

Während Geldinstitute in den Geldströmen einer Volkswirtschaft operieren, finden Industrieunternehmen ihre Existenzgrundlage in den Sachgüterströmen. Als Folge davon disponieren Geldinstitute insbesondere über Geldvermögen, Industrieunternehmen vor allem über Sachvermögen. Äußert sich das Investitionsrisiko hier als Bonitätsrisiko von Finanzinvestitionen, so dort als Risiko der Nichtamortisation von Sachinvestitionen. Besteht das Zinsänderungsrisiko bei hereingenommenen und hinausgelegten Geldern hier in der Gefahr einer Reduzierung der Zinsspanne, so gibt es dort das Preisänderungsrisiko für beschaffte und weiterveräußerte Sachgüter mit der Gefahr einer Einengung der Handelsspanne.

Es ist demnach unzulässig, die Besonderheit von Bankrisiken zu begründen, ohne das Risiko von Sachinvestitionen und Preisänderungsrisiken für Sachgüter bei Nichtbanken in den Vergleich einzubeziehen.

3. Offenes oder stilles Eigenkapital?

Nun wird man die Ausrichtung des Managements an den Eigentümerinteressen (Principal-Agent-Beziehung) und das Ausmaß der Bankrisiken auch vor dem Hintergrund sehen müssen, daß das offen ausgewiesene Eigenkapital als Anspruchsgrundlage der Eigentümer und als Risikoträger mit einem Anteil von 3 - 5 % an den Passiva im Vergleich zu dem bei Nichtbanken außerordentlich gering ist. Daraus kann die Verpflichtung abgeleitet werden, die Interessen und den Schutz der Einlegergläubiger stärker zu gewichten.

Dem entspricht sowohl das Verhalten der Prudent Banker, das sich in einer größeren Risikoscheu im Vergleich zu Managern in Nichtbanken äußert („Wir arbeiten mit dem Geld anderer Leute"), als auch die auf das KWG gestützte Institution der Bankenaufsicht in ihrer Funktion als Einlegerschutzbehörde. Daß Bankenaufsicht und Bundesbank sich hinter die Bewertungsprivilegien der Kreditinstitute stellen, ist nicht verwunderlich; stellvertretend für die Einleger sind sie ja über stille Reserven (im Sinne von Pauschalwertberichtigungen gem. § 26 a KWG) informiert, während der Eigentümerschutz nicht ihre Sache ist.

Auch unter ihrem Aspekt geht es um das zentrale Problem der Vertrauensempfindlichkeit der Kreditinstitute, denen Millionen von Bankgläubigern ihr Geld anvertrauen. Die Frage ist, ob Einleger angesichts erkennbar großer Ertragsschwankungen - selbst mit Blick auf die Bankenaufsicht und die Einlegerschutzeinrichtungen - irrational reagieren. Irrational soll heißen, durch überhastete Einlagenabzüge einen Run erst provozieren und sich selbst damit in Gefahr bringen. Sollten sie die Beschädigung der Ertragskraft ihres Kreditinstituts in diesem Sinne nicht verkraften, so bedarf es zur Gestaltung dieser Ertragskraft des Instruments der stillen Reserven. Die Frage nach dem Einlegerverhalten führt auf ein komplexes Gebiet, das an dieser Stelle nicht behandelt werden kann und das zudem empirisch weiter zu erforschen ist[2]. Hier soll deshalb nur auf eine Unklarheit in der Diskussion verwiesen werden.

Es erscheint mir sehr übertrieben, dramatische Reaktionen oder ein „unanständiges" Bankverhalten zu beschwören, wenn ein Kreditinstitut einen Verlustausgleich zu Lasten offenen Eigenkapitals vornimmt (Köllhofer (1986), S. 554 f.). Abgesehen davon, daß ein solcher Fall neben der Präsentation eines Null-Gewinns und dem Aussetzen einer Dividende auch bei uns heute durchaus vorkommt: Er spielt immer in einer „stille Reserven-Umgebung" und fällt entsprechend aus dem Rahmen. Die richtige Frage müßte lauten, ob derartige Reaktionen in einer „offene Reserven-Umgebung" (wie in den Vereinigten Staaten) eintreten würden, wo es also gang und gäbe wäre, daß Banken zu Zwecken des Verlustausgleichs vor allem das offene Eigenkapital heranziehen müßten.

---

2 Wenn Köllhofer (Köllhofer (1986), S. 557) in diesem Zusammenhang meine Analyse der Einlagenentwicklung bei zwei verlustreichen Sparkassen als ungeeignet bezeichnet, so kann ich nur darauf verweisen, daß die Vertrauensempfindlichkeit gerade von Sparkassenkunden zuvor behauptet worden war (Faißt (1980), S. 193). Diese Behauptung war Anlaß für meine Analyse.

In diesen Zusammenhang paßt das bekannte Beispiel von der Chiasso-Milliarde, die die Schweizerische Kreditanstalt 1977 verloren und souverän zu Lasten ihrer stillen Reserven ausgebucht hat. Bestünden Möglichkeiten der Bildung und Auflösung stiller Reserven nicht, wären die stillen Reserven also offen gewesen, so hätte die Affaire die SKA eine Milliarde offenes Eigenkapital gekostet. Jedermann wußte, daß die SKA im Vergleich zu ihren Nachbarbanken in ihrem Gesamtvorrat an (offenen und stillen) Eigenmitteln um eine Milliarde schlechter geworden war. Wenn aber jedermann weiß, was durch stille Reserven eigentlich verborgen bleiben soll, dann kann ein Verlust auch gegen die offenen Rücklagen ausgebucht werden.

Literaturverzeichnis

Coenenberg, Adolf/Schmidt, Franz/Werhand, M.: Bilanzpolitische Entscheidungen und Entscheidungswirkungen in manager- und eigentümerkontrollierten Unternehmen, in: Betriebswirtschaftliche Forschung und Praxis, 35. Jg., Heft 4/1983, S. 321-343.
Faisst, Lothar: Zur stillen Risikovorsorge im Bankenbereich im Rahmen der EG-Rechtsangleichung, in: Betriebswirtschaftliche Blätter für die Praxis der Sparkassen und Landesbanken/Girozentralen, 29. Jg., Nr. 4/1980, S. 190-196.
Köllhofer, Dietrich: Stille Reserven nach § 26a KWG in Bankbilanzen: Fragen und Versuch einer Beantwortung, in: Die Bank, Nr. 11/1986, S. 552-559.
Kommission Bankbetriebslehre/Finanzierung und Rechnungswesen im Verband der Hochschullehrer für Betriebswirtschaft e.V.: Stellungnahme zum Entwurf einer Bankenrichtlinie, in: Die Betriebswirtschaft, 42. Jg., Heft 3/1982, S. 441-446.
Schneider, Dieter: Allgemeine Betriebswirtschaftslehre, 3. Aufl., München/Wien 1987.
Spremann, Klaus: Finanzierung, München/Wien 1985.
Süchting, Joachim: Scheinargumente in der Diskussion um stille Reserven bei Kreditinstituten, in: Die Betriebswirtschaft, 41. Jg., Heft 2/1981, S. 207-220.

Zur Beteiligungsposition im Jahresabschluß von Kreditinstituten nach Verabschiedung des Bilanzrichtlinien-Gesetzes und der Bankbilanzrichtlinie

Von Prof. Dr. Hartmut Bieg

1. Vierte Richtlinie, Bilanzrichtlinien-Gesetz und Bankbilanzrichtlinie

Artikel 1 Abs. 1 der Vierten Richtlinie der Europäischen Gemeinschaften[1] sah die Harmonisierung der Einzelabschlüsse von Unternehmungen in der Rechtsform der Aktiengesellschaft, der Kommanditgesellschaft auf Aktien und der Gesellschaft mit beschränkter Haftung vor. Artikel 1 Abs. 2 dieser Richtlinie gab den Mitgliedstaaten aber die Möglichkeit, „bis zu einer späteren Koordinierung . . . von einer Anwendung dieser Richtlinie auf Banken und andere Finanzinstitute sowie auf Versicherungsgesellschaften" abzusehen. Die für diese Branchen beabsichtigte, gesondert vorzunehmende Harmonisierung sollte den branchenbedingten Besonderheiten durch vereinheitlichte, für die gesamte EG anerkannte Sonderregelungen Rechnung tragen. Der bundesdeutsche Gesetzgeber machte allerdings nur für den Bereich der Versicherungswirtschaft von der Möglichkeit der sektoralen Ausnahme Gebrauch. Eine vollständige Bereichsausnahme für die Kreditwirtschaft lehnte er dagegen ab.

Die in Art. 7 des Bilanzrichtlinien-Gesetzes vorgenommenen Änderungen des Kreditwesengesetzes (KWG) haben zur Folge, daß Kreditinstitute keineswegs auf die Anwendung aller Bestimmungen des Bilanzrichtlinien-Gesetzes verzichten können. Soweit Rechnungslegungsvorschriften geändert werden, die auch schon vor Inkrafttreten des Bilanzrichtlinien-Gesetzes von Kreditinstituten zu beachten waren, gelten die neuen Regelungen des Bilanzrichtlinien-Gesetzes auch für Kreditinstitute. Dagegen werden die für die Rechnungslegung der Kreditinstitute seither gültigen Sonderregelungen durch das Bilanzrichtlinien-Gesetz nicht aufgehoben, sondern allenfalls verändert; solche Sonderregelungen betreffen z.B. die Formblätter[2], die Bilanzierungsrichtlinien[3], die Bewertungsvorschriften des § 26 a KWG sowie die Möglichkeit der Überkreuzkompensation nach § 4

---

1 Vgl. Vierte Richtlinie des Rates (78/660/EWG) vom 25. Juli 1978, Amtsblatt der EG vom 14. August 1978, Nr. L 222, S. 11-31.
2 Vgl. Formblattverordnung i.d.F. vom 27. Mai 1969, BGBl. I/1969, S. 444.
3 Vgl. Bekanntmachung Nr. 1/68 des Bundesaufsichtsamtes für das Kreditwesen i.d.F. vom 16. November 1976, Nr. 238.

der Formblattverordnung. Entsprechende Sonderregelungen finden sich in den geänderten §§ 25 a, 25 b sowie 26 a KWG; hier werden die Kreditinstitute von der Anwendung verschiedener Bilanzierungs- und Bewertungsvorschriften der Vierten und Siebten[4] Richtlinie befreit. Eine Harmonisierung dieser Sonderregelungen soll durch die im Dezember 1986 verabschiedete Bankbilanzrichtlinie[5] erfolgen.

Auch nach Umsetzung der Bankbilanzrichtlinie in nationales Recht wird die Rechnungslegung der Kreditinstitute nicht allein durch die auf der Bankbilanzrichtlinie beruhenden Vorschriften geregelt. Die Entstehungsgeschichte der Bankbilanzrichtlinie, die Bestätigung bankenspezifischer Rechnungslegungsvorschriften in Art. 7 des Bilanzrichtlinien-Gesetzes, aber auch die zahlreichen Verweise der Bankbilanzrichtlinie auf die Vierte (und Siebte) Richtlinie - und damit auf die inzwischen durch das Bilanzrichtlinien-Gesetz vollzogene Umsetzung in nationales Recht - machen deutlich, daß die Vierte Richtlinie und die Bankbilanzrichtlinie als Einheit zu sehen sind. Deswegen sind die bankenspezifischen Rechnungslegungsvorschriften, die entsprechend der Bankbilanzrichtlinie in bundesdeutsches Recht umgesetzt werden müssen, stets gemeinsam mit den bereits anzuwendenden allgemeinen Vorschriften des Bilanzrichtlinien-Gesetzes zu verstehen. Soweit Rechnungslegungsprobleme durch die Bankbilanzrichtlinie - und durch ihre spätere Umsetzung in nationales Recht - nicht speziell geregelt sind, müssen die allgemeinen Vorschriften des Bilanzrichtlinien-Gesetzes (und damit des HGB) angewendet werden.

2. Bilanzgliederung und Beteiligungsdefinition

§ 25 a Abs. 2 KWG enthält eine Aufzählung derjenigen Vorschriften des HGB, die von Kreditinstituten bei der Aufstellung ihrer Jahresabschlüsse nicht anzuwenden sind. Hierunter findet sich auch § 266 HGB, der in den Absätzen 2 und 3 die Gliederung der Aktiv- bzw. Passivseite der Bilanz enthält. Ausdrücklich stellt § 25 a Abs. 2 KWG fest, daß an Stelle der neuen handelsrechtlichen Gliederung die durch Rechtsverordnung erlassenen Formblätter anzuwenden sind (Satz 1). Damit sind bis zur Umsetzung der Bankbilanzrichtlinie und der dort in Artikel 4 geregelten Bilanzgliederung die zehn, je nach Rechtsform und Geschäftstätigkeit - zum Teil nur geringfügig - verschiedenen Formblätter für die Gliederung der Bilanz (und der Gewinn- und Verlustrechnung) anzuwenden[6]. Trotz der beabsichtigten vom Bilanzrichtlinien-Gesetz ausgelösten Änderungen werden die Formblätter letztlich - und zwar aufgrund der früheren Gleichwertigkeitsforderung des § 151 AktG a.F. - auch noch auf der früher in § 151 AktG kodifizierten Bilanzgliederung beruhen.

---

4 Vgl. Siebte Richtlinie des Rates (83/349/EWG) vom 13. Juni 1983, Amtsblatt der EG vom 18. Juli 1983, Nr. L 193, S. 1-17.
5 Vgl. Richtlinie über den Jahresabschluß und den konsolidierten Abschluß von Banken und anderen Finanzinstituten (86/635/EWG), Amtsblatt der EG vom 31. Dezember 1986, Nr. L 372, S. 1-17.
6 Vgl. Die Muster der Formblätter für den Jahresabschluß der Kreditinstitute. Abgedruckt bei Consbruch/Möller/Bähre/Schneider.

Über die Zuordnung zu einzelnen Bilanzpositionen kann die Bilanzgliederung aber in all den Fällen nicht abschließend entscheiden, in denen sich die Abgrenzung nicht eindeutig aus der Bezeichnung der Bilanzposition ergibt. Dies gilt auch für die hier zu behandelnde Beteiligungsposition. Für den Ausweis von Beteiligungen - und damit auch anderer Anteilsrechte - ist es von besonderer Bedeutung, daß § 25 a Abs. 2 KWG die neue handelsrechtliche Beteiligungsdefinition des § 271 Abs. 1 HGB nicht zu den Vorschriften zählt, die die Kreditinstitute nicht anzuwenden brauchen. Damit ist zwar die in der Formblattverordnung festgelegte Bilanzgliederung weiterhin anzuwenden. Über die Abgrenzung der verschiedenen Anteilsrechte in dieser Gliederung entscheidet aber nicht mehr die Interpretation der in § 152 Abs. 2 AktG a.F. enthaltenen Beteiligungsvermutung, sondern § 271 Abs. 1 HGB.

3. Seitheriger Inhalt der Beteiligungsposition

3.1. Die Beteiligungsposition in aktienrechtlichen Bilanzen

In der aktienrechtlichen Beteiligungsposition waren nach h.M. gesellschaftsrechtliche Kapitalanteile an anderen Unternehmen (Anteilsrechte) dann auszuweisen, wenn der Bilanzierende neben der Dauerbesitzabsicht, die erst den Ausweis im Anlagevermögen ermöglichte, auch noch eine Beteiligungsabsicht verfolgte; auf Höhe und Verbriefung des gehaltenen Kapitalanteils kam es dabei nicht an. Unter Beteiligungsabsicht wurde dabei mehr verstanden als schlichte Absicht der Kapitalanlage gegen angemessene Verzinsung; sie wurde als Absicht einer aktiven Einflußnahme interpretiert (statt vieler: Adler/Düring/Schmaltz 1968, § 152, Tz. 28 ff.). Damit verbleiben als „Restposition" die „Wertpapiere des Anlagevermögens, die nicht unter Nummer 1 gehören". Diese Position enthält neben den mit Dauerbesitzabsicht, aber ohne Beteiligungsabsicht (im dargestellten Sinn) gehaltenen Anteilsrechten die mit Dauerbesitzabsicht gehaltenen Gläubigerpapiere.

Die Zuordnung der langfristig gehaltenen Anteilspapiere zu einer der beiden möglichen Positionen der Finanzanlagen anhand des auf Konventionen beruhenden, nicht objektivierbaren (Deppe 1976, S. 442 f.) Kriteriums „Beteiligungsabsicht" war damit in außerordentlich hohem Maße von der subjektiven Auslegung des Bilanzierenden abhängig. Auch § 152 Abs. 2 AktG a.F. ergab keine Objektivierung des Beteiligungsbegriffs. Ab einer Beteiligungsquote von 25 % bestand eine Beteiligungsvermutung, die - obwohl ursprünglich als Vermutung des Bestehens einer Dauerbesitzabsicht konzipiert - als Vermutung des Bestehens einer Beteiligungsabsicht, also der Absicht aktiver Einflußnahme, die zudem Dauerbesitzabsicht voraussetzt, interpretiert wurde (Bieg 1985, S. 8 f.).

3.2. Die Beteiligungsposition in Bankbilanzen

Bisher enthielt die Position „Beteiligungen" in Bankbilanzen üblicherweise nur zwei verschiedene Arten von Kapitalanteilen: Anteile an Kreditinstituten und Anteile an Unternehmungen des banknahen Bereichs. Diese banktypische Positionsabgrenzung kann, dies sei vorausgeschickt, gemäß dem bisher angewendeten Zuordnungskriterium nur so interpretiert werden, daß die Banken nur bei Kapitalanteilen an den genannten Unternehmungen durch einen entsprechenden Bilanzausweis ihre „Beteiligungsabsicht" offen dokumentieren wollten. Dagegen bestritten sie offensichtlich für alle anderen - auch langfristig gehaltenen - Anteilsrechte das Bestehen einer „Beteiligungsabsicht"; der Ausweis unter den „Wertpapieren, soweit sie nicht unter anderen Posten auszuweisen sind" war die notwendige Folge. Dabei waren die börsengängigen Anteile und Investmentzertifikate von den übrigen Wertpapieren zu trennen. Darüber hinaus waren diejenigen Wertpapiere, die mehr als den zehnten Teil einer Kapitalgesellschaft ausmachten, in einer Darunter-Position auszugliedern.

Diese banktypische Positionsabgrenzung war möglich, weil sich eine Definition der Bilanzposition „Beteiligungen" - wie im AktG a.F. - weder in den Formblättern für den Jahresabschluß der Kreditinstitute noch in den Bilanzierungsrichtlinien des Bundesaufsichtsamts für das Kreditwesen fand. Was letztlich als „Beteiligung" auszuweisen ist, wird auch durch die Bilanzierungsrichtlinien nicht festgelegt, in denen ausschließlich die verschiedenen Arten von Anteilsrechten aufgezählt werden: „Hierher gehören alle Beteiligungen, unabhängig davon, ob sie in Wertpapieren verbrieft sind (Aktien und Kuxe) oder nicht (GmbH-Anteile, Geschäftsguthaben bei Genossenschaften, Beteiligungen persönlich haftender Gesellschafter an offenen Handelsgesellschaften, Kommanditgesellschaften auf Aktien, Anteile als Kommanditist, Beteiligung als stiller Gesellschafter)."[7] Anschließend findet sich außerdem die frühere aktienrechtliche Beteiligungsvermutung bei einem Anteilsbesitz von mindestens 25 % (§ 152 Abs. 2 AktG a.F.), die auch von Banken widerlegt werden kann.

3.3. Begründung der banktypischen Positionsabgrenzung

In Bankbilanzen wurde - wie in aktienrechtlichen Bilanzen - die Beteiligungsabsicht grundsätzlich im Sinne einer aktiven Einflußnahme interpretiert. Bei Anteilsrechten an Nichtbank-Unternehmungen, die nicht in der Beteiligungsposition der Banken erschienen, wurde demnach geleugnet, daß aktiver Einfluß ausgeübt werden soll bzw. ausgeübt wird.

Dies wurde zum einen damit begründet, daß hier Branchenkenntnisse fehlen und deswegen guten Gewissens eine Einflußnahme nicht zu verantworten sei (Köllhofer 1977, S. 15, 18). Zum anderen sei man gegenüber Nichtbank-Unternehmungen ausschließlich an einer wertbeständigen und rentierlichen Kapitalanlage, letztlich also nur an der Gewinnverwendungsentscheidung, interessiert (Schimann 1978, S. 396). Diese Argumente waren nie unbedingt stichhaltig (Bieg 1983, S. 156 ff.). Die Begründung für die Bilanzierungspraxis der Kreditinstitute wurde deswegen auch vom Bundesgerichtshof nicht anerkannt (BGH-Entscheidung vom 9.2.1987, II ZR 119/86).

---

[7] Richtlinien für die Aufstellung des Jahresabschlusses der Kreditinstitute. Abgedruckt bei Consbruch/Möller/Bähre/Schneider, Nr. 16.01, z.B. Anlage 1, II A zu Posten 13.

Dem ersten Argument ist entgegenzuhalten, daß Passivität im Sinne der Nichtzustimmung zumindest im Falle einer Sperrminorität bei Teilnahme an der Hauptversammlung unternehmerische Einflußnahme darstellt, da auf diese Weise die in bestimmten Fällen geforderten qualifizierten Mehrheiten verhindert werden. Außerdem konnten gegen die Ernsthaftigkeit dieser Argumentation angesichts der zahlreichen Bankenvertreter in den Aufsichtsgremien und angesichts des Vollmachtsstimmrechts für bei den Banken im Depot liegende Aktien, insbesondere wegen der - meist akzeptierten - Abstimmungsvorschläge, immer schon Einwendungen erhoben werden.

Wenig schlüssig war auch der zweite Begründungsversuch. Nur bei Abrundung oder Ergänzung der eigenen Leistungspalette ergäbe sich eine Förderung der eigenen geschäftlichen Tätigkeit. Da aber die aus Kapitalanteilen an Nichtbank-Unternehmungen ständig zufließenden Gewinne von den übrigen Geschäftssparten völlig unabhängig sind, tragen sie wesentlich dazu bei, das der Öffentlichkeit gebotene Bild von der Entwicklung des Kreditinstituts zu stabilisieren. Diese Nichtbankanteile eröffnen außerdem Hausbankfunktionen, schaffen Zugang zu besonders lukrativen Geschäften, gewähren Vorzüge im Kredit- und Einlagengeschäft und führen zu uneinholbaren Informationsvorsprüngen, die - geldwerte - Wettbewerbsvorteile ergeben können (Monopolkommission 1976, Tz. 563; Monopolkommission 1978, Tz. 606).

Es ist nicht zu verkennen, daß die durch die Verwendung des nicht objektivierbaren Zuordnungskriteriums „Beteiligungsabsicht" ermöglichte banktypische Abgrenzung der Beteiligungsposition ihre Ursachen nicht nur in bilanzpolitischen Erwägungen gehabt haben dürfte. Trotzdem werden sich die folgenden Ausführungen ausschließlich auf die bilanziellen Auswirkungen der banktypischen Positionsabgrenzung beziehen.

3.4. Bilanzielle Auswirkungen der banktypischen Positionsabgrenzung

Die Beteiligungsposition zählte zweifellos zum Anlagevermögen, wenn dies auch in der Bankbilanz, die die Unterteilung der Aktiva in Anlage- und Umlaufvermögen nicht kennt, nicht zum Ausdruck kommen konnte; die Anwendung der für Anlagevermögen geltenden Bewertungsvorschriften war die Folge. Die in der Position „Wertpapiere, soweit sie nicht unter anderen Posten auszuweisen sind" ausgewiesenen Nichtbank-Anteile konnten dagegen intern als Umlaufvermögen angesehen werden. Damit ergaben sich für sie als Folge der banktypischen Positionsabgrenzung zusätzliche Möglichkeiten der Bildung und Auflösung stiller Rücklagen, denn § 26 a Abs. 1 KWG erlaubte und erlaubt auch nach Verabschiedung des Bilanzrichtlinien-Gesetzes ein Unterschreiten der Wertansätze für die Wertpapiere des Umlaufvermögens (sowie für die Forderungen), „soweit dies nach vernünftiger kaufmännischer Beurteilung zur Sicherung gegen die besonderen Risiken des Geschäftszweigs der Kreditinstitute notwendig ist".

Die ausschließlich mit dem allgemeinen Branchenrisiko der Banken begründeten „Globalabschreibungen" haben stille Rücklagen zur Folge, die beliebig in Wertpapier- und Forderungspositionen erfolgsmindernd gebildet - und erfolgserhöhend wieder aufgelöst - werden können. Die bei Bildung und Auflösung der „Globalabschreibungen zu verrechnenden Erfolgsbeiträge zählen aber - anders als die üblichen handelsrechtlichen Abschreibungen auf Beteiligungen - zu denjenigen Erfolgsbestandteilen aus dem Wertpapier- und Kreditgeschäft, die außerhalb der Erfolgsrechnung im Rahmen der sogenannten „Überkreuzkompensation" gegeneinander aufgerechnet werden können[8]. Somit ist nur der Saldo aller kompensierten Erfolgsbestandteile in der Erfolgsrechnung sichtbar. Die Ausnutzung der Möglichkeiten des § 26 a Abs. 1 KWG sind allerdings für den Leser des handelsrechtlichen Jahresabschlusses nur deshalb nicht erkennbar, weil Abs. 3 Satz 2 dieser Vorschrift nun ausdrücklich klarstellt, daß über derartige Verrechnungen keine Auskunft erteilt werden muß[9]. Dagegen sind die üblichen handelsrechtlichen Abschreibungen auf Beteiligungen in der Erfolgsrechnung gesondert auszuweisen.

Zudem mußten Kreditinstitute im Geschäftsbericht einen Anlagespiegel für Sachanlagen, immaterielle Anlagewerte und Beteiligungen, nicht jedoch für die „anderen" Wertpapiere veröffentlichen.

4. Veränderter Inhalt der Beteiligungsposition nach Verabschiedung des Bilanzrichtlinien-Gesetzes

4.1. Interpretation des § 271 Abs. 1 HGB

Das Bilanzrichtlinien-Gesetz fügte mit § 271 Abs. 1 HGB zum erstenmal eine Beteiligungsdefinition in die kodifizierten Bilanzierungsvorschriften ein.

„Beteiligungen sind Anteile an anderen Unternehmen, die bestimmt sind, dem eigenen Geschäftsbetrieb durch Herstellung einer dauernden Verbindung zu jener Unternehmung zu dienen. Dabei ist es unerheblich, ob die Anteile in Wertpapieren verbrieft sind oder nicht. Als Beteiligung gelten im Zweifel Anteile an einer Kapitalgesellschaft, deren Nennbeträge insgesamt den fünften Teil des Nennkapitals dieser Gesellschaft überschreiten. Auf die Berechnung ist § 16 Abs. 2 und 4 des Aktiengesetzes entsprechend anzuwenden. Die Mitgliedschaft in einer eingetragenen Genossenschaft gilt nicht als Beteiligung im Sinne dieses Buches."

Damit müssen vier Voraussetzungen erfüllt sein, damit eine Beteiligung i.S. dieser Vorschrift vorliegt:

(1) Es müssen Anteile an einer anderen Unternehmung gehalten werden.
(2) Es muß eine Verbindung zu der anderen Unternehmung vorliegen.
(3) Diese Verbindung muß eine dauernde sein, und sie muß
(4) dem eigenen Geschäftsbetrieb dienen.

---

8 Vgl. § 4 der Verordnung über Formblätter für die Gliederung des Jahresabschlusses von Kreditinstituten, BGBl. I, S. 444. Abgedruckt bei Consbruch/Möller/Bähre/Schneider, Nr. 14.01. Eine entsprechende Formulierung enthält nun auch der § 26 a Abs. 3 Satz 1 KWG.

9 Vor der Verabschiedung des Bilanzrichtlinien-Gesetzes, das diese Vorschrift in § 26 a KWG einfügte, fand sich in § 26 a Abs. 2 KWG a.F. ein noch weiter gehender Verzicht auf Angaben im Geschäftsbericht (nach § 160 Abs. 2 AktG a.F.).

Zu (1): Um „Anteile an anderen Unternehmen" handelt es sich nur im Falle gesellschaftsrechtlicher Kapitalanteile (Anteilsrechte) an anderen Unternehmungen; sie verkörpern wirtschaftliches Miteigentum an der Unternehmung. Negativ abgegrenzt: Gläubigerrechte zählen nicht zu den Beteiligungen; dies gilt auch für die typische stille Beteiligung, weil die Einlage in das Eigentum des Kaufmanns übergeht. Auch die Einräumung einer Teilnahme am Vermögenszuwachs erfolgt in schuldrechtlicher Form, nicht auf gesellschaftsrechtlicher Basis (Biener/Bernecke 1986, S. 185).

Zu (2): Zwischen der bilanzierenden und der anderen Unternehmung muß eine „Verbindung" bestehen. Hierunter ist nicht mehr zu verstehen als eine Kapitalüberlassung und die sich daraus ergebenden Rechte und Pflichten (Weber 1980, S.45 f.). Damit ist eine „Verbindung" bei gesellschaftsrechtlichen Kapitalanteilen immer gegeben (ebenso Pankow/Gutike 1986, Tz. 16).

Die Behauptung, unternehmerische Einflußnahme sei auch nach § 271 Abs. 1 HGB Voraussetzung für das Vorliegen einer Beteiligung (Schulze 1979, S. 46), wird durch die Absicht des Gesetzgebers nicht gestützt. Diese Einschätzung wird von Biener (Biener 1978, S. 254; Biener/Bernecke 1986, S. 185), vor allem aber vom Gesetzgeber selbst bestätigt, der in der Begründung zu dem § 271 HGB entsprechenden § 245 des HGB-Entwurfs 1983 „entsprechend der Definition der Vierten Richtlinie" klarstellt, „daß der Anteilsbesitz zur Herstellung einer dauernden Verbindung zu jenem Unternehmer dient; es muß danach nicht notwendig die Absicht bestehen, auf die Geschäftsführung des anderen Unternehmens Einfluß zu nehmen" (BR-Drucksache 257/83, S. 81).

Zu (3): Die Verbindung muß - nach dem Willen des Bilanzierenden („dazu bestimmt") - eine „dauernde", sein. Zwar ist die tatsächliche Besitzdauer im Falle mehrjährigen Besitzes als objektives Kriterium für die Zuordnung zum Anlagevermögen anzusehen, entscheidend kommt es jedoch auf die beabsichtigte zukünftige Besitzdauer an, ein zwar grundsätzlich subjektives Zuordnungsmerkmal, das aber aufgrund weiterer Indizien objektivierbar ist. Objektive Merkmale für eine Dauerbesitzabsicht sind (Krümmel 1978, S. 119 f.; Weber 1980, S. 32 f.):

- Anteilserwerb zur Erreichung einer bestimmten Anteilsquote, mit der bei der anderen Gesellschaft das Zustandekommen gesetzlich fixierter Zustimmungsquoten verhindert werden kann,
- zusätzlich bestehende Bindungen über Leistungsbeziehungen, über andere vertragliche Bindungen (Unternehmensverträge i.S. der §§ 291, 292 AktG, abgegebene Patronatserklärungen) oder über eine Mitgliedschaft im Aufsichtsorgan der anderen Gesellschaft.

Die in § 271 Abs. 1 Satz 3 HGB genannte Anteilsquote von 20 % kann unter diesen Voraussetzungen lediglich ein Merkmal für die „Herstellung einer dauernden Verbindung", und damit für die Zuordnung der Kapitalanteile zum Anlagevermögen an Stelle zum Umlaufvermögen darstellen. Sie kann dagegen kein Unterscheidungskriterium zwischen den verschiedenen Posten der Finanzanlagen sein (Bieg 1986, Tz. 16-26).

Neben der subjektiven Bekundung der Dauerbesitzabsicht, die durch die genannten objektiven Merkmale erhärtet wird, sollte über die Zuordnung zum Anlagevermögen - wie von Heinrich Birck vorgeschlagen (Birck 1965, S. 19 ff.) - auch das objektive Kriterium der

„Haltefähigkeit" entscheiden, wobei das in Bankbilanzen bereits angewendete Kriterium „Haltefähigkeit" vom Bankenfachausschuß des Instituts der Wirtschaftsprüfer (Institut der Wirtschaftsprüfer 1966, S. 162) - in Übereinstimmung mit dem Bundesaufsichtsamt - mit Einhaltung des Grundsatzes II angenommen wird. Ein Ausweis unter den zum Finanzanlagevermögen zählenden Beteiligungen soll also dann nicht erfolgen, wenn die wirtschaftliche Situation der Unternehmung ein längerfristiges Halten der Anteilspapiere nicht erlaubt. Die aus diesen Überlegungen folgende Zuordnung zum Anlage- oder Umlaufvermögen dürfte nicht nur aus Bewertungsüberlegungen[10], sondern auch wegen des damit verbundenen zutreffenden Liquiditätsausweises sinnvoll sein.

Zu (4): Eine Beteiligung liegt nur vor, wenn die Anteile an der anderen Unternehmung dem „eigenen Geschäftsbetrieb ... dienen". Gerade dieses Merkmal wird aber in unterschiedlicher Weise interpretiert. Weber sieht - in Anlehnung an Ullmann (Ullmann 1932, S. 137) - diese Voraussetzung bereits als erfüllt an, wenn die Möglichkeit besteht, an Gewinnausschüttungen zu partizipieren (Weber 1980, S. 26). Wer Anteile an einer anderen Unternehmung hält, ist aufgrund der Eigenkapitalgeberposition berechtigt, an Gewinnausschüttungen zu partizipieren. Bei der Diskussion des HGB-Entwurfs von 1983 wurde allgemein bereits die Möglichkeit der Gewinnpartizipation als ausreichend für einen Beteiligungsausweis angesehen. Eine tatsächliche Gewinnausschüttung konnte schon deswegen nicht Voraussetzung für das Vorliegen einer Beteiligung sein, weil in diesem Fall die Gewinnsituation der Gesellschaft über den Bilanzausweis bei den Anteilseignern entscheiden würde, bei wechselnder Gewinnsituation eine wechselnde Positionszuordnung die Folge wäre[11].

Die Gegenposition nimmt Scheffler ein, wenn er feststellt, „dem eigenen Geschäftsbetrieb dienen" bedeute, „daß die Verbindung zu dem anderen Unternehmen einen *Beitrag zur Zwecksetzung* oder zu den Zielen des beteiligten Unternehmens leistet oder leisten kann. Im Regelfall bedeutet dies einen Nutzen für das bilanzierende Unternehmen, der über eine angemessene Verzinsung des überlassenen Kapitals hinausgeht ... Beteiligungen bezwecken also eine Ergänzung oder Abrundung der geschäftlichen Tätigkeit der Obergesellschaft ... Um dies auf Dauer abzusichern, darf das beteiligte Unternehmen von der Willensbildung des Beteiligungsunternehmens nicht völlig ausgeschlossen sein. Eine Beteiligung verlangt daher zumindest eine gewichtige Minderheitsstimme in einem Organ der Beteiligungsgesellschaft" (Scheffler 1987, B. 213, Tz. 73 und 75, Hervorhebung auch im Original).

---

10 Nur hierauf beruhen die Überlegungen des Bundesaufsichtsamts; vgl. Stellungnahme vom 15.11.1965, I 4-25. Abgedruckt bei Consbruch/Möller/Bähre/Schneider, Nr. 17.02: „Gegen die Bilanzierung nach den Grundsätzen für die Bewertung des Anlagevermögens hätte ich jedoch Bedenken, wenn bei einem Kreditinstitut die Liquiditätslage angespannt ist".
11 Joachim Schulze-Osterloh schlug deswegen vor, die Beteiligungsdefinition umzuformulieren, und zwar anstelle „dem Geschäftsbetrieb ... dienen" die Formulierung „dem Geschäftsbetrieb ... dienen sollen"; vgl. Alternativen zum Bilanzrichtlinien-Gesetzentwurf. Alternativentwurf zur Rechnungslegung der Einzelkaufleute und Personenhandelsgesellschaften mit einer Einführung und Begründung sowie ein Beitrag zur Registerpublizität. Hrsg. von Hans Bareis u.a., Köln 1981, S. 64 f.

Diese Auslegung von Scheffler greift versteckt oder offen auf Interpretationen des aktienrechtlichen Beteiligungsbegriffs zurück, dem - worauf schon hingewiesen wurde - keine kodifizierte Definition zugrunde lag, versteckt, wenn die Forderung von Adler/Düring/Schmaltz (1968, § 152, Tz. 28) ohne Hinweis auf die Quelle aufgegriffen wird, wonach mehr als eine Kapitalanlage gegen angemessene Verzinsung beabsichtigt sein müsse (so auch Biener/Bernecke 1986, S. 185), offen, wenn Hofbauers Forderung (Hofbauer 1976, S. 1343 ff.) der Ergänzung oder Abrundung der eigenen geschäftlichen Tätigkeit nun auch in die Interpretation des § 271 Abs. 1 HGB eingeführt wird. Dieses Vorgehen erstaunt um so mehr, als Scheffler selbst beinahe unmittelbar vorher feststellt: „Nach den neuen Vorschriften ist das wesentliche Merkmal der Beteiligung, daß der Anteilsbesitz dem eigenen Geschäftsbetrieb durch Herstellung einer dauerhaften Verbindung zu dem anderen Unternehmen dient. Weitere Kriterien nennt das Gesetz nicht. Es muß nicht die Absicht bestehen, auf die Geschäftsführung des anderen Unternehmens Einfluß zu nehmen" (Scheffler 1987, B. 213, Tz. 69). Man kann - und muß - ergänzen: Es muß auch nicht der Zweck verfolgt werden, die eigene Tätigkeit zu „ergänzen" oder „abzurunden".

Scheffler übersieht bei seiner Interpretation, die sich - was der Beginn seiner Ausführungen zunächst nicht vermuten läßt - in mehreren Schritten steigert bis zur Forderung, im Falle einer Beteiligung müsse man über „eine gewichtige Minderheitsstimme in einem Organ der Beteiligungsgesellschaft" (Scheffler 1987, B. 213, Tz. 75) verfügen, daß aus einer Kapitalanlage in Anteilsrechten in vielfältiger Weise Nutzen gezogen werden kann, und daß ein rational handelnder Entscheidungsträger ohne einen derartigen Nutzen die Anteile abstoßen wird. Selbstverständlich entsteht auch in den Fällen, die von Scheffler als Beispiele für „Beteiligungen" genannt werden, ein Nutzen für die bilanzierende Unternehmung, sei es aufgrund direkter technischer, produkt- oder marktorientierter Beziehungen, sei es aufgrund einer „Diversifikation in neue (zukunftsträchtige) Produkte oder Märkte im Wege der Beteiligung" zum Zwecke der „Erzielung von Wachstum oder . . . Risikostreuung" (Scheffler 1987, B. 213, Tz. 74)[12].

Für den Fall ausschließlich finanzwirtschaftlicher Interessen lehnt Scheffler grundsätzlich den Ausweis der Anteilsrechte als Beteiligung ab. Tatsächlich wird sich aber in diesem Fall ein rational handelnder Entscheidungsträger nur dann für das Halten dieser Kapitalanteile entscheiden, wenn die daraus zu erwartenden Vermögenszuwächse die aus der bestmöglichen alternativen Verwendungsmöglichkeit des gebundenen Kapitals zu erwartenden Vermögenszuwächse nicht unterschreiten. Das Halten der Anteilsrechte deutet also schon darauf hin, daß aus ihnen irgendein Nutzen erwartet wird. Zumindest für vermögensverwaltende Holdinggesellschaften dürfte Scheffler ähnlich argumentieren, wenn er den Beteiligungsausweis für diesen Fall auch nur lapidar damit begründet, es entspreche dem Geschäftszweck, eine angemessene Rendite aus dem überlassenen Kapital zu erzielen (Scheff-

---

12 Matschke nennt in diesem Zusammenhang „tatsächliche Einflußnahme (z.B. gemeinsam durchgeführte Projekte, Abstimmung der Produktionsprogramme, weitgehende Lieferverträge, personelle Verflechtungen) oder mögliche Einflußnahmen (aufgrund von Gesellschaftsvertrag, von Erschwernissen bei Kündigung oder Veräußerung der Anteile, von absoluter und relativer Höhe des Anteils unter Berücksichtigung der Streuung der anderen Anteile)" (Matschke 1986, Tz. 19).

ler 1987, B. 213, Tz. 74). Völlig unbegründet bleibt, warum für andere Unternehmungen - als vermögensverwaltende Holdinggesellschaften - die Möglichkeit der Gewinnpartizipation nicht als Merkmal einer Beteiligung anerkannt wird.

Diese vom Gesetzeswortlaut nicht gedeckte, sich in den Kommentaren zum alten Aktiengesetz mehr als anlehnende[13] Auslegung würde im übrigen wiederum - ob dies von Scheffler beabsichtigt war, sei dahingestellt - Interpretationsmöglichkeiten Tür und Tor öffnen, brächte somit alles andere als eine Objektivierung des Beteiligungsbegriffs.

Einer derartigen Interpretation des Beteiligungsbegriffs des § 271 Abs. 1 HGB muß mit Entschiedenheit entgegengetreten werden, soll sich hier nicht eine Entwicklung wiederholen, die sich bei der Interpretation der Beteiligungsvermutung des § 152 Abs. 2 AktG a.F. beobachten läßt. Zunächst vom Gesetzgeber ausschließlich als Abgrenzungskriterium zwischen Anlage- und Umlaufvermögen gedacht, entwickelte es sich schließlich in der Hand der Kommentatoren zu einem Abgrenzungskriterium zwischen den verschiedenen Bilanzposten des Anlagevermögens, nämlich in „Beteiligungen", mit denen eine aktive Einflußnahme angestrebt wird, und in „andere" Wertpapiere des Anlagevermögens, die mit dem Ziel einflußlosen Dauerbesitzes gehalten werden[14].

Die in der Interpretation von Scheffler zum Ausdruck kommende Abwehrhaltung gegen den hier geforderten weitreichenden Ausweis von Anteilsrechten in der Position „Beteiligungen" ist angesichts der in den Finanzanlagen zur Verfügung stehenden Bilanzpositionen ohnehin nicht verständlich. Mit Inkrafttreten des Bilanzrichtlinien-Gesetzes gilt es umzudenken. Die Beteiligungsposition hat viel von ihrer Bedeutung verloren, die sie im übrigen erst durch die beschriebene Interpretation des § 152 Abs. 2 AktG a.F. erhalten hat. Die Abgrenzung der Beteiligungsposition ist ausschließlich aufgrund der Definition des § 271 HGB für die in § 266 Abs. 2 HGB zur Verfügung gestellten Bilanzpositionen vorzunehmen; es besteht keine Veranlassung, auf Argumente zurückzugreifen, die über den Beteiligungsausweis bei völlig anderer Rechtslage, nämlich unter der Herrschaft des AktG 1965, entschieden.

---

13 Ein besonders eklatantes Beispiel liefert Matschke (1986, Tz. 15 ff.). Bei der Herausarbeitung der Kriterien für das Vorliegen einer Beteiligung weigert er sich schlicht, den erstmals kodifizierten Beteiligungsbegriff unter anderen Gesichtspunkten, als sie für das AktG 1965 Gültigkeit hatten, auch nur zu betrachten, geschweige denn, aus dem Gesetzestext auch nur die geringsten von der alten Interpretation abweichenden Schlüsse zu ziehen, wobei er sich durch die Kommentarliteratur zum AktG 1965 mehr als bestätigt sieht. Dabei ist besonders erwähnenswert, daß er die hier vorgetragene Interpretation des § 271 Abs 1 HGB mehrmals mit dem Argument angreift, hierfür gebe es im Gesetzestext keinen Hinweis, während er selbst auf Literaturstellen zurückgreift, die ein Gesetz kommentieren, das eine vergleichbare Definition überhaupt nicht enthielt. Offensichtlich hat Matschke die Vorstellung, der Gesetzgeber hätte, falls er einen vom alten Beteiligungsbegriff abweichenden Begriff gewollt hätte, in der Beteiligungsdefinition die von Matschke herangezogene Kommentarliteratur ausdrücklich als „überholt" bezeichnen müssen. Eine derartige Gesetzgebungspraxis ist unüblich, wenn auch mangelnde Flexibilität der Gesetzesanwender und -kommentatoren sie geraten erscheinen läßt.

14 Es ist das Verdienst von Gustav Saage (1978, S. 312 f.) und Eberhard Weber (1980, S. 26 ff.), durch ihre Untersuchungen zur Entstehungsgeschichte der Bilanzgliederung, insbesondere aber der Beteiligungsvermutung des § 152 Abs. 2 AktG a.F. eine wesentlich veränderte Einschätzung der Beteiligungsvermutung ermöglicht zu haben; sie konnten sich dabei auf die offenbar in Vergessenheit geratenen Ergebnisse von Hermann Fuchs (1939, S. 73 ff.) stützen (hierzu ausführlich auch: Bieg 1983, S. 183 ff.).

Sind die Voraussetzungen des § 271 Abs. 1 HGB erfüllt, so sind die Anteilsrechte im Finanzanlagevermögen auszuweisen. Drei der sechs dort zur Verfügung stehenden Positionen eignen sich aufgrund der Formulierung der Bilanzposition („Ausleihungen") nicht zum Ausweis von Anteilsrechten; sie können ausschließlich Gläubigerrechte aufnehmen. Es verbleiben (unter Beibehaltung der gesetzlich vorgesehenen Numerierung):

1. Anteile an verbundenen Unternehmen
3. Beteiligungen
5. Wertpapiere des Anlagevermögens

Zwischen den Positionen 1 und 3 besteht ein besonderer Zusammenhang, denn zweifellos stellen auch die „Anteile an verbundenen Unternehmen" „Beteiligungen" i.S. des § 271 Abs. 1 HGB dar. Die in Position 1 auszuweisenden Anteilsrechte sind eine Teilmenge aller „Beteiligungen", die sich dadurch auszeichnet, daß eine in § 271 Abs. 2 HGB exakt definierte Art der Unternehmensverbindung besteht. Diese Verbindung ist - verglichen mit den übrigen „Beteiligungen" - enger. Da sämtliche Anteilsrechte an den in § 271 Abs. 2 HGB aufgezählten Unternehmungen in Nr. 1 der Finanzanlagen auszuweisen sind, kann die Nr. 3 „Beteiligungen" nur solche dem Finanzanlagevermögen zuzurechnende Anteilsrechte aufnehmen, die keine „Anteile an verbundenen Unternehmen" i.S. des § 271 Abs. 2 HGB darstellen.

Damit wird aber deutlich, daß die Beteiligungsposition i.S. des § 271 HGB eine völlig andere Bedeutung hat als die Beteiligungsposition im AktG 1965. Damals waren es Anteilsrechte, die durch Einstellung in die „Beteiligungen" aufgrund der aktiven Einflußnahme aus der Masse der Anteilsrechte herausgehoben wurden. Heute handelt es sich - obwohl die „Beteiligungen" i.S. des § 271 Abs. 1 HGB begrifflich auch die „Anteile an verbundenen Unternehmen" umschließen - faktisch um eine Restposition, deren Inhalt durch die exakte Inhaltsbestimmung der „Anteile an verbundenen Unternehmen" in § 271 Abs. 2 HGB ebenso exakt mitbestimmt wird. Diese Interpretation wird auch durch die Gewinn- und Verlustrechnung bestätigt, in der die Erträge aus Beteiligungen insgesamt in der Hauptspalte auszuweisen, davon aber die Erträge aus verbundenen Unternehmen in der Vorspalte auszugliedern sind (§ 275 HGB).

Da das HGB eine eindeutige Positionszuordnung ermöglicht, kann selbstverständlich mit der Begründung, die Beteiligungsabsicht fehle, ein Ausweis in der Position 5 „Wertpapiere des Anlagevermögens" nicht gefordert werden. Diese Position kann aufgrund der Zurechnung aller Anteilsrechte zu den Positionen 1 und 3 grundsätzlich keine Anteilsrechte enthalten[15]. Position 5 ist grundsätzlich ausschließlich für Gläubigerpapiere und Wertpapiersonderformen (z.B. Investmentanteile, Immobilienfondsanteile) vorgesehen.

---

15 Eine Ausnahme bilden die von § 271 Abs. 1 Satz 5 HGB ausdrücklich nicht als Beteiligung anerkannten Mitgliedschaftsrechte an einer eingetragenen Genossenschaft (Bieg 1986, Tz. 32-34).

Diese von der Gesetzesformulierung gedeckte konsequente Positionsabgrenzung berücksichtigt, daß alle dem Anlagevermögen zuzurechnenden Anteilsrechte Beteiligungen i.S. des § 271 Abs. 1 HGB darstellen; sämtlich sind sie dazu bestimmt, „dem eigenen Geschäftsbetrieb durch Herstellung einer dauernden Verbindung . . . zu dienen". Wenn zudem Beteiligungen, bei denen die Voraussetzungen des § 271 Abs. 2 HGB erfüllt sind, von den restlichen Beteiligungen getrennt als „Anteile an verbundenen Unternehmen" ausgewiesen werden, so erhält dadurch der externe Bilanzleser den vom Gesetzgeber beabsichtigten ausreichenden Einblick in die Struktur der langfristigen Unternehmensverbindungen, also in die finanziellen Verflechtungen der bilanzierenden Unternehmung mit anderen Unternehmungen.

Die Bemühungen, den Beteiligungsbegriff des § 271 Abs. 1 HGB ebenso zu interpretieren wie den des AktG 1965, erfolgen allerdings nicht ganz unerwartet und sind im historischen Zusammenhang auch durchaus verständlich. Der Gesetzgeber stellt für Anteilsrechte zwei verschiedene Bilanzpositionen zur Verfügung, wobei die Zuordnung zur einen oder anderen Position die unterschiedlich starke Verflechtung mit der anderen Unternehmung zum Ausdruck bringen soll. Der Gesetzgeber hat dabei allerdings dem historisch gewachsenen[16] Sprachgebrauch keinerlei Rechnung getragen. Insoweit hat er auch die mangelnde Akzeptanz zu verantworten.

Es war unklug, für Anteilsrechte, die eine vergleichsweise enge Verbindung zur anderen Unternehmung aufweisen, die neutralere, nichtssagender erscheinende, problemlos zu akzeptierende Bezeichnung „Anteile . . ." zu wählen, für die übrigen langfristig gehaltenen Anteilsrechte, die eine vergleichsweise lockere Verbindung zur anderen Unternehmung aufweisen, dagegen eine Position mit der problematischen Bezeichnung „Beteiligungen" zur Verfügung zu stellen. Es konnte dem Gesetzgeber nicht verborgen geblieben sein, mit welchen Emotionen und Vorurteilen der Begriff „Beteiligung" - nicht zuletzt auch aufgrund der Interpretation im Bilanzschrifttum, aber selbstverständlich auch aus wettbewerbspolitischen Gründen - behaftet ist. Der Gesetzgeber hat es sich unnötig schwer gemacht, der Bilanzierungspraxis seine mit § 271 HGB verfolgten Intentionen zu vermitteln.

Es wird lange dauern, bis es in das Bewußtsein der Bilanzierenden und - wie die bereits erschienenen Kommentare zum HGB erkennen lassen - auch der Kommentatoren eingegangen sein wird, daß die „Beteiligungen" lediglich eine „Restposition" und die „Anteile an verbundenen Unternehmen" die aus dem Verflechtungsgesichtspunkt bedeutsamere Bilanzposition darstellen. Zweifellos wäre die Bezeichnung „Beteiligungen an verbundenen Unternehmen" für Position 1 der Finanzanlagen sowie die Bezeichnung „andere Beteiligungen" für Position 3 dem Charakter der beiden Bilanzpositionen besser gerecht geworden (so auch Nelissen/Nücke 1982, S. 298). Mißverständnisse und Fehlinterpretationen wären also zu vermeiden gewesen.

---

16 Damit ist auch gemeint, daß er sich im Zeitablauf geändert hat (Bieg 1985, S. 8 f.).

Angesichts der gewählten Positionsbezeichnungen bleibt es dem Bilanzierenden in den nächsten Jahren nicht erspart, auf die hier dargestellten Zusammenhänge im Anhang ausführlich hinzuweisen. Die Bedeutung der beiden hier behandelten Bilanzpositionen muß erst in das Bewußtsein der Bilanzleser eingehen. Hierzu müssen die publizierenden Unternehmungen selbst, aber auch alle diejenigen Personen und Institutionen, die Jahresabschlüsse auswerten und kommentieren, sehr viel Aufklärungsarbeit leisten.

4.2. Auswirkungen auf Bankbilanzen

Die Begründung für die Bilanzierungspraxis der Kreditinstitute, wonach die Beteiligungsposition nur Kapitalanteile an Kreditinstituten und an Unternehmungen des „banknahen Bereichs" enthielt, während die restlichen langfristig gehaltenen Anteilspapiere in der Position „Wertpapiere, soweit sie nicht unter anderen Posten auszuweisen sind" erschienen, wurde vom Bundesgerichtshof nicht anerkannt (BGH-Entscheidung vom 9.2.1987, II ZR 119/86). Hatte das Bilanzierungsverhalten der Kreditinstitute letztlich schon nach altem Recht keinen Bestand, so wird es sich nach neuem Recht erst recht nicht aufrechterhalten lassen.

Aus der Tatsache, daß Beteiligungen im HGB nur noch als dem Finanzanlagevermögen zuzurechnende Anteilsrechte definiert sind, ergibt sich für Banken - selbst wenn die Bilanzformblätter[17] unverändert blieben - eine veränderte Positionszuordnung. Der Ausweis der langfristig gehaltenen Anteile an Nichtbank-Unternehmungen in der Beteiligungsposition läßt sich in Zukunft unter der Herrschaft des § 271 HGB mit keinem der Argumente mehr verhindern, die die Kreditinstitute seither zur Rechtfertigung ihrer Bilanzierungspraxis herangezogen haben, die aber letztlich vor dem Bundesgerichtshof keine Anerkennung fanden. Im Falle unveränderter Bilanzformblätter würde die Position „Wertpapiere, soweit sie nicht unter anderen Posten auszuweisen sind" folglich verbriefte Anteilsrechte des Umlaufvermögens, Gläubigerpapiere und Wertpapiersonderformen enthalten.

Der Gesetzgeber wollte mit der Beteiligungsdefinition des § 271 HGB die Bedeutung der Beteiligungsposition im Vergleich zum seitherigen Recht vermindern. Solange man ausschließlich den Bilanzausweis und die aufgrund einer bestimmten Positionsabgrenzung erreichte Informationsvermittlung im Auge hat, nahm damit der Anreiz, Argumente zur Vermeidung des Ausweises von Anteilsrechten in der Beteiligungsposition zu finden, ab. Es kann aber nicht übersehen werden, daß die übrigen bilanziellen und erfolgsrechnerischen Auswirkungen der seither praktizierten Positionsabgrenzung (Abschnitt 3.4.), aber auch deren wettbewerbspolitische und aufsichtsrechtliche Vorteile wegfallen werden.

Allerdings sind auch bei unveränderter Bilanzgliederung bestimmte Anteilsrechte, die eine besondere Beziehung zu der anderen Unternehmung aufweisen, in einer gesonderten Position auszuweisen. Unabhängig von der Absicht des Bilanzierenden hinsichtlich der Besitz-

---

[17] Muster der Formblätter für den Jahresabschluß der Kreditinstitute. Abgedruckt bei Consbruch/Möller/Bähre/Schneider, Nr. 15.01-15.09.

dauer sind „Anteile an einer herrschenden oder mit Mehrheit beteiligten Gesellschaft" gesondert auszuweisen, wobei die Definitionen der §§ 16 und 17 AktG Bedeutung erlangen. Auch hier handelt es sich um Anteile an Unternehmungen, mit denen das bilanzierende Kreditinstitut in besonderer Weise verbunden ist.

Würden allerdings die Bilanzformblätter die neue Rechtslage auch durch Aufnahme entsprechender Bilanzpositionen berücksichtigen, so wäre neben der Beteiligungsposition und den „Wertpapieren, soweit sie nicht unter anderen Posten auszuweisen sind" [18] auch die Position „Anteile an verbundenen Unternehmen" einzufügen. Hierin wären langfristig gehaltene Anteile an Unternehmungen auszuweisen, die die Voraussetzungen des § 271 Abs. 2 HGB erfüllen; die Abgrenzung dieser Position unterscheidet sich allerdings von der bisherigen Position „Anteile an einer herrschenden oder mit Mehrheit beteiligten Gesellschaft" völlig.

4.3. Bestätigung durch die Bankbilanzrichtlinie

Vierte Richtlinie und Bankbilanzrichtlinie sind − worauf in Abschnitt 1. hingewiesen wurde − als Einheit anzusehen. Deswegen ist es selbstverständlich, daß die Bankbilanzrichtlinie in Artikel 4 neben der Position 12 „Eigene Aktien oder Anteile" drei weitere Aktivpositionen für Anteilsrechte vorsieht, die mit den bereits in nationales Recht umgesetzten Vorschriften der Vierten Richtlinie vereinbar sind:

− Aktien und andere nicht festverzinsliche Wertpapiere (Aktivposten 6),
− Beteiligungen (Aktivposten 7),
− Anteile an verbundenen Unternehmen (Aktivposten 8).

Bei den Beteiligungen und den Anteilen an verbundenen Unternehmen, die jeweils in verbriefter und in unverbriefter Form vorliegen können, sind die Anteilsrechte an Kreditinstituten grundsätzlich auszugliedern[19]. Bei der Abgrenzung zwischen beiden Bilanzpositionen ist wiederum zu beachten, daß alle dem Finanzanlagevermögen zuzurechnenden Anteilsrechte Beteiligungen darstellen, so daß auch die „Anteile an verbundenen Unternehmen" Beteiligungen im Sinne der Vierten Richtlinie bzw. der Bankbilanzrichtlinie sind. Diese Teilmenge der Beteiligungen unterscheidet sich von den übrigen dadurch, daß eine in § 271 Abs. 2 HGB exakt definierte Art der Unternehmungsbeteiligung besteht; sie ist enger als bei den übrigen Beteiligungen. Auch in Bankbilanzen ist die Beteiligungsposition nur noch eine Restposition für diejenigen Anteilsrechte des Anlagevermögens, die an einem nicht verbundenen Unternehmen (i.S. des § 271 Abs. 2 HGB, nicht i.S. des § 15 AktG!) gehalten werden[20].

---

18 Diese Formulierung berücksichtigt auch, daß in Bankbilanzen eine Trennung zwischen Anlage- und Umlaufvermögen nicht vorgenommen werden soll.
19 Die Mitgliedstaaten können aber auch vorschreiben, daß diese Angaben über Anteilsrechte an Kreditinstituten im Anhang gemacht werden; vgl. Art. 4 Aktivposten 7 und 8 Bankbilanzrichtlinie.
20 Eine Position „Anteile an einer herrschenden oder mit Mehrheit beteiligten Gesellschaft" ist in Artikel 4 der Bankbilanzrichtlinie nicht mehr vorgesehen.

Die Aktivposition 6 („Aktien und andere nicht festverzinsliche Wertpapiere") kann somit aus dem Gesamtbestand der von einem Kreditinstitut gehaltenen Anteilsrechte nur noch diejenigen enthalten, die nicht zum Anlagevermögen zählen. Alle Wertpapiersonderformen, die keiner anderen Aktivposition zugeordnet werden können, sind - unabhängig von der beabsichtigten Besitzdauer - ebenfalls in dieser Position auszuweisen. Dagegen sind verbriefte Gläubigerrechte nicht hier, sondern in speziellen Bilanzpositionen auszuweisen, und zwar entweder als „Schuldtitel öffentlicher Stellen und ähnliche Wertpapiere, die zur Refinanzierung bei der Zentralnotenbank zugelassen sind" (Aktivposition 2) oder als „Schuldverschreibungen im Bestand" (Aktivposition 5), wobei festverzinsliche[21] börsenfähige Schuldverschreibungen angesprochen sind, die von Kreditinstituten, anderen Unternehmungen und von öffentlichen Stellen emittiert werden.

Entsprechend dem Bilanzausweis unterscheidet die Erfolgsrechnung bei den „Erträgen aus Wertpapieren", die zudem in jedem Fall gesondert auszuweisen, also nicht mit einem oder mehreren Aufwandsposten zu verrechnen sind, drei Unterposten (Art. 27 Posten 3 bzw. Art. 28 Posten B 2 Bankbilanzrichtlinie):

- Erträge aus Aktien, anderen Anteilsrechten und nicht festverzinslichen Wertpapieren,
- Erträge aus Beteiligungen,
- Erträge aus Anteilen an verbundenen Unternehmen.

Die Erträge aus festverzinslichen Wertpapieren werden zukünftig unter den Zinserträgen auszuweisen sein; Art 27 bzw. 28 Bankbilanzrichtlinie sehen für sie eine eigene Darunter-Position vor. Die derzeit noch geltenden Bilanzierungsrichtlinien fordern dagegen einen Ausweis im Posten „Laufende Erträge aus Wertpapieren, Schuldbuchforderungen und Beteiligungen" (Bilanzierungsrichtlinien. Abgedruckt bei: Consbruch/Möller/Bähre/Schneider, III. zu Posten 2).

Die Bankbilanzrichtlinie stellt - wenigstens hinsichtlich der hier angesprochenen Probleme - eine konsequente Fortsetzung der bereits in nationales Recht umgesetzten Vierten Richtlinie dar. Soweit die Regelungen von den aktienrechtlichen bzw. den seither banktypischen Regelungen abweichen, muß bei den Bilanzierenden wie bei den Empfängern und Lesern der Jahresabschlüsse ein Umdenkungsprozeß einsetzen; soweit er sich bei den Adressaten der Jahresabschlüsse vollziehen muß, kann er durch die Bilanzierenden selbst (durch entsprechende Kommentierung im Anhang), aber auch durch auswertende und berichtende Personen und Institutionen unterstützt werden. Es lohnt, sich gegen diesen Prozeß nicht zu sperren, da ähnlich grundlegende Veränderungen, die zukünftig nur noch auf EG-Ebene eingeleitet werden können, in absehbarer Zeit nicht mehr zu erwarten sind.

---

21 Als festverzinslich gelten auch die mit einem veränderlichen Zinssatz ausgestatteten Wertpapiere (Floating Rate Notes), deren Zinssatz an eine bestimmte Größe, etwa an einen Interbankenzinssatz oder an einen Eurogeldmarktsatz, gebunden ist; vgl. Art. 17 Abs. 2 Bankbilanzrichtlinie.

Literaturverzeichnis

Formblattverordnung i.d.F. vom 27. Mai 1969, BGBl. I/1969.
Bekanntmachung Nr. 1/68 des Bundesaufsichtsamtes für das Kreditwesen i.d.F. vom 16. November 1976, BAnz. Nr. 238.
Vierte Richtlinie des Rates (78/660/EWG) vom 25. Juli 1978, Amtsblatt der EG vom 14. August 1978, Nr. L 222, S. 11-31.
Siebte Richtlinie des Rates (83/349/EWG) vom 13. Juni 1983, Amtsblatt der EG vom 18. Juli 1983, Nr. L 193, S. 1-17.
Richtlinie über den Jahresabschluß und den konsolidierten Abschluß von Banken und anderen Finanzinstituten (86/635/EWG), Amtsblatt der EG vom 31. Dezember 1986, Nr. L 372, S. 1-17.
BGH-Entscheidung vom 9.2.1987, II ZR 119/86.
BR-Drucksache 257/83.
Adler/Düring/Schmaltz: Rechnungslegung und Prüfung der Aktiengesellschaften. Handkommentar. 4. Aufl., Bd. 1, Stuttgart 1968.
Bieg, Hartmut: Bankbilanzen und Bankenaufsicht. Bd. 47 der Schriften des Instituts für Arbeits- und Wirtschaftsrecht der Universität zu Köln. Hrsg. von Herbert Wiedemann, München 1983.
Bieg, Hartmut: Ermessensentscheidungen beim Handelsbilanzausweis von „Finanzanlagen" und „Wertpapieren des Umlaufvermögens" - auch nach neuem Bilanzrecht? In: Der Betrieb, Beilage Nr. 24/1985.
Bieg, Hartmut: § 271. Beteiligungen. Verbundene Unternehmen. In: Handbuch der Rechnungslegung. Hrsg. von Karlheinz Küting und Claus-Peter Weber, Stuttgart 1986.
Biener, Herbert: Die Rechnungslegung der Aktiengesellschafen und Kommanditgesellschaften auf Aktien nach der Bilanzrichtlinie der EG. In: Die Aktiengesellschaft 9/1978, S. 251-260.
Biener, Herbert/Bernecke, Wilhelm: Bilanzrichtlinien-Gesetz. Düsseldorf 1986.
Birck, Heinrich: Die Bewertung der Wertpapiere des Anlagevermögens in der Bankbilanz. In: Blätter für Genossenschaftswesen 1965,S. 18-22.
Consbruch/Möller/Bähre/Schneider: Gesetz über das Kreditwesen mit verwandten Gesetzen und anderen Vorschriften. Textsammlung.
Deppe, Hans-Dieter: Die Rolle des Wertpapiererwerbs bei Anlagedispositionen eines Kreditinstituts. In: Wirtschaftswissenschaftliches Studium 10/1976, S. 441-449.
Fuchs, Hermann: Begriff, Formen und Ausweis der Beteiligungen nach den Grundsätzen ordnungsmäßiger Bilanzierung im Jahresabschluß. Würzburg-Aumühle 1939.
Hofbauer, Max: Zur Abgrenzung des bilanzrechtlichen Beteiligungsbegriffes. In: Betriebs-Berater 29/1976, S. 1343-1349.
Institut der Wirtschaftsprüfer: Stellungnahme des Bankenfachausschusses zu Stellungnahme I 4-25 des Bundesaufsichtsamts für das Kreditwesen vom 15.11.1965. In: Die Wirtschaftsprüfung 6/1966, S. 162.
Köllhofer, Dietrich: Beteiligungen im Jahresabschluß der Kreditinstitute. In: Die Bank 9/1977, S. 13-20.
Krümmel, Hans-Jacob: Bankbeteiligungen oder über eine nützliche Anstrengung des Begriffs. In: Österreichisches Bankarchiv 1978, S. 114-128.
Matschke, Manfred Jürgen: § 271. In: Bonner Handbuch Rechnungslegung. Aufstellung, Prüfung und Offenlegung des Jahresabschlusses. Hrsg. von Max Hofbauer und Peter Kupsch. Bonn 1986.
Monopolkommission: Mehr Wettbewerb ist möglich. Hauptgutachten 1973/1976. Baden-Baden 1976.
Monopolkommission: Fortschreitende Konzentration bei Großunternehmen. Hauptgutachten 1976/77. Baden-Baden 1978.
Nelissen, Heinz/Nücke, Heinrich: Zum Anwendungsbereich der Vorschriften des Bilanzrichtlinien-Gesetzes nach dem Regierungsentwurf vom 10.2.1982. In: Die Wirtschaftsprüfung 11/1982, S. 293-303.
Pankow, Max/Gutike, Hans-Jochen: § 271. In: Beck'scher Bilanz-Kommentar. Der Jahresabschluß nach Handels- und Steuerrecht. Hrsg. von Budde, Wolfgang Dieter u.a., München 1986.
Saage, Gustav: Studie zum Ausweis von Anteilsrechten in der Bankbilanz. In: Der Betrieb 7/1978, S. 309-313.
Scheffler, Eberhard: Finanzanlagen. In: Beck'sches Handbuch der Rechnungslegung. Hrsg. von Edgar Castan u.a., München 1987, B. 213.
Schimann, Gerhard: Bilanzierung und Bewertung von Beteiligungen im Jahresabschluß der Kreditinstitute. In: Die Wirtschaftsprüfung 14/1978, S. 393-402.

Schulze, Werner: Anpassung der handelsrechtlichen Rechnungslegungsvorschriften (bzw. des Unternehmensrechts) in Deutschland an die 4. EG-Richtlinie; Anforderungen und Erwartungen aus der Sicht des deutschen Unternehmers. In: Betriebswirtschaftliche Forschung und Praxis 1979, S. 37-61.

Schulze-Osterloh, Joachim: Alternativen zum Bilanzrichtlinien-Gesetzentwurf. Alternativentwurf zur Rechnungslegung der Einzelkaufleute und Personenhandelsgesellschaften mit einer Einführung und Begründung sowie ein Beitrag zur Registerpublizität. Hrsg. von Hans Bareis u.a., Köln 1981.

Ullmann, Fritz: Kommentar zum neuen Aktienrecht auf Grund der Verordnung über Aktienrecht vom 19. September 1931, der Verordnung über erleichterte Kapitalherabsetzung vom 6. Oktober 1931 und der dazu ergangenen Übergangsvorschriften. Berlin 1932.

Weber, Eberhard: Grundsätze ordnungsmäßiger Bilanzierung für Beteiligungen. Bd. 7 der Beiträge zu den Grundsätzen ordnungsmäßiger Bilanzierung. Schriften der Schmalenbach- Gesellschaft. Düsseldorf 1980.

Das systematische Ertragsrisiko deutscher Aktien – eine Chance zur Anlageplanung?

Von Prof. Dr. Hans Peter Möller

1. Einleitung

Mit der wissenschaftlichen Durchdringung bankbetrieblicher Unternehmensführung wird die Operationalisierung und Steuerung einer Vielzahl von Risiken diskutiert (Süchting (1980), S. 306-330; Kolbeck (1985)). Hervorgehoben seien hier die Managementtechniken und Finanzierungsinstrumente zur Steuerung und Begrenzung von Zinsänderungsrisiken (Rudolph (1987)) ebenso wie die Verfahren zur Steuerung und Begrenzung von Erfolgsrisiken (vgl. die Literatur zur kapitalmarktorientierten Portefeuilleplanung, beispielsweise Sharpe (1970), Rodewald (1974)), von denen im folgenden die Rede sein wird.

Erfolgsrisiken liegen vor, wenn der Erfolg einer Periode nicht mit Sicherheit vorhergesehen werden kann, sondern wenn statt dessen nur Eintrittswahrscheinlichkeiten für Erfolge bestimmter Höhe angegeben werden können. Die Ursachen solcher Erfolgsrisiken sind darin zu sehen, daß die Erfolgskomponenten, d.h. die einzelnen Investitionen und Finanzierungen, durch risikobehaftete Auszahlungen und Einzahlungen gekennzeichnet sein können. Solche Risiken einzelner Investitionen oder Finanzierungen werden im folgenden als Ertragsrisiken bezeichnet. Bestehen Möglichkeiten zur aktiven Gestaltung der Investitionen und Finanzierungen, so bestehen in der Regel auch Möglichkeiten zur aktiven Gestaltung des Erfolgsrisikos, selbst dann, wenn die Ertragsrisiken jeder einzelnen Investition oder Finanzierung sich einer Einflußnahme entziehen.

Die Literatur zeigt, daß im Rahmen einer Gesamtheit mehrerer risikobehafteter Investitionen und Finanzierungen nur jeweils ein Teil des Ertragsrisikos der einzelnen Investitions- und Finanzierungsmöglichkeiten, nämlich das sogenannte systematische Ertragsrisiko, bestimmend ist für das Erfolgsrisiko der Gesamtheit der betrachteten risikobehafteten Investitionen und Finanzierungen (vgl. zur Übersicht beispielsweise Fama (1976)). Die Ausnutzung dieser theoretischen Erkenntnis ist sinnvoll insbesondere für solche Anleger und Finanzierer, die große Geldbeträge bewegen, also beispielsweise für Banken. Anwendungsempfehlungen der Theorie - insbesondere US-amerikanischen Ursprungs - sehen in der Planung der Aktienanlage ein wichtiges Anwendungsgebiet der Theorie (vgl. z. B. Fama (1976), S. 212-256, Sharpe (1978), S. 95-124).

Im folgenden soll der Frage nachgegangen werden, ob das systematische Ertragsrisiko einer Investition oder Finanzierung auch in Deutschland eine Chance zur Anlageplanung darstellt. Banken können aufgrund ihrer Position als Finanzintermediäre möglicherweise großen Nutzen daraus ziehen (vgl. zur Diskussion der Beteiligungen und Beteiligungspolitik von Banken: v. Stein/Kirschner (1980)). Die Frage ist insofern interessant, als die in den letzten Jahren zunehmende Attraktivität der Aktie das Eigengeschäft der Banken mit Aktien angekurbelt hat und ein Bedarf für die Steuerung des damit verbundenen Risikos besteht. Ihre Beantwortung ist bedeutsam auch vor dem Hintergrund der Diskussion um die

Beschränkung der Beteiligungsmöglichkeiten von Banken (vgl. dazu beispielsweise Gerke (1981)). Die Frage ist schließlich interessant, weil die theoretischen Grundlagen einer Steuerung des Ertragsrisikos zwar vorliegen, aber noch keineswegs feststeht, ob die Theorie auch empirisch gehaltvoll ist (vgl. zur Übersicht über empirische Untersuchungen der Kapitalmarkttheorie und deren Ergebnisse mit deutschen Daten z.B. Möller (1985)).

Die folgenden Ausführungen befassen sich zunächst mit der zugrunde liegenden Theorie, dann mit den methodischen Ansätzen und empirischen Ergebnissen der Überprüfung ihres Realitätsgehaltes. Es schließt sich eine Diskussion an über die Probleme der Ermittlung des systematischen Ertragsrisikos deutscher Aktien. Schließlich wird zur Frage der Stationarität der Ergebnisse im Zeitablauf Stellung genommen.

2. Portefeuilletheorie und Capital-Asset-Pricing-Modell als Grundlagen der Ermittlung des systematischen Ertragsrisikos

2.1. Grundlagen der Portefeuilletheorie

Portefeuilletheorie und Capital-Asset-Pricing-Modell sind die Theoriebausteine, aus denen sich das systematische Ertragsrisiko als im Portefeuilleverbund einzig relevantes Risikomaß einer Einzelanlage ergibt. Die Realitätsnähe dieser Theoriebausteine ist es, die über die Zweckmäßigkeit einer auf dem systematischen Ertragsrisiko aufbauenden Aktienanlageplanung entscheidet.

Das Capital-Asset-Pricing-Modell beruht auf der Portefeuilletheorie, die durch die folgenden Annahmen gekennzeichnet ist (vgl. z. B. Sharpe (1970); Fama (1976), S.212-256; Sharpe (1978), S. 95-124; Schneider (1980),S.517-546; Copeland/Weston (1982), S.185-211; eine komprimierte Darstellung des Capital-Asset-Pricing-Modells findet sich auch in: Gerke/Philipp (1985), S. 51-68 sowie bei Möller (1986)):

1) Es werde für (nur) eine Periode geplant.

2) Die Planung erfolge auf Basis des Erwartungswertes und der Varianz der Wahrscheinlichkeitsverteilung der Anlagerenditen.

3) Es existieren unterschiedliche risikobehaftete Anlagemöglichkeiten, in welche beliebige Geldbeträge investiert werden können. Die Unterschiedlichkeit komme darin zum Ausdruck, daß sich die Erträge im Zeitablauf unterschiedlich voneinander entwickeln können.

4) Neben den risikobehafteten Anlagemöglichkeiten bestehe die Möglichkeit risikofreier Geldanlage zu einem einheitlichen Zinssatz, der unterhalb der erwarteten Rendite der dominanten risikobehafteten Anlagemöglichkeiten liege.

5) Die Anleger scheuen das Risiko und erstreben, ihren Nutzen zu maximieren.

Aus der zweiten und dritten Annahme folgt, daß es für einen Investor günstig sein kann, gleichzeitig in mehrere unterschiedliche Anlagen, in ein sogenanntes Portefeuille zu investieren. Dies lohnt sich immer dann, wenn die Erträge der einzelnen Anlagen nicht vollständig miteinander korrelieren (vgl. zur numerischen Verdeutlichung beispielsweise Gerke/Philipp (1985), S. 54-57). Dann zeigt sich nämlich, daß das durch die Varianz der Erträge gemessene Risiko eines Portefeuilles kleiner ist als die gewichtete Summe der Varianzen der einzelnen Portefeuillebestandteile (vgl. beispielsweise zu den Vorteilen, die sich am US-amerikanischen Kapitalmarkt realisieren lassen: Fama (1976), S. 245-252; Robichek/Cohn/Pringle (1972); Solnik (1974)). Im Portefeuillezusammenhang erweist sich nicht mehr die Varianz einer einzelnen Anlage als relevant, sondern ihre Kovarianz $Cov(R_i, R_p)$ mit dem Portefeuilleertrag (vgl. zur Herleitung beispielsweise Fama (1976), S. 48-62). Der Vergleich dieser Kovarianz einer Anlage mit der Portefeuillevarianz $Var(R_p)$ zeigt, ob die Anlage mehr oder weniger als der Durchschnitt aller Portefeuillebestandteile zum Risiko des Portefeuilles beiträgt. Den Quotienten dieser Größen,

$$\beta_{ip} = Cov(R_i, R_p) / Var(R_p)$$

bezeichnet man als das systematische Ertragsrisiko. Die Bezeichnung rührt daher, daß man die Varianz der Erträge einer einzelnen Anlage in eine systematische und in eine unsystematische Komponente aufspalten kann, wenn die Annahme eines linearen Zusammenhangs zwischen den Erträgen der Anlage und den Erträgen eines Portefeuilles gerechtfertigt ist (vgl. dazu beispielsweise: Fama (1976), S. 63-76). Während die unsystematische Komponente einen Wert von null erwarten läßt, erweist sich in der systematischen Komponente der Steigungsparameter des linearen Modells als einzig anlagetypischer Bestandteil. Dieser Steigungsparameter berechnet sich genauso wie das oben definierte Risikomaß β_{ip}.

Der Wert des systematischen Ertragsrisikos einer Anlage hängt für einen Investor unter anderem davon ab, in bezug auf welches Portefeuille er ermittelt wird. Die Entscheidung eines Anlegers für ein bestimmtes risikobehaftetes Portefeuille wiederum hängt ab von seinen individuellen Isonutzenlinien. Die vierte Annahme eröffnet die Möglichkeit zur Mischung der risikobehafteten Anlagen mit einer risikofreien Anlage. In Bezug auf die Rendite-Risiko-Relationen erweisen sich die Mischungen der risikofreien Anlage mit einem ganz bestimmten risikobehafteten Portefeuille allen anderen als überlegen. Diese Aussage gilt unabhängig vom Verlauf der individuellen Isonutzenlinien, wenn diese nur risikoscheues Verhalten widerspiegeln (vgl. die anschauliche Darstellung dieser Aussage in Gerke/Philipp (1985), S. 57-60). Da jeder Investor unterschiedliche Vorstellungen von der Portefeuillezusammensetzung und von den Wahrscheinlichkeitsverteilungen der Erträge jeder einzelnen Anlage sowie des gesamten Portefeuilles hat, werden verschiedene Anleger für die gleiche Anlage verschiedene systematische Ertragsrisiken ermitteln und unterschiedliche Kombinationen von Einzelanlagen zu ihrem Portefeuille verbinden.

2.2. Grundlagen des Capital-Asset-Pricing-Modells

Die Portfeuilletheorie wird durch einige weitere Annahmen zu einer Theorie des Kapitalmarktes:
6) Alle Anleger hegen in bezug auf die Wahrscheinlichkeitsverteilung der einzelnen Anlagebeträge gleiche Erwartungen.

7) Der Markt sei vollkommen in dem Sinne, daß kein Marktteilnehmer einen wahrnehmbaren Einfluß auf die Marktpreise habe und daß Erwartungswert und Varianz die einzigen preisbestimmenden Faktoren seien.

Die beiden letztgenannten Annahmen bewirken, daß sich für alle Anleger das gleiche nur aus risikobehafteten Anlagen bestehende Portefeuille als optimaler Anlagebestandteil erweist. Dies bedeutet zugleich, daß alle Anleger für eine Anlage den gleichen Wert des systematischen Ertragsrisikos ermitteln. Das ohne die Annahmen intersubjektiv unterschiedlich geschätzte systematische Ertragsrisiko wird durch sie zu einer objektiven Größe. Dieses eine optimale spezielle risikobehaftete Portefeuille muß sich, weil alle Anlagen von jemanden gehalten werden müssen, zusammensetzen aus allen risikobehafteten Anlagen, gewichtet mit ihren Marktwerten; es wird daher als Marktportefeuille bezeichnet. Weil sich das Marktportefeuille aus allen Einzelanlagen zusammensetzt, lassen sich dessen Erwartungswert $E(R_m)$ und Varianz $Var(R_m)$ aus den Rendite-Risiko-Eigenschaften aller einbezogenen Einzelanlagen ermitteln. Es läßt sich auch bestimmen, welche Beziehung zwischen den erwarteten Renditen und Risiken der einzelnen Anlagen gelten muß, damit ihre Aggregation den Erwartungswert und die Varianz der Renditen des Marktportefeuilles ergeben.

Im Marktportefeuille muß sich - so die Theorie - ein linearer Zusammenhang zwischen den erwarteten Renditen und den durch die Kovarianz gemessenen systematischen Ertragsrisiken der Einzelanlagen einstellen, in den auch die Rendite R_f der risikofreien Anlage eingeht (vgl. Sharpe (1970), S. 87-108; Gerke/Philipp (1985), S. 59-63). Dieser Zusammenhang wird als Capital-Asset-Pricing-Modell bezeichnet, er hat die Form:

$$E(R_i) = R_f + \frac{E(R_m) - R_f}{Var(R_m)} Cov(R_i, R_m)$$

Zieht man den Nenner der Summanden der rechten Seite der Gleichung unter den rechten Multiplikator, so erkennt man, daß das systematische Ertragsrisiko die einzige anlagetypische Größe zur Erklärung der erwarteten Rendite einer Einzelanlage ist.

Die Kenntnis des systematischen Ertragsrisikos einer Einzelanlage kann bei der Planung von Portefeuilles hilfreich sein, wenn es dem Planer nicht möglich ist, das Marktportefeuille oder ein verkleinertes Abbild desselben zu erwerben. Das systematische Ertragsrisiko gibt an, in welchem Maße die Anlage ein anderes Risiko als das Marktportefeuille aufweist. Das systematische Risiko kann bei der Anlageplanung auch hilfreich sein, weil es sich als risikoadäquater Diskontierungsfaktor der Anlageerträge interpretieren läßt (vgl. dazu beispielsweise die Ausführungen in Gerke/Philipp (1985), S. 67 – 68 sowie zur Übersicht Möller (1984)). Das systematische Ertragsrisiko bietet insbesondere dann eine Chance zur Anlageplanung, wenn es nicht nur die subjektiven Erwartungen eines einzigen Anlegers reflektiert, sondern für alle Anleger gleichermaßen aussagefähig ist. Es ist aber fraglich, ob sich das systematische Ertragsrisiko in realen Entscheidungssituationen überhaupt ermitteln läßt. Es ist auch wegen der Problematik der Prämissen, welche die Portefeuilletheorie zu einer Kapitalmarkttheorie machen, fraglich, ob ein objektiv aussagefähiges Ertragsrisiko überhaupt ermittelbar ist. Die Fragen bedürfen zumindest in Deutschland weiterer Untersuchungen, weil die bisher vorliegenden Untersuchungen deutscher Daten noch keine befriedigenden Antworten zulassen.

3. Untersuchungen zur Realitätsnähe der kapitalmarktorientierten Portefeuilletheorie

3.1. Untersuchungsansätze

Untersuchungen der Frage, ob die kapitalmarktorientierte Portefeuilletheorie zur Beschreibung der Realität geeignet ist, laufen bisher auf die Feststellung hinaus, ob sich das Capital-Asset-Pricing-Modell als Implikation dieser Theorie in der Realität beobachten läßt. Die Untersuchungsansätze lassen sich in mehrfacher Hinsicht systematisieren.

Eine der möglichen Unterteilungen setzt am Zeitpunkt der Untersuchung in bezug auf den Zeitpunkt der Anlegerentscheidung an. Danach läßt sich ein direkter von einem indirekten Ansatz unterscheiden. Der direkte Ansatz zur Untersuchung der Realitätsnähe des Capital-Asset-Pricing-Modells könnte darin bestehen, Anleger unmittelbar nachdem sie ihre Anlageentscheidungen getroffen haben, nach den Einflußgrößen ihrer Entscheidung zu befragen. Man würde dann unmittelbar die Erwartungen der Anleger erfassen. Dies käme einer Untersuchung des Capital-Asset-Pricing-Modells sehr entgegen, weil dieses ja auch von Erwartungen handelt. Fänden die Befragungen alle zum gleichen Zeitpunkt statt, so spielte auch die Tatsache keine Rolle, daß Erwartungen sich im Zeitablauf wandeln können und das Capital-Asset-Pricing-Modell zu unterschiedlichen Zeitpunkten unterschiedliche Ausprägungen annehmen könnte. Der direkte Ansatz zur Untersuchung des Capital-Asset-Pricing-Modells wurde in Deutschland noch nicht, in den USA bisher nur vereinzelt für sehr kleine Anlegergruppen zu sehr wenigen Zeitpunkten unternommen (vgl. Gooding (1978)). Die Gründe dafür dürften hauptsächlich im Erhebungsaufwand, vielleicht auch in der Nicht-Reproduzierbarkeit der Befragungen und in der möglichen Aussageverzerrung durch die Befragten selbst zu sehen sein.

Der indirekte Ansatz zur Untersuchung der Realitätsnähe des Capital-Asset-Pricing-Modells besteht darin, historische Aktienkurse und -renditen als Zufallsvariable zu verstehen, die tatsächlichen Verteilungen der tatsächlichen Aktienrenditen vergangener Zeiträume als Wahrscheinlichkeitsverteilungen zu interpretieren und deren erste bzw. zweite Momente als Erwartungswerte und Varianzen aufzufassen. Die benötigten Daten lassen sich zwar leicht ermitteln, sie sind auch frei von den möglichen Verzerrungen von Befragungsdaten, sie sind aber, da es sich um Vergangenheitsdaten handelt, grundsätzlich nur bedingt dazu geeignet, etwas über die Zukunft auszusagen. Sie eignen sich zu dem vorgesehenen Zweck nur dann, wenn man glaubt, von der Vergangenheit auf die Zukunft schließen zu können und wenn die tatsächlichen Wahrscheinlichkeitsverteilungen in den Köpfen der Anleger den aus den historischen Daten ermittelten Verteilungen entsprechen (vgl. zu dieser Problematik auch Schneider (1980), S. 549-550). Der indirekte Untersuchungsansatz ist der am weitesten gebräuchliche.

Die Untersuchungsansätze lassen sich auch danach systematisieren, ob das Modell selbst untersucht wird oder seine Prämissen. Indizien für die Realitätsnähe und damit die Anwendbarkeit der kapitalmarktorientierten Portefeuilletheorie liegen vor, wenn die Prämissen der Theorie in der Realität beobachtet werden. Allerdings kann man aus einer Beobachtung, nach der die Prämissen den Gegebenheiten der Theorie entsprechen, nicht schließen, daß die Theorie selbst mit ihrer Implikation des Capital-Asset-Pricing-Modells notwendigerweise die Realität sinnvoll abbildet. Sharpe vergleicht einen derartigen Schluß mit der Analyse eines Backrezeptes: Aus den Zutaten und der Anwendung des Rezeptes folgt nicht die Schmackhaftigkeit des gebackenen Kuchens (Sharpe (1978), S. 96). Indizien für die Realitätsnähe der Theorie lassen sich auch dadurch gewinnen, daß man Implikationen der Theorie, z.B. das Capital-Asset-Pricing-Modell, auf ihre Realitätsnähe hin untersucht. Solche Modelluntersuchungen können z.B. in der Behandlung der Frage bestehen, ob zwischen empirisch beobachteten „erwarteten" Renditen einerseits und „erwarteten" systematischen Ertragsrisiken andererseits ein linearer Zusammenhang besteht. Sie können auch in der Untersuchung der Frage bestehen, ob ein lineares Modell den empirischen Zusammenhang besser beschreibt als andere Modelle. Die Interpretation der Ergebnisse solcher Untersuchungen ist allerdings nicht ganz unproblematisch, weil man aus der Linearität eines Zusammenhangs nicht notwendig auf die Realitätsnähe des Capital-Asset-Pricing-Modells schließen kann. Lineare Zusammenhänge zwischen erwarteten Renditen und systematischen Risiken ergeben sich nämlich in jedem dominanten Portefeuille (vgl. dazu Roll (1977)).

Auf historischen Börsendaten beruhende Untersuchungen des Capital-Asset-Pricing-Modells können unterschiedlich ausgestaltet sein. Drei Typen seien hier erwähnt:

1) Man errechnet für jede Einzelanlage einerseits $E(R_i)$ und andererseits $R_f + (E(R_m) - R_f) \beta_{im}$, bildet die Differenzen und untersucht, ob diese klein und zufällig sind. Dann dürfte das Modell nämlich die Realität beschreiben. Das Problem dieses Ansatzes besteht darin, daß sich in den Differenzen alle Meßfehler gleichzeitig niederschlagen und sich bei großen Differenzen nicht sagen läßt, ob sie nur durch Meßfehler bedingt sind, oder ob sie das Modell widerlegen.

2) Man errechnet für jede einzelne Anlagemöglichkeit i die erwartete Rendite $E(R_i)$ und das systematische Ertragsrisiko β_{im}. Dann untersucht man, ob für alle Einzelanlagen die Annahme eines linearen Zusammenhangs zwischen diesen Größen gerechtfertigt erscheint. Man unternimmt also eine lineare Regression des $E(R_i)$ auf β_{im} gemäß einem Modell der Form:

$$E(R_i) = g_0 + g_1 \beta_{im}$$

Sollte sich dieses Vorgehen statistisch rechtfertigen lassen, wäre damit ein Hinweis auf die Realitätsnähe des Modells gewonnen. Entspräche der geschätzte Wert des absoluten Gliedes g_0 in etwa der Rendite R_f der risikofreien Anlage und beliefe sich der Schätzwert des Steigungsparameters g_1 in etwa auf die vom Markt erwartete Risikoprämie $E(R_m)-R_f$, so wäre der Hinweis deutlich erhärtet. Das Problem dieses Ansatzes besteht darin, daß sich mit ihm im Prinzip nur die Frage beantworten läßt, ob ein lineares Modell der untersuchten Art die Realität beschreibt oder nicht. Angemessener, weil umfassender und im Ergebnis differenzierter, wäre dagegen die Frage, ob ein lineares Modell die Realität besser beschreibt als andere Modelle.

3) Man interpretiert den bei der Schätzung des systematischen Ertragsrisikos verwendeten Modellansatz

$$E(R_i) = \alpha_i + \beta_{im} E(R_m)$$

als eine spezielle Ausgestaltungsform des Capital-Asset-Pricing-Modells, genannt Marktmodell, und verwendet die bei dieser Regression angefallenen Kenngrößen zur Beurteilung des Capital-Asset-Pricing-Modells. Dieses Vorgehen erscheint immer dann zulässig, wenn man α_i gleichsetzen kann mit $(1-\beta_{im})\,R_f$.

4) Man grenzt eine Menge plausibler Zusammenhangsannahmen ab, errechnet für jede Einzelanlage i die erwartete Rendite $E(R_i)$, das systematische Ertragsrisiko β_{im} sowie andere anlagetypische in die Zusammenhangsuntersuchungen einzubeziehende Größen und untersucht dann, welches Modell den empirischen Zusammenhang am besten abbildet. Das Problem dieses Ansatzes dürfte hauptsächlich darin bestehen, daß sich die Beschränkung auf bestimmte Alternativen zum linearen Modell mit $E(R_i)$ und β_{im} kaum begründen läßt.

Die mit deutschen Daten vorgenommenen Untersuchungen der Realitätsnähe der kapitalmarktorientierten Portefeuilletheorie beruhen ausschließlich auf der Analyse historischer Börsendaten. Soweit sie Implikationen des Modells zum Untersuchungsgegenstand haben, verwenden sie die drei letztgenannten Ausgestaltungstypen.

3.2. Ergebnisse prämissenorientierter Untersuchungen

Zu einer empirischen Untersuchung der Prämissen der Theorie eignen sich besonders die im zweiten Abschnitt aufgeführte zweite und vierte Annahme. Die veröffentlichten prämissenorientierten Untersuchungen des deutschen Aktienmarktes beruhen ausnahmslos auf der Analyse historischer Börsendaten.

Die Beschränkung der Planung auf Erwartungswert und Varianz durch die zweite Annahme ist immer dann unproblematisch, wenn das Anlegerverhalten durch quadratische Nutzenfunktionen beschrieben werden kann oder wenn die Verteilung der Renditen mit Erwartungswert und Varianz vollständig beschrieben werden kann (Bamberg/Coenenberg (1985), S. 84-86). Während die erste Bedingung, das Vorliegen quadratischer Nutzenfunktionen, wohl nur auf dem Wege von Befragungen untersucht werden kann, ist die zweite Bedingung erfüllt, wenn die Verteilung der Renditen durch eine Normalverteilung beschrieben wird. Ein Überblick über die bisher veröffentlichten Verteilungsuntersuchungen (vgl. zur Übersicht: Möller(1985), S. 507-510) ergibt die folgenden Erkenntnisse: Die meisten Untersuchungen legen die Vermutung nahe, eine Normalverteilung beschreibe nicht die Verteilung deutscher Aktienrenditen. Die umfangreichste der Untersuchungen zeigt allerdings, daß die Länge des Untersuchungszeitraumes für das Ergebnis entscheidend ist. Je länger der Untersuchungszeitraum ist, desto größer sind die Abweichungen von der Normalverteilung. Der Vergleich der Untersuchungen legt aber auch nahe, daß die Länge der Renditeberechnungsperiode ausschlaggebend ist. Geringe Abweichungen von der Normalverteilung ergeben sich bei wöchentlichen Renditen im Rahmen jährlicher Untersuchungszeiträume (vgl. dazu im einzelnen Möller(1986), S. 28-38). Groß sind die Abweichungen dagegen bei monatlichen Renditen im Rahmen mehrjähriger Untersuchungszeiträume. Als Ergebnis der Normalverteilungsuntersuchungen kann festgehalten werden, daß die Beschränkung auf Erwartungswert und Varianz zumindest bei Verwendung wöchentlicher Renditen und jährlicher Untersuchungszeiträume nicht unangemessen ist.

Die vierte Annahme, daß die Rendite eines nur aus risikobehafteten Anlagen bestehenden Portefeuilles, i.d.R. die des Marktportefeuilles, die Rendite einer risikofreien Anlage übersteigt, ist gleichbedeutend mit der Voraussetzung positiver Marktpreise für die Übernahme von Risiko. Es ist zwar einleuchtend, daß ein risikoscheuer Investor nur dann Risiko übernimmt, wenn er sich davon eine positive Prämie verspricht; es steht aber keineswegs fest, daß die aus historischen Renditen ermittelte „erwartete" Rendite des Marktportefeuilles die sichere Rendite der risikofreien Anlage tatsächlich übersteigt. Eine empirische Untersuchung dieser Frage hat gezeigt (Möller (1986), S. 101-106), daß es von der Wahl des Untersuchungszeitraumes abhängt, ob man die Annahme in der Wirklichkeit als erfüllt ansieht oder nicht. Das Ergebnis läßt erkennen, daß es problematisch sein kann, Erkenntnisse, die mit den Daten eines bestimmten Zeitraumes gewonnen wurden, auf andere Zeiträume zu übertragen. Die Diskussion dieser Frage der Stationarität im Zeitablauf erfolgt im fünften Abschnitt dieser Abhandlung.

Bevor man, bei ungünstiger Auswahl des Untersuchungszeitraumes, die Erscheinung negativer tatsächlicher Risikopreise gegen das Capital-Asset-Pricing-Modell heranzieht, sind andere Möglichkeiten zur Erklärung des Ergebnisses auszuschließen, die zum Teil auch das Capital-Asset-Pricing-Modell selbst betreffen. Solche anderen Erklärungsmöglichkeiten bestehen beispielsweise darin, daß die Rendite risikofreier Anlagen empirisch nicht richtig gemessen wurde, oder darin, daß der arithmetische Mittelwert historischer Aktienrenditen nicht die Erwartungen widerspiegelt, oder darin, daß die tatsächliche Planungsperiode von Investoren vom in der Untersuchung gewählten Zeitraum einer Woche abweicht, oder darin, daß Geldanleger nicht immer risikoscheu handeln. Als Ergebnis der Untersuchung der Risikoprämien kann festgehalten werden, daß es Zeiträume gibt, in denen die Voraussetzung als erfüllt angesehen werden kann, aber auch Zeiträume, für die das nicht gilt.

3.3. Ergebnisse der Untersuchungen von Theorieimplikationen

Die wesentliche Implikation der kapitalmarktorientierten Portefeuilletheorie ist im Capital-Asset-Pricing-Modell zu sehen. Dieses Modell besagt, welcher Zusammenhang im Marktmodell zwischen den erwarteten Renditen und zugehörigen Risiken der einzelnen Portefeuillebestandteile existiert: Es muß ein linearer Zusammenhang bestehen; der Zusammenhang ist durch ein absolutes Glied in Höhe der risikofreien Rendite und durch einen Steigungsparameter in Höhe der Prämie für die Übernahme des Risikos des Marktportefeuilles gekennzeichnet. In bezug auf das Marktmodell $E(R_i) = \alpha_i + \beta_{im} E(R_m)$ bedeutet die Implikation, daß für jede Aktie i ein linearer Zusammenhang mit positivem Achsenabschnitt α_i und positiver Steigung β_{im} vorliegen muß. Eine Vermutung über die Höhe der Schätzwerte läßt sich nur aufstellen für den Achsenabschnitt; dieser sollte dem Wert $(1-\beta_{im}) R_f$ entsprechen.

Untersuchungen von Theorieimplikationen auf Basis deutscher Daten beschränken sich bisher auf die Auswertung historischer Aktienkurse und den Nachweis eines linearen Zusammenhangs. Sie stützen sich dabei auf die in Abschnitt 3.1. als zweiten, dritten und vierten Typ beschriebenen Untersuchungsformen, d.h., sie bestehen teils aus der Analyse und Interpretation lediglich des linearen Modells als Capital-Asset-Pricing-Modell (Typ 2) oder als Marktmodell (Typ 3), teils aus der Analyse und Interpretation des linearen und anderer Modelle (Typ 4).

Die Untersuchungen des zweiten Typs derartiger Theorieimplikationen haben bisher keine sehr überzeugenden Ergebnisse geliefert (vgl. die Übersicht in Möller (1985), S. 511-514). Lineare Regressionen mit der erwarteten Aktienrendite als abhängiger und dem systematischen Ertragsrisiko als unabhängiger Variablen haben überwiegend ergeben, daß der vermutete Zusammenhang statistisch signifikant, aber nicht sehr straff ist, immerhin ist er meist durch einen positiven Steigungsparameter gekennzeichnet. Über das tatsächliche Vorzeichen des absoluten Gliedes läßt sich wegen der etwas unterschiedlichen Untersuchungsansätze keine gemeinsame Aussage machen. Untersuchungen des dritten Typs von Theorieimplikationen bestätigen ausnahmslos überwiegend oder immer signifikante positive Zusammenhänge im Sinne des Marktmodells (vgl. zur Übersicht Möller (1985), S. 508-510). Über die Höhe des absoluten Gliedes lassen sich keine gemeinsamen Aussagen herleiten.

Die Ergebnisse der meisten Arbeiten beider Untersuchungstypen sind aus mehreren Gründen problematisch: Eine Verallgemeinerung über die den Untersuchungen zugrunde liegenden Aktiengesamtheiten hinaus verbietet sich oft wegen der meist geringen Anzahl einbezogener Aktien. Zudem werden Erwartungswert und systematisches Ertragsrisiko meist aus Börsendaten langer Untersuchungszeiträume, von fünf Jahren und mehr, ermittelt. Es ist fraglich, ob während einer so langen Zeitspanne die generelle Stationaritätsannahme als erfüllt angesehen werden kann, auf der jede Regressionsrechnung beruht. Darüber hinaus hängt die Aussagefähigkeit der Ergebnisse auch davon ab, ob man der Schätzung des systematischen Ertragsrisikos die erwartete Rendite des wahren Marktportefeuilles zu Grunde legt oder nicht (Roll (1977)). Dieses Problem, das in die besonders sorgfältige Auswahl eines für das Marktportefeuille stehenden Aktienkursindexes als Surrogat münden müßte, wird in der Regel nicht als Problem gesehen.

Zum vierten Typ von Untersuchungen konnten Ergebnisse ermittelt werden (vgl. zur Übersicht Möller (1986), S 105-111), aus denen sich ergibt, daß der lineare Modellansatz die tatsächlichen Zusammenhänge fast immer besser beschreibt als die der Untersuchung von Fama und MacBeth (vgl. Fama/MacBeth (1973)) entsprechenden nicht-linearen Modelle. Grundlage dieser Aussage ist eine für kalenderjährliche Zeiträume durchgeführte Untersuchung relativ großen Aussagegehaltes: sie bezieht sich auf die größte bisher untersuchte deutsche Aktiengesamtheit, beruht mit jährlichen Zeiträumen auf kurzen Untersuchungsperioden und ermittelt ihre Ergebnisse auf Basis von acht teilweise völlig unterschiedlich aufgebauten Aktienkursindizes als Surrogaten des Marktportefeuilles. Das erstaunlichste Ergebnis dieser Untersuchung besteht m. E. darin, daß die Deutlichkeit der Ergebnisse im Zeitablauf erheblichen Schwankungen unterliegt. Es gibt viele Zeiträume, in denen, von der Straffheit der Zusammenhänge her gesehen, die Überlegenheit des linearen Modellansatzes so deutlich ausgeprägt ist, daß man darin eine empirische Bestätigung der Theorieimplikationen sehen kann. Dem stehen wiederum Ergebnisse aus Zeiträumen gegenüber, die, isoliert gesehen, Interpretationen zulassen, nach denen große Zweifel an der Untersuchungsmethode oder der Theorie entstehen können (vgl. Möller (1988)).

Als Ergebnis der Untersuchungen von Theorieimplikationen sollte festgehalten werden, daß das lineare Modell eine große Relevanz besitzt, die wiederum auf die Relevanz des

Capital-Asset-Pricing-Modells hindeutet. Es sollte aber auch festgehalten werden, daß die Ergebnisse deutlichen Schwankungen im Zeitablauf unterliegen.

4. Ermittlung des systematischen Ertragsrisikos deutscher Aktien

4.1. Ermittlungsmethode

Akzeptiert man die im zweiten Abschnitt dargestellten theoretischen Überlegungen zur Relevanz des systematischen Ertragsrisikos, so stellt sich zunächst die Frage, ob man diese Überlegungen als für eine Anwendung in der Praxis realitätsnah genug betrachten kann. Diese Frage wurde im vorangehenden Abschnitt diskutiert. Bejaht man die Frage, so stellt sich das Problem der Schätzung der für Anlageentscheidungen bedeutsamen systematischen Ertragsrisiken. Kann man eine gewisse Stationarität im Zeitablauf unterstellen, so bietet es sich an, das systematische Ertragsrisiko indirekt aus den Börsendaten eines zurückliegenden Zeitraumes zu schätzen unter Verwendung des Modells

$$E(R_i) = \alpha_i + \beta_{im} E(R_m).$$

Es bedeutet, daß für die erwartete Rendite jeder Aktie i deren Zusammenhang mit der erwarteten Rendite des Marktportefeuilles gesucht wird. Lassen sich $E(R_i)$ und $E(R_m)$ als Erwartungswerte der Zufallsvariablen R_i und R_m auffassen, von denen genügend Realisationen bekannt sind, so kommt zur Schätzung die Methode der linearen Regressionsrechnung in Frage (vgl. dazu beispielsweise Bamberg/Baur (1985), S. 42-48; Bamberg/Schittko (1979)). Diese Methode verarbeitet zusammengehörige Realisationen der Zufallsvariablen R_i und R_m so zu Schätzwerten für α_i und β_{im}, daß die Summe der quadrierten Abweichungen der Realisationen von der sich ergebenden Geraden minimiert wird.

Üblicherweise gewinnt man die Realisationen der Zufallsvariablen unter der Annahme der Stationarität während eines gewissen Zeitraumes aus den tatsächlichen Renditen der Aktie i und den Renditen eines Aktienkursindexes m während dieses Zeitraumes. Je mehr Wertepaare zur Verfügung stehen, desto geringer wird tendenziell der Zufallsfehler der Schätzung, desto länger muß aber auch der Untersuchungszeitraum sein. Mit zunehmender Länge des Untersuchungszeitraumes nimmt aber auch die Gefahr einer Strukturverschiebung in den Ausgangsdaten zu. Der Schätzzeitraum sollte daher einerseits lang genug sein zur Ermöglichung einer Schätzung mit geringem Zufallsfehler; er sollte andererseits kurz gewählt werden, damit die Wahrscheinlichkeit einer Strukturverschiebung möglichst gering ist.

Wenn man der periodenbezogenen Selbstdarstellung der Unternehmen und ihrer wirtschaftlichen Entwicklung im Geschäftsbericht Bedeutung in dem Sinne beimißt, daß sie Informationen über Strukturverschiebungen enthalten können, wird man jährliche Zeiträume als Schätzperioden anstreben. Damit man eine Schätzung mit ausreichend kleinem Zufallsfehler zustande bringen kann, werden von Statistikern 50 bis 60 voneinander unabhängige Beobachtungen gefordert. Um 50 bis 60 möglichst voneinander unabhängige Renditen im Zeitraum eines Jahres zu erhalten, bietet es sich an, die Schätzung auf Basis von Wochenrenditen vorzunehmen.[1]

Die Renditen, die den Schätzungen zugrunde liegen, sollten echte Börsenrenditen und nicht nur relativierte Kursänderungen sein. Das bedeutet, daß alle technisch erklärbaren Kursveränderungen, sei es durch Dividendenzahlungen, sei es durch Absonderung von Bezugsrechten, sei es durch Nachzahlungen der Aktionäre, sei es durch Veränderungen der Notierungsart oder des Aktiennennwertes, in die Renditeberechnung so eingehen müssen, daß die tatsächliche Rendite aus Sicht des Investors zum Ausdruck kommt. Diese Forderung gilt sowohl für die Renditen jeder einzelnen Aktie als auch für die Renditen von Aktienkursindizes.

Die Güte der Schätzungen des systematischen Ertragsrisikos läßt sich beurteilen an Hand einiger Kenngrößen und Tests, die üblicherweise im Rahmen der Technik der linearen Regression ermittelt bzw. durchgeführt werden. Insbesondere sind hier zu nennen:

1) der Determinationskoeffizent r^2, der etwas über die Straffheit des Zusammenhangs aussagt, und

2) die Signifikanz des Schätzwertes des systematischen Ertragsrisikos, $t(\beta_{im})$, die Aussagen darüber zuläßt, ob der Schätzwert des Steigungsparameters unter Beachtung der Straffheit des Zusammenhangs signifikant (vom nicht plausiblen Wert) von null abweicht.

Zur Veranschaulichung dieser Aussagen enthält Tabelle 1 die β_{im}-, $t(\beta_{im})$- und r^2-Werte für einige Publikumsaktien im Kalenderjahr 1975. Die Berechnungen beruhen auf wöchentlichen Aktienrenditen und auf den wöchentlichen Renditen des Aktienkursindexes des Statistischen Bundesamtes als Surrogaten derjenigen des Marktportefeuilles.

Man erkennt, daß zwischen den β_{im}-Werten der einbezogenen Aktien deutliche Unterschiede bestehen. Alle aufgeführten $t(\beta_{im})$- und r^2-Werte besagen bei einer Irrtumswahrscheinlichkeit von höchstens 1%, daß die Schätzungen der β_{im}- und der r^2-Werte signifikant von null abweichen. Auf die Ausweitung der Tabelle auf eine wissenschaftlich fundierte größere Aktienauswahl wurde bewußt verzichtet, weil die Tabelle nur eine Vorstellung davon vermitteln soll, wie die Werte in einigen konkreten Fällen aussehen können. Der Einbezug der Schätzwerte aller dem Autor verfügbaren Aktien in die Tabelle hätte deren Rahmen gesprengt, ohne weitere Erkenntnisse zu erbringen: Für reale Investitionsentscheidungen liegt der Untersuchungszeitraum mit Sicherheit zu lange zurück; für die Beurteilung der Schätzbarkeit brächte die Kenntnis der Schätzwerte nur eines einzigen Zeitraumes wenig wegen der im folgenden noch zu diskutierenden möglichen Veränderlichkeit der Ergebnisse im Zeitablauf.

---

[1] Der Zusammenhang zwischen der Zahl der Beobachtungen und der Größe des Zufallsfehlers kann auch zur Erklärung dafür dienen, daß die i.d.R. auf Monatsrenditen beruhenden US-amerikanischen Untersuchungen Zeiträume von vier bis sechs Jahren umfassen.

Tab. 1: β_{im}-Schätzwerte, $t(\beta_{im})$-Werte, r^2-Werte einiger Aktien, ermittelt für das Jahr 1975 auf Basis des Aktienkursindexes des Statistischen Bundesamtes und wöchentlicher Aktienrenditen

Gesellschaft	β_{im}	$t(\beta_{im})$	r^2
AEG	1,54	4,69	0,31
BASF	1,32	11,90	0,74
Bayer	1,28	12,45	0,76
BBC	1,11	6,44	0,45
BMW	1,26	6,16	0,43
Daimler Benz	0,77	4,72	0,31
Degussa	1,01	7,67	0,54
GHH	1,31	6,68	0,47
Hoechst	1,17	10,62	0,69
Hoesch	1,13	5,98	0,42
Horten	1,08	5,70	0,39
Karstadt	0,61	3,66	0,21
Kaufhof	0,94	5,87	0,41
KHD	1,53	7,46	0,53
Linde	1,05	7,54	0,53
MAN	0,97	4,81	0,32
Mannesmann	0,97	6,02	0,42
Metallgesellschaft	0,79	3,79	0,22
Neckermann Versand	0,86	4,59	0,30
Preussag	1,35	5,86	0,42
Rheinstahl	1,65	6,97	0,49
RWE	1,21	7,82	0,60
Siemens	0,95	10,30	0,68
Veba	1,65	8,61	0,60
Volkswagen	1,29	4,59	0,3

4.2. Probleme der Ermittlung des systematischen Ertragsrisikos

Die Ermittlung des systematischen Ertragsrisikos aus historischen Börsendaten ist aus mehreren Gründen selbst dann noch problematisch, wenn man die kapitalmarktorientierte Portefeuilletheorie als realitätsnah ansieht und wenn man der indirekten Methode der Errechnung von Erwartungswerten und Risiken aus historischen Börsenwerten zustimmt. Die Probleme lassen sich unterteilen in solche, die mehr konzeptioneller und in solche, die mehr berechnungstechnischer Art sind.

Zur Beurteilung des systematischen Ertragsrisikos und seiner Ermittlung erscheint das Wissen um drei konzeptionelle Probleme bedeutsam.

Die kapitalmarktorientierte Portefeuilletheorie führt im Capital-Asset-Pricing-Model die erwartete Rendite einer Aktie zurück auf eine unternehmensindividuelle Einflußgröße nämlich auf das systematische Ertragsrisiko sowie auf zwei gesamtmarktbezogene Einflußgrößen, nämlich die „risikofreie Rendite" und die erwartete Rendite des Marktportefeuilles. Die erwartete Rendite einer Aktie wird damit auf nur sehr wenige Einflußgrößen zurückgeführt, aus Sicht der Berechnungstechnik des Marktmodells sogar nur auf eine einzige. Da die marktbezogenen Einflußgrößen alle Aktien gleichermaßen berühren, kommt in der Theorie letztlich einzig dem systematischen Ertragsrisiko Gehalt bei der Erklärung von Unterschieden in den erwarteten Renditen unterschiedlicher Aktien bei. Mit dieser in gewissem Sinne monokausalen Erklärung der Preisbildung wird möglicherweise die Komplexität des Prozesses der Erwartungsbildung nur ungenügend erfaßt. Nahezu ausnahmslos festgestellte, mehr oder weniger große Abweichungen zwischen Theorie und Realität können ihre Ursachen nicht nur in Zufälligkeiten haben, sondern auch darin, daß der Prozeß der Erwartungsbildung bisher nur ungenügend erforscht ist. Zur Bekräftigung dieser Aussage sei hier nochmals darauf hingewiesen, daß die Modellprämissen - zumindest auf den ersten Blick - sehr restriktiv erscheinen und daß die Theorie dynamische Prozesse nicht vorsieht. Die Theorie erklärt bisher statisch die Bedingungen für das Vorliegen eines Marktgleichgewichtes. Über Gleichgewichtsveränderungen und Marktanpassungen läßt sie keine Aussagen zu. Die Konsequenz daraus müßte eine Intensivierung empirisch abgestützter Theorieentwicklung sein.

Ein zweites konzeptionelles Problem der Ermittlung der Modellparameter aus historischen Börsendaten kann man darin sehen, daß ja die Parameter eines zeitlos definierten, möglicherweise zeitpunktbezogenen Modells aus Daten eines Zeitraumes geschätzt werden. Das Modell enthält Erwartungen und Risiken. Diese unterliegen i.d.R. einem Wandel im Zeitablauf, beispielsweise in Folge neuer Produkte oder Aufträge. Dies spricht dafür, das Modell in einer bestimmten Ausprägungsform zunächst nur zur Beschreibung des Zusammenhangs zwischen Renditen und Risiken zu einem bestimmten Zeitpunkt zu verstehen. Einer solchen Zeitpunktbezogenheit steht aber entgegen, die Erwartungswerte und Risiken aus den Daten eines Zeitraumes zu berechnen, selbst wenn dieser Zeitraum nur ein Jahr umfaßt. Als Konsequenz daraus gilt es, Aufschlüsse über die Stationarität von Ergebnissen und Schätzungen im Zeitablauf zu gewinnen, worauf im folgenden noch eingegangen wird; man sollte auch daran denken, die erwarteten Renditen und Risiken anders zu schätzen als auf dem Wege über die Auswertung historischer Börsenkurse auf Basis der Stationaritätsannahme.

Ein drittes konzeptionelles Problem der empirischen Ermittlung systematischer Ertragsrisiken ist darin zu sehen, daß deren theoretisch begründete Aussagefähigkeit nur vorliegt, wenn sie in bezug auf Portefeuillerenditen ermittelt werden, die denjenigen des Marktportefeuilles im Sinne des Capital-Asset-Pricing-Modells entsprechen. Das ist aber bei Verwendung von Surrogaten des Marktportefeuilles keineswegs sichergestellt. Auch die Beobachtung eines linearen Zusammenhangs zwischen erwarteten Renditen und systematischen Risiken besagt ja - wie bereits erwähnt - nicht notwendig, daß das Marktportefeuille des Capital-Asset-Pricing-Modells tatsächlich verwendet wurde; es besagt lediglich, daß ein effizientes der risikobehafteten Portefeuilles verwendet wurde; denn lineare Zusammenhänge müssen sich bei jedem effizienten Portefeuille ergeben (Roll (1977)). Solange nicht feststeht, daß die Renditeverteilung des verwendeten Indexes die des wahren Marktportefeuilles repräsentiert, ist auch keine Aussage darüber möglich, ob die systematischen Ertragsrisiken tatsächlich im Sinne des Capital-Asset-Pricing-Modells ermittelt wurden.

Daraus wäre die Konsequenz zu ziehen, Aktienkursindizes einer detaillierten Untersuchung ihrer Rendite- und Risikoeigenschaften zu unterziehen. Darauf wird im folgenden noch eingegangen.

Die Ermittlung des systematischen Ertragsrisikos ist nicht nur mit konzeptionellen, sondern auch mit berechnungstechnischen Problemen behaftet.

Ein berechnungstechnisches Problem kann darin bestehen, daß man den Zeitraum festlegen muß, währenddessen die Renditen zur Erwartungswert- und Risikoermittlung herangezogen werden. Die Theorie gibt keinen Anhaltspunkt über die Länge des Zeitraumes. Grundsätzlich gilt, wie bereits beschrieben, daß mit zunehmender Zeitraumlänge einerseits die Gefahr der Unterdrückung von Informationen über Veränderungen im Zeitablauf zunimmt; andererseits nimmt die Schätzgenauigkeit zu, wenn keine Veränderungen im Zeitablauf stattgefunden haben. Dieses Problem sei an Hand der Daimler-Benz Aktie verdeutlicht: Während des Zeitraumes von 1961 bis 1981 ergibt sich als Durchschnittswert aller wöchentlichen Renditen 0,118%; bei Beschränkung auf nur ein Kalenderjahr ergeben sich in der Regel ganz andere Werte, beispielsweise -0,874% für 1962 und 0,906% für 1969. Die Zahlenwerte wirken zwar absolut gesehen klein; sie implizieren aber ein Vielfaches ihrer Werte als Jahresrenditen. Als Konsequenz müßten Untersuchungen, welche die kapitalmarktorientierte Portefeuilletheorie oder Schätzungen des systematischen Ertragsrisikos zum Gegenstand haben, einhergehen mit Untersuchungen über die Sensibilität der Ergebnisse in bezug auf Variationen des Untersuchungszeitraumes.

Ein weiteres berechnungstechnisches Problem, für dessen Lösung die Theorie kaum Hilfestellung leistet, besteht in der Festlegung der Investitionshorizonte, die den Renditeberechnungen unterstellt werden. Inhaltlich bestimmt das tatsächliche Anlegerverhalten die Länge des Investitionshorizontes. Darüber liegen jedoch bisher keine Untersuchungsergebnisse vor. Formal bietet es sich an, die Länge des Investitionshorizontes so festzulegen, daß die empirische Analyse von Prämissen der kapitalmarktorientierten Portefeuilletheorie den theoretischen Erfordernissen möglichst gut entspricht. Zentrale Bedeutung kommt dabei der Prämisse zu, die Analyse könne sich auf den Erwartungswert und die Varianz stützen. Diese Prämisse ist erfüllt, wenn die empirische Verteilung der Renditen sich durch eine Normalverteilung beschreiben läßt. Ein Kriterium zur Festlegung der Investitionshorizonte könnte nun darin bestehen, denjenigen Investitionshorizont in Verbindung mit derjenigen Länge des Untersuchungszeitraumes zu bestimmen, bei dem die empirische Verteilung der Renditen einer Normalverteilung möglichst weitgehend entspricht. Ein Blick auf die bisher veröffentlichten Untersuchungen der Verteilung von Aktienrenditen zeigt, daß beispielsweise wöchentliche und monatliche Renditeberechnungsperioden die Eigenschaften einer Normalverteilung wesentlich häufiger erfüllen als tägliche oder jährliche Perioden (vgl. zur Übersicht Möller (1985), S. 507-508). Die Konsequenz für den Forscher kann hier nur darin bestehen, das tatsächliche Anlegerverhalten eingehend zu erforschen.

Ein weiteres berechnungstechnisches Problem entsteht durch die mangelnde Beobachtbarkeit der Renditen des Marktportefeuilles. Theoretisch setzen diese sich zusammen aus den Renditen aller risikobehafteten Anlagen des Marktes, marktwertgewichtet aggregiert. Praktisch bedeutet die Ermittlung der Rendite des Marktportefeuilles auf diesem theoretisch vorgezeichneten Weg einen enormen Erhebungsaufwand, verbunden mit dem Pro-

blem, wie man vorgehen soll, wenn bei manchen Aktien nicht an allen Börsentagen Umsätze getätigt werden. Der Erhebungsaufwand und die Berechnungsprobleme lassen sich vermeiden, wenn man die Rendite eines Aktienkursindexes als Surrogat für die Rendite des Marktportefeuilles verwendet. Dann entsteht allerdings das oben bereits erwähnte Problem, aus der Vielfalt der möglichen Aktienkursindizes den geeignetsten zu ermitteln. Man kann daran denken, veröffentlichte Aktienkursindizes heranzuziehen, man kann aber auch aus den in die Untersuchungen einzubeziehenden Aktien einen Aktienkursindex ermitteln. Eindeutige Erkenntnisse darüber, welcher Aktienkursindex dem Problem der Schätzung des systematischen Ertragsrisikos am ehesten gerecht wird, gibt es bisher nicht. Ein Kriterium für die Beurteilung unterschiedlicher Aktienkursindizes könnte dabei in der Höhe der Risikoprämie zu sehen sein, die sie erwarten lassen. Man kann nämlich vermuten, daß derjenige Index, der die höchste Risikoprämie gewährt, dem Marktportefeuille am nächsten kommt; denn das Marktportefeuille vergütet theoretisch den höchstmöglichen Preis für die Übernahme von Risiko. Die Theorie läßt erwarten, daß ein marktwertgewichteter Aktienkursindex am besten als Surrogat des Marktportefeuilles geeignet ist. Angesichts dessen erstaunt es, daß sehr viele US-amerikanische empirische Untersuchungen der kapitalmarktorientierten Portefeuilletheorie und ihrer Implikationen auf einem gleichgewichteten Aktienkursindex beruhen. Das Vorgehen wird vielleicht verständlich, wenn man die Ergebnisse einer deutschen Untersuchung kennt, die den Vergleich verschiedener Indizes zum Gegenstand hat (vgl. z.B. Möller (1986), S. 69-76; ders. (1988)). Es hat sich ergeben, daß ein marktwertgewichteter Index im Zusammenhang mit Publikumsaktien die im obigen Sinne besten Eigenschaften aufweist; wenn man jedoch ein sehr viel größeres Marktsegment untersucht, erweist sich der gleichgewichtete Index als besser. Die Konsequenz dieses Ergebnisses sollte in der Analyse des Einflusses verschiedener Aktienkursindizes auf die Ergebnisse bestehen.
Schließlich ist festzustellen, daß die Schätztechnik der linearen Regression insofern berechnungstechnische Probleme aufwirft, als möglicherweise nicht alle Annahmen erfüllt sind, auf denen die Technik beruht (Johnston (1984), S. 168-171). Zu denken ist beispielsweise an Verstöße gegen die Annahme der Homoskedastizität und gegen die der stochastischen Unabhängigkeit der Zufallsprozesse, welche die unabhängige Variable und die Störvariable erzeugen. Während das Vorliegen der Homoskedastie-Annahme eingehender noch nicht vorliegender empirischer Untersuchungen bedarf, ist der Verstoß gegen die Unabhängigkeitsannahme beim üblichen Vorgehen der Ermittlung der systematischen Ertragsrisiken offensichtlich: Der Zufallsprozeß, der auf den Residualterm einwirkt, ist Bestandteil des Zufallsprozesses, der auf die abhängige Variable einwirkt. Er ist stochastisch nicht unabhängig von dem Zufallsprozeß, der die in der Aktienkursindexrendite konkretisierte unabhängige Variable beeinflußt; denn diese unabhängige Variable wird ja, als Marktportefeuille verstanden, zusammengesetzt aus den Renditen aller einbezogenen Aktien. Sie wird somit beeinflußt von allen diese Renditen „steuernden" Zufallsprozessen. Die Frage der Zulässigkeit der Schätzung des systematischen Ertragsrisikos mit Hilfe der Technik der einfachen linearen Regression wurde bisher in der Literatur kaum als Problem gesehen. Man könnte die Diskussion vernachlässigen, wenn feststände, daß der Einfluß jeder einzelnen Aktienrendite auf die Rendite des Aktienkursindexes verschwindend klein wäre. Eine solche Feststellung sollte aber nicht ohne empirische Untermauerung getroffen werden. Auch hier müßte die Konsequenz in weiteren Forschungen bestehen. Im übrigen bietet sich die Entwicklung bzw. Verwendung von Schätztechniken an, die entweder der

Annahme nicht bedürfen oder weitgehend unempfindlich gegenüber Verletzungen der Annahme reagieren.

5. Untersuchung der Stationarität der Ergebnisse im Zeitablauf

5.1. Untersuchungsansätze

Die Kenntnis des systematischen Ertragsrisikos einer Anlage in bezug auf ein Portefeuille ist theoretisch eine für Anlageentscheidungen bedeutsame Größe; ob das systematische Ertragsrisiko auch in der Anlagepraxis von Bedeutung ist, dürfte davon abhängen, wie leicht, zuverlässig, objektiv und der Entscheidungssituation angemessen es ermittelbar ist.

Die Methode der Ermittlung des systematischen Ertragsrisikos aus historischen Börsendaten erscheint anwendbar im Hinblick auf Leichtigkeit, Zuverlässigkeit und Objektivität, wenn man die Ergebnisse der wenigen veröffentlichten Untersuchungen der Prämissen und Implikationen der kapitalmarktorientierten Portefeuilletheorie und systematischen Ertragsrisiken betrachtet: Die Ausgangsdaten sind leicht ermittelbar; die Schätzwerte der systematischen Ertragsrisiken sind mit geringen Zufallsfehlern behaftet und insofern zuverlässig; sie können als objektiv angesehen werden, weil einiges für die empirische Relevanz des Capital-Asset-Pricing-Modells spricht. Fraglich ist allerdings, ob die Methode der Schätzung des systematischen Ertragsrisikos aus historischen Börsendaten der Entscheidungssituation eines Investors angemessen ist. Ein Investor, der eine Entscheidung zum Zeitpunkt t trifft, ist nämlich vorrangig an der Kenntnis der Werte seiner Entscheidungsparameter zum Zeitpunkt t interessiert und weniger daran, welche Werte diese Parameter während einer vorausgegangenen Periode besaßen. Die Kenntnis der Werte der Entscheidungsparameter zu Zeitpunkten, die dem Zeitpunkt t vorgelagert sind, nutzt dem Investor nur, wenn er die für seinen Entscheidungszeitpunkt relevanten Werte daraus ermitteln kann oder wenn er davon ausgehen kann, daß keine signifikanten Veränderungen im Zeitablauf stattgefunden haben. Dementsprechend zielen empirische Untersuchungen einerseits darauf ab, herauszufinden, ob die Schätzergebnisse verschiedener Perioden sich voneinander unterscheiden oder ob die Annahme der Stationarität im Zeitablauf gerechtfertigt ist. Andererseits erstreben sie die Entwicklung und Fundierung von Modellen zur Schätzung zukünftiger aus historischen systematischen Ertragsrisiken (vgl. dazu beispielsweise Foster (1978), S. 278-281 sowie die dort zitierte Literatur).

Interessiert man sich für die Stationarität des systematischen Ertragsrisikos im Zeitablauf, so kann die Untersuchung ansetzen am systematischen Ertragsrisiko selbst, an den Variablen, aus denen es errechnet wird, und an dem Modell, dessen Aussagegehalt das systematische Ertragsrisiko begründet.

Ein direkter Ansatz zur Gewinnung von Aussagen über die Stationarität des systematischen Ertragsrisikos besteht darin, für jede Aktie die systematischen Ertragsrisiken aufeinanderfolgender Perioden auf Gleichheit zu testen. Ein indirekter Ansatz kann darin bestehen, für jede Aktie die Renditeverteilungen aufeinanderfolgender Perioden auf Gleichheit zu testen. Solche aktienweise durchzuführenden Untersuchungen werfen das Problem auf, daß die Ergebnisse für jede einzelne Aktie während eines bestimmten Zeitraumes ermittelt werden, aber eine Aggregation über Aktien oder Zeiträume zu einem Gesamtergebnis vorgenommen werden muß, wenn man generelle Aussagen erhalten will. Ein indirekter Ansatz, der einer solchen Aggregation nicht bedarf, könnte von den Aktienkursindexrenditen ausgehen; denn diese werden ja bei jeder Aktie für die Ermittlung des systematischen Ertragsrisikos benötigt. Hier bietet es sich an, nicht nur die Verteilungen der Marktrendite in aufeinanderfolgenden Zeitintervallen zu untersuchen, sondern auch die daraus herleitbaren „Marktpreise des Risikos", die man erhält, indem man die erwartete Risikoprämie $E(R_m)-R_f$ auf die Varianz der Renditen des Marktportefeuilles bezieht. Die Modellzusammenhänge sind dann nicht als stationär zu betrachten, wenn die Marktpreise des Risikos Schwankungen unterliegen, die von Schwankungen der Verteilungen der Aktienrenditen nicht ausgeglichen werden.

5.2. Ergebnisse von Stationaritätsuntersuchungen

Es ist keineswegs selbstverständlich, daß die Renditeverteilungen von Aktien und Aktienkursindizes im Zeitablauf keinen Veränderungen unterliegen. Dementsprechend ist es auch nicht selbstverständlich, daß die systematischen Ertragsrisiken während längerer Zeiträume konstant bleiben. Eine Vorstellung davon, wie solche Zeitabhängigkeiten aussehen können, läßt sich durch Betrachtung der Renditeverteilungen und systematischen Risiken jeder einzelnen Aktie gewinnen. Beispielhaft sei die Veränderlichkeit an Hand der Daimler-Benz Aktie in den Abbildungen 1 und 2 (S. 122 und 123) dargestellt.

Abbildung 1 enthält eine graphische Darstellung der den Berechnungen zugrunde liegenden „erwarteten" Wochenrenditen, Abbildung 2 eine solche der systematischen Risiken im Zeitablauf. Man erkennt deutlich, daß der Lageparameter der kalenderjährlich abgegrenzten Renditeverteilung der Aktie großen Schwankungen unterliegt. Die Veränderungen der Schätzwerte des systematischen Risikos nehmen ebenfalls ein sehr großes Ausmaß an. Veränderungen ähnlicher Deutlichkeit liegen auch bei anderen Aktien vor.

Aussagefähige Untersuchungen der Stationarität des systematischen Ertragsrisikos im Zeitablauf wurden bisher auf Basis deutscher Daten noch nicht veröffentlicht. Es liegen aber Ergebnisse von Untersuchungen der Stationarität einiger Variablen vor, die in die Berechnung des systematischen Ertragsrisikos einfließen. Danach erscheint die Annahme der Stationarität im Zeitablauf nicht nur für einzelne Aktien als äußerst problematisch. So mußte die Hypothese, die Varianzen der Renditeverteilungen aufeinanderfolgender Kalenderjahre einer Aktie entsprächen einander, selbst bei einer Irrtumswahrscheinlichkeit von nur 1% bei nahezu allen 233 untersuchten größten deutschen Industrie- und Verkehrsaktien eindeutig verworfen werden (vgl. dazu Möller (1986), S. 29). Ferner erwies sich eine Untersuchung der Risikoprämien einiger Aktienkursindizes als bedeutsam für Stationaritätsaussagen. Darin werden die Risikoprämien acht verschiedener Aktienkursindizes ermittelt und dargestellt. Abbildung 3 enthält das Ergebnis (vgl. Möller(1986), S. 101-106, insbes. S. 106).

Ermittelt man die Risikoprämie $[E(R_m)-R_f]/Var(R_m)$ jedes Indexes für einen bestimmten Zeitpunkt aus den tatsächlichen Wochenrenditen eines den Zeitpunkt gleichmäßig umge-

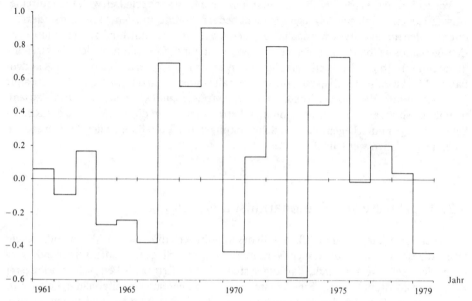

Abb. 1: Durchschnittliche Renditen der Daimler-Benz Aktie im Zeitablauf (Wochenrenditen von mehr als ± 20 % wurden als Ausreißer behandelt und fortgelassen)

benden Zeitintervalls von der Dauer eines Jahres und tut man dies für alle Zeitpunkte zwischen Mitte 1961 und Mitte 1979, so erhält man die acht Kurven der Abbildung 3 (S. 123).

Die unterschiedlichen Linien repräsentieren die aus empirischen Daten ermittelten Risikopreise auf Basis verschiedener Aktienkursindizes als Surrogate des Marktportefeuilles. Für sehr viele Zeitpunkte erkennt man negative Werte. Dies gilt nahezu gleichermaßen für alle acht untersuchten, äußerst unterschiedlich aufgebauten Aktienkursindizes. Das Ergebnis entspricht somit nicht zu allen Zeitpunkten dem, was die Theorie unterstellt. Man könnte versucht sein, dies darauf zurückzuführen, daß die Realisation einer Zufallsvariablen, hier der Risikopreise, durchaus von ihrem Erwartungswert abweichen kann. Solche Zufallsschwankungen sollten aber bereits dadurch ausgeschlossen werden, daß die Untersuchung auf Erwartungswerten und Varianzen anstatt auf einzelnen Renditen beruhte. Man könnte aber auch folgern, daß eine expost Analyse nicht zu allen Zeitpunkten sinnvoll interpretierbare Ergebnisse liefert. Die Untersuchung der Risikoprämien der Aktienkursindizes läßt aber auch erkennen, daß die Schwankungen gewisse Zyklen enthalten. Dies berechtigt zu der Hoffnung, in weiteren Forschungen für die Variationen der Risikoprämien systematische Einflußgrößen herausfinden zu können.

Als Ergebnis kann man feststellen, daß Veränderungen im Zeitablauf deutlich ausgeprägt und wahrscheinlich nicht zufällig sind. Für weitergehende Aussagen fehlen allerdings noch eingehende Untersuchungen.

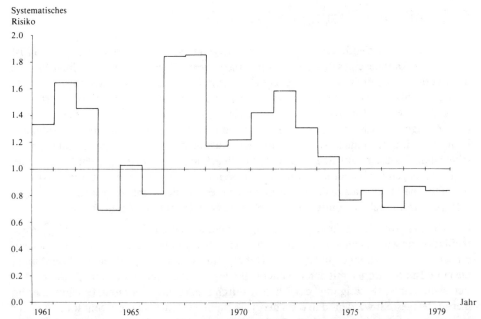

Abb. 2: *Durchschnittliche Renditen der Daimler-Benz Aktie im Zeitablauf (Wochenrenditen von mehr als ± 20 % wurden als Ausreißer behandelt und fortgelassen)*

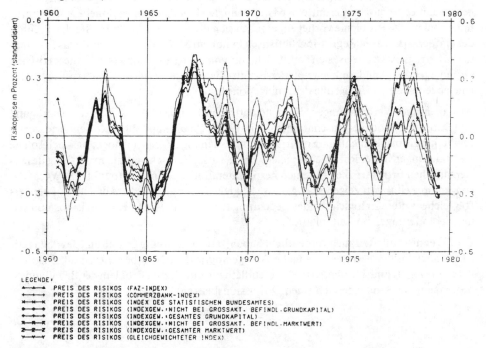

Abb. 3: *Marktpreis des Risikos im Zeitablauf*

6. Zusammenfassung und Ausblick

Die kapitalmarktorientierte Portefeuilletheorie zeigt erstens, daß es immer sinnvoll ist, Anlagen im Rahmen eines Portefeuilles zu tätigen, wenn die Erträge der einzelnen Anlagen nicht vollständig miteinander korrelieren. Sie zeigt zweitens, daß das Risiko eines Portefeuilles durch die systematischen Ertragsrisiken der einzelnen Bestandteile des Portefeuilles bestimmt wird. Drittens ergibt sich, daß ein ganz bestimmtes Portefeuille risikobehafteter Anlagen, das Marktportefeuille, in Verbindung mit einer risikofreien Anlage zu Rendite-Risiko-optimalen Anlagen führt. Die Aussagen der Theorie legen es nahe, praktische Anlageprobleme auf sie zu gründen. Die Begründung einer Anlagepolitik auf theoretische Aussagen kann aber nur sinnvoll sein, wenn die Theorie verspricht, realitätsnah zu sein. Ob eine Theorie als realitätsnah zu bezeichnen ist oder nicht, kann sich nicht aus der Theorie selbst ergeben, sondern nur im Rahmen empirischer Untersuchungen.

Die dem systematischen Ertragsrisiko zugrunde liegende kapitalmarktorientierte Portefeuilletheorie wurde - auch mit deutschen Daten - bereits mehrfach unterschiedlichen empirischen Untersuchungen unterzogen. Dabei stellte sich heraus, daß einige ihrer Annahmen und Implikationen mit der Wirklichkeit einigermaßen übereinstimmten. Daraus läßt sich zwar keine „Bestätigung" der Theorie durch die Realität herleiten; es kann aber immerhin festgestellt werden, daß die Theorie in mancher Hinsicht der Realität nicht widerspricht. Man kann daraus auch die Rechtfertigung herleiten, das systematische Ertragsrisiko als eine bedeutsame Größe für die Anlageplanung zu betrachten.

Das systematische Ertragsrisiko kann nur dann Bedeutung bei der Anlageplanung erlangen, wenn es zuverlässig ermittelbar ist. Wenngleich einige konzeptionelle und berechnungstechnische Probleme vorliegen, ergeben sich die Schätzungen mit Hilfe der Technik der einfachen linearen Regression statistisch in hohem Maße als signifikant. Das systematische Ertragsrisiko erweist sich damit nicht nur von der Realitätsnähe seiner theoretischen Grundlagen her, sondern auch von der Ermittelbarkeit zuverlässiger Schätzwerte her als eine bedeutsame Einflußgröße der Anlagepolitik.

Aussagen über Veränderungen des systematischen Ertragsrisikos oder der Ausprägung von Daten und Modelleigenschaften im Zeitablauf läßt die kapitalmarktorientierte Portefeuilletheorie bisher nicht zu. Empirische Untersuchungen zeigen jedoch, daß sich solche Veränderungen in der Realität abspielen. Diese Tatsache erschwert die Ermittlung des systematischen Ertragsrisikos für einen bestimmten Entscheidungszeitpunkt. Die Veränderungen im Zeitablauf zeigen aber gewisse Zyklen. Dies eröffnet die Aussicht auf eine erfolgreiche weitere Erforschung der Bedeutung des systematischen Ertragsrisikos und seiner Veränderungen im Zeitablauf.

Die Ergebnisse dürften auch verdeutlicht haben, daß die bewußte Gestaltung des Anlagerisikos möglichst viele unterschiedliche Anlagemöglichkeiten einbeziehen muß. Insofern liefert die kapitalmarktorientierte Portefeuilletheorie auch zum Problem der Beteiligungsbegrenzung im Bankenbereich einen Diskussionsbeitrag.

Literaturverzeichnis

Bamberg, Günter/Baur, Franz (1985): Statistik, 4. Auflage, München 1985.
Bamberg, Günter/Coenenberg, Adolf Gerhard (1985): Betriebswirtschaftliche Entscheidungslehre, 4. Auflage, München 1985.
Bamberg, Günter/Schittko, Ulrich K. (1979): Einführung in die Ökonometrie, Stuttgart und New York 1979.
Copeland, Thomas E./Weston, J.Fred (1983): Financial Theory and Corporate Policy, 2. Auflage, Reading u.a. 1983.
Fama, Eugene F. (1976): Foundations of Finance, New York 1976.
Fama, Eugene F./MacBeth, James D. (1973): Risk, Return and Equilibrium: Empirical Tests, in: Journal of Political Economy 1973, S. 607-636.
Foster, George (1978): Financial Statement Analysis, Englewood Cliffs, New Jersey 1978.
Gerke, Wolfgang (1981): Zum Beteiligungsbesitz der Banken, in: Zeitschrift für das gesamte Kreditwesen 1981, S. 48-54.
Gerke, Wolfgang/Philipp, Fritz (1985): Finanzierung, Stuttgart-Berlin-Köln-Mainz 1985.
Gooding, Arthur E. (1978): Perceived Risk and Capital Asset Pricing, in: Journal of Finance 1978, S. 1401-1421.
Johnston, John (1984): Econometric Methods, 3. Auflage, NewYork 1984.
Kolbeck, Rosemarie (Hrsg.) (1985): Risikovorsorge, Frankfurt 1985.
Möller, Hans Peter (1984): Capital Asset Pricing Modell, in: Die Betriebswirtschaft 1984, S. 501-502.
Möller, Hans Peter (1985): Die Informationseffizienz des deutschen Aktienmarktes - Eine Zusammenfassung und Analyse empirischer Untersuchungen, in: Schmalenbachs Zeitschrift für betriebswirtschaftliche Forschung 1985, S.500-518.
Möller, Hans Peter (1986): Bilanzkennzahlen, Stuttgart 1986.
Möller, Hans Peter (1986): Das Capital-Asset-Pricing-Modell - Separationstheorem oder auch Erklärung der Preisbildung auf realen Kapitalmärkten?, in: Die Betriebswirtschaft 1986, S. 707-719.
Möller, Hans Peter (1988): Die Bewertung risikobehafteter Anlagen an deutschen Wertpapierbörsen, in: Schmalenbachs Zeitschrift für betriebswirtschaftliche Forschung 1988.
Robichek, Alexander A./COHN, Richard A./Pringle John J. (1972): Return on Alternative Investment Media Implications for Portfolio Contruction, in: Journal of Business 1972, S. 427-443.
Rodewald, Bernd (1974): Die Portfolio Selection Theorie als Entscheidungshilfe für die Wertpapierdepotplanung, Bern und Frankfurt 1974.
Roll, Richard (1977): A Critique of the Asset Pricing Theory's Tests, in: Journal of Financial Economics 1977, S. 129-176.
Rudolph, Bernd (1987): Managementtechniken und Finanzierungsinstrumente zur Steuerung und Begrenzung von Zinsänderungsrisiken, in: Rechnungswesen im Dienste der Bankpolitik, herausgegeben von Krumnow, J. und Metz, M., Stuttgart 1987.
Schneider, Dieter (1980): Investition und Finanzierung, 5. Auflage, Wiesbaden 1980.
Sharpe, William F. (1970): Portfolio-Theory and Capital Markets, New York 1970.
Sharpe, William F. (1978): Investments, Englewood Cliffs, New Jersey 1978.
Stein, Johann Heinrich v./Kirschner, Manfred (1980): Beteiligungen und Beteiligungspolitik, in: Geld-, Bank- und Börsenwesen, herausgegeben von Kloten, N. und Stein, J.H. von, Stuttgart 1980, S. 529-535.
Solnik, Bruno H. (1974): Why not Diversify Internationally?, in: Financial Analysts Journal 1974, S. 48-54.
Süchting, Joachim (1980): Finanzmanagement. Theorie und Politik der Unternehmensfinanzierung, 3. Auflage, Wiesbaden 1980.

Full Financial Service – Erweiterung des Leistungsangebotes der Kreditinstitute mit risikopolitischen und rechtlichen Konsequenzen?

Von Dr. Bettina Schiller

1. Einführende Betrachtung

Der Wettbewerb um die privaten Kunden hat sich für die Kreditinstitute in den letzten Jahren verschärft. Dabei treten am Markt zunehmend Unternehmen aus der Versicherungswirtschaft und dem Bereich der Near- und Non-Banks als Konkurrenten auf (Stracke/ Pohl (1987a), S. 231-247). Um ihre Kunden an das eigene Institut zu binden, das Volumen der Geschäftsbeziehung zu erhöhen und/oder neue Kunden zu gewinnen, bemühen sich die Kreditinstitute ständig, neue Produkte oder Dienstleistungen zu entwickeln. Diese Bestrebungen erhalten gegenwärtig mit dem fortschreitenden Einsatz der Selbstbedienungs- und neueren Kommunikationstechniken in zweierlei Hinsicht verstärkt Bedeutung. Zum einen wird dadurch die Erstellung neuer Dienstleistungen möglich, zum anderen ist durch eine Entpersönlichung der Vertriebswege und eine gleichzeitige Erhöhung der Markttransparenz aus Sicht der Banken eine Aufweichung der Beziehung zwischen Bank und Kunde zu befürchten.

Um einer Lockerung der Geschäftsbeziehung und einer damit möglicherweise verbundenen Reduzierung des Geschäftsvolumens entgegenzuwirken, versuchen einzelne Institute den erweiterten Handlungsspielraum bei der Gestaltung des Leistungsangbotes zu nutzen, indem sie in konsequenter Verfolgung einer kundenorientierten Geschäftspolitik den gesamten Bedarf eines Kunden an finanziellen Dienstleistungen durch das Angebot eines Full Financial Service zu decken versuchen. Diese Angebote richten sich an die private Kundschaft, wobei die aktuellen Entwicklungen auf die Kunden der gehobenen Einkommens- bzw. Vermögensklassen abzielen. Eine spätere Ausweitung des Full Financial Service zu einem Angebot für alle Privatkunden ist jedoch ebenfalls denkbar (Stracke/ Thies (1986), S. 406/407).

Damit ein Kreditinstitut in der Lage ist, den Bedarf seiner Kunden in sämtlichen finanziellen Bereichen vollständig zu decken, sind Umstrukturierungen und Ausweitungen des traditionellen Angebotes an Bankleistungen vorzunehmen. Die verschiedenen Bankprodukte werden dann als Leistungspakete für verschiedene Kundengruppen zusammengestellt, um in einer individuellen Beratung den besonderen Bedürfnissen des einzelnen Kunden des jeweiligen Segmentes angepaßt zu werden.

Bei jeder Veränderung der Angebotspalette der Kreditinstitute ist zu fragen, inwieweit sich dadurch deren Risikoposition verändert. Daneben ist zu untersuchen, ob sich durch die Umstrukturierungen negative Auswirkungen für die Funktionsfähigkeit der Kreditwirtschaft oder im Geschäftsverhältnis zwischen Bank und Kunde ergeben können. In diesem Rahmen ist zu prüfen, ob die angestrebten Veränderungen der Geschäftspolitik Anlaß für einen gesetzlichen Regelungsbedarf geben könnten.

Zur Klärung dieser Fragen soll zunächst der Full Financial Service in seinen Leistungsbestandteilen für Privatkunden beschrieben werden. Darauf aufbauend werden die besonderen Risiken dieses Leistungsangebotes herausgestellt, um risikopolitische Maßnahmen abzuleiten. Nach der einzelwirtschaftlichen Betrachtung sollen zur Beurteilung der Notwendigkeit einer gesetzlichen Erfassung des Full Financial Service mögliche Auswirkungen dieses Angebotes auf die Kreditwirtschaft und speziell auf das Verhältnis zwischen Bank und Kunde diskutiert werden.

2. Motive finanzieller Handlungen von Privatkunden als Grundlage eines Full Financial Service

Mit dem Full Financial Service streben die Kreditinstitute eine umfassende Deckung des gesamten Bedarfs an finanziellen Dienstleistungen und Beratungen eines Kunden „aus einer Hand" an. Hierzu ist es notwendig, den tatsächlichen und potentiellen Kundenbedarf an Finanzdienstleistungen zu analysieren, zu klassifizieren und mit entsprechenden Angeboten von Finanzdienstleistungen darauf zu reagieren.

Der finanzielle Bedarf eines privaten Kunden wird u.a. geprägt von verschiedenen soziodemographischen Variablen, Persönlichkeitsvariablen, der gegebenen Vermögenslage und speziell den Zielvorstellungen. Diese Merkmale schlagen sich nieder in verschiedenartigen Zielgrößen für finanzielle Pläne und Handlungen. Dabei läßt sich beispielsweise eine Einteilung nach den folgenden Motiven vornehmen:

- Transaktionsmotive
- Liquiditätsmotive
- konkrete Konsumwünsche
- Streben nach Vermögensbildung
- Sicherheits- und Vorsorgestreben.

Diesen sehr allgemein formulierten Handlungs- und Planungsmotiven, die bei verschiedenen Individuen sehr unterschiedlich ausgeprägt sein können, kommen die Kreditinstitute in vielen Bereichen schon sehr weit entgegen, wobei häufig mehrere Motive gleichzeitig angesprochen werden. Dies soll kurz an Beispielen erläutert werden.

Die Transaktionsmotive der Kunden betreffen die Abwicklung des Zahlungsverkehrs im weitesten Sinne. In diesem Bereich sind die deutschen Universalbanken spätestens seit der Einführung der bargeldlosen Gehaltszahlung in hohem Umfang tätig, indem sie für ihre Kunden Überweisungsaufträge, Lastschriften und den Scheckverkehr abwickeln. Zu diesem Bereich kann man auch die Versorgung der Kunden mit Bargeld in Form von Sorten rechnen.

Das Liquiditätsmotiv zielt auf die kurzfristige Verfügbarkeit von Zahlungsmitteln ab, um nicht geplante bzw. dem Termin nach unvorhergesehene Ausgaben tätigen zu können. Die Kreditinstitute machen hier verschiedene Angebote, z.B. mit der Ausgabe von bundes- bzw. europaweit einlösbaren Schecks, durch die Angebote von „Plastikgeld" oder auch durch die über Geldautomaten zeitlich stark erweiterte Versorgung der Kunden mit Bargeld. Dabei verhalten sich die Banken auf dem Gebiet des Kartengeschäftes gegenüber ihren Kunden bislang eher zurückhaltend. Dem Liquiditätsmotiv der Kunden entspricht nicht nur die Möglichkeit über das bei der Bank hinterlegte Geld kurzfristig zu verfügen, sondern darüber hinaus wird vielen Kunden ein Dispositionskredit angeboten, der zur Überwindung von Liquiditätsengpässen dienen soll. Dabei sind die Grenzen zur Vorfinanzierung von Konsum nicht eindeutig zu ziehen.

An die Bedürfnisse der Kunden, sich konkrete Konsumwünsche zu erfüllen, knüpfen die Kreditinstitute insbesondere durch zahlreiche Varianten von kurz- bis mittelfristigen persönlichen Kleinkrediten und mittelfristigen Sparplänen an. Die Kleinkredite sind in diesem Zusammenhang als eine Art von nachträglichem „Zwangssparen" zu betrachten.

Auch an dem Streben nach Vermögensbildung ihrer Kunden sind die Banken interessiert und betrachten dies zum Teil als eines ihrer Urgeschäfte. Dementsprechend bieten sie der Kundschaft zahlreiche Anlagemöglichkeiten von langfristigen Sparformen über den Erwerb von Rentenpapieren, Aktien- und Optionsgeschäften bis hin zur Vermittlung von nicht marktgängigen Unternehmensbeteiligungen. In Abhängigkeit von der individuellen Risikoeinstellung und der Einkommens- bzw. Vermögenssituation kann der Kunde aus einer Palette differenzierter Finanzierungstitel gemäß seinen Bedürfnissen auswählen. In diesem Sinne können dem Streben nach Vermögensbildung auch das Bau- oder auch Existenzgründungssparen zugeordnet werden.

Da eine Vermögensbildung in der Regel nicht Selbstzweck ist, sondern der Vorsorge dient, sind die Grenzen zwischen den Motiven der Vermögensbildung und der Vorsorge, bzw. der Vermögensbildung und der Spekulation häufig nur schwer zu ziehen. Dabei kann man die Vermögensbildung als einen umfassenden Begriff für die auf die Zukunft gerichteten Maßnahmen zur Erhaltung und Mehrung von Geld bzw. dauerhaften Wertobjekten betrachten. Die Vorsorge und Spekulation decken dabei Teilaspekte ab. So kann man unter dem Vorsorgemotiv das Streben nach einer Erhaltung von Liquidität in der Zukunft verstehen, während Spekulation sich auf die Schnelligkeit und den möglichen Umfang der Vermögensmehrung bezieht. Während das Spekulationsmotiv zumindest teilweise von den Banken erkannt und z.B. durch die Vermittlung von Eigenkapitaltiteln befriedigt wird, ist die wachsende Bedeutung des längerfristigen Vorsorgeaspektes (Moser (1986), S. 8) erst in jüngerer Vergangenheit durch die Banken mit Hilfe der Entwicklung von Versicherungsangeboten verstärkt aufgegriffen worden. Aus einer umfassenden finanziellen Betreuung des Kunden lassen sie sich kaum wegdenken (Schneider (1987), S. 28). In diesem Bereich findet in sehr starkem Umfang eine Geldvermögensbildung außerhalb des Systems der Kreditwirtschaft statt. So betrug der Anteil der Versicherungen an der Geldvermögensbildung privater Haushalte 1984 ca. 30% (Spanier (1985), S. 549).

3. Entwicklung eines Full Financial Service-Programmes

Der Full Financial Service besteht nicht allein in dem Anbieten von Bankprodukten, sondern Full Financial Service läßt sich für den Privatkundenbereich durch das Angebot von Beratungsleistungen kennzeichnen. Diese setzen auf seiten der Kreditinstitute den Einsatz von qualifizierten Mitarbeitern voraus (Spanier (1987), S. 10), die durch ein stets aktuelles Informationssystem unterstützt werden müssen (Spanier (1985), S. 549 u. 553). Dabei ergibt sich die Notwendigkeit, in hohem Umfang Informationen zu sammeln und auszuwerten, um die Kunden hinsichtlich des aktuellen und zukünftigen Handlungsbedarfs beraten zu können. In dieser Betrachtungsweise ist die Vermittlung relevanter Informationen an die Kunden und die Beratung bei der Auswertung der Informationen nicht nur eine neue „Verpackung" für traditionelle Dienstleistungen der Banken, sondern es entsteht ein zusätzliches Leistungsangebot. Diese Zusatzleistung ist allerdings eng mit dem Absatz der Hauptleistungen verbunden und kann somit auch im weiten Sinne als ein Bestandteil der Kundendienstpolitik aufgefaßt werden (Meffert (1987), S. 93).

Die Beratung im Rahmen des Full Financial Service beinhaltet neben der Information über die verschiedenen Bankangebote vor allem die Hilfe bei der Analyse der individuellen Entscheidungssituation des Kunden in bezug auf finanzielle Handlungsziele. Dazu gehört die Beratung bei

- der Zusammenstellung von Handlungsprogrammen,
- der Entscheidung für eine Lösungsalternative und
- die Beobachtung der Entwicklung der Lebensumstände eines Kunden, um ggfs. auf Änderungen mit Anpassungs- bzw. Ergänzungsangeboten reagieren zu können.

Eine Voraussetzung für eine Beratung zur Entscheidungsfindung der Kunden besteht in einer umfassenden Beschaffung von Informationen, der sorgfältigen Auswahl der relevanten Informationen und in einer problemadäquaten Bewertung der vorliegenden Informationen. Bei den genannten verschiedenen Bereichen der Informationsverarbeitung, die der Kunde prinzipiell auch selbst vornehmen kann, ist ein Kreditinstitut aufgrund von Erfahrung und Routine in unterschiedlichem Maße in der Lage, Vorteile gegenüber dem Kunden zu realisieren, wie in den folgenden Abschnitten u.a. gezeigt werden soll.

3.1. Sammlung von Informationen über den Geld- und Kapitalmarkt

Das Sammeln von Informationen über die allgemeinen, zukünftigen finanziellen Marktbedingungen und Handlungsmöglichkeiten, das für die Kunden häufig mit einem hohem Zeitaufwand verbunden ist, fällt bei Kreditinstituten schon bei der gegenwärtigen Abwicklung der Geschäfte bzw. bei der Konkurrenzbeobachtung an. Zudem profitieren die Banken bei diesen Aktivitäten i.a. von ihrer größeren Routine im Beschaffen von Informationen, wogegen die Privatkunden in individuell sehr unterschiedlichem Maße Unsicherheit über die Notwendigkeit und den Weg der Beschaffung von Informationen zeigen. Das Kreditinstitut kann als eine Informationssammelstelle von zunächst neutralen allgemeinen Informationen, die von verschiedenen Kunden mit Hilfe der Berater individuell genutzt werden können, fungieren.

Eine Voraussetzung für eine qualifizierte Beratung durch die Mitarbeiter eines Kreditinstitutes besteht in der möglichst vollständigen Erfassung der für das Kundenproblem relevanten Informationen. Die Beschränkungen „möglichst vollständig" und „relevante" Informationen beziehen sich auf das jeweilige zu lösende Entscheidungsproblem und sollen darauf hinweisen, daß im Hinblick auf die Kosten und die technischen Möglichkeiten im Sinne eines ökonomisch rationalen Verhaltens der Informationsbeschaffung Grenzen gesetzt sind. Da die Entscheidungsprobleme der Kunden im einzelnen sehr vielfältig sein können, sie andererseits jedoch i.a. denselben Finanzmarktrestriktionen unterliegen - dies heißt nicht unbedingt, daß den Kunden die gleichen Handlungsmöglichkeiten offenstehen -, bietet es sich an, die Informationsbeschaffung zunächst losgelöst von dem einzelnen Kundenproblem zu betreiben. Damit lassen sich - auch in Verbindung zu anderen Geschäften der Bank - hohe Synergieeffekte erreichen, sofern die bestehenden Organisations- und Kommunikationsstrukturen durch entsprechende Regelungen angepaßt werden.

Besonders wichtige Informationen, die zur Beschreibung des gegenwärtigen und des erwarteten Finanzmarktes heranzuziehen sind und somit für die Privatkunden der gehobenen Einkommensklassen relevant sein können, lassen sich den folgenden Bereichen entnehmen:

- Informationen über Anlage-, Kredit- und Versicherungstitel
- Informationen über geplante Gesetze bzw. Gesetzesänderungen, die sich auf den Kapitalmarkt beziehen
- Informationen über Währungsentwicklungen
- Informationen über Immobilienpreise und entsprechende Finanzierungsangebote
- Informationen über Versicherungsmöglichkeiten
- Informationen über Eigenkapitaltitel bzw. damit verbundene Rechte
- Informationen über den Rentenmarkt
- Informationen über geplante Aktivitäten der Bundesbank
- Informationen über neu entwickelte Finanztitel.

Die aufgezählten Daten können sowohl für den nationalen als auch in modifizierter Form für den internationalen Markt ermittelt werden. Die genannten Beispiele erheben nicht den Anspruch auf Vollständigkeit, sondern sie sollen vielmehr einen Eindruck von der Vielschichtigkeit der notwendigen Informationsbeschaffung vermitteln. Dabei wird deutlich, daß ein großer Teil der Informationen nicht speziell für die Kundenberatung erhoben werden muß, sondern im Zusammenhang mit der übrigen Geschäftstätigkeit der Bank schon anfällt.

Die aufgeführten allgemeinen Informationen sollten in ein System eingehen, auf das jeder Berater im Prinzip Zugriff hat. Dabei ist zu bedenken, daß für die Beratung der Kunden eine Verarbeitung dieser Informationen erforderlich ist. Muß jeder Mitarbeiter im Beratungsgeschäft für sich allein die Auswertungen vornehmen, so ist dies sehr zeitaufwendig und anfällig für Fehler, die von dem Kreditinstitut kaum zu kontrollieren sind. Zudem würde möglicherweise ein Teil der Angestellten überfordert. Unter diesen Gesichtspunkten sollte den Mitarbeitern der Zugriff auf die „Rohinformationen" zwar möglich sein, jedoch sollte zur Vereinfachung und Standardisierung der Beratung für die Kundenbetreuer die Nutzung von verarbeiteten und verdichteten Informationen im Vordergrund stehen. Hierzu ist es notwendig, verarbeitete bzw. ausgewertete Informationen nach unterschiedlichen Problemkreisen zu systematisieren und ggfs. zusammenzufassen. Die ausgewerteten Daten könnten beispielsweise die Form von Kapitalmarktszenarien haben, in denen alternative Entwicklungskombinationen von bestimmten Zinssätzen und Branchenindices zusammengestellt werden. Diese könnten wiederum für die unterschiedlichen Problemstellungen der Kunden nach kurz- oder längerfristigen Perspektiven systematisiert werden.

Auf der individuellen Ebene im Gespräch mit dem Kunden muß der Berater als Schnittstelle zwischen dem Informationspool der Bank und dem Kunden fungieren. Eine wesentliche Aufgabe des Betreuers besteht darin, zu erkennen, wie das finanzielle Kundenproblem exakt aussieht, um daraufhin die entscheidungsrelevanten Informationen herauszufiltern. Dabei sollte der Berater auch erkennen, inwieweit der Kunde nur an Lösungsvorschlägen oder auch an den zugrunde liegenden Daten interessiert ist, da sowohl eine Überforderung des Kunden mit Daten als auch eine „Geheimhaltung" des Zustandekommens von Handlungsempfehlungen vermieden werden sollte. In der Regel wird der Kunde vermutlich nur an den verarbeiteten, verdichteten Informationen zur Erklärung der Lösungsvorschläge interessiert sein (Schneider (1987), S. 29).

Neben der Vorteilhaftigkeit der mehrfachen Nutzbarkeit von Informationen in einem Kreditinstitut ergeben sich auch Synergieeffekte bei der Auswertung der Informationen. Für die Vorbereitung von finanziellen Entscheidungen ist es häufig notwendig, die verbalen Informationen in Zahlen umzusetzen. Hier verfügen die Banken in weiten Bereichen im Vergleich zu ihren Kunden in der Regel über eine größere Erfahrung und Routine.

Zur Erarbeitung der relevanten Szenarien für die finanziellen Entscheidungen der Kunden sind nicht nur Informationen über die erwarteten Entwicklungen am Geld- und Kapitalmarkt heranzuziehen, sondern es sind auch Informationen aus anderen wirtschaftlichen Bereichen wie z.B. der Entwicklung der gesetzlichen Rentenversicherung oder der Immobilienwerte u.ä. für das Problem einer umfassenden finanziellen Planung und Entscheidungsfindung zu verarbeiten. Welche allgemeinen Wirtschaftsdaten für das Entscheidungsfeld des Kunden wesentlich sind, hängt von der jeweiligen persönlichen Situation ab, die von den Bankmitarbeitern im Beratungsgespräch erhoben werden muß.

3.2. Beschaffung von kundenindividuellen Informationen

Die Kreditinstitute sind nicht nur in der Lage, aus der großen Erfahrung in der Verarbeitung von Wirtschaftsdaten Vorteile für die Kundenberatung zu ziehen, sondern sie können auch die große Anzahl der zu betreuenden Kunden vorteilhaft nutzen, ohne dabei den Anspruch einer individuellen, problemadäquaten Finanzbetreuung aufgeben zu müssen. Voraussetzung hierfür ist die Erhebung der persönlichen Informationen zu der finanziellen Situation und künftigen Entwicklungsmöglichkeiten der einzelnen Kunden. Um eine individuelle Beratung und eine optimale Auswahl aus dem Angebot von Finanzdienstleistungen vornehmen zu können, ist eine Auswertung der persönlichen Daten der Kunden erforderlich. Zwar können die Lebensumstände der einzelnen Kunden sehr unterschiedlich sein, jedoch ist bei der Menge der Kunden auch mit ähnlichen Entscheidungsumständen zu rechnen. Zur Erleichterung der Beratung kann eine gewisse Standardisierung vorgenommen werden, indem finanzielle Problemraster mit entsprechenden Lösungspaketen entworfen und den Beratern zur Verfügung gestellt werden. Auf dieser Grundlage sind Anpassungen hinsichtlich der individuellen Besonderheiten des Kundenproblems vorzunehmen.

Es stellt sich nun die Frage, welches die personenbezogenen relevanten Daten für finanzielle Entscheidungsprobleme sein können. Zu nennen sind hier beispielsweise

- Variablen zur Person (z. B. Alter, Familienstand, Kinder),
- Variablen zum Beruf (z. B. Berufsstatus, besondere Risiken),
- Variablen zur Einkommenslage (z. B. Höhe des Einkommens, Steigerungsmöglichkeiten des Einkommens),
- Variablen zur Vermögenslage (Besitz an Wertpapieren und/oder Immobilien, langfristige finanzielle Belastungen etc.),
- Variablen zur Persönlichkeit des Kunden (z. B. finanzielle Ziele, Zielstrebigkeit, Verläßlichkeit, Sicherheits- bzw. Risikobedarf).

Die Ausprägungen dieser Variablen kann man als Determinanten des finanziellen Bedarfs eines Kunden verstehen. Dabei ergeben sich aus einzelnen Fragen in Abhängigkeit von der Beantwortung wiederum weitere Fragenäste (Bsp.: Verheiratet - ja; Gütertrennung - nein; Daten zum Vermögensstand, dem Beruf, der Person und Persönlichkeit des Ehepartners etc.).

Auch für den Bereich der individuellen Kundendaten gilt, daß eine Beratung erst sinnvoll durchgeführt werden kann, wenn die gesammelten Informationen ausgewertet und verarbeitet worden sind. Dabei muß dies für den personengebundenen Bereich in zwei Richtungen geschehen. Zum einen sind generell die Handlungsmöglichkeiten und -restriktionen auszuloten. Zum anderen sind Aussagen über die persönliche Risikopräferenzen des Kunden zu ermitteln (vgl. hierzu 4.2.2.).

Damit die Beschaffung der persönlichen Informationen durch die Bankmitarbeiter nicht Mißtrauen erzeugt und an den Widerständen der Kunden scheitert, sind verschiedene Bedingungen zu erfüllen. Zum einen muß grundsätzlich ein Vertrauen in den Datenschutz insbesondere der individuellen Daten bei den Kreditinstituten bestehen. Hier wird die Kreditwirtschaft sicherlich noch Überzeugungsarbeit leisten müssen, daß das Ziel einer umfassenden Informationssammlung nicht die Erschaffung von „gläsernen Kunden" ist. Dies betrifft sowohl die hausinterne Nutzung der Daten als auch die Weitergabe von Informationen im Rahmen von Bankauskünften. Insbesondere ist die besondere Schutzwürdigkeit der persönlichen Daten, die keine Ordnungsdaten wie z.B. Geburtstag, Name etc. sind, sicherzustellen. Bei der notwendigen Vertrauensbildung werden vor allem die Beratungsmitarbeiter der Banken gefordert sein. So könnte man sich ein abgestuftes System des Datenschutzes für personenbezogene Daten unterschiedlicher Vertrauensqualitäten vorstellen. Allerdings müssen die Mitarbeiter erst die Kunden von der Loyalität eines Institutes gegenüber seinen Kunden und der damit verbundenen Einhaltung des Datenschutzes überzeugen. Insbesondere müssen die Mitarbeiter den Kunden verständlich machen, daß das Beratungsergebnis nur so gut auf die persönliche Situation des Kunden zugeschnitten sein kann, wie dies der Informationsstand der Bank erlaubt.

3.3. Finanzielle Lebenszyklen von Kunden

Die Beratung in finanziellen Problemen darf nicht nur die gegenwärtigen Probleme eines Kunden berücksichtigen, sondern sie muß auch künftige, mögliche Veränderungen seiner persönlichen Situation einbeziehen (Stracke/Pohl (1987a), S. 94; Stracke/Thies (1986), S. 406). Solche Ereignisse mögen für den Einzelnen oft sehr plötzlich kommen, doch lassen sich viele Lebensumstände mit bestimmten Eintrittswahrscheinlichkeiten vorhersagen und in ihrer Relevanz für die finanzielle Situation des Kunden prognostizieren. Diese Ereignisse werden heute schon teilweise in einem aktiven Marketing von Kreditinstituten genutzt, indem die Institute entweder in ihrer Werbung genau die Kundengruppe ansprechen, die von solchen speziellen Veränderungen betroffen wird, oder die Ereignisse werden zu einer persönlichen Kontaktaufnahme genutzt. Beispielhaft für solche konkreten, allgemein beobachtbaren Lebenseinschnitte mit finanzieller Relevanz können die folgenden Ereignisse genannt werden: Erreichen der vollen Geschäftsfähigkeit, Abschluß der Schul- bzw. Hochschulausbildung, Beginn einer Lehre bzw. Eintritt in das Berufsleben, Heirat, Familiengründung, Antritt einer Erbschaft, Aufnahme einer selbständigen Tätigkeit, Erwerb von Immobilienbesitz, Vermögensaufbau, Pensionierung etc. Alle oben genannten Situationen haben Einfluß auf die zukünftige Einkommens- und Vermögenslage des Kunden und sind insofern Punkte, die bei einer finanziellen Planung zu berücksichtigen bzw. als Anknüpfungspunkte für Anpassungsmaßnahmen zu betrachten sind.

Neben einer Erfassung möglicher Ereignisse im Leben des Kunden, die seine finanziellen Bedürfnisse und Möglichkeiten verändern können, ist für die Planung die Eintrittswahrscheinlichkeit der Veränderungen von Bedeutung. Bei Beobachtung zahlreicher Lebensläufe lassen sich für die oben genannten Ereignisse allgemeine Wahrscheinlichkeiten angeben. Für die Betrachtung des Einzelfalles werden jedoch in Abhängigkeit von der persönlichen Lebensplanung, sofern eine solche vorliegt, und vorgegebener Lebensumstände Abweichungen auftreten. Eine individuelle Beratung in der Finanzplanung erfordert dementsprechend aufgrund der speziellen Informationen über die Lebenssituation des Kunden eine besondere Ermittlung bzw. Anpassung der Wahrscheinlichkeiten. Nur in Fällen, in denen der Kunde selbst keine Vorstellungen über seinen künftigen Lebensverlauf hat, können aus allgemeinen Beobachtungen gewonnene Wahrscheinlichkeiten zur Beratung herangezogen werden, da keine besseren Informationen vorliegen.

Bei Betrachtung der finanziellen Lebenszyklen von Kunden stellt sich die Frage, wie weit der zeitliche Planungshorizont für die Beratung gespannt sein sollte. Theoretisch wäre eine Planung bis zum erwarteten Lebensende des Kunden optimal. Dies wäre jedoch mit einem hohen planerischen Aufwand verbunden und zudem von einem sehr hohen Grad an Unsicherheit gekennzeichnet, da die Informationsgenauigkeit mit der Länge des Planungszeitraumes abnimmt. Da andererseits jedoch Verbindungen zu künftig möglichen Lebensumständen in die Planung der Handlungsalternativen einbezogen werden müssen, folgt aus den Überlegungen, erstens, daß mehrperiodige Planungsverfahren heranzuziehen sind, und zweitens, daß für längere Planungszeiträume eine Groberfassung künftig möglicher Lebensentwicklungen des Kunden angestrebt werden sollte.

3.4. Angebot von Handlungsalternativen

Die oben aufgeführten Determinanten der individuellen finanziellen Gegebenheiten prägen sowohl die Beschreibung der relevanten Umweltzustände als auch die Handlungsmöglichkeiten des Kunden und damit auch die Lösungsprogramme, die ein Kreditinstitut anbieten kann. Aus den entwickelten Handlungsvorschlägen muß der Kunde auswählen, d.h., er hat die Entscheidung zu treffen, ob er sich überhaupt an einen Ratschlag des Institutes hält oder ob er gar keine Lösung akzeptiert.

Die Entwicklung von Handlungsalternativen, die hier auch als Bündel von einzelnen Maßnahmen verstanden werden können, erfordert von dem Berater die Zusammenführung der allgemeinen Daten über die künftigen Umweltentwicklungen und die grundsätzlichen Handlungsmöglichkeiten am Geld- und Kapitalmarkt mit den individuellen finanziellen Daten, die diese Handlungsmöglichkeiten einschränken und eine Reduzierung der künftig möglichen Umweltszenarien auf die relevanten erlauben.

Das Resultat der für den Kunden in Betracht kommenden Zuordnungen von Umweltzuständen und Handlungsalternativen läßt sich graphisch in einem Entscheidungsbaum darstellen, in dem den jeweiligen für möglich gehaltenen Umweltentwicklungen Ergebnisse der Handlungsalternativen zugeordnet werden. Diese Darstellungsform eines mehrperiodigen Entscheidungsproblems wird allerdings sehr leicht unübersichtlich, je nachdem wieviele Planungszeitpunkte, wieviele Handlungsalternativen und wieviele Umweltzustände man berücksichtigt (Hax (1970), S. 136-138). Es erscheint deshalb für eine Präsentation gegenüber dem Kunden wenig sinnvoll. Da eine Beratung, die nicht vom Ansatz her mehrperiodig ist, kaum zur Lösung realer finanzieller Kundenprobleme geeignet erscheint, scheiden einfachere Darstellungsformen wie Ergebnis- bzw. Entscheidungsmatrix aus. Eine Möglichkeit der Verdeutlichung des Entscheidungsproblems und der entsprechenden Handlungsalternativen besteht in einer verbalen Erläuterung mit Hilfe eines Zustandsbaumes, der die erwarteten Umweltentwicklungen beinhaltet. Dieser kann zu einer Verdeutlichung des Entscheidungsproblems und der Konsequenzen unterschiedlicher Handlungsalternativen beitragen. Anhand der durchgeführten Analysen, die der Kunde auf Wunsch zu sehen bekommen sollte, lassen sich für den Kunden für jeden „Umweltzustand" optimale Handlungen aufzeigen, die künftig ggfs. ergriffen werden können.

Bei der Entscheidungsfindung im weiteren Sinne, die aufbauend auf der Informationssammlung und -auswertung eine Bewertung der Handlungsalternativen gemäß den persönlichen Vorstellungen des Kunden vornimmt, kann eine Bank dem Kunden Hilfestellung leisten. Diese kann zum einen darin bestehen, den Kunden die eigene, persönliche Risikoeinstellung durch Gespräche zu verdeutlichen. Zum anderen kann die Bank den entscheidungsschwachen Kunden verstärkt mit „Erfahrung" beraten und so eine Entscheidung fördern. Es ist allerdings zu beachten, daß der Kunde die Entscheidung letztendlich selber treffen muß und nicht „überredet" werden darf, da sonst die Gefahr der ex post-Unzufriedenheit mit den getroffenen Entscheidungen sehr groß ist. Der Kunde sollte sich idealerweise bei umfassender Kenntnis der Sachlage einschließlich der erwarteten Risiken mit der Wahl der Handlungsalternative(n) identifizieren können. Von dieser Vorstellung werden allerdings in der Realität Abstriche gemacht werden müssen, wie an anderer Stelle zu zeigen ist.

4. Risiken der Kundenberatung

Für den vorliegenden Problemzusammenhang soll unter Risiko die Möglichkeit verstanden werden, eine Fehlentscheidung im Hinblick auf die angestrebte Zielerreichung zu treffen (Philipp (1967), S. 13). Der hier gewählte Risikobegriff beinhaltet dementsprechend einen Wahlaspekt hinsichtlich verschiedener Handlungsalternativen, der dadurch gekennzeichnet ist, daß bei einer ex post-Beurteilung einer Entscheidung die Gefahr besteht, feststellen zu müssen, daß die Entscheidung für eine bestimmte Handlung im Hinblick auf das Ziel nicht optimal war (Philipp (1976), Sp. 3454).

Mit dem Angebot eines Full Financial Service verfolgen die Kreditinstitute das Ziel des Aus- oder Aufbaus von Geschäftsbeziehungen. Fehlentscheidungen in diesem Sinne führen dann zu einer Reduzierung oder Auflösung der geschäftlichen Verbindung, weil die Kunden z.B. unzufrieden mit der Beratung oder den angebotenen Dienstleistungen im Rahmen des Full Financial Service sind.

Für den Privatkundenbereich erscheint, wie gezeigt wurde, zur vollständigen Abdeckung der finanziellen Bedürfnisse für die meisten universellen Kreditinstitute eine Ausweitung der Produktpalette in den Bereichen der Versicherungsgeschäfte, der Baufinanzierung und eventuell im Kartengeschäft notwendig. Vor allem die beiden letzten Sparten sind mit dem traditionellen Bankgeschäft eng verwandt, so daß hier unter Beibehaltung des üblichen Sicherheitsdenkens der Kreditinstitute keine großen Veränderungen der Risikostruktur zu erwarten sind. Mit dem Full Financial Service werden vermutlich weniger neue Kunden angezogen als bestehende Geschäftsbeziehungen ausgebaut werden können. Dies ist vor allem dann zu erwarten, wenn der Full Financial Service von zahlreichen Kreditinstituten ohne große zeitliche Differenzen bei der Marktreife des Produkts den Kunden angeboten wird. Damit findet hinsichtlich der Kundenbeziehungen keine weitere Diversifikation statt, während im Produktbereich das Angebot ausgeweitet wird.

Ein wesentliches Element des Full Financial Service ist die Beratungsleistung. Es stellt sich daher die Frage, welche Risiken mit einer umfassenden Beratung von Privatkunden verbunden sein können. Zunächst erscheint das Beratungsgeschäft für Kreditinstitute als weitgehend risikolos, da die letztendliche Verantwortung für die Entscheidungen und die Auswirkungen auf das Kundenkapital bzw. -vermögen (zur Begriffsunterscheidung zwischen Kapital und Vermögen: Philipp (1960), Sp. 5798) von jedem einzelnen Kunden selbst zu tragen sind. Mit einem Full Financial Service kann und soll dem Kunden die Entscheidung über die durchzuführenden Maßnahmen nicht abgenommen werden. Gleichwohl wird der Kunde durch die Beratung in seiner Entscheidung beeinflußt, sofern er die Beratung überhaupt als sinnvoll betrachtet und in seinen Entscheidungsprozeß einbezieht. Allein durch die Beratung können die Kunden emotional dazu neigen, die Verantwortung für die getroffenen Entscheidungen der beratenden Bank zu geben. Dieser Effekt kann insbesondere dann auftreten, wenn Entscheidungen sich ex post als ungünstig im Hinblick auf die angestrebten finanziellen Ziele erweisen. Damit stellt die Beratung der Bankkunden bei finanziellen Planungs- und Entscheidungsproblemen eine latente Quelle der Unzufriedenheit dar.

Eine nur bedingt rationale Beurteilung von Beratungsleistungen im Rahmen des Full Financial Service durch die Kunden kann umso größeres Gewicht erlangen, je mehr der Kunde eine Abhängigkeit vom beratenden Institut wahrnimmt. Man kann erwarten, daß eine Konzentration der Inanspruchnahme aller finanziellen Leistungen auf einen Anbieter bei den Kunden c.p. ein größeres Abhängigkeitsgefühl aufkommen läßt als die Verteilung der finanziellen Beratung auf mehrere Mitarbeiter aus verschiedenen Instituten. Die potentielle Unzufriedenheit der Kunden mit der Beratungsleistung im Rahmen eines Full Financial Service kann als ein besonderes Risiko für die Kreditinstitute betrachtet werden.

Im Rahmen des Full Financial Service werden dem Kunden tendenziell dieselben und noch einige zusätzliche Produkte verkauft, wobei aber der Leistungsschwerpunkt des Angebotes gegenüber dem Kunden auf der Beratung liegt. Dadurch erwartet der Kunde bei der Beratung nicht ein verbessertes Verkaufsgespräch für die Produkte der Bank, sondern eine objektive Beratung, die sich um adäquate Vorschläge für seine finanziellen Probleme und Planungen bemüht. Nur mit einem solchem Ansatz für den Full Financial Service kann das Erfragen zahlreicher persönlicher Informationen gegenüber den Kunden von dem Kreditinstitut gerechtfertigt werden. In der Erwartung einer objektiven Beratung, die das Kreditinstitut zur Verbesserung der Nutzung des Full Financial Service sinnvollerweise fördern wird, liegt eine weitere potentielle Quelle von Kundenunzufriedenheit, insbesondere wenn die Kunden die Gründe für Abweichungen zu den eigenen angestrebten Zielen in der Förderung des Absatzes der Bankprodukte vermuten.

Das Risiko aus Beratungsgeschäften läßt sich nicht eindeutig quantitativ erfassen. So wird kaum der Umfang des Verlustes durch „Fehlberatungen" zu ermitteln sein. Damit ist das Risiko aus Beratungsleistungen für die Banken als ein qualitatives Risiko einzustufen, das sich in seinen erfolgswirksamen Konsequenzen für das Kreditinstitut weitgehend einer direkten Meßbarkeit entzieht. Neben den Folgen der Beratungsleistungen für den Umfang der Geschäftsbeziehungen können sich auch Konsequenzen für das Image des Instituts bei der Kundschaft ergeben, was sich ebenfalls kaum im Wirkungszusammenhang erfassen läßt und auch auf indirektem Wege die Geschäftsbeziehungen beeinflußt.

Die besonderen Risiken bei der Kundenberatung entstehen, wie oben gezeigt, aus der Möglichkeit, daß

- die Bank bzw. die beteiligten Mitarbeiter objektiv Fehler machen bei der Beschaffung, Erfassung und Verarbeitung von Informationen,
- Diskrepanzen zwischen der wahrgenommenen und tatsächlichen Beratungsqualität auftreten,
- aus der Gefahr, daß die Kunden die Möglichkeiten der Bank, die Unsicherheit der Zukunft zu reduzieren, überschätzen und
- ungünstige Umweltentwicklungen eintreten.

Während sich das Eintreten der konkreten Umweltsituationen dem Einfluß der Bank entzieht, können die drei ersten Risikoursachen durch das Verhalten der Bank und ihrer Mitarbeiter beeinflußt werden. Sie stellen somit Ansatzpunkte für ursachenbezogene risikopolitische Maßnahmen eines Kreditinstitutes im Rahmen des Full Financial Service dar.

4.1. Informationsverarbeitung als eine Risikoursache der Kundenberatung im Rahmen des Full Financial Service

Der eigentlichen Kundenberatung sind verschiedene Schritte der Beschaffung, Verarbeitung und Verwertung von Informationen vorgelagert. Dabei können in jeder dieser Phasen Fehler gemacht werden, die zu einer Qualitätsminderung der Beratung führen. Im Bereich der Informationsdienstleistungen lassen sich dementsprechend folgende risikobehafteten Phasen der Informationsgewinnung beobachten:

- Informationssammlung
- Informationsverarbeitung i.e.S.
- Informationsverwertung.

Die Informationsdienstleistungen erstrecken sich sowohl auf den Bereich der allgemeinen Daten, die für eine Beurteilung der künftigen wirtschaftlichen Entwicklung relevant erscheinen, als auch auf die individuellen Kundendaten. Für beide Datenbereiche ist eine korrekte, vollständige und aktuelle Erfassung der Informationen notwendige Bedingung für eine hochwertige Beratung. Dabei ist davon auszugehen, daß die Kreditinstitute bei der Beschaffung und Auswertung der volkswirtschaftlichen Daten über ein hohes Maß an langjähriger Erfahrung verfügen. Eine Modifikation erscheint hier nur insofern notwendig, als eine Auswahl der für Privatkunden wichtigen Entwicklungen der Wirtschaftsdaten erfolgen muß. Der Schwerpunkt der weiteren Ausführungen soll deshalb zunächst auf die Fehleranfälligkeit der Beschaffung und Verarbeitung der persönlichen Kundendaten gelegt werden.

4.1.1. Aktualität und Vollständigkeit der Informationen

Insbesondere wenn die Beziehung zwischen Kunde und Bank über einen längeren Zeitraum läuft, besteht die Gefahr, daß die Kundendaten veralten. Dies ergibt sich daraus, daß der Kunde möglicherweise nicht präzise weiß, welche Datenänderungen für die Beratung wichtig sind und/oder er vergißt, Änderungen anzugeben. Daneben besteht das Problem, daß Kunden aus verschiedenen Gründen ein Interesse daran haben können, der Bank nicht die vollständigen individuellen Daten zu ihrer Person zur Verfügung zu stellen. Dabei können zum einen Bedenken hinsichtlich der Wahrung des Datenschutzes, der Wahrung der Privatsphäre und der Unabhängigkeit von der Bank eine Rolle spielen. Zum anderen kann es aus Sicht des Kunden sinnvoll sein, die Bank als einen potentiellen Geschäftspartner, mit dem möglicherweise schon andere Geschäftsbeziehungen bestehen, nicht vollständig über die wahre finanzielle Situation aufzuklären.

Der Berater wird ein Interesse haben, die Befragungen möglichst kurz zu halten und Wiederholungen zu vermeiden, um dem Kunden nicht lästig, mißtrauisch oder vergeßlich zu erscheinen. Im Sinne einer Optimierung der Beratung werden bestimmte Kontrollfragen bei Beratungsgesprächen, insbesondere wenn längere Zeiträume zwischen den Terminen liegen, nicht zu umgehen sein. Solche Fragen sollten sich insbesondere auf Daten beziehen, die sich schnell ändern können wie das Beschäftigungs- und Einkommensverhältnis, Familienstand, persönliche Vermögensziele etc.. Detailliertere Informationen zu den finanziellen Verhältnissen des Kunden können dann in einem späteren Stadium der Beratung bei der Unterbreitung der Handlungsvorschläge nachgefragt werden. Dies hat gegenüber dem Kunden den Vorteil, daß es diesem besser einsichtig ist, wofür die Informationen gebraucht werden. Dadurch ist i.a. mit einer größeren Informationsbereitschaft seitens der Kunden zu rechnen.

4.1.2. Ermittlung von Zielen und Risikopräferenzen der Kunden

Unzufriedenheit wird dann bei den Kunden auftreten, wenn diese ihre im Rahmen des Full Financial Service angestrebten Ziele nicht erreichen. Damit stellt sich für das betreuende Kreditinstitut die Frage, welche Zielsetzungen die Kunden bei Inanspruchnahme eines Full Financial Service verfolgen. Grundsätzlich läßt sich vermuten, daß die finanziellen Ziele der Kunden in einer Einkommens- bzw. Vermögensmaximierung unter Einhaltung individueller Sicherheitsrestriktionen bestehen. Dabei kann für die einzelnen Kunden die angestrebte zeitliche Struktur und das Sicherheitsbedürfnis sehr unterschiedlich ausfallen. Bricht man diese sehr allgemeine Zielformulierung in konkretere Unterziele, so können diese möglicherweise in konfliktärer Beziehung zueinander stehen. Daraus folgt, daß die Berater mit jedem Kunden dessen Zielvorstellungen abklären und gegebenenfalls auf die Chancen und Schwierigkeiten der Realisierbarkeit hinweisen müssen (Stracke/ Thies (1986), S. 403).

Eine besonders wichtige Voraussetzung für den Erfolg der Kundenberatung liegt darin, zu erkennen, welche Risikoeinstellung der zu beratende Kunde hat. Dies ist notwendig, um nach der Ausarbeitung der Handlungsalternativen des Kunden und der relevanten Umweltentwicklungen eine Bewertung der alternativen Ergebnismöglichkeiten im Sinne des Kunder vornehmen zu können. Hier werden die Banken Verfahren entwickeln müssen, die den Bankmitarbeitern eine Einordnung der Kunden und ihrer Wünsche erlauben, um möglichst gut auf die Bedürfnisse des Kunden abgestimmte Handlungsempfehlungen geben zu können. Eine Entwicklung solcher Verfahren erscheint wichtig, da die Kunden in vielen Fällen Schwierigkeiten haben werden, die eigene Risikoeinstellung zu erkennen und dem Berater zu vermitteln. So haben manche Kunden möglicherweise aufgrund äußerer Einflußfaktoren von ihrer Risikoeinstellung ein Bild, das nicht mit ihrem tatsächlich beabsichtigten Verhalten übereinstimmt. Oder die Risikoeinstellung läßt sich nicht als lineare Funktion des Einkommens bzw. Vermögens angeben, sondern ist von dieser Variablen in besonderer Weise abhängig. Das Risikoverhalten eines Kunden läßt sich nicht unbedingt an den getätigten Transaktionen ablesen, da hierbei möglicherweise Risiken eingegangen werden, die der Kunde nicht erkannt hat, und somit eventuell nicht einstellungsadäquate Geschäftsabschlüsse getätigt werden. Im übrigen gilt auch für die Erkenntnisse über die Risikoeinstellung eines Kunden, daß sie aktualisiert werden müssen, da sie sich mit der Persönlichkeit und den Vermögensverhältnissen im Zeitablauf verändern kann (Stracke/ Thies (1986), S. 406).

4.1.3. Risikopotential bei der Entwicklung von Handlungsempfehlungen

Die Verarbeitung der allgemeinen Daten zur künftigen Entwicklung der Geld- und Kapitalmärkte führt i.a. unter Berücksichtigung der individuellen Zielvorstellungen und Handlungsrestriktionen der Kunden zu einer Liste von Handlungsempfehlungen seitens des Kreditinstitutes. Diese Vorschläge zur Gestaltung der gegenwärtigen und zukünftigen finanziellen Lage eines Kunden werden auch die Inanspruchnahme von Finanzprodukten und -dienstleistungen des Kreditinstitutes beinhalten, deren Absatz gerade durch die Einrichtung eines Full Financial Service gefördert werden soll.

Bei der Entwicklung der finanziellen Konzepte für die Kunden ist es wichtig, daß die Beratung durch die Mitarbeiter frei von Interessenkonflikten zwischen den Zielvorstellungen der Kundschaft und des Kreditinstitutes erfolgen kann. Solche Interessenkonflikte können beispielsweise auftreten, wenn das Institut aus bilanztechnischen oder geschäftspolitischen Gründen besonders an dem Vertrieb bestimmter Bankprodukte interessiert ist.

Bietet ein Institut zur Vereinfachung der Beratung standardisierte Lösungsprogramme für typische finanzielle Lebenssituationen und -zyklen verschiedener Kundensegmente an, so können die im Absatz zu fördernden Produkte direkt verstärkt in die Handlungsvorschläge eingearbeitet sein. Dagegen ist nichts einzuwenden, solange die Empfehlung bestimmter Produkte die ermittelten Risikopräferenzen berücksichtigt und nicht die Zielerreichung der Kunden beeinträchtigt. Sollten derartige Fälle von Vertrauensmißbrauch bekannt werden, kann dies zu einer umfangreichen Schädigung des Images und einem hohen Vertrauensverlust für die Kreditinstitute führen.

Besonders problematisch wird der gezielte Verkauf bestimmter Bankleistungen, wenn zur Durchsetzung dieser Interessen die Entlohnung der Bankberater über gestaffelte Provisionssätze gesteuert wird. Dadurch wird gefördert, daß die Beratung im Rahmen des Full Financial Service nicht vorrangig gemäß den Interessen der Kunden durchgeführt wird, sondern sich über das Interesse der Berater an einer Einkommensmaximierung nach den Zielen der Bank ausrichtet. Solche Zielkonflikte bei der umfassenden Beratung eines Kunden sind im Interesse der Vermeidung einer Fehlberatung, die der Kunde erkennt, und die zu dessen Unzufriedenheit und erheblichen Imagerisiken führen kann, zu vermeiden.

4.2. Möglichkeiten zur Verminderung von Risiken in der Kundenberatung

Der wirksamste Weg zur langfristigen Bindung von Kunden dürfte für ein Kreditinstitut darin bestehen, sich ein großes Potential an zufriedenen Kunden zu schaffen. Das Angebot von Full Financial Service soll dazu beitragen, Zufriedenheit zu schaffen, indem den Kunden Angebote von Finanz- und Beratungsdienstleistungen gemacht werden, so daß der Kunde sich „umsorgt" und „gut aufgehoben" fühlt. Wie schon gezeigt wurde, können dabei aber Probleme auftreten, insbesondere wenn der Kunde die auf die Zukunft gerichteten Entscheidungen ex post beurteilt. Obwohl letztendlich alle Entscheidungen von ihm selbst getroffen werden müssen, kann der Effekt auftreten, daß die „Schuld" für eine – im nachhinein betrachtet – nicht optimale Entscheidung aus Sicht des Kunden bei der Bank liegt. Dies hat in der Regel, wenn dem Kreditinstitut nicht grob fahrlässige Fehler oder betrügerische Absichten nachgewiesen werden können, keine direkten erfolgswirksamen Haftungsfolgen. Jedoch kann sich die von einem Kunden wahrgenommene Beratungsqualität rückwirkend in Abhängigkeit von dem erzielten Anlageerfolg von der tatsächlichen Qualität der Beratung erheblich unterscheiden. Dies kann nachträglich zu Unzufriedenheit bei den Kunden führen, was eine potentielle Gefährdung der Geschäftsbeziehung darstellt.

Im Rahmen der Maßnahmen zur Minderung von Risiken aus dem Beratungsgeschäft gilt es daher, sowohl objektiv berechtigte als auch unberechtigte kognitive Dissonanzen bei der Kundschaft zu vermeiden. Dabei werden die oben dargestellten Fehler in der Informationsbeschaffung, -erfassung und -verarbeitung als Gründe für eine objektiv berechtigte Unzufriedenheit verstanden, wenn diese intersubjektiv nachvollziehbar sind. Unberechtigte Unzufriedenheit liegt dann vor, wenn die Ursachen darin liegen, daß eine Entscheidung allein durch den im Zeitablauf verbesserten Informationsstand (die unsichere Zukunft wird zur sicheren Gegenwart) als suboptimal erkannt wird. Die „Fehlentscheidung" ist dann durch den Eintritt von ungünstigen Ereignissen zu begründen. In diesem Fall wird der Kunde der Bankberatung tendenziell die mangelnde Voraussicht der Zukunft vorwerfen. Bei der Unterscheidung zwischen berechtigter und unberechtigter Unzufriedenheit ist allerdings zu sehen, daß die Grenzen zwischen beiden Bereichen verschwimmen, da einerseits mangelhafte Abschätzungsmöglichkeiten der Zukunft auch durch nachlässige Informationssammlung und -verarbeitung verursacht sein können, und andererseits auch sehr sorgfältige Informationsverarbeitung die Unsicherheit künftiger Entwicklungen nicht beseitigen kann. Daneben können Probleme entstehen bei der Übermittlung der Einschätzung einer Risikosituation, da hier eine Kontrolle einer gezielten oder unabsichtlichen „Fehldarstellung" der Situation kaum möglich ist.

4.2.1. Instrumente zur Reduzierung der Fehleranfälligkeit von Beratungsleistungen

Eine Maßnahme zur Verminderung von Risiken aus Beratungen im Rahmen des Full Financial Service, die schon fast trivial erscheint, besteht in der Entwicklung und Vermittlung von Anleitungen zur Durchführung von Beratungsgesprächen. Neben einer intensiven Schulung der Kundenbetreuer für den Umgang mit den Kunden erscheint eine Unterrichtung über die Bedeutung der in der Beratung zu erhebenden Informationen wichtig. Selbstverständlich sollte jeder Mitarbeiter in der Kundenbetreuung die Arbeit mit den verfügbaren, speziell für eine Vereinfachung der Beratung entwickelten Instrumenten beherrschen.

Um eine umfassende finanzielle Beratung auch einem größeren Kreis von Privatkunden anbieten zu können, werden die Kreditinstitute Standardlebenszyklen für ihre Kunden erarbeiten. Damit wird den Kundenberatern die Arbeit erheblich erleichtert, indem sie „nur" noch Anpassungen an individuelle Situationen vornehmen müssen. Für die Banken entsteht jedoch das Problem, daß sie auf diesem Gebiet bislang wenig systematisierte Erfahrung besitzen. So wird zwar in bestehenden Kundeninformationssystemen mit Daten bzw. Ereignissen gearbeitet, die eine mögliche Änderung der finanziellen Situation des Kunden anzeigen, aber eine systematische Aneinanderreihung und Auswertung, wie sie für eine umfassende finanzielle „Lebensberatung" erforderlich erscheint, erfolgt wohl kaum. Fehler, die aus mangelnder Erfahrung im Umgang mit den zu lösenden Problemen gemacht werden, sind auf ein Minimum zu reduzieren durch eine gründliche Auswertung der vorliegenden Daten. Unter Berücksichtigung einer umfassenden Gewährung des Datenschutzes könnten dabei z.B. Methoden angewendet werden, die durch Simulationen von Lebensläufen, finanziellen Beratungen, Entscheidungen und Entwicklungen eine Raffung von Zeiträumen erlauben. Damit sollten die Kreditinstitute besser in der Lage sein, die möglichen Konsequenzen der Handlungsempfehlungen für ihre Kunden abzuschätzen.

Um die Anzahl der sachlichen Fehler der zahlreichen Kundenbetreuer möglichst gering zu halten, sollte das Kreditinstitut unterstützende standardisierte Beratungsbausteine zur Verfügung stellen. Dies entlastet den einzelnen Mitarbeiter von der Bearbeitung häufig auftretender, zeitraubender Teilprobleme. Durch die Entlastung und durch die vorgegebenen sorgfältig erstellten und geprüften Beratungsvorgaben kann die Fehleranfälligkeit gemindert werden. Zudem wird eine gewisse Unabhängigkeit des Instituts von den Fähigkeiten der einzelnen Mitarbeiter erreicht.

Die Beratungsbausteine können konkret den Charakter von Elementen eines speziell auf die Erfordernisse der Kundenberatung abgestellten Informationssystems haben. Dabei sind die vorliegenden, gesammelten, allgemeinen Informationen entsprechend dem standardmäßig auftretenden Informationsbedarf zusammenzufassen, zu verdichten und zu ordnen. In einem darauf aufbauenden Schritt sind aus den Individualdaten Profile von typischen Kunden mit den erarbeiteten allgemeinen Informationen zu kombinieren, wobei die ermittelten Kundenprofile sowohl die relevanten allgemeinen Daten als auch das Spektrum der Handlungsmöglichkeiten beeinflussen. Für den Kundenberater bedeutet die Arbeit mit einem solchen System, daß er sich darauf konzentrieren muß, das finanzielle Problem korrekt zu erfassen, zu analysieren und die Risikopräferenzen des Kunden als Bewertungsfilter für die Vorschläge zu erkennen, während das Informationssystem zumindest für die Standardprobleme Lösungen anbietet. Bei Abweichungen der individuellen Kundenprobleme von den vorgegebenen Situationen besteht die Aufgabe des Beraters darin, die entsprechenden Modifikationen der Lösungsvorschläge vorzunehmen.

4.2.2. Maßnahmen zur Vermeidung von Divergenzen zwischen wahrgenommener und tatsächlicher Beratungsqualität

Unterschiede in der durch den Kunden wahrgenommenen und der tatsächlichen, objektiv erbrachten Beratungsleistung können schon während des Beratungsgespräches auftreten. Dabei besteht allerdings das Problem, eine objektive, intersubjektiv nachprüfbare Qualität der Beratung festzustellen, da man sich auf den Standpunkt stellen kann, daß eine Beratung nur dann gut ist, wenn sie auch als solche empfunden wird. In dem hier dargestellten Zusammenhang soll durch den Sachverhalt einer „tatsächlich" guten Qualität der Beratung auf die sachliche Fehlerlosigkeit abgestellt werden. Da nicht das Ziel verfolgt wird, die Qualität von Beratung zu messen, sondern grundsätzliche Erwägungen im Vordergrund stehen, sei diese Definition ausreichend.

Abweichungen zwischen der wahrgenommenen und der tatsächlichen Beratungsqualität erscheinen für ein Kreditinstitut zunächst nur dann problematisch, wenn die vom Kunden wahrgenommene Qualität geringer als die tatsächliche ist. Ist dies zum Zeitpunkt der Beratung der Fall, so kann das auf sprachlichen Mißverständnissen oder auf die Einwirkung negativer Faktoren des persönlichen oder sachlichen Umfeldes beruhen. Diese Einflußfaktoren für die Beurteilung der Beratungsqualität können, soweit sie der Kontrolle einer Bank unterliegen, möglichst vorteilhaft gestaltet werden. Maßnahmen in diesem Rahmen reichen von der Raumgestaltung bis hin zur psychologischen Schulung der Mitarbeiter über den Umgang mit Kunden. Problematischer erscheinen Veränderungen in der Beurteilung der Beratungsqualität im Zeitablauf, die durch den finanziellen Erfolg der Beratung geprägt werden.

Ein möglicher Schritt zur Vermeidung von Unstimmigkeiten besteht in der Erstellung von Dokumentationen der Beratungsgespräche, die in einer Ausfertigung dem Kunden ausgehändigt werden. Diese Kurzprotokolle der Beratungen und getroffenen Entscheidungen können bei Streitfällen zwischen Kreditinstitut und Kunde verwendet werden. Ebenso können sie der Bank zur Kontrolle ihrer Mitarbeiter dienen, und sie ermöglichen bei Bedarf auch, ex post Empfehlungen zu begründen. Diese Dokumentationen, die nicht zu umfangreich sein dürfen, um die Kunden und vor allem die Mitarbeiter nicht zu belästigen, können dazu beitragen, entstandene Unzufriedenheit bei der nachträglichen Beurteilung zu mindern.

Eine wichtige Regel, kognitive Dissonanzen bei den Bankkunden hinsichtlich der Bankberatung schon in der Entstehung zu vermeiden, besteht darin, die Erwartungshaltung der Kunden nicht zu hoch zu schrauben. Zwar besteht die Tendenz, um den Absatz der Bankprodukte zu fördern, den Kunden die Vorteilhaftigkeit der Angebote vorzuführen, jedoch darf dies nicht falsche Erwartungen wecken, da die Kunden sonst leicht enttäuscht sein können und sich betrogen fühlen. Der Hang zur einseitigen Vereinfachung der Entscheidungsproblematik wird häufig dadurch verstärkt, daß die Bankberater über besondere Provisionen angehalten werden, bestimmte Bankangebote verstärkt zu verkaufen. In Verfolgung der eigenen Ziele werden diese Leistungen dem Kunden dann als besonders günstig dargestellt.

Teilweise wird der Kundenbetreuer vor dem Problem stehen, daß die Kunden gerade deshalb eine Beratung durch die Bank wünschen, weil sie entweder nicht willig oder nicht in der Lage sind, sich intensiv mit Finanzierungs- und Anlageproblemen auseinanderzusetzen. Es ist hier die Aufgabe des Bankberaters, abzuschätzen, welcher Informationsbedarf und welche Informationsnotwendigkeit seitens des Kunden besteht. D.h., einerseits soll vermieden werden, den Kunden mit Einzelinformationen zu „überladen", aber andererseits muß der Kunde zumindest in der Lage sein, die Empfehlungen des Kreditinstitutes nachzuvollziehen, um sich mit einer Entscheidung identifizieren zu können.

Um die Unzufriedenheit mit den vorgeschlagenen Lösungen bei den Kunden möglichst gering zu halten, ist die genaue Kenntnis der Kundenbedürfnisse erforderlich. Dies erscheint für den Bereich der Privatkundschaft nicht unproblematisch, da die Kundenwünsche bzw. -bedürfnisse nicht allein von objektiv ermittelbaren Daten abhängen, sondern wesentlich von den individuellen Risikonutzenfunktionen geprägt werden. Da man davon ausgehen kann, daß dem Kunden häufig seine eigene Präferenzfunktion nicht explizit bekannt ist und bestenfalls ungefähre Vorstellungen von der eigenen Risikoeinstellung bestehen, die möglicherweise gar nicht mit der „wahren" Einstellung übereinstimmt, ist zu überlegen, wie dieser Situation zu begegnen ist.

Bei Unsicherheit über die Risikopräferenzfunktion des Kunden werden die Bankberater tendenziell dem Kunden zu einer Alternative mit möglichst sicheren Erträgen raten. Diese Vorgehensweise unterstellt, daß insbesondere bei risikoscheuen Anlegern ein tatsächlich eintretender Verlust zu einem höheren Maß an Unzufriedenheit führt als eine entgangene höhere Rendite. Diese Annahme setzt allerdings voraus, daß der Kunde sich über die Konsequenzen eines höheren Risikos, das in der Regel mit einer höheren erwarteten Rendite verbunden ist, bewußt ist.

Eine Alternative zu dieser Vorgehensweise der „vorsichtigen Beratung" könnte in der Erstellung eines „Anlegerpsychogramms für Finanzentscheidungen" bestehen (Gerke (1975), S. 109-112). Hierzu könnte den Kunden eventuell auf spielerischer Basis ein Analyseservice angeboten werden. Dieser sollte den Kunden einerseits eine Einschätzung der eigenen finanziellen Risikoeinstellung geben und andererseits auch zum Nachdenken über die eigenen Risikopräferenzen anregen. Im gleichen Zug kann der Bankberater im Zusammenhang mit den Informationen über die tatsächlichen Einkommens- und Vermögensverhältnisse Anhaltspunkte für die Finanzberatung erhalten. Es ist denkbar, mit Hilfe eines Beratungsprogrammes die ermittelten individuellen Präferenzstrukturen in einer Bewertungsfunktion für die verschiedenen Anlagealternativen zu berücksichtigen.

4.2.3. Betreuung der Kunden im Zeitablauf

Die oben schon mehrfach angesprochene Betreuung der Kunden im Zeitablauf als ein Bestandteil des Full Financial Service beinhaltet eine wichtige, risikopolitische Komponente. Erst durch den fortdauernden Kontakt zu dem einzelnen Kunden ist es einem Kreditinstitut möglich, über seine Mitarbeiter die Unzufriedenheit der Kunden zu erkennen, bevor eine Auflösung der Geschäftsbeziehung stattfindet. Die Betreuung der Kunden hat somit eine informatorische Komponente, die eine Voraussetzung ist für das Ergreifen von Maßnahmen, die das Risiko einer Schädigung der Geschäftsbeziehung vermindern.

Im Rahmen der regelmäßigen Beratungskontakte wird durch eine Aktualisierung des Informationsstandes der Bank eine Vermeidung künftiger Unzufriedenheit angestrebt, da sich Veränderungen einerseits in der Entwicklung am Finanzmarkt und andererseits in der persönlichen Situation des Kunden rechtzeitig erkennen und berücksichtigen lassen. Daneben liegt eine wesentliche risikobegrenzende Funktion der permanenten Betreuung in dem Aufdecken der bestehenden Unzufriedenheiten. In einem Gespräch hat der betreuende Mitarbeiter Gelegenheit, eventuelle Mißverständnisse in der Vergangenheit aufzuklären und für die zukünftige Entwicklung zu vermeiden. Daneben können Erklärungen, warum bestimmte erwartete Ergebnisse nicht eingetreten sind, auch dazu beitragen, den einzelnen Kunden zu beruhigen und helfen, die Beurteilung der vergangenen finanziellen Beratungen zu objektivieren.

Über die Wirkung auf den einzelnen Kunden hinaus kann eine Erfassung und Analyse häufig wiederkehrender Ursachen von Beschwerden und Unzufriedenheit bei der Kundschaft möglicherweise dazu beitragen, Fehler in der Konzeption und/oder Durchführung des Full Financial Service aufzudecken, die sich unter Umständen einfach beseitigen lassen. Damit kann die permanente Betreuung der Kunden bei geeigneter organisatorischer Ausgestaltung für das Kreditinstitut eine wichtige Kontrollfunktion für den Full Financial Service besitzen.

5. Mögliche Veränderungen in der Beziehung zwischen Kunde und Bank

Das vorrangige Ziel der Entwicklung und des Angebotes von Full Financial Service-Paketen für Privatkunden besteht von Seiten der Bank darin, den Kunden in seinen finanziellen Transaktionen möglichst stark an das eigene Unternehmen zu binden und die Geschäftsbeziehung gegen Eingriffe anderer Anbieter finanzieller Dienstleistungen abzuschotten. Sofern dies gelingt, ist mit der Wahrnehmung der umfassenden finanziellen Betreuung der einzelnen Kunden für die Bank nicht nur ein wachsendes Geschäftsvolumen pro Kunde, sondern auch ein höheres Maß an Informationen über dessen finanzielles Verhalten verbunden. Aus diesen Entwicklungen, die eng mit einem Full Financial Service verbunden sind, können sich Auswirkungen auf das Verhältnis zwischen Bank und Kunde ergeben.

Verteilt ein Kunde die Abwicklung seiner finanziellen Aktivitäten nicht auf verschiedene Institute am Geld- und Kapitalmarkt, sondern konzentriert diese auf eine Bank, so folgt daraus eine stärkere geschäftliche Verbindung. Dies hat für den Kunden den Vorteil einer Vereinfachung, da für alle Transaktionen und Probleme prinzipiell nur eine Anlaufstelle und ein Berater aufgesucht bzw. informiert werden muß. Für den Bereich der Beratungsfunktionen bedeutet dies, daß der Kunde nur von einem Kreditinstitut beraten wird. D.h., der Einfluß auf die finanziellen Entscheidungen des Kunden wird zunehmen, da die Full Financial Service-Bank der dominante Informationslieferant für den Kunden ist, solange dieser sich nicht bewußt über andere Quellen informiert. Bei einer Streuung der finanziellen Geschäftsabschlüsse auf mehrere Institute ergibt sich dagegen eine tendenziell konkurrierende Informationsversorgung des Kunden fast automatisch durch unterschiedliche Interessen der verschiedenen Berater bzw. der beratenden Institute. Dies gilt zumindest in dem Rahmen, in dem von verschiedenen Instituten dem Kunden konkurrierende Angebote gemacht werden können.

Läßt der Kunde sich auf eine Beratung durch ein einziges Institut ein, so wird die Abhängigkeit von dem beratenden Institut steigen. Dabei wird möglicherweise die Fähigkeit des Kunden, die Qualität des Full Financial Service zu beurteilen, abnehmen. Dies gilt insbesondere dann, wenn er sich auf die Beratung verläßt und nicht mehr mit den finanziellen Entscheidungen auseinandersetzt. Aus Sicht der Kunden ist dies eindeutig negativ zu bewerten. Aber auch im Hinblick auf das Ziel der Banken, ein möglichst zufriedenes und loyales Kundenpotential zu schaffen, kann eine mangelnde Fähigkeit zur Beurteilung der erbrachten Beratungs- und Bankdienstleistungen problematisch sein. Sind die Kunden zwar einerseits nicht in der Lage, Fehler zu finden, nehmen andererseits aber die Abhängigkeit von der Bank als unangenehm wahr, so kann dies zu einer latenten Unzufriedenheit mit der Beratung führen.

Ob eine tatsächliche oder nur eine angenommene Abhängigkeitsbeziehung zwischen dem Kunden und der Bank besteht, hängt zu einem großen Teil davon ab, was das Institut mit den zur Verfügung gestellten bzw. den automatisch im Geschäftsverkehr des Kunden anfallenden Informationen macht. Wird beispielsweise der Austausch der vertraulichen, persönlichen Daten so freizügig gehandhabt, wie dies bislang in Bankauskunftsverfahren häufig der Fall war, so könnten einmal gegebene Informationen eines Kunden leicht die Möglichkeit einschränken, mit anderen Instituten Geschäfte abzuschließen.

Unabhängig von der eventuellen Weitergabe von Daten über Kunden stellt sich die Frage, inwieweit Bankkunden bei einer starken Verbreitung und Nutzung des Angebotes von Full Financial Service überhaupt die Möglichkeit haben, Geschäftsabschlüsse außerhalb ihrer Hausbankverbindung zu tätigen. So ist es denkbar, daß einerseits jede Universalbank den Weg zu einer möglichst umfassenden Finanzverbindung zu dem Kunden sucht und andererseits mißtrauisch gegenüber einzelnen Kreditanträgen von Kunden anderer Banken reagiert. Dies könnte seine Begründung darin finden, daß jedes Institut für jeden Kunden die Inanspruchnahme eines Full Financial Service annimmt. In diesem Falle ist die Hausbank die am besten informierte Bank, die ggfs. berechtigte Gründe hat, eine vom Kunden gewünschte Transaktion abzulehnen (vgl. hierzu Kap. 6).

Als Folge eines solchen möglichen Verhaltens der Kreditinstitute steigt beispielsweise die Abhängigkeit des einzelnen kreditsuchenden Kunden von seinem Hausinstitut. So wird er, wenn ihm die Konditionen seiner Bank nicht passen, kaum die Möglichkeit haben, auf einzelne Kreditangebote mit vergleichbaren Konditionen anderer Institute einzugehen, wenn diese an dem Verkauf von Paketen von Finanzdienstleistungen interessiert sind. Kredite als Einzelangebote werden dann möglicherweise nur zu erheblich höheren Zinsen bzw. Bearbeitungsgebühren für „Nichtkunden" angeboten, da sie für die Bank ein größeres Risiko beinhalten und mit vergleichsweise höheren Informationskosten verbunden sind. Dies könnte möglicherweise weitere Auswirkungen auf die Preisgestaltung der Banken haben, indem unterschiedliche Preise festgesetzt werden, je nachdem welche Leistungsangebote zusammen abgenommen werden. Dies trägt sicherlich nicht zu einer Erhöhung der Markttransparenz im Sinne der Kunden bei.

Die oben dargestellte Entwicklung ist allerdings nur zu erwarten, wenn sich der Full Financial Service in sehr starkem Umfang durchgesetzt hat, die Risikoneigung der Kreditinstitute gegenüber ihren Kunden ähnlich ist und die Institute nicht davon ausgehen, daß sie Kunden wirtschaftlich erfolgreich von anderen Banken „abwerben" können.

6. Mögliche Folgen des Full Financial Service für die Kreditwirtschaft

Die Wirkung des Angebotes einer umfassenden finanziellen Betreuung auf das Verhältnis zwischen Kunde und Bank kann nicht isoliert im Rahmen des „Allfinanz"-Services betrachtet werden, sondern muß auch im Zusammenhang mit der Möglichkeit des Bestehens einzelner Geschäftsbeziehungen überprüft werden. Tritt eine Entwicklung ein, die es den Kunden aufgrund einer weit verbreiteten Full Financial Service-Nutzung kaum noch erlaubt, einzelne Geschäftsabschlüsse mit verschiedenen Instituten zu tätigen, so ist für einen umfangreichen Geschäftsbereich der Wettbewerb unter den Banken gefährdet. Dies kann sich vor allem dann ergeben, wenn die Banken zum einen ein überwiegendes Interesse an den umfassenden Geschäftsbeziehungen haben und zum anderen sich im Verhalten auf den vermeintlich besseren Informationsstand der Konkurrenz verlassen.

Verhalten sich alle Institute so, daß sie nur ein geringes Interesse an Einzelgeschäftsbeziehungen zu einem Kunden haben, oder daß sie der Hausbank die „richtige" Informationsverarbeitung in dem Sinne des eigenen Institutes zubilligen, dann erweitern sie ihren Handlungsspielraum in der Preisgestaltung aufgrund einer eingeschränkten Konkurrenz unter den Banken. Für die einzelne Bank ist bei jeder an sie herangetragenen Geschäftsmöglichkeit abzuwägen, inwieweit sich das einzelne Geschäft lohnt, oder es zu weiteren lohnenden Geschäften mit dem Kunden führen kann. Ist davon auszugehen, daß die Kunden gegenüber ihrer Full Financial Service-Bank ein hohes Beharrungsvermögen zeigen, so können andere Institute diese Beziehung auch mit sehr günstigen Angeboten kaum aufbrechen, so daß Einzelgeschäfte nur geringe Bedeutung als Einstiegsmöglichkeit für eine umfangreiche Geschäftsbeziehung haben können. Unter diesen Umständen ist eine Einschränkung der Konkurrenz zwischen den Instituten wahrscheinlich.

Eine Tendenz der Kunden, ihre gesamten Finanzbeziehungen auf ein Institut zu konzentrieren, kann sowohl aus der Bequemlichkeit der Kunden resultieren als auch durch das oben aufgezeigte Verhalten der Banken forciert werden. Es stellt sich dabei die Frage, welche weiteren Auswirkungen von einer solchen Entwicklung auf die Kreditwirtschaft ausgehen können. Veränderungen können sich vor allem dann ergeben, wenn sich bei einer verbreiteten Nutzung von Full Financial Service Angeboten durch Privatkunden Verschiebungen aufgrund umfangreicher Reduzierungen von Mehrfachbankverbindungen (Spanier (1987), S. 7) zugunsten einer einzigen Hausbankbeziehung (Stracke/Thies (1986), S. 407) ergeben. Dies ist vermutlich dann der Fall, wenn Full Financial Service-Pakete nicht von allen Instituten angeboten werden und/oder vor allem nicht bei allen Institutsgruppen gleichmäßig genutzt werden. Für diesen Fall kann nicht damit gerechnet werden, daß eine Auflösung von Geschäftsverbindungen aufgrund kundenindividueller Dispositionen zur Konzentration auf eine Bankbeziehung sich über die Menge der Kunden ausgleicht. Eine stark unterschiedliche Nutzung des Full Financial Service bei den verschiedenen Instituten kann somit möglicherweise zu bedeutenden Verschiebungen in den Kundenzahlen und Geschäftsvolumina führen.

Um die Frage nach eventuellen Veränderungen in den künftigen Geschäftsstrukturen der Institutsgruppen weiter zu untersuchen, ist zu überlegen, welche Ursachen zu einer unterschiedlichen Nutzung der Full Financial Service-Programme bei den Kreditinstituten führen könnten. Ein Grund kann darin liegen, daß die Anbieter aufgrund technisch-organisatorischer Gegebenheiten in unterschiedlicher Weise in der Lage sind, einen Full Financial Service für ihre Kunden zu realisieren. Daneben können die bestehenden Kundenstrukturen einer Bank dazu führen, daß ein Kreditinstitut keinen Full Financial Service anbietet, da die vorhandenen Strukturen der Kundschaft keinen ausreichenden Absatz dieser Leistungen erwarten lassen. Ein anderer Grund für eine unterschiedliche Nutzung der Serviceangebote kann in den von den Kunden wahrgenommenen Qualitätsunterschieden der Leistungsangebote liegen. Durch die Wirkung verschiedener Einflußfaktoren - wie beispielsweise fachliche und persönliche Qualifikation des beratenden Mitarbeiters, eine verkaufswirksame Präsentation des Angebotes etc. - auf die subjektive Wahrnehmung der Leistungen durch den einzelnen Kunden, können sich erhebliche Differenzen in der subjektiven Beurteilung des Services ergeben. Dies kann für die Entscheidung eines Kunden bei der Wahl einer bestimmten „Hausbank" ausschlaggebend sein.

Im Hinblick auf die Wettbewerbswirkungen läßt sich annehmen, daß die die Wahrnehmung beeinflussenden Faktoren grundsätzlich gleichermaßen innerhalb oder außerhalb des Kontrollbereiches der verschiedenen Kreditinstitutsgruppen liegen. (Dies soll nicht heißen, daß diese Größen von Instituten gleichermaßen berücksichtigt und beherrscht werden.) Inwieweit notwendige Umgestaltungen zur Absatzförderung etwa mit Hilfe von Instrumenten aus dem Marketingbereich zur Veränderung der bestehenden Kundenstruktur vorgenommen werden, oder ob Maßnahmen im technisch- organisatorischen Bereich ergriffen werden, hängt von der unternehmenspolitischen Zielsetzung ab. D.h., ob im Hinblick auf die Erreichung des angestrebten Institutszieles das Angebot von einem Full Financial Service unter Berücksichtigung der Gegebenheiten am Markt unerläßlich erscheint. Bei der Möglichkeit der Verfolgung der unternehmensspezifischen Ziele scheinen jedoch in bezug auf die oben genannten einschränkenden Einflußfaktoren für die Einrichtung von Full Financial Service keine wesentlichen vom Institut abhängigen Hemmnisse zu bestehen.

Eine wichtige Voraussetzung für das Angebot eines Full Financial Service besteht für die Kreditinstitute in der Möglichkeit, alle notwendigen einzelnen Leistungsbestandteile verfügbar zu haben. Es ist deshalb zu prüfen, ob die verschiedenen Institutsgruppen unterschiedliche Möglichkeiten zur erforderlichen Erweiterung ihrer Angebotspalette haben. Grundsätzlich können hier zwei Formen der Sortimentserweiterung betrieben werden, indem das Institut die Leistung selbst erstellt, und/oder indem es durch Kooperation mit Tochterunternehmen der Institutsgruppe oder „befreundeten" Unternehmen das Leistungsangebot ergänzt. Dabei ist aufgrund der bestehenden gesetzlichen Vorschriften, z.B. für den Verkauf von Versicherungsleistungen, die Wahlmöglichkeit zwischen Eigenerstellung der Leistung im engeren Sinne und Fremdbezug eingeschränkt.

Prinzipiell haben alle Institutsgruppen die Möglichkeit, ihr Angebot zu erweitern, wobei sie wahrscheinlich unterschiedliche Formen wählen werden. Es ist zu vermuten, daß die Großbanken dazu neigen werden, Unternehmen mit entsprechendem Geschäftszweck zu gründen oder aufzukaufen. Sparkassen und Genossenschaftsbanken werden tendenziell mit den entsprechenden Unternehmen der eigenen Gruppe kooperieren. Die kleinen Privatbanken werden sich vermutlich, soweit sie einen umfassenden Financial Service für ihre private Kundschaft anbieten wollen, auch auf Kooperationen mit anderen Instituten einlassen. Hierbei liegt eine Zusammenarbeit mit anderen Spezialinstituten in der Form eines Vertriebs der fremden Produkte im Sinne eines Finanzmaklers nahe. Es stellt sich dabei allerdings die Frage, ob die Konditionen, zu denen sich Kooperationspartner finden lassen, für die Privatbanken noch einen wirtschaftlich interessanten Full Financial Service durchführbar erscheinen lassen. Unter diesem Aspekt scheinen die Privatbanken, sofern sie im Geschäft mit den Privatkunden aktiv sind, hinsichtlich des Angebots und der damit verbundenen Gewinnchancen aus dem Full Financial Service benachteiligt zu sein.

Solange der Markt für Full Financial Services nicht als verteilt betrachtet wird, gehen die Banken möglicherweise davon aus, daß die Kunden auf bestimmte, besonders günstige Angebote der Institute mit einer verstärkten Nachfrage reagieren. Sie könnten mit „Lockangeboten" versuchen, sich gegenseitig Kunden abzuwerben. Dies erscheint insbesondere dann aus Sicht der Banken sinnvoll, wenn unter den Kunden eine Tendenz besteht, die Geschäftsbeziehungen auf ein Institut zu konzentrieren. Nach dem Prinzip der Mischkalkulation wird eine Bank unter den angenommenen Bedingungen eventuell versuchen, über ein besonders günstiges Leistungsangebot, das ein anderes Institut verweigert oder nur zu schlechteren Konditionen anbietet, die Deckung des gesamten Bedarfes von Finanzdienstleistungen eines Kunden an sich zu ziehen. Dies kann allerdings nur dann eine erfolgreiche Vorgehensweise sein, wenn

- die mit den Akquisitionsangeboten eingegangenen Risiken in die Kalkulation einbezogen werden und
- die Kunden sich auf das Angebot und die Abnahme von „Finanzpaketen" einlassen.

Bis die Kundenmärkte als verteilt betrachtet werden, kann ein Kampf um die Kundenbeziehung zu riskanten Einzelengagements der Kreditinstitute führen. Machen die Kunden sich in dieser Phase in größerem Umfang eine technisch mögliche Verbesserung der Markttransparenz zunutze, indem sie ihre Bankverbindungen auf mehrere Institute streuen und entsprechend den jeweils günstigsten Angeboten in Anspruch nehmen, kann der Wettbewerb über nicht kostendeckend kalkulierte Angebote von Einzelleistungen sehr teuer werden.

7. Notwendigkeit einer Berücksichtigung des Angebotes von Full Financial Services durch Kreditinstitute in der Gesetzgebung?

Nachdem in den vorangegangenen Kapiteln eingehend die Gestaltungsmöglichkeiten des Full Financial Service und die damit verbundenen Risiken dargestellt worden sind, soll im folgenden die eventuelle Notwendigkeit einer Berücksichtigung dieses neuen Leistungsangebotes der Kreditinstitute für Privatkunden in der Gesetzgebung diskutiert werden. Grundsätzlich erscheint ein gesetzlicher Regelungsbedarf dann gegeben, wenn durch das Leistungsangebot der Kreditinstitute bzw. dessen Inanspruchnahme durch die Kunden eine Beeinträchtigung der Funktionsfähigkeit der Kreditwirtschaft oder ein Mißbrauch der erreichbaren Positionen z.B. hinsichtlich Informationsstand oder Macht durch einen Geschäftspartner zu beseitigen oder zu befürchten ist (Häuser (1982), S. 128).

Eine Gefährdung der Funktionsfähigkeit der Kreditwirtschaft durch Full Financial Service könnte sich dann ergeben, wenn durch diese Geschäfte eine erhebliche Erhöhung der Risiken verursacht würde. Dies kann geschehen durch eine Veränderung der Risikostruktur, indem durch die zusätzlichen Geschäftsabschlüsse Risiken mit hohen positiven Korrelationen zu den bestehenden Geschäftsbeziehungen eingegangen würden. Dies ist insoweit nicht auszuschließen, als durch den Full Financial Service nur bedingt neue Kunden akquiriert werden, sondern eher bestehende Beziehungen ausgebaut werden. Andererseits wird durch die Verbesserung des Informationsstandes, die mit dem neuen Dienstleistungsangebot für die Bank verbunden ist, tendenziell das Risiko der einzelnen Geschäftsbeziehung gesenkt.

Eine Erweiterung der Produktpalette, die bei einer Entscheidung für „Eigenerstellung" der Leistungen im Hinblick auf ein umfassendes Angebot von Finanzdienstleistungen notwendig erscheint, beinhaltet zwar neue Risiken, jedoch dürfte sich bei allgemeiner Nutzung des Full Financial Service ein Diversifikationseffekt mit den übrigen Geschäften fast automatisch ergeben.

Problematisch könnten sich für die Kreditinstitute die Risiken aus den Beratungsleistungen gestalten. Neben Risiken aus der möglichen Haftung für die erbrachten Informationsdienst- und Beratungsleistungen, die sich durch ein vorsichtiges Verhalten bei der Formulierung von Empfehlungen - insbesondere hinsichtlich der Zuverlässigkeit von Aussagen - begrenzen lassen, können auch Risiken aus einer einseitigen Steuerung der Beratungen erwachsen. Beispielsweise kann über eine ausgeprägte Orientierung der Handlungsempfehlungen für die Kunden an den geschäftspolitischen Interessen eines Institutes eine positive Korrelation der Beratungsrisiken hervorgerufen werden. Dies gilt in dem Sinne, daß eventuell viele Kunden in die gleiche Richtung, z.B. im Hinblick auf Anlageempfehlungen, beraten werden. Daraus kann bei möglichen Mängeln in der Beratung bei sehr vielen Kunden eine unzufriedene Reaktion erfolgen. Wie oben schon erläutert wurde, führt dies in der Regel nicht direkt zu erfolgswirksamen Konsequenzen, sondern die Kunden werden sich von dem Institut erst zurückziehen, wenn sie die Fehlleistungen erkannt haben. Damit ist eine aus den Beratungsleistungen resultierende akute Funktionsstörung für die Kreditwirtschaft nicht zu erwarten.

Eine einseitig gesteuerte Beratung der Kunden kann auch zu einer unangemessenen Förderung des Absatzes einzelner Leistungen führen. Damit sind ebenfalls Risiken für die Bank verbunden, wenn dem Institut nicht die erforderlichen Refinanzierungs- bzw. Anlagemöglichkeiten zur Verfügung stehen. Zudem können durch eine einseitige Verkaufsförderung Erwägungen der Risikostreuung verletzt werden. Diese Problematik ist jedoch keine Besonderheit eines Full Financial Service, sondern kann als ein allgemeines Problem der Geschäftsführung in Kreditinstituten betrachtet werden, dem in der Gesetzgebung Rechnung getragen wird.

Durch das Angebot und die Nutzung von Full Financial Services wird sicherlich das Risiko, das mit der Erbringung von Informations- und Beratungsleistungen verbunden ist, erhöht, da mehr Leistungen dieser Art abgesetzt werden als bisher. Aufgrund der letztendlichen Entscheidungsverantwortung des einzelnen Kunden folgt aus diesen Dienstleistungen nur in Fällen von nachweisbarer Vernachlässigung der Sorgfaltspflichten, grober Fahrlässigkeit und/ oder betrügerischen Absichten eine direkte erfolgswirksame Konsequenz für das Kreditinstitut. Da diese Tatbestände schon gesetzlich geregelt sind, erscheint auch hier der Bedarf nach speziellen Vorschriften für die Kreditwirtschaft im Hinblick auf den Full Financial Service gering. Dies gilt insbesondere, wenn man bedenkt, daß eine Beeinträchtigung der Funktionsfähigkeit der Kreditwirtschaft insoweit nicht zu erwarten ist, da die Institute an der Pflege der langfristigen Vertrauensbeziehungen zu den Kunden stark interessiert sind und somit zu einem vorsichtigen Verhalten hinsichtlich von Empfehlungen neigen werden.

Neben der zu erwartenden Wirkung auf die Funktionsfähigkeit der Kreditwirtschaft ist für eine Diskussion des Regelungsbedarfes auch zu prüfen, inwieweit sich aus dem Full Financial Service Risiken des Mißbrauchs gegenüber den Kunden ergeben können. Diese Risiken können vor allem daraus entstehen, daß die einzelnen Kunden den beratenden Banken sehr viel mehr Informationen über ihre finanziellen und persönlichen Lebensvorstellungen zur Verfügung stellen, als dies bislang der Fall ist, und darüber hinaus diese Informationen systematisch erfaßt und ausgewertet werden sollen. Damit haben die Institute prinzipiell eine erweiterte Möglichkeit, in die Lebensplanung der Kunden entsprechend den Institutsvorstellungen einzugreifen. Dies gilt umso mehr, je weniger die Banken unterschiedliche Risikoneigungen gegenüber ihren Kunden tolerieren. Die Kunden haben dann möglicherweise nur noch einen stark eingeschränkten Handlungsspielraum bei der Realisation ihrer Pläne, wenn sie z.B. den Wunsch haben, sich von einem finanziell „sicheren" Angestelltenverhältnis in die berufliche Selbständigkeit zu begeben. Dabei verfügen die Banken, neben den zukunftsbezogenen Planungsgrößen der Kunden, auch durch die Führung der Konten über hervorragende Kontrollmöglichkeiten der finanziellen Transaktionen der Kunden.

Bei der Vielzahl der geführten Konten stellt sich allerdings die Frage, inwieweit eine solche Vorstellung von der alles kontrollierenden Bank realistisch ist. Grundsätzlich wird man davon ausgehen können, daß die Kreditinstitute den Informationszuwachs vor allem dann nutzen werden, wenn sie eine Gefährdung ihrer finanziellen Interessen in einem Kundenverhältnis durch Ausfälle von Zahlungen befürchten müssen. Da eine solche Konstellation in der Regel für den Kunden mit unangenehmen Konsequenzen verbunden ist, kann eine „Warnung" und Hilfestellung der Bank durchaus sinnvoll und im Interesse des Kunden sein. Problematisch kann jedoch zumindest in Einzelfällen die Abgrenzung von Empfehlungen zu geforderten, aber vertraglich, bei Beginn der umfassenden Geschäftsbeziehung, nicht vereinbarten Folgegeschäften sein.

Neben einem möglichen Informationsmißbrauch im eigenen Unternehmen kann auch über den Austausch von Informationen über die einzelnen Kunden zwischen den Kreditinstituten ein unzulässiger Gebrauch von persönlichen Daten gemacht werden. Dies stellt ein grundsätzliches Problem des Datenschutzes dar, für das eindeutige Vorschriften im Rahmen des allgemeinen Datenschutzes und insbesondere bei der Handhabung des Bankauskunftsverfahrens gelten sollten. Es ist dabei zu regeln, ob die ohnehin erforderliche Zustimmung von Privatkunden für die Erteilung von Bankauskünften (Weber (1984), S. 531/532; Weber (1987), S. 325) sich auch auf die persönlichen, nicht direkt finanziellen Daten eines Kunden beziehen kann. In diesem Zusammenhang ist es denkbar, ein mehrstufiges System hinsichtlich der Vertraulichkeit von Daten zu entwickeln, das zur Grundlage der praktischen Vorgehensweise bei der Auskunftserteilung wird.

8. Schlußbetrachtung

Das Angebot von Full Financial Services kann für die Kreditinstitute zu einer interessanten Erweiterung ihrer Geschäftstätigkeit führen. Allerdings sollten die Institute im Interesse des Aufbaus und des Erhaltens einer langfristigen Vertrauensbeziehung zu ihren Kunden der Versuchung widerstehen, bei den Beratungen eigene absatzpolitische Maximierungsvorstellungen über die Interessen und Zielvorstellungen der Kunden zu stellen. Werden die Beratungen im Rahmen des Full Financial Service zu reinen Verkaufsförderungsgesprächen degradiert, wird der Anspruch eines neuen Leistungsangebotes für die Kunden verfehlt und möglicherweise das Vertrauen in eine objektive Betreuung durch die Bank verwirkt. Der Anreiz für die Kreditinstitute, sich in dem genannten Sinne kundenschädigend zu verhalten, ist um so größer, je geringer der Informationsstand der Kunden hinsichtlich ihrer finanziellen Möglichkeiten ist. Besteht bei den Kunden aus unterschiedlichen Gründen eine latente Unwilligkeit, sich selbständig über verschiedene Finanzierungs-, Versicherungs- und Anlagemöglichkeiten etc. zu informieren, so ist die Wahrscheinlichkeit hoch, daß ihnen mit einer scheinbar objektiven Beratung suboptimale Lösungen für ihre Finanzprobleme verkauft werden. Die Kreditinstitute gehen damit allerdings in Zeiten eines aktiven Verbraucherschutzes das Risiko ein, ihr Image als seriöse und vertrauenswürdige Partner ihrer Kunden zu verlieren.

Literaturverzeichnis

Elbern, Marlene, Gruppenbild, in: Capital, 5/1987, S. 169-170.
Gerke, Wolfgang/Heilig, Klaus, Das Polaritätendiagramm als Methode zur Bestimmung von Risikoneigung, in: Psychologie und Praxis, Band XIX, Stuttgart-Bad Cannstatt 1975, S. 107-116.
Gurnee, Robert F., The Retailers Approach to Developing Financial Services, in: Betriebswirtschaftliche Blätter, 12/1985, S. 506-507.
Häuser, Franz, Das private Bankvertragsrecht - de lege ferenda betrachtet, in: Die Bank, 3/1982, S. 126-130.
Hax, Herbert, Investitionsentscheidungen bei unsicheren Erwartungen, in: Entscheidung bei unsicheren Erwartungen, Hax, Herbert (Hrsg.), Köln-Opladen 1970, S. 129-140.
Larkin, James T., Einige Anmerkungen zur Zukunft von Financial Services und Zahlungssystemen, in: bank und markt, 4/1987, S. 12-18.
Meffert, Heribert, Kundendienstpolitik, in: Marketing, 2/1987, S. 93-102.
Moser, Hubertus, Nachfrageanalyse der Bankdienstleistungen: Bedarf an Diversifikation und neuen Produkten, in: Sparkasse International, 2/1986, S. 7-10.
Philipp, Fritz, Beziehungen zwischen Vermögen und Kapital, Handwörterbuch der Betriebswirtschaftslehre, Bd. IV, 3. Aufl., Stuttgart 1960, Sp. 5795-5800.
Philipp, Fritz, Risiko und Risikopolitik, Stuttgart 1967.
Philipp, Fritz, Risiko und Risikopolitik, in: Handwörterbuch der Betriebswirtschaftslehre, Bd. I/3, 4.Aufl., Stuttgart 1976, Sp. 3453-3460.
Schneider, Günter, Gedanken zur Entwicklung des Privatkundengeschäftes, in: bank und markt, 3/1987, S. 28-33.
Spanier, Hans, Wettbewerb um den Privatkunden: Financial Services, in: Die Bank, 11/1985, S. 548-553.
Spanier, Hans, Grundlagen für die Zukunft des Privatkundengeschäfts, in: bank und markt, 2/1987, S. 7-11.
Stracke, Guido/Thies, Sven, Finanzplanung: Methode, Märkte, Anbieter, in: Die Bank, 8/1986, S. 402-408.
Stracke, Guido/Pohl, Michael, Aktivitäten von Waren- und Versandhäusern im Finanz-Dienstleistungsmarkt Europas, in: Die Bank, 2/1987a, S. 94-97.
Stracke, Guido/Pohl, Michael, Financial Services in Deutschland (I), in: Die Bank, 5/1987b, S. 231-247.
Stracke, Guido/Pohl, Michael, Financial Services in Deutschland (II): Marktstrategien der Bausparkassen, in: Die Bank, 8/1987c, S. 421-439.
Weber, Ahrend, Bankauskunftsverfahren neu geregelt, in: Die Bank, 11/1984, S. 530-534.
Weber, Ahrend, Neue Grundsätze für das Bankauskunftsverfahren, in: Die Bank, 6/1987, S. 324-327.

Die Eigenkapitalvorschrifen der Hypothekenbanken als Risikobegrenzungsnormen unter veränderten Rahmenbedingungen

Von Prof. Dr. Rosemarie Kolbeck

Unter dem Vorsitz von Fritz Philipp hat eine Professoren-Arbeitsgruppe eine Stellungnahme zur „Bankaufsichtlichen Begrenzung des Risikopotentials von Kreditinstituten" in Form von Universalbanken erarbeitet (Philipp u. a., S. 285 - 302). Die Hypothekenbanken, die dabei ausgespart worden sind, sollen daher Gegenstand des Beitrages zu der Fritz Philipp gewidmeten Festschrift sein.

1. Risikobegrenzung durch Eigenkapitalvorschriften

Im Vergleich zu den universell tätigen Kreditinstituten, den (privaten) Kreditbanken, den Instituten des kreditgenossenschaftlichen Verbunds und den (überwiegend) öffentlich-rechtlichen Instituten der Sparkassenorganisation, sind die Geschäfte der auf den langfristigen Kredit spezialisierten Kreditinstitute, der (privaten) Hypothekenbanken, der (privaten) Schiffspfandbriefbanken - die ihrer starken Spezialisierung wegen im folgenden außer Betracht bleiben - und der öffentlich-rechtlichen Grundkreditanstalten, zweifellos mit geringeren Risiken behaftet. Zuweilen wird der langfristige Kredit dieser Spezialinstitute infolgedessen sogar als der „langweilige" Kredit bezeichnet (v. Köller (1987), S. 10). Die Gründe dafür liegen in den risikobegrenzenden Spezialvorschriften für das Real- und Kommunalkreditgeschäft, die für die Hypothekenbanken das „Hypothekenbankgesetz" (HBG), für die öffentlich-rechtlichen Grundkreditanstalten das „Gesetz über die Pfandbriefe und verwandten Schuldverschreibungen der öffentlich-rechtlichen Kreditanstalten" (ÖPG) enthält. Von besonderer Bedeutung sind dabei die Eigenkapitalvorschriften des HBG, die den Hypothekenbanken spezielle Begrenzungen für ihre Geschäftstätigkeit auferlegen, während vergleichbare Vorschriften im ÖPG fehlen, so daß sowohl für die öffentlich-rechtlichen Grundkreditanstalten als auch für die anderen öffentlich-rechtlichen Kreditinstitute, die Pfandbriefe und Kommunalschuldverschreibungen ausgeben dürfen (wie z.B. die Girozentralen), keine gleichartigen Beschränkungen gelten.

Während seiner langen Laufzeit hat sich das HBG (vom 13. 7. 1899) nach einhelliger Ansicht in Literatur und Praxis so bewährt, daß es zwar einer ganzen Reihe von Änderungen - insbesondere auch der Eigenkapitalvorschriften - bedurfte, um Anpassungen der Hypothekenbanken an wechselhafte wirtschaftliche Verhältnisse zu ermöglichen, daß aber die Grundzüge des HBG, das „Spezialprinzip" und der „Pfandbriefstandard", dabei jeweils erneut bestätigt worden sind (Schmidt (1987), S. 528; Rode (1986), S. 504; Verband Deutscher Hypothekenbanken (1986), S. 60). Seit dem Beginn der 70er Jahre hat sich nun allerdings „die Rolle der Hypothekenbanken in der Kreditwirtschaft in stärkerem Maße verändert als in der gesamten Zeit vorher" (Röller (1986), S. 512). Die Gründe dafür liegen nicht nur in Veränderungen der wirtschaftlichen Rahmenbedingungen der Hypothekenbanken, wie sie etwa im Erwerb von Mehrheitsbeteiligungen der Universalbanken an den Hypothekenbanken bei der sogenannten „Flurbereinigung", in der Verkürzung der Laufzeiten an den Finanzmärkten infolge inflatorischer Entwicklungen, im Rückgang der Wohnungsneubauhypotheken infolge fortschreitender Sättigung der Wohnungsmärkte und in der Zunahme des Kommunalkredits infolge steigenden Kapitalbedarfs der öffentlichen Haushalte zum Ausdruck kommen. Verändert haben sich vielmehr auch die rechtlichen Rahmenbedingungen der Hypothekenbanken, vor allem durch die Novellierung des HBG von 1974, die zu einer „Reform des Realkredits beitragen sollte" (Schmidt (1987), S. 528), und durch die Novellierung des Kreditwesengesetzes (KWG) von 1985, mit der der Gesetzgeber auf „die veränderte Risikosituation der Kreditinstitute aus dem Wachstum, der Verflechtung und der Internationalisierung der Finanzmärkte sowie die zunehmenden Bonitäts- und Liquiditätsrisiken im Bankbetrieb" (Deutscher Bundestag (1984), S. 18) reagierte. „Gegen das Votum des gesamten privaten Bankgewerbes" (Röller (1986), S. 516) sind die Hypothekenbanken dabei in die bankaufsichtlichen Konsolidierungsvorschriften für Kreditinstitutsgruppen einbezogen worden, und als Folge davon haben Diskrepanzen zwischen dem KWG in Verbindung mit dem Eigenkapitalgrundsatz des Bundesaufsichtsamtes für das Kreditwesen (BAKred) und dem HBG sowohl bezüglich des „Spezialprinzips" als auch bezüglich der Eigenkapitalvorschriften entscheidende Bedeutung für die Weiterentwicklung der Hypothekenbanken gewonnen. In diesem Kontext ist daher ein wesentlicher Leitgedanke des im Juli 1987 den Verbänden der Kreditwirtschaft zur Stellungnahme zugeleiteten Referentenentwurfs eines „Gesetzes zur Änderung des Hypothekenbankgesetzes und anderer Vorschriften für Hypothekenbanken" zu sehen, der den bereits eingetretenen Veränderungen im Umfeld der Hypothekenbanken Rechnung zu tragen versucht, ohne den zukünftigen weiteren gravierenden Veränderungen wirtschaftlicher und rechtlicher Rahmenbedingungen, wie sie vor allem im Zuge der Realisierung des EG-Binnenmarktes bis zum Ende des Jahres 1992 auf die Hypothekenbanken zukommen werden (Verband Deutscher Hypothekenbanken (1986), S. 66 - 71), vorgreifen zu wollen (Schmidt (1987), S. 528).

Zweifellos haben die Eigenkapitalvorschriften des HBG in der Vergangenheit einen wesentlichen Beitrag zur Risikobegrenzung der Hypothekenbanken unter wechselhaften Verhältnissen geleistet. Veränderungen des Risikopotentials, wie sie im Gefolge veränderter Rahmenbedingungen auftreten, lassen daher erwarten, daß der Gestaltung der Eigenkapitalvorschriften der Hypothekenbanken auch in Zukunft ein bedeutsames Augenmerk zu widmen sein wird. Anliegen der folgenden Ausführungen ist es deshalb, einige der in diesem Zusammenhang auftauchenden Probleme herauszuarbeiten. Eine Analyse der Veränderungen wirtschaftlicher und rechtlicher Rahmenbedingungen seit Beginn der 70er Jahre und ihrer Auswirkungen auf das Risikopotential der Hypothekenbanken soll dafür die erforderliche Ausgangsbasis schaffen.

2. Auswirkungen veränderter Rahmenbedingungen auf das Risikopotential der Hypothekenbanken seit den 70er Jahren

2.1. Veränderungen wirtschaftlicher Rahmenbedingungen

Die starken Veränderungen wirtschaftlicher Rahmenbedingungen der Hypothekenbanken seit Beginn der 70er Jahre lassen sich letztlich auf einen ganzen Komplex von Ursachen zurückführen. Zu nennen sind vor allem die strukturellen Veränderungen auf den Güter- und Finanzmärkten, die nicht nur die Spezialgeschäfte der Hypothekenbanken, sondern auch die Geschäfte der universell tätigen Kreditinstitute beeinflußt haben. In engem Zusammenhang damit sind daher die Bemühungen um eine möglichst intensive Zusammenarbeit zwischen spezialisierten Hypothekenbanken und universell tätigen Kreditinstituten zu sehen, die in Kooperationen und kapitalmäßigen Beteiligungen ihren Niederschlag gefunden haben.

2.1.1. Mehrheitsbeteiligungen an Hypothekenbanken

Durchaus zutreffend ist der 1971 erfolgte umfassende Tausch von Schachtelbeteiligungen an Hypothekenbanken zwischen den Großbanken „von der Presse" als „Flurbereinigung" bezeichnet worden (Leeb (1984), S. 237). Die drei Großbanken, die lange Zeit nur Minderheitsbeteiligungen an Hypothekenbanken gehalten hatten, erwarben damals Mehrheitsbeteiligungen, wie sie von „anderen kreditwirtschaftlichen Gruppen (Genossenschaftsbanken, Regionalbanken) ... bereits in früheren Jahrzehnten" (Leeb (1984), S. 237) aufgebaut worden waren (Tabelle 1). Vorausgegangen war dieser „Eingliederung nunmehr praktisch aller Hypothekenbanken in kreditwirtschaftliche Gruppen", die in der Literatur als „das wichtigste Ereignis in der jüngeren Geschichte des Hypothekenbankgewerbes" angesehen wird und zweifellos die weitere Entwicklung der Hypothekenbanken „entscheidend geprägt" hat (Röller (1986), S. 513), bereits eine lange, fruchtbare Zusammenarbeit zwischen universell tätigen Kreditinstituten und privaten Spezialinstituten des langfristigen Kredits.Die Gründe dafür liegen in den beiderseitigen Vorteilen einer solchen Kooperation. Während den Hypothekenbanken von den universell tätigen Kreditinstituten ein großes Filialnetz für den Absatz von Pfandbriefen und Kommunalschuldverschreibungen und die Akquisition von Darlehenskunden sowie das Know how für die Finanzierung gewerblicher und industrieller Objekte zur Verfügung gestellt werden kann, wird den universell tätigen Kreditinstituten eine Verbreiterung ihres Dienstleistungsangebotes im langfristigen Kreditgeschäft, besonders auf dem Gebiet der Baufinanzierung, und die Nutzung der gewachsenen Geschäftsverbindungen und des Know how der Hypothekenbanken als Spezialisten des Emissionsgeschäfts und des langfristigen Real- und Kommunalkredits ermöglicht (Leeb (1984), S. 237; Röller (1986), S. 512 und 515). In den folgenden Abschnitten wird darauf noch im einzelnen eingegangen werden. Im nachhinein wird dazu von beiden Seiten festgestellt, daß sich die ursprünglichen Erwartungen voll erfüllt haben und weitere Erfolge für die Zukunft erhofft werden dürfen (Leeb (1984), S. 237; Röller (1986), S. 515).

„Mit kritischer Aufmerksamkeit" betrachtet allerdings die Öffentlichkeit „das Verhältnis der Hypothekenbanken zu ihren Mutterbanken", vor allem „seit die Großbanken Mehrheitsbeteiligungen an diesen Instituten übernommen haben", im Hinblick auf eine „Beeinträchtigung der Eigenständigkeit der Hypothekenbanken ... durch die Einflußnahme der Mutterbanken" (Röller (1986), S. 515). Sowohl das in den §§ 1, 5 und 46 des HBG verankerte „Spezialprinzip" als auch die in den §§ 311 und 312 des Aktiengesetzes (AktG) enthaltenen Vorschriften über die „Schranken des Einflusses" und den „Abhängigkeitsbericht des Vorstands" stehen einer solchen Möglichkeit zwar grundsätzlich entgegen, die Diskussion darüber ist aber im Zusammenhang mit der Einbeziehung der Hypothekenbanken in die Konsolidierungsvorschriften des KWG für Kreditinstitutsgruppen erneut entflammt (Becker (1983), S. 604 f.; Bellinger (1983), S. 652). Es wird daher bei der Erörterung der KWG-Novellierung von 1985 darauf zurückzukommen sein.

2.1.2. Laufzeitenverkürzungen an den Finanzmärkten

„Bis 1971 waren die deutschen Hypothekenbanken in der Lage, ihre langfristig - das heißt 25 bis 35 Jahre - gewährten Darlehen mit einem festen Zinssatz für die gesamte Laufzeit auszustatten, da sie sich über den Verkauf ihrer gleich lang oder sogar länger laufenden und ebenfalls mit einem bis zur Fälligkeit festen Zinssatz ausgestatteten Pfandbriefe und Kommunalobligationen mindestens zeitkongruent und mit der üblichen Zinsmarge refinanzieren konnten" (Mittermüller (1981), S. 673). Dies änderte sich als Folge inflationärer Zinsentwicklungen, die „am Kapitalmarkt zu einem bis dahin unbekannten Kursverfall der niedrigerverzinslichen Langläufer" (Röller (1986), S. 512) geführt hatten, im Laufe der folgenden Jahre so grundlegend, daß Laufzeiten unter 10 Jahre für Pfandbriefe und Kommunalobligationen die Regel wurden und bis 1983 auf 91 % des Emissionsvolumens anstiegen, während 1969 noch rund 91 % des Emissionsvolumens mit Laufzeiten von 15 Jahren und länger ausgestattet gewesen waren (Reichstein (1985), S. 646; Röller (1986), S. 512; Verband Deutscher Hypothekenbanken (1986), S. 26). Erfreulicherweise tendiert der Anteil der Langläufer sich mittlerweile wieder zu erhöhen, so daß 1986 bereits 24 % des Emissionsvolumens wieder Laufzeiten über 10 Jahre hatten (Verband Deutscher Hypothekenbanken (1986), S. 26). Hinzuweisen ist in diesem Zusammenhang allerdings darauf, daß „unter der Zielsetzung des Sparerschutzes" (Fleischmann/Bellinger/Kerl (1979), S. 65), die der - im Zusammenhang mit dem Kursverfall der umlaufenden langläufigen Wertpapiere laut gewordenen - „Pfandbriefschelte" (Reichstein (1985), S. 646) entgegenwirken sollte, mit der Novellierung des HBG von 1974 die Laufzeitenkongruenz von Schuldverschreibungen und Hypotheken- bzw. Kommunaldarlehen sowie die Ausgabe von Tilgungsschuldverschreibungen (mit Tilgungsbeginn spätestens nach Ablauf von einem Drittel der Laufzeit) „in angemessener Höhe" vorgeschrieben worden ist (§ 9 Abs. 1 i. V. m. § 41 Abs. 2 HBG). Angemessen bedeutet dabei einen Anteil von mindestens 40 % aller neu begebenen Schuldverschreibungen unter Anrechnung der Schuldverschreibungen mit einer Laufzeit bis zu 15 Jahren. Laufzeitenstrukturen, wie sie vor 1974 möglich waren, werden infolgedessen überhaupt nicht mehr erreichbar sein. Von Bedeutung erscheint daher, daß zur Verbesserung der Laufzeiten-Struktur des Emissionsgeschäfts die „Restliberalisierung des DM-Kapitalmarktes seit Mai 1985" die Möglichkeit bietet, „zu prüfen, ob durch nunmehr zulässige Varianten bei der Ausgestaltung der Schuldverschreibungen das Laufzeitenproblem entschärft werden könnte" (Röller (1986), S. 516). Es hat sich allerdings bereits bei der ersten Ausgabe einer (aufgezinsten) Null-Kupon-Anleihe durch eine große Hypothekenbank gezeigt, daß vor einer umfangreicheren Verwendung von Finanzinnovationen noch zahlreiche wirtschaftliche und rechtliche Probleme einer Lösung bedürfen (Röller (1986), S. 516).

Folge der Verkürzung der Laufzeiten für die Refinanzierungsmittel der Hypothekenbanken war zwangsläufig, daß sie auch ihre langfristigen Darlehen nicht mehr mit festen Konditionen für die gesamte Laufzeit ausstatten konnten. Ab 1971 führten sie deshalb die „Konditionenanpassung ... nach bestimmten - den Kundenwünschen und den Refinanzierungsmöglichkeiten angepaßten - Zeitabschnitten von beispielsweise fünf oder zehn Jahren" (Mittermüller (1981), S. 673), die sogenannte „Abschnittsfinanzierung" (Röller (1986), S. 512) ein. Zugleich gingen die Hypothekenbanken zu einer „Auffächerung" ihrer Darlehenskonditionen über, die den Kunden Wahlmöglichkeiten zwischen alternativen Konditionsgestaltungen in bezug auf Nominalzins, Auszahlungsbetrag und Konditionsbindungsfrist eröffnete (Mittermüller (1981), S. 673 f.). Es ist offensichtlich, daß aufgrund einer solchen Entwicklung die Abstimmungserfordernisse im liquiditätsmäßig-finanziellen Bereich der Hypothekenbanken erheblich zunehmen mußten und zur Begrenzung der damit verbundenen Risiken sehr bald nur noch EDV-mäßig bewältigt werden konnten (Mittermüller (1981), S. 675 f.). Für die Hypothekenbanken mit ihrer geschäftsbedingt geringen Personalausstattung erforderte dies gravierende Veränderungen im technisch-organisatorischen Bereich, die „ohne die Unterstützung der Muttergesellschaften kaum vorstellbar gewesen" wären (Röller (1986), S. 514).

2.1.3. Veränderungen im Hypothekendarlehensgeschäft

Traditionellerweise finanzierten die Hypothekenbanken mit erststelligen langfristigen Hypothekendarlehen den Wohnungsneubau, wobei sie als Geschäftspartner die unternehmerische Wohnungswirtschaft bevorzugten, so daß große Darlehensbeträge in relativ geringer Stückzahl die Regel waren (Leeb (1984), S. 237; Röller (1986), S. 513). Bereits in der zweiten Hälfte der 60er Jahre verlagerte sich das Gewicht der Finanzierungsnachfrage jedoch zunehmend auf private Bauherren und wurde dadurch zum Mengengeschäft mit vielen kleinen Darlehensbeträgen, das die Hypothekenbanken als Spezialbanken ohne Filialnetz nur in enger Kooperation mit universell tätigen Kreditinstituten durch die Entwicklung von Modellen für „Verbunddarlehen" oder „Finanzierungen aus einer Hand" bewältigen konnten (Leeb (1984), S. 237; Röller (1986), S. 513; Fey (1985), S. 125), wobei auch kurzfristige Zwischenfinanzierungen, Vorschaltdarlehen, einfach oder mehrfach gestreckte Vorausdarlehen usw. üblich wurden (Fey (1985), S. 125; Herrmann (1986), S. 636). In diesem Zusammenhang ist daher von besonderer Bedeutung, daß die Hypothekenbanken mit der Novellierung des HBG von 1974 durch die Erhöhung der Umlaufsgrenze für Pfandbriefe vom 20fachen auf das 25fache des Eigenkapitals (§ 7 Abs. 1 HBG) nicht nur im erststelligen Beleihungsraum ein größeres Betätigungsfeld erhalten haben, sondern daß ihnen erstmals auch der zweitstellige Beleihungsraum - wenngleich nur im bescheidenen Umfang von 10 % aller Hypothekendarlehen - (§ 5 Abs. 1 Nr. 2, Abs. 2 Satz 3 HBG) eröffnet worden ist. Die korrespondierende Vorschrift für die Passivgeschäfte begrenzt die Annahme von Einlagen, die Aufnahme von Darlehen und die Ausgabe nicht deckungsfähiger Schuldverschreibungen auf die Höhe des 3fachen Eigenkapitals (§ 5 Abs. 1 Nr. 4 HGB) unter Anrechnung auf die Umlaufgrenze für Schuldverschreibungen insgesamt (§ 7 Abs. 2 HGB). Trotz der damit erreichten Flexibilität stoßen die Hypothekenbanken im Vergleich zu ihren Konkurrenten im zweitstelligen Beleihungsraum zwangsläufig sehr schnell an Grenzen. Als sich daher „Ende der 70er Jahre der allgemeine Trend herausbildete, den zweiten Raum immer weiter, d. h. auch über 80 % des Beleihungswertes hinaus, auszudehnen" und sich gleichzeitig die öffentlichen Haushalte aus der Wohnungsbauförderung zurückzogen, begannen die Hypothekenbanken, der gewandelten Kreditnachfrage durch den Abschluß von „Bürgschaftskontingenten bei öffentlich-rechtlichen Kreditinstituten, z. T. mit Rückbürgschaften von Geschäftsbanken", Rechnung zu tragen (Verband Deutscher Hypothekenbanken (1986), S. 60 f.). Auch Kooperationen der Hypothekenbanken mit Lebensversicherungen und Bausparkassen gewannen zur Erweiterung der Angebotspalette an Bedeutung (Fey (1985), S. 125).

Als Folge steigender Sättigung der Wohnungsmärkte setzte Mitte der 70er Jahre ein deutlicher Rückgang der Wohnungsneubaufinanzierung (Röller (1986), S. 514) ein, der noch immer anhält. Gleichzeitig begann aber die Nachfrage nach Finanzierungsmitteln für Sanierungen, Modernisierungen und Erweiterungen des Wohnungsbestandes überproportional zuzunehmen, so daß sich das Volumen der Wohnungsbaukredite insgesamt zwar weiterhin erhöhte, von den Kreditzusagen der Hypothekenbanken für den Wohnungsbau jedoch 1986 bereits 69 % auf den Wohnungsbestand und nur noch 31 % auf den Wohnungsneubau entfielen (Verband Deutscher Hypothekenbanken (1986), S. 45). Ungeachtet ihrer Erfolge im gesamten Wohnungsbaufinanzierungsgeschäft versuchten die Hypothekenbanken, sich als Ersatz für die rückläufige Wohnungsneubaufinanzierung seit Mitte der 70er Jahre in steigendem Maße der Finanzierung gewerblicher und industrieller Objekte zuzuwenden (Fey (1985), S. 125 f.; Röller (1986), S. 514, Leeb (1984), S. 238). Auch dafür nutzten sie das Know how und die Kundenverbindungen ihrer Mutterbanken. „Für den gewerblichen Mittelstand wurde so indirekt der Zugang zum Kapitalmarkt erschlossen" (Leeb (1984), S. 238). Bei stark ansteigenden absoluten Beträgen erreichte der Anteil der gewerblichen und industriellen Beleihungen an den gesamten Hypothekendarlehensbeständen der Hypothekenbanken 1977 einen Höchststand von 26,6 %, verringerte sich bis 1986 aber wieder auf 23,2 % (Verband Deutscher Hypothekenbanken (1984), S. 38, (1986), S. 50). Bezüglich der Sicherheit dieser Geschäfte wird in der Literatur einerseits die Meinung vertreten, daß „die Risiken gewerblicher Beleihungen ... bei sorgfältiger Auswahl und vorsichtiger Bewertung der Objekte ... nicht höher zu veranschlagen" sind „als im Wohnungsbaukredit" (Leeb (1984), S. 238), andererseits wird aber eindringlich darauf hingewiesen, daß „im Insolvenzfall eines Produktionsbetriebes ... das Betriebsgrundstück mit den darauf befindlichen Gebäuden häufig keine ausreichende Sicherheit" bietet, „was zu höheren Verlusten führen kann" (Reichstein (1985), S. 649). Besonders zu beachten ist in diesem Zusammenhang, daß die Reform des Insolvenzrechts möglicherweise zu einer verringerten Haftung des Zubehörs von Grundstücken für Grundpfandrechte führen wird, weil damit bei den heutigen Anteilen des Zubehörs an den Sicherheitswerten von bis zu 50 % eine erhebliche Erhöhung der Risiken gewerblicher und industrieller Beleihungen verbunden sein würde (Reichstein (1985), S. 649).

Weitere Betätigungsfelder erschlossen sich die Hypothekenbanken mit der Finanzierung energiewirtschaftlicher und sonstiger öffentlicher Großprojekte, wie z. B. der Errichtung von Kraftwerken, und der Finanzierung - meist ebenfalls energiewirtschaftlicher - Exportprojekte. Über die Kooperation der Hypothekenbanken mit ihren Mutterbanken hinaus bedarf es hierzu der Stellung öffentlicher Bürgschaften (bei Exportfinanzierungen in Form sogenannter „Deckblattbürgschaften" des Bundes als Verbesserung der Hermes-Bürgschaften für Bestellerkredite), die wiederum von den Mutterbanken rückverbürgt werden, und eventuell sogar der Bildung von Hypothekenbanken-Konsortien (Röller (1986), S. 514 f.; Leeb (1984), S. 238 f.; Fey (1985), S.126). Da bei den energiewirtschaftlichen Großprojekten „- nach Abstimmung mit der Bankenaufsicht - nur ein Drittel des Kreditbedarfs als Realkredit dargestellt werden" kann, während „der überwiegende Teil der Finanzierung als Kommunalkredit gestaltet" wird (Leeb (1984), S. 238), besteht hier zwangsläufig eine sehr enge Beziehung zum Kommunaldarlehensgeschäft der Hypothekenbanken.

2.1.4. Veränderungen im Kommunaldarlehensgeschäft

Mit der Novellierung des HBG von 1974 wurde das Kommunaldarlehensgeschäft unter gleichzeitiger Anhebung der Gesamtumlaufsgrenze für Pfandbriefe und Kommunalschuldverschreibungen vom 35fachen auf das 50fache des Eigenkapitals und Begrenzung des Pfandbriefumlaufs auf das 25fache des Eigenkapitals (§ 7 Abs. 1 i. V. m. § 41 Abs. 2 HBG) zum zweiten Hauptgeschäft der Hypothekenbanken (§ 1 Nr. 2 HBG) erklärt. Die Wünsche der Hypothekenbanken nach größeren Entfaltungsmöglichkeiten trafen sich dabei mit dem zunehmenden Kapitalbedarf der öffentlichen Haushalte, sowohl des Bundes und seiner Sondervermögen, als auch der Länder und Gemeinden (Schönmann (1984 a), S. 241). Das Kommunaldarlehensgeschäft der Hypothekenbanken hatte infolgedessen binnen weniger Jahre einen solchen Aufschwung zu verzeichnen, daß es das Hypothekendarlehensgeschäft zu überwiegen begann und bereits seit 1977 der Anteil der Kommunaldarlehen den Anteil der Hypothekendarlehen am Gesamtbestand der Deckungsdarlehen überstieg. 1986 betrug das Verhältnis allerdings nur noch 50,9 % zu 49,1 % nach einem Höchststand von 53 % zu 47% im Jahre 1981 (Verband Deutscher Hypothekenbanken (1986), S. 53). An der Finanzierung der Verschuldung der öffentlichen Haushalte, die 1986 eine Höhe von 805 Mrd DM erreichte, von denen die Kreditinstitute insgesamt ca. 455 Mrd DM aufbrachten, waren die Hypothekenbanken mit 124 Mrd DM (= 27,2 %) beteiligt (Verband Deutscher Hypothekenbanken (1986), S. 59). Von besonderer Bedeutung ist dabei, daß sich die Hypothekenbanken nicht nur mit großen Finanzierungsbeträgen für Bund, Länder und Großstädte befassen, sondern sich auch bemühen, die Finanzierungsbedürfnisse kleiner und mittlerer Gemeinden zu befriedigen (Fey (1985), S. 126). Trotz aller Anstrengungen zur Verringerung der Verschuldung der öffentlichen Haushalte ist mit einem starken Rückgang in absehbarer Zeit sicherlich nicht zu rechnen. Einbrüche im Kommunaldarlehensgeschäft der Hypothekenbanken sind daher vorerst nicht zu befürchten. In der Literatur wird jedoch nachdrücklich auf die potentiellen Risiken des Kommunalkreditgeschäfts bei einer zu hohen Verschuldung der öffentlichen Haushalte erinnert (Schönmann (1984 a), S. 244; Reichstein (1985), S. 650). Abgesehen davon ist auf die schon seit Jahren feststellbare Margenverengung im Kommunaldarlehensgeschäft hinzuweisen, die auf die Ertragslage der Hypothekenbanken drückt, so daß in zunehmendem Maße durch eine Verzögerung der Refinanzierung bei erwarteten Zinssenkungen „in spekulativer Weise" Verbesserungen zu erreichen versucht werden (Schönmann (1984 a), S. 244; Reichstein (1985), S. 650 f.; Herrmann (1986), S. 636). Ähnliche Verhaltensweisen werden übrigens in der letzten Zeit auch im Hypothekendarlehensgeschäft der Hypothekenbanken vermutet (Reichstein (1985), S. 652) und gewisse Veränderungen in der Stellung der Hypothekenbanken auf dem Geldmarkt damit in Zusammenhang gebracht (Herrmann (1986), S. 636).

Besonderer Aufmerksamkeit bedürfen innerhalb des Kommunalkreditgeschäfts der Hypothekenbanken die Möglichkeiten der Gewährung von Kommunaldarlehen an EG-Institutionen und EG-Mitgliedsstaaten, die durch die Novellen zum HBG von 1963 und 1974 eröffnet bzw. erweitert worden sind (Fleischmann/Bellinger/Kerl (1979), S. 62 f.; Goedecke (1985 a), S. 688 - 690), wobei andere Staaten den Mitgliedsstaaten der EG durch eine staatliche Vereinbarung, der die gesetzgebenden Körperschaften in Form eines Bundesgesetzes zugestimmt haben, gleichgestellt werden können (§ 5 Abs. 2 Satz 2 HBG). Die auf 10 % des Kommunaldarlehensbestandes festgelegte Grenze für diese Geschäfte (§ 5 Abs. 1 Nr. 1 HBG) kann bis auf 25 % angehoben werden, wenn und soweit dies auf Grund eines allgemeinen Abbaus der Beschränkungen des Kapitalverkehrs zwischen den Mitgliedsstaaten der EG geboten erscheint (§ 5 Abs. 2 Satz 1 HBG). Obgleich diese Grenzen auch heute noch bei weitem nicht ausgeschöpft werden - der Anteil der Kommunaldarlehen im EG-Bereich an den Kommunaldarlehen der Hypothekenbanken insgesamt schwankte von 1982 - 1984 zwischen 4,6 % und 4,1 % (Goedecke (1985 a), S. 690) und belief sich 1985 und 1986 auf ca. 6 % (Verband Deutscher Hypothekenbanken (1985), S. 56, (1986), S. 59) -, zeigen sich die Hypothekenbanken an einer Verbesserung ihrer diesbezüglichen Möglichkeiten interessiert (Goedecke (1985 a), S. 690). Die Literatur verweist im Hinblick auf das Ausmaß des ausländischen Kommunaldarlehensgeschäftes allerdings sowohl auf Rentabilitätsgesichtspunkte als auch auf das Problem der Länderrisiken (Schönmann (1984 a), S. 244).

2.1.5. Veränderungen im Auslandsgeschäft

Begrifflich ist an dieser Stelle zunächst das - aus sachlichen Gründen innerhalb des Kommunalkreditgeschäfts erörterte - Kommunaldarlehensgeschäft der Hypothekenbanken mit EG-Institutionen und EG-Mitgliedsstaaten einzuordnen.

Darüber hinaus ist den Hypothekenbanken mit der Novellierung des HBG von 1974 der Erwerb von Beteiligungen an ausländischen Realkreditinstituten und ausländischen Wohnungsbauträgergesellschaften, wenn auch nur in (der geringen) Höhe von 5 % ihres Eigenkapitals, ermöglicht worden (§ 5 Abs. 1 Nr. 7 HBG), um erste Erfahrungen im Auslandsgeschäft sammeln zu können (Fleischmann/Bellinger/Kerl (1979), S. 63).

Das grenzüberschreitende Hypothekengeschäft ist den Hypothekenbanken dagegen bis heute untersagt geblieben (Goedecke (1984), S. 245, (1985 a), S. 691), weil dem Gesetzgeber die unterschiedliche Ausgestaltung und Sicherheit der Grundpfandrechte in ausländischen Staaten die Beleihung ausländischer Grundstücke als ein zu hohes Bonitätsrisiko für die Hypothekenbanken erscheinen ließ (Fleischmann/Bellinger/Kerl (1979), S. 62 f.).

2.1.6. Perspektiven wirtschaftlicher Rahmenbedingungen

Überblickt man aus heutiger Sicht die Veränderungen der wirtschaftlichen Rahmenbedingungen der Hypothekenbanken seit den 70er Jahren, so zeigen sich sowohl positive als auch negative Aspekte. Die Intensivierung der Kooperation mit den universell tätigen Kreditinstituten, die den Hypothekenbanken den Zugang zu neuen Geschäftsverbindungen, die Sicherung ihrer Absatzwege und das Know how ihrer Mutterbanken eröffnete, so daß sie den sich wandelnden Anforderungen mit größerer Flexibilität entsprechen konnten (Röller (1986), S. 513), brachte letztlich bei der Novellierung des KWG von 1985 auch die Einbeziehung der Hypothekenbanken in die bankaufsichtlichen Konsolidierungsvorschriften für Kreditinstitutsgruppen und die damit verbundenen Konsequenzen mit sich. Starke Veränderungen für die Geschäftätigkeit der Hypothekenbanken ergaben sich nicht nur aus den Laufzeitenverkürzungen an den Finanzmärkten und ihren Auswirkungen auf das Verhalten der Kapitalanleger und Kapitalnachfrager, sondern auch aus den gravierenden Veränderungen auf den Wohnungsmärkten und der zunehmenden Verschuldung der öffentlichen Haushalte. Auf der Suche nach Anpassungsmöglichkeiten bei steigendem Wettbewerb sind in diesem Zusammenhang nicht unbedenkliche Erhöhungen des Risikopotentials sowohl im Hypothekendarlehensgeschäft, insbesondere bei der Finanzierung gewerblicher und industrieller Objekte und bei der Ausdehnung der Geschäftätigkeit in den zweitstelligen Raum, als auch im Kommunaldarlehensgeschäft, wie etwa bei der Finanzierung von Großprojekten, zu konstatieren. Gemessen an den gestiegenen Anforderungen ist die Entwicklung der Hypothekenbanken zu „Bilanzmilliardären" (Reichstein (1985), S. 644) gleichwohl als beeindruckend und ihre heutige Stellung innerhalb der Kreditwirtschaft als stark zu bezeichnen. Im großen und ganzen kann daher auch von guten Startchancen der Hypothekenbanken ausgegangen werden (Schmidt (1985), S. 502; Röller (1986), S. 516), wenn die weiteren großen Veränderungen bedacht werden, die ihnen im Zuge der Realisierung des EG-Binnenmarktes bis 1992 mit der Schaffung eines gemeinsamen Hypotheken- und Kapitalmarktes ins Haus stehen. Veränderungen wirtschaftlicher und rechtlicher Rahmenbedingungen werden dabei allerdings so untrennbar miteinander verbunden sein, daß hierauf erst im folgenden Abschnitt eingegangen werden soll.

2.2. Veränderungen rechtlicher Rahmenbedingungen

Im Unterschied zu den zahlreichen, den gesamten Zeitraum seit Beginn der 70er Jahre erfüllenden Veränderungen wirtschaftlicher Rahmenbedingungen der Hypothekenbanken lassen sich die Veränderungen ihrer rechtlichen Rahmenbedingungen auf nur wenige Gesetzesänderungen zurückführen. Herausragende Bedeutung ist dabei der Novellierung des HBG von 1974 und der Novellierung des KWG von 1985 beizumessen. Die weiteren Änderungen gesetzlicher Vorschriften, wie der Abbau der Körperschaftsteuerprivilegien in den Jahren 1977 und 1981, die Änderung der Preisangabenverordnung im Jahre 1985 und die Neuordnung des Kündigungsrechts der Darlehensnehmer im Jahre 1987 nehmen sich im Vergleich dazu (trotz ebenfalls großer Tragweiten) eher bescheiden aus. Neue bedeutsame Veränderungen rechtlicher Rahmenbedingungen stehen den Hypothekenbanken in näherer und fernerer Zukunft jedoch in Gestalt von Änderungen des HBG, des Emissionsrechts, des Insolvenzrechts und des EG-Rechts bevor.

2.2.1. Die Novellierung des HGB von 1974

Die Novellierung des HBG von 1974 erfolgte im Rahmen einer „Realkreditreform", in die neben den Hypothekenbanken auch die Schiffsbanken, die Bausparkassen, die öffentlich-rechtlichen Grundkreditanstalten und die sonstigen im Realkreditgeschäft tätigen öffentlich-rechtlichen Kreditinstitute einbezogen worden waren, um „den Instituten ein größeres Maß an geschäftspolitischer Flexibilität zu vermitteln und sie gleichzeitig vom Druck bestehender Wettbewerbsverzerrungen zu befreien" (Fleischmann/Bellinger/Kerl (1979), S. 61). Den eigentlichen Anstoß zu dieser Reform gaben jedoch die gravierenden Veränderungen im Umfeld der Institute des langfristigen Kredits, die zu Beginn der 70er Jahre zum Kursverfall der umlaufenden niedrig verzinslichen Schuldverschreibungen und zur steigenden Verschuldung der öffentlichen Haushalte geführt hatten (Reichstein (1985), S. 646). Auf die wesentlichsten Änderungen des HBG durch die Novellierung von 1974 ist im vorhergehenden Abschnitt bereits eingegangen worden, da sie die weitere Entwicklung der Hypothekenbanken bis zur Gegenwart entscheidend mitgeprägt haben. Auf eine zusammenfassende Darstellung kann daher an dieser Stelle verzichtet werden, zumal die für die weiteren Untersuchungen bedeutsamen Eigenkapitalvorschriften des HBG von 1974 im 3. Abschnitt noch umfassend erörtert werden. Hinzuweisen ist jedoch darauf, daß mit der Ausdehnung der Umlaufsgrenzen für Pfandbriefe vom 20fachen und für Kommunalschuldverschreibungen vom 15fachen, zusammen also vom 35fachen, auf insgesamt das 50fache (mit einer internen Grenze für Pfandbriefe in Höhe des 25fachen) des Eigenkapitals (§§ 7 Abs. 1 und 41 Abs. 2 HBG) die Verpflichtung der Hypothekenbanken, ihr (wenngleich nicht sehr) risikobehaftetes Hypotheken- und Kommunaldarlehensgeschäft mit risikotragendem Eigenkapital zu unterlegen, in starkem Maße vermindert worden ist. In der Literatur fehlt es im Hinblick auf die dadurch möglich gewordene Verringerung der Eigenkapitalquote der Hypothekenbanken zwar nicht an (vereinzelten) Warnungen (Reichstein (1985), S. 656), im allgemeinen werden die mit der Erhöhung der Umlaufsgrenzen für Schuldverschreibungen verbundenen Expansionsmöglichkeiten der Hypothekenbanken aber recht positiv beurteilt (Schönmann (1984 a), S. 241; Fey (1985), S. 126).

2.2.2. Die Novellierung des KWG von 1985

Während die Hypothekenbanken, für die das KWG nach Maßgabe von § 3 HBG i.V.m. § 62 KWG gilt, durch die Novellierung des KWG von 1976 kaum betroffen wurden, brachte die Novellierung des KWG von 1985 erhebliche Änderungen für sie mit sich. Hauptanliegen dieser Novellierung war die Einführung einer Beaufsichtigung der Kreditinstitute auf konsolidierter Basis in die deutsche Bankenaufsicht. Erfaßt werden davon (mit Ausnahme der Kapitalanlagegesellschaften und Kassenvereine) alle Kreditinstitute im Sinne des KWG einschließlich der Spezialinstitute (wie Hypothekenbanken, Schiffsbanken, Bausparkassen und Kreditgarantiegemeinschaften), sofern eine bestimmte Konsolidierungsschwelle überschritten wird. Diese liegt für die Beaufsichtigung der Eigenkapitalausstattung von Kreditinstitutsgruppen bereits bei einer unmittelbaren oder mittelbaren erheblichen Beteiligung von 40 % der Kapitalanteile oder Stimmrechte (§ 10 a Abs. 2 KWG), für die Beaufsichtigung der Großkreditvergabe von Kreditinstitutsgruppen und für deren Meldepflichten aber erst bei einer unmittelbaren oder mittelbaren maßgeblichen Beteiligung von 50 % der Kapitalanteile oder Stimmrechte (§ 13 a Abs. 2 KWG), sofern nicht in beiden Fällen die Konsolidierung auf Grund eines unmittelbaren oder mittelbaren beherrschenden Einflusses erforderlich ist (§§ 10 a Abs. 2 und 13 a Abs. 2 KWG). Die Hypothekenbanken, die sich nach der „Flurbereinigung" mit wenigen Ausnahmen im Mehrheitsbesitz von universell tätigen Kreditinstituten befinden (Tabelle 1), hatten ihre Einbeziehung in die bankaufsichtlichen Konsolidierungsvorschriften mit schwerwiegenden „rechtssystematischen, ordnungs- und rechtspolitischen, aktienrechtlichen und hypothekenbankrechtlichen Bedenken" (Geßler (1983), S. 270 - 277), insbesondere aber mit dem Argument eines drohenden Verlustes ihrer geschäftspolitischen Selbständigkeit abzuwehren versucht (Schönmann (1984 b), S. 404). Sie konnten den Gesetzgeber, der bankaufsichtlichen Vorstellungen den Vorzug gab, allerdings nicht mehr umstimmen (Deutscher Bundestag (1984), S. 27).

Die Realisierung der bankaufsichtlichen Konsolidierungsvorschriften erfolgt durch ein „bankaufsichtliches Zusammenfassungsverfahren", das auf dem Prinzip der „quotalen Zusammenfassung" der konsolidierungspflichtigen Aktiva und Passiva des übergeordneten Kreditinstituts mit den entsprechenden Posten der nachgeordneten Kreditinstitute beruht (§§ 10 a Abs. 3 und 13 a Abs. 3 KWG). Der Kreis der konsolidierungspflichtigen Aktiva und Passiva wird dabei vom jeweiligen bankaufsichtlichen Konsolidierungszweck bestimmt (Kolbeck (1987), S. 302 - 305). So sind für die Beaufsichtigung der Eigenkapitalausstattung einer Kreditinstitutsgruppe gemäß § 10 a KWG (i. V. m. § 10 KWG und Grundsatz I Abs. 2 BAKred) die in Grundsatz I Abs. 3 - 7 BAKred aufgeführten risikotragenden Aktiva (unter Berücksichtigung unterschiedlicher Anrechnungsfaktoren) bedeutsam, während für die Beaufsichtigung der Großkreditvergabe einer Kreditinstitutsgruppe gemäß § 13 a KWG (i. V. m. §§ 13 und 19 KWG) lediglich die einzelnen Kredite an denselben Kreditnehmer (in unterschiedlicher Anrechnung) zu berücksichtigen sind. Das den jeweils relevanten Aktiva gegenüberzustellende haftende Eigenkapital (hEK) ist dagegen für beide bankaufsichtlichen Zwecke in gleicher Weise zu ermitteln (§ 10 a Abs. 3 KWG). Im Abschnitt 3 wird darauf zurückzukommen sein. Zur Erfüllung der bankaufsichtlichen Meldepflichten für Kreditinstitutsgruppen gemäß § 25 Abs. 2 und 4 KWG sind schließlich alle Aktiva und Passiva einer Kreditinstitutsgruppe zu erfassen.

Die besondere Bedeutung dieser bankaufsichtlichen Konsolidierungsvorschriften für die davon betroffenen gruppenangehörigen Kreditinstitute ergibt sich aus der gesetzlich verankerten Verantwortung des übergeordneten Kreditinstituts sowohl für eine angemessene Eigenkapitalausstattung (§ 10 a Abs. 4 KWG) als auch für die Einhaltung der Großkreditvorschriften (§ 13 a Abs. 4 KWG) der gesamten Kreditinstitutsgruppe (Mertin (1984), S. 5; Kolbeck (1987), S. 304). Es ist daher nicht verwunderlich, daß in diesem Zusammenhang die Frage nach den Beeinträchtigungsmöglichkeiten der Eigenständigkeit von Hypothekenbanken durch ihre Mutterinstitute, die seit der „Flurbereinigung" im Grunde nicht verstummt ist (Reichstein (1985), S. 650 und 652), wieder intensiver diskutiert wird (Schönmann (1984 b), S. 404 f.). In den Konsolidierungsvorschriften wird zwar ausdrücklich darauf hingewiesen, daß das übergeordnete Kreditinstitut zur Erfüllung seiner Verpflichtungen auf nachgeordnete Kreditinstitute nur einwirken darf, „soweit das allgemein geltende Gesellschaftsrecht nicht,entgegensteht" (§§ 10 a Abs. 4 und 13 a Abs. 4 KWG). Es kann aber kaum zweifelhaft sein, daß die Verantwortung des übergeordneten Kreditinstituts für die Eigenkapitalausstattung und die Großkreditvergabe der gesamten Kreditinstitutsgruppe, die eine Einbeziehung der nachgeordneten Kreditinstitute in ein umfassendes Steuerungskonzept geradezu erzwingt, die Hypothekenbanken nicht ausnehmen kann (Reichstein (1985), S. 652). Unabhängig davon, ob auf Grund solcher Überlegungen die Konsolidierungsvorschriften des KWG als unvereinbar mit dem Grundgebot des HBG „strikte Trennung der geschäftlichen Tätigkeiten der Hypothekenbanken einerseits und der Geschäftsbanken andererseits" (Geßler (1983), S. 277) angesehen werden müssen oder nicht, ist daher davon auszugehen, daß sich mit der Novellierung des KWG die rechtlichen Rahmenbedingungen der Hypothekenbanken grundlegend verändert haben und daß ihre zukünftige Entwicklung davon nicht unbeeinflußt bleiben wird.

Besondere Bedeutung ist in diesem Zusammenhang den Diskrepanzen zwischen den Eigenkapitalvorschriften des KWG (i. V. m. Grundsatz I BAKred) und des HBG beizumessen, die nicht nur in unterschiedlichen Eigenkapitalbegriffen, sondern auch in unterschiedlichen Begrenzungsnormen für ihre Geschäftstätigkeit zum Ausdruck kommen (Geßler (1983), S. 270). Verstärkt werden die daraus resultierenden Probleme durch Unterschiede im Realkreditbegriff (Goedecke (1983), S. 510 - 512), die sich auf die Einordnung des Realkredits in die Risikogruppen des Grundsatzes I BAKred auswirken. Zwar unterliegen die Hypothekenbanken (bisher) nicht unmittelbar dem Eigenkapitalgrundsatz des BAKred, es muß aber „zur Feststellung des angemessenen haftenden Eigenkapitals der Gruppe und ihres Gruppenkreditvolumens ... für die gruppenangehörige Hypothekenbank ein § 10 Abs. 2 Nr. 2, Abs. 3 KWG entsprechendes haftendes Eigenkapital und ein dem Grundsatz I entsprechendes Kreditvolumen ... (§ 10 a Abs. 3 KWG)" ermittelt werden (Geßler (1983), S. 269). Differenzen zwischen den so errechneten Werten und den Umlaufsgrenzen des HBG werden daher in die geschäftspolitischen Überlegungen zur Gestaltung sowohl der Kreditinstitutsgruppe insgesamt als auch der einzelnen gruppenangehörigen Kreditinstitute eingehen müssen (Rode (1982), S. 517; Christians (1985), S. 25). Da jedoch auf der Erörterung dieser Problematik das Schwergewicht der Ausführungen im 3. Abschnitt liegen soll, braucht darauf an dieser Stelle nicht näher eingegangen zu werden.

2.2.3. Die Aufhebung der Körperschaftsteuerprivilegien von 1977 und 1981

Während bei der Einführung der Körperschaftsteuer im Jahre 1922 der den Hypothekenbanken zugebilligte ermäßigte Körperschaftsteuersatz mit den ihnen auferlegten Geschäftsbeschränkungen begründet worden war, stellten spätere Begründungen vornehmlich auf eine möglichst niedrige Belastung des wirtschaftlich wichtigen langfristigen Kredits ab (Reichstein (1985), S. 652). Der ursprünglich auf die Hälfte des allgemeinen Tarifs herabgesetzte Körperschaftsteuersatz, der bis 1968 bereits auf 36,5 % angehoben worden war, wurde mit der Körperschaftsteuerreform von 1977 auf 46 % (mit Anrechnungsverfahren) und 1981 schließlich auf 56 % (mit Anrechnungsverfahren) erhöht, so daß das Körperschaftsteuerprivileg der Hypothekenbanken nunmehr ganz entfallen ist. Die Auswirkungen dieser Änderungen auf die Gewinnverwendung (in Form verminderter Dividendenausschüttungen und/oder Rücklagenbildungen) und damit letztlich auf die Eigenkapitalausstattung der Hypothekenbanken sind in steigendem Ausmaß in den nächsten Jahren zu erwarten (Reichstein (1985), S. 653).

2.2.4. Die Änderung der Preisangabenverordnung von 1985

Nachdem sich die Hypothekenbanken „über ein Jahrzehnt lang mit Erfolg" gegen die Verpflichtung zur Effektivzinsangabe für Hypothekarkredite „zur Wehr gesetzt" hatten, weil die Berechnung eines „effektiven Jahreszinses" nach der Preisangabenverordnung von 1973 „unmöglich" war (Reichstein (1985), S. 654), unterliegen sie dieser Verpflichtung nunmehr nach der neuen Preisangabenverordnung von 1985. Seit dem 1. 9. 1985 ist danach für Hypothekarkredite mit fest vereinbarten Konditionen für die gesamte Laufzeit der „Effektivzins" und für Hypothekarkredite, deren Konditionen sich während der Laufzeit ändern können, der „anfängliche effektive Jahreszins" zu nennen. In der Literatur wird nach wie vor bezweifelt, daß mit diesen Angaben die für den Kunden erwünschte Informationsverbesserung erreicht wird (Verband Deutscher Hypothekenbanken (1985), S. 73–76), weil zahlreiche Imponderabilien der Vertragsgestaltung bei der Berechnung des Effektivzinses nicht berücksichtigt werden können (Reichstein (1985), S. 654). Geht man indessen davon aus, daß der Vergleich der Effektivzinssätze gerade im Zusammenhang mit langfristigen Verschuldungen von den Kunden lediglich als Basisinformation betrachtet wird, die sie zur Einholung weiterer Informationen über die Vertragsgestaltung veranlaßt, so erscheint eine Verbesserung der Markttransparenz und in ihrem Gefolge eine Verschärfung des Wettbewerbs im Realkreditgeschäft nicht unwahrscheinlich.

2.2.5. Die Neuordnung des Kündigungsrechts der Darlehensnehmer von 1987

Zum 1. 1. 1987 ist § 247 durch § 609 a BGB ersetzt und gleichzeitig § 18 HBG gestrichen worden. Mehr als 10jährige Bemühungen großer Teile der Kreditwirtschaft um eine Abschaffung oder Änderung des § 247 BGB, die immer wieder am Verbraucherschutz gescheitert waren, haben damit (letztlich überraschend schnell) zu einem Erfolg geführt und einen sehr unbefriedigenden Zustand beendet. Nach § 247 Abs. 1 BGB stand Darlehensschuldnern bei einem vereinbarten Zinssatz von mehr als 6 % das unabdingbare Recht der Darlehenskündigung zu, von dem 1977/78 zahlreiche Schuldner Gebrauch machten, nachdem der Kapitalmarktzins von über 10 % auf unter 6 % gesunken war. Nicht betroffen waren davon nur diejenigen Kreditinstitute, denen nach § 247 Abs. 2 BGB auf Grund der Zugehörigkeit der gewährten Darlehen zu einer Deckungsmasse für Schuldverschreibungen ein Kündigungsausschlußrecht zustand, wie insbesondere den Hypothekenbanken und den öffentlich-rechtlichen Grundkreditinstituten. Dies kann infolgedessen auch als Grund dafür angesehen werden, daß sich die Hypothekenbanken an der Reformdiskussion erst interessiert zeigten, als durch richterliche Rechtsfortbildung die Kündigungsausschlußmöglichkeiten nach § 247 Abs. 2 BGB stark erweitert worden waren und nicht nur zur Unübersichtlichkeit des Darlehensmarktes vor allem für die Kreditnehmer, sondern auch zu Wettbewerbsverzerrungen innerhalb der Kreditwirtschaft geführt hatten (Verband Deutscher Hypothekenbanken (1984), S. 57, (1985), S. 57-59; Schönmann (1984 b), S. 408).

§ 609 a BGB unterscheidet nun zwischen Darlehen mit variablem und festem Zins. Darlehen mit variablem Zins können jederzeit mit einer Frist von 3 Monaten gekündigt werden (§ 609 a Abs. 2 BGB). Bei Darlehen mit einem festen Zinssatz für einen bestimmten Zeitraum ist zu unterscheiden zwischen Darlehen für private, gewerbliche und berufliche Zwecke und Kommunaldarlehen, weiterhin zwischen Darlehen mit und ohne Grundpfandrechte und schließlich zwischen Darlehen, deren Zinsbindung vor der Rückzahlung endet und Darlehen mit einer Laufzeit bis zu 10 Jahren bzw. über 10 Jahren. Auf die daraus resultierenden Kündigungsmöglichkeiten kann im folgenden nicht vollständig eingegangen werden (Engan (1987), S. 18-26; Schebesta (1986), S. 15-17). Wichtig für Hypothekenbanken ist, daß alle grundpfandrechtlich gesicherten Festzinsdarlehen künftig nur zum Ende einer Zinsbindungsfrist (mit einer Kündigungsfrist von einem Monat) sowie in jedem Fall nach Ablauf von 10 Jahren (mit einer Kündigungsfrist von 6 Monaten) gekündigt werden dürfen, während sie innerhalb einer Laufzeit bis zu 10 Jahren grundsätzlich nicht gekündigt werden können (§ 609 a Abs. 1 Nr. 1 - 3 BGB). Hier gibt es infolgedessen einen grundlegenden Unterschied zu Verbraucherkrediten ohne grundpfandrechtliche Sicherung, die grundsätzlich 6 Monate nach der Auszahlung (mit einer Frist von 3 Monaten) gekündigt werden können (§ 609 a Abs. 1 Nr. 2 BGB). Alle diese Kündigungsrechte sind unabdingbar (§ 609 a Abs. 3 BGB). Frei vereinbar sind dagegen die Kündigungsfristen für Kommunaldarlehen, für die auch ein Kündigungsausschluß möglich ist (§ 609 a Abs. 3 BGB). Mit Ausnahme seiner komplizierten Formulierung und des versäumten Ausschlusses des Kündigungsrechts für Kommunalschuldverschreibungen in § 41 Abs. 1 HBG auf Grund von § 609 a Abs. 3 BGB (Rode (1986), S. 506) kann das neue Kündigungsrecht der Darlehensnehmer als sinnvoll und ausgewogen, vor allem aber als wettbewerbsneutral gelten. Daraus folgt allerdings, daß die Hypothekenbanken - im Anschluß an die richterliche Rechtsfortbildung - die diesbezüglichen Privilegien für ihre mit einem Konkursvorrecht ausgestatteten Schuldverschreibungen verloren haben (Rode (1986), S. 506).

2.2.6. Perspektiven rechtlicher Rahmenbedingungen

Die seit den 70er Jahren erfolgten Änderungen rechtlicher Rahmenbedingungen der Hypothekenbanken sind zweifellos als gravierend zu bezeichnen. So haben die Hypothekenbanken durch die Novellierung des HBG von 1974 zwar größere Flexibilität und beträchtliche Expansionsmöglichkeiten für ihre geschäftliche Betätigung erhalten, sind aber durch die Novellierung des KWG von 1985 in einen Rahmen eingebunden worden, der langfristig ihrer geschäftspolitischen Beweglichkeit abträglich sein könnte. Auch der wettbewerbspolitisch begrüßenswerte Abbau von Privilegien bei der Körperschaftsteuer, den Effektivzinsangaben und dem Kündigungsrecht der Darlehensnehmer wird Umorientierungen der Geschäftspolitik erfordern. Dazu kommt nun, daß sich weitere bedeutsame Veränderungen der rechtlichen Rahmenbedingungen der Hypothekenbanken bereits mehr oder weniger deutlich abzeichnen.

Für eine neue Änderung des HBG liegt seit Juli 1987 ein Referentenentwurf vor, der wiederum weitreichende Folgen für die Hypothekenbanken haben wird. Da es sich hierbei aber im wesentlichen um Änderungen von Eigenkapitalvorschriften handelt, die im 3. Abschnitt ausführlich behandelt werden, braucht darauf erst dort eingegangen zu werden.

Die aus der Zeit der Novellierung des KWG von 1985 stammenden Pläne des Bundesministeriums der Finanzen, in denen eine Änderung des Emissionsrechts durch die Abschaffung von § 795 BGB und die Reform des „Gesetzes über die staatliche Genehmigung der

Ausgabe von Inhaber- und Orderschuldverschreibungen" erwogen wird (Verband Deutscher Hypothekenbanken (1984), S. 51 - 54), sind in engem Zusammenhang mit dem Wunsch nach einer Liberalisierung und Deregulierung des Kapitalmarktes zu sehen. § 795 BGB unterwirft die Ausgabe von Inhaber- und Orderschuldverschreibungen einer staatlichen Genehmigungspflicht, um die Anleger vor minderwertigen Schuldverschreibungen zu schützen. Von den Hypothekenbanken werden daher bei einer Abschaffung von § 795 BGB Auswirkungen sowohl auf die Struktur des inländischen Kapitalmarktes und seine internationale Bonität als auch auf den Anlegerschutz befürchtet (Schönmann (1984 a), S. 244). Die Vorteile der Prohibitivwirkung von Genehmigungsverfahren auf unsolide Schuldner sind infolgedessen gegen die Vorteile freierer Betätigungsmöglichkeiten auf den Kapitalmärkten abzuwägen. Die Diskussion darüber ist zur Zeit in vollem Gange.

Eine grundlegende Reform des Insolvenzrechts wird in der rechts- und wirtschaftswissenschaftlichen Literatur bereits seit mehr als 10 Jahren erwogen. Als Gründe dafür sind die steigende Anzahl von Unternehmenszusammenbrüchen, die ebenfalls zunehmende Anzahl der masselosen Insolvenzen und die bescheidenen Konkursquoten (im Durchschnitt ca. 4 %) für ungesicherte Gläubiger anzusehen (Drukarczyk (1987), S. 19). In diesem Zusammenhang werden die Kreditinstitute insbesondere von den geplanten Änderungen des Rechts der Kreditsicherheiten berührt. Zwar stehen dabei vornehmlich die mobilen Sicherheiten im Blickpunkt von Kritik und Reformabsicht, während die für die Hypothekenbanken existentiell bedeutsamen Grundpfandrechte im Prinzip unangetastet bleiben sollen (Verband Deutscher Hypothekenbanken (1985), S. 61), die 1985 und 1986 vorgelegten Berichte der (1978 vom Bundesjustizministerium eingesetzten) Kommission für Insolvenzrecht enthalten aber Ansatzpunkte, die auch die Grundpfandrechte tangieren. Im Zusammenhang mit der Erörterung des gewerblichen und industriellen Hypothekarkredits ist bereits auf die geplanten Zubehörregelungen hingewiesen worden (2.1.3.). Weitere Überlegungen der Insolvenzrechtskommission betreffen die dingliche Sicherung von Bauhandwerkern durch eine Änderung von § 648 BGB, die offenbar unabhängig von der in nächster Zeit noch nicht zu erwartenden umfassenden Insolvenzrechtsreform in Angriff genommen werden soll (Verband Deutscher Hypothekenbanken (1986), S. 82 f.). Zwangsläufig würden die Spezialinstitute des langfristigen Kredits davon besonders betroffen werden, jedoch erblickt die gesamte Kreditwirtschaft in solchen Bestrebungen eine Gefährdung des „auf einer festen Rangordnung der im Grundbuch eingetragenen dingliche(n) Rechte basierende(n) Realkreditsystems", das sich jahrhundertelang bewährt hat (Verband Deutscher Hypothekenbanken (1986), S. 83).

Hinzuweisen ist schließlich auf die umfangreichen und grundlegenden Veränderungen der rechtlichen Rahmenbedingungen, die mit der Realisierung des EG-Binnenmarktes bis 1992 auf die Hypothekenbanken zukommen werden (Goedecke (1982), (1984), (1985 a), (1985 b); Ullmann (1983); Cumming (1985); Schäfer (1985); Bellinger (1985), (1986); Schubäus (1987)). Ein 1985 vorgelegter „Richtlinienvorschlag über die Niederlassungsfreiheit und den freien Dienstleistungsverkehr auf dem Gebiet des Hypothekarkredits", der nicht nur aus der Sicht der Hypothekenbanken erhebliche Ansatzpunkte zur Kritik bietet, befindet sich gegenwärtig in der Diskussion. Strittig ist insbesondere der Umfang der Harmonisierung des Rechts der Realkreditinstitute, der nach den Vorstellungen der EG-Kommission auf ein Mindestmaß beschränkt werden soll (Bellinger (1986), S. 526 f.). Angesichts dieser Situation erscheint die Empfehlung von Bundestag und Bundesrat (Deutscher Bundestag (1985)) bedeutsam, „einen Wettbewerb der Systeme erst dann zuzulassen, wenn (Goedecke (1985 a), S. 694; Bellinger (1986), S. 528; Röller (1986), S. 516):

- die Kapitalverkehrsbeschränkungen auch zur Verwirklichung des Gegenseitigkeitsprinzips auf diesem Gebiet abgebaut,
- parallel dazu die bankrechtlichen Rahmenbedingungen schrittweise angeglichen und
- die Grundvoraussetzungen für den Hypothekarkredit sowie die Pfandbriefe harmonisiert sind".

Dies entspricht im wesentlichen auch den Überlegungen, die bei den Hypothekenbanken (Bellinger (1986), S. 528) und den Großbanken (Röller (1986), S. 516) angestellt werden.

3. Auswirkungen veränderter Rahmenbedingungen auf die Eigenkapitalvorschriften der Hypothekenbanken seit den 70er Jahren

Zur Anpassung an veränderte Rahmenbedingungen sind die Eigenkapitalvorschriften des HBG im Laufe seiner fast 90jährigen Geschichte wiederholt geändert worden (Fleischmann/Bellinger/Kerl (1979), S. 184-186). Ihre gegenwärtige Fassung beruht auf der Novellierung des HBG von 1974. Eine Gegenüberstellung dieser Vorschriften, der Eigenkapitalvorschriften des KWG, konkretisiert durch Grundsatz I BAKred, und der im Referentenentwurf einer neuen HBG-Novelle geplanten Änderungen enthält Tabelle 2.

3.1. Die Eigenkapitalvorschriften des HBG nach geltendem Recht

3.1.1. Die Eigenkapitaldefinition

In den bisherigen Ausführungen ist ohne inhaltliche Präzisierung vom „Eigenkapital" der Hypothekenbanken gesprochen worden. Betrachtet man die einzelnen Bestandteile des Eigenkapitals, die den Begrenzungsnormen des HBG für die Geschäftstätigkeit der Hypothekenbanken zugrunde liegen, so zeigt sich, daß hier im Vergleich zum KWG ein engerer Eigenkapitalbegriff verwendet wird (Geßler (1983), S. 268). Er bezieht sich ausschließlich auf:

- das eingesetzte Grundkapital abzüglich eigener Aktien,
- die gesetzliche Rücklage und
- andere „durch die Satzung oder durch Beschluß der Hauptversammlung ausschließlich zur Deckung von Verlusten oder zu einer Kapitalerhöhung aus Gesellschaftsmitteln bestimmte" Rücklagen (§ 7 Abs. 1 HBG).

Demnach sind Rücklagen, deren Bildung ohne Satzungsvorschrift oder Beschluß der Hauptversammlung erfolgt, innerhalb der Begrenzungsnormen für die Geschäftstätigkeit der Hypothekenbanken nicht verwendbar. In diesem Zusammenhang ist darauf hinzuweisen, daß das BAKred den in § 2 Abs. 2 HBG festgelegten Mindestnennbetrag des Grundkapitals von 8 Mio DM schon seit langem nicht mehr als ausreichend für die Erteilung der Erlaubnis zum Betreiben einer Hypothekenbank im Sinne von § 33 KWG betrachtet, weil angesichts der geringen Margen des Hypothekenbankgeschäfts eine Dauerrentabilität nur bei einem größeren Geschäftsvolumen erzielt werden kann, wie es einem Eigenkapitalbetrag ab 30 Mio DM entspricht (Fleischmann/Bellinger/Kerl (1979), S. 106 und 112).

3.1.2. Eigenkapitalbezogene Begrenzungsnormen der Geschäftstätigkeit

Die entscheidenden Begrenzungsnormen für die Geschäftstätigkeit der Hypothekenbanken bilden die Umlaufsgrenzen für Pfandbriefe und Kommunalschuldverschreibungen. Nach § 7 Abs. 1 HBG darf der Gesamtbetrag der im Umlauf befindlichen Pfandbriefe das 25fache und nach § 41 Abs. 2 HBG der Gesamtbetrag der im Umlauf befindlichen Pfandbriefe und Kommunalschuldverschreibungen das 50fache des Eigenkapitals (in der erläuterten engen Fassung) nicht übersteigen. Einlagen, Darlehen und nicht deckungsfähige Schuldverschreibungen gemäß § 5 Abs. 1 Nr. 4 HBG, deren Höhe das 3fache des Eigenkapitals (enger Fassung) nicht übersteigen darf, sind in diese Grenze einzubeziehen. Die Begrenzungsnormen für die Geschäftstätigkeit der Hypothekenbanken sind demnach passivisch orientiert. Da allerdings die umlaufenden Pfandbriefe und Kommunalschuldverschreibungen jederzeit in mindestens gleicher Höhe und in mindestens gleicher Verzinsung durch erststellige Hypotheken (gemäß §§ 11 und 12 HBG) und Kommunaldarlehen gedeckt sein müssen (§§ 6 Abs. 1 und 41 Abs. 1 HBG) - eine Ersatzdeckung ist nur in Höhe von 10 % der Umlaufsgrenzen zulässig -, wird mit der Festlegung der Umlaufsgrenzen (von geringfügigen Ausnahmen abgesehen) zugleich der Umfang dieser Aktivgeschäfte bestimmt.

Umgekehrt sind für Darlehen an EG-Institutionen und EG-Mitgliedsstaaten sowie für Beleihungen im zweitstelligen Raum zunächst Begrenzungen auf 10 % des Gesamtumfangs der jeweiligen Geschäftsart vorgeschrieben (§ 5 Abs. 1 Nr. 1 und 2 HBG). Da die Refinanzierung dieser „Nebengeschäfte" durch Einlagen, Darlehen und nicht deckungsfähige Schuldverschreibungen aber auf das 3fache des Eigenkapitals (enger Fassung) begrenzt ist (§ 5 Abs. 1 Nr. 4 HBG) und außerdem auf die Gesamtumlaufsgrenze anzurechnen ist (§ 7 Abs. 2 HBG), unterliegen indirekt auch diese Aktivgeschäfte eigenkapitalbezogenen Begrenzungsnormen.

Zusätzlich beschränkt das HBG noch einzelne (besonders risikoreiche) Aktivgeschäfte der Hypothekenbanken durch Bindung an das Eigenkapital (enger Fassung). So dürfen Beteiligungen einer Hypothekenbank an inländischen Unternehmen, an ausländischen Realkreditinstituten und Wohnungsbauträgergesellschaften (unter Berücksichtigung einer weiteren, am Eigenkapital dieser Unternehmen orientierten Grenze) sowie an inländischen Genossenschaften 15 % ihres Eigenkapitals nicht übersteigen, wobei ausländische Beteiligungen nochmals auf 5 % ihres Eigenkapitals begrenzt werden (§ 5 Abs. 1 Nr. 7 HBG). Schließlich dürfen die zur Deckung von Hypothekenpfandbriefen verwendeten Hypotheken an Bauplätzen sowie an Neubauten, die noch nicht fertiggestellt und ertragsfähig sind, sowohl 10 % des Hypothekendarlehensbestandes einer Hypothekenbank insgesamt als auch das Doppelte ihres Eigenkapitals nicht übersteigen (§ 12 Abs. 3 HBG).

Zusammenfassend kann somit festgestellt werden, daß der Gesetzgeber zur Sicherung des Spezialprinzips und des Pfandbriefstandards nicht nur strenge qualitätsmäßige Begrenzungen für die einzelnen Geschäftsarten der Hypothekenbanken, sondern außerdem durch das Eigenkapital (in einer engen Fassung) bestimmte quantitative Begrenzungen ihrer Geschäftstätigkeit vorschreibt.

3.2. Diskrepanzen zwischen den Eigenkapitalvorschriften des HBG und des KWG

3.2.1. Diskrepanzen bei der Eigenkapitaldefinition

Im Vergleich zum Eigenkapitalbegriff des HBG ist die in § 10 Abs. 2 - 8 KWG enthaltene (rechtsformorientierte) Definition des haftenden Eigenkapitals (hEK) weiter (Geßler (1983), S. 268; Riebell (1985), S. 460 f.). Sie erfaßt z. B. bei Aktiengesellschaften:

- das eingezahlte Grundkapital abzüglich eigener Aktien,
- die offenen Rücklagen, soweit sie nicht erst bei der Auflösung zu versteuern sind, ohne jede Eingrenzung,
- den Reingewinn, soweit seine Zuweisung zum Geschäftskapital oder zu den Rücklagen beschlossen ist,
- das Genußrechtskapital, soweit es die Voraussetzungen von § 10 Abs. 5 KWG erfüllt, bis zur Höhe von 25 % des haftenden Eigenkapitals.
- Entstandene Verluste sind vom haftenden Eigenkapital abzuziehen.

Im Unterschied zum HBG sind folglich nach dem KWG alle offenen Rücklagen und (seit der Novellierung von 1985) sogar bestimmte Teile von Genußrechtskapital zum haftenden Eigenkapital zu rechnen.

3.2.2. Diskrepanzen bei den eigenkapitalbezogenen Begrenzungsnormen der Geschäftstätigkeit

Im Gegensatz zu den passivisch orientierten Umlaufgrenzen des HBG für Pfandbriefe und Schuldverschreibungen sind die eigenkapitalbezogenen Begrenzungsnormen des KWG auf die Aktivseite abgestellt. Zwar fordert § 10 Abs. 1 KWG lediglich ein „angemessenes" Eigenkapital, verweist zur Konkretisierung diese Bestimmung aber auf Grundsatz I BAKred. Danach dürfen die Kredite und Beteiligungen eines Kreditinstitutes (nach Berücksichtigung einiger Abzugsposten) das 18fache des hEK nicht übersteigen. Dabei werden die einzelnen Kreditarten ihrem Risikogehalt entsprechend in fünf Gruppen unterteilt, die mit unterschiedlichen Anrechnungsfaktoren (Grundsatz I Abs. 4-7) in die Grundsatz I BAKred-Berechnungen eingehen. Zur berücksichtigen sind danach mit:

0 % Kredite an inländische juristische Personen des öffentlichen Rechts (ausgenommen Kreditinstitute),
20 % Kredite an inländische Kreditinstitute einschließlich solcher, die juristische Personen des öffentlichen Rechts sind,
50 % 1. Darlehen, die als Deckung für Kommunalschuldverschreibungen dienen,
2. Kredite, „die den Erfordernissen des § 12 Abs. 1 und 2 HBG entsprechen, soweit sie die ersten drei Fünftel des Wertes des Grundstücks nicht übersteigen",
3. Kredite gegen Bestellung von Schiffshypotheken, soweit sie die ersten drei Fünftel des Wertes des Beleihungsobjektes nicht übersteigen,
4. von inländischen juristischen Personen des öffentlichen Rechts verbürgte Kredite,
5. Eventualforderungen an Kunden und
6. Kredite an ausländische Kreditinstitute,
70 % bestimmte Kredite der Bausparkassen an Bausparer,
100 % alle übrigen Kredite sowie die Beteiligungen.

Es zeigt sich, daß wesentliche Teile des Kreditgeschäfts in die Berechnungen des Kreditvolumens gemäß Grundsatz I BAKred nur in vermindertem Umfang oder gar nicht eingehen. Im Gegensatz dazu sind bei der Ermittlung der Umlaufsgrenzen nach dem HBG alle Pfandbriefe und Kommunalschuldverschreibungen voll zu berücksichtigen, ebenso wie die Hypotheken- und Kommunaldarlehen zur Deckung für die Pfandbriefe und Kommunalschuldverschreibungen „als Kredite auf der Aktivseite mit 100 % zu Buche stehen" (Geßler (1983), S. 270). Unterschiede zwischen den eigenkapitalbezogenen Begrenzungsnormen für die Geschäftätigkeit nach HBG und Grundsatz I BAKred ergeben sich infolgedessen nicht nur aus den unterschiedlichen Multiplikatoren für das Eigenkapital (18faches bzw. 25faches und 50faches) und der engeren oder weiteren Fassung des Eigenkapitalbegriffes, sondern auch aus den unterschiedlichen Anrechnungsfaktoren der einzelnen Geschäfte (Geßler (1983), S. 268). Besondere Bedeutung erlangen diese Unterschiede zwangsläufig durch die Einbeziehung der Hypothekenbanken in die bankaufsichtlichen Konsolidierungsvorschriften für Kreditinstitutsgruppen. Da nach § 10 a i. V. m. § 10 KWG der Grundsatz I BAKred nicht nur von jedem einzelnen Kreditinstitut, sondern auch von der gesamten Kreditinstitutsgruppe einzuhalten ist, werden die Hypothekenbanken, obwohl sie (bisher) der Grundsatz I BAKred-Berechnung nicht selbst unterliegen, innerhalb der Gruppe so behandelt, „als ob § 10 KWG und der Grundsatz I für sie gelten" würden (Geßler (1983), S. 269). Auf das Ausmaß der Differenzen, die sich aus den unterschiedlichen Eigenkapitalvorschriften des Grundsatzes I BAKred und des HBG ergeben können, soll im folgenden Abschnitt noch gesondert eingegangen werden.

In diesem Zusammenhang ist darauf hinzuweisen, daß die bei der Novellierung des KWG von 1985 erfolgte und als „logisch und wohlbegründet" (Schmuck/Otten (1985), S. 494) bezeichnete Vereinheitlichung des Realkreditbegriffs mittlerweile zu einer Diskrepanz mit dem im Grundsatz I BAKred verwendeten Realkreditbegriff geführt hat. Nachdem nämlich im neuen § 20 Abs. 2 Nr. 1 KWG durch die Formulierung „Kredite, die den Erfordernissen der §§ 11 und 12 Abs. 1 und 2 des HBG entsprechen", auf den strengen Realkreditbegriff des HBG abgestellt worden war, sollte als Konsequenz daraus bei der Anpassung des Grundsatzes I BAKred an die neuen Vorschriften des KWG ein Verbot des nach dem alten Grundsatz I Abs. 5 Nr. 1 BAKred erlaubten sogenannten „unechten Splitting" erfolgen. Dabei handelt es sich darum, daß der Teil eines insgesamt höher beliehenen Hypothekendarlehens, der 60 % des Beleihungswertes nicht übersteigt, in die Grundsatz I BAKred-Berechnung zu 50 % eingehen kann, so daß nur der darüber hinausgehende Teil des Darlehens 100 %ig zu berücksichtigen ist. Durch ein Verbot des „unechten Splitting" wäre ein Hypothekendarlehen auch bei nur geringer Überschreitung des Beleihungswertes von 60 % im Grundsatz I BAKred voll anzurechnen gewesen. Dies hätte zu einer Belastung der im Realkreditgeschäft tätigen und dem Grundsatz I BAKred unterliegenden Kreditinstitute geführt, mit der niemand gerechnet hatte, weil sie während der Diskussion der KWG-Novelle offenbar gar nicht als Problem erkannt worden war (Schmuck/Otten (1985), S. 494; Beyer (1986) S. 69). Nachdem daher das BAKred den Bedenken der Kreditwirtschaft Rechnung getragen hat, wird im neuen Grundsatz I Abs. 5 Nr. 2 und 3 BAKred mit der Formulierung „Kredite ..., soweit sie die ersten drei Fünftel des Wertes" des Beleihungsobjekts „nicht übersteigen", ein anderer Realkreditbegriff verwendet als im neuen § 20 Abs. 2 Nr. 1 KWG.

Den Bestimmungen des § 13 KWG, der die Großkreditvergabe der Kreditinstitute an das hEK bindet, unterliegen die Hypothekenbanken sowohl unmittelbar auf Grund von § 3 HBG i. V. m. § 62 KWG als auch mittelbar über ihre Einbeziehung in die bankaufsichtlichen Konsolidierungsvorschriften für Kreditinstitutsgruppen. Beim einzelnen Kreditinstitut dürfen nach § 13 KWG Großkredite insgesamt das 8fache des hEK nicht übersteigen (§ 13 Abs. 3), der einzelne Großkredit darf 50 % des hEK nicht übersteigen (§ 13 Abs. 4), wobei ebenfalls gewisse Anrechnungsfaktoren berücksichtigt werden dürfen (§ 13 Abs. 5 und 6 KWG). Gemäß § 13 a i. V. m. § 13 KWG gelten diese Vorschriften auch für Kreditinstitutsgruppen. Da jedoch § 20 Abs. 1 und 2 KWG die meisten der von den Hypothekenbanken getätigten Geschäfte (u. a.) von den Vorschriften des § 13 KWG ausnimmt, sind die Großkreditregelungen für Hypothekenbanken praktisch nicht relevant. Sie könnten allenfalls dadurch Bedeutung erlangen, daß eine Hypothekenbank infolge ihrer Einbeziehung in die Konsolidierungsvorschriften für Kreditinstitutsgruppen von einer Verschärfung der Eigenkapitalanforderungen an ihre Mutterbank im Rahmen eines Steuerungskonzepts für die gesamte Kreditinstitutsgruppe mit betroffen wird.

§ 12 KWG, der die Anlagen in Grundstücken, Betriebs- und Geschäftsausstattung, Schiffen, Anteilen an Kreditinstituten und sonstigen Unternehmen usw. auf die Höhe des hEK begrenzt, ist für Hypothekenbanken wegen der diesbezüglich strengeren Vorschriften des HBG nicht bedeutsam. So beschränkt § 5 Abs. 4 HBG den Erwerb von Grundstücken auf die Verhütung von Verlusten an Hypotheken sowie die Beschaffung von Geschäftsräumen für eigene Zwecke und von Wohnräumen für Betriebsangehörige, während § 5 Abs. 1 Nr. 7 den gesamten Beteiligungsbesitz einer Hypothekenbank auf 15 % ihres Eigenkapitals (enger Fassung) begrenzt.Hinzuweisen ist schließlich darauf, daß Grundsatz I a BAKred, der den Unterschiedsbetrag zwischen den Aktiv- und Passivdevisenpositionen in fremder Währung auf 30 % bzw. 40 % des hEK begrenzt, sich auf Geschäfte bezieht, die Hypothekenbanken wegen ihrer Beschränkung auf die in den §§ 1, 5 und 41 HBG zugelassenen Geschäfte nicht betreiben dürfen.

3.2.3 Quantifizierung der Diskrepanzen zwischen den Eigenkapitalvorschriften des HBG und des KWG

Zur Ermittlung des Ausmaßes der Diskrepanzen zwischen den Eigenkapitalvorschriften des HBG und des KWG, konkretisiert durch Grundsatz I BAKred, wird von der Bilanz einer Modell-Hypothekenbank gemäß Tabelle 3 ausgegangen, die die eigenkapitalbezogenen Begrenzungsnormen des HBG, insbesondere die Umlaufsgrenzen, voll ausschöpft (Bellinger (1982), S. 516). Die Grundsatz I BAKred-Anforderungen an das Eigenkapital der Modell-Hypothekenbank lassen sich dann nach Tabelle 4 errechnen.

Bei der unterstellten Geschäftsstruktur benötigt die Modell-Hypothekenbank zur Erfüllung der Anforderungen von Grundsatz I BAKred 9325 : 18 = 518 Mio DM Eigenkapital. Auf Grund ihrer Ausstattung mit 600 Mio DM Eigenkapital werden folglich 82 Mio DM Eigenkapital zur Erfüllung der Anforderungen von Grundsatz I BAKred nicht benötigt. Das bedeutet, daß von der Modell-Hypothekenbank Grundsatz I BAKred nur in Höhe des 15,5 fachen (= 9325 : 600), also zu 86,3 % ausgelastet wird. Nach dem HBG sind folglich zur vollen Ausschöpfung der Umlaufsgrenzen bei der unterstellten Geschäftsstruktur 13,7 % mehr Eigenkapital erforderlich als nach § 10 KWG, konkretisiert durch Grundsatz I BAKred. Es läßt sich nun zeigen, daß und wie sich bei weiterhin voller Ausschöpfung der Gesamtumlaufsgrenze des HBG die Auslastung von Grundsatz I BAKred bei einer Variation der unterstellten Geschäftsstruktur verändert. Geht man z. B. davon aus, daß bei den Hypothekenbanken der Anteil der Kommunaldarlehen, der seit einigen Jahren bereits den Anteil der Hypothekendarlehen zu übersteigen tendiert, weiterhin zunimmt und sich dabei insbesondere auch der Anteil der (im Grundsatz I BAKred nicht anrechenbaren) Direktkredite an öffentliche Haushalte zu Lasten der (im Grundsatz I BAKred mit 50 % anzurechnenden) erststelligen Hypothekendarlehen erhöht, so vermindern sich (bei unveränderter Höhe des Eigenkapitals) die Grundsatz I BAKred-Anforderungen an das Eigenkapital der Modell-Hypothekenbank wie aus Tabelle 5 ersichtlich wird.

Allein durch die Erhöhung des Anteils der Direktkredite an öffentliche Haushalte von 42,1 % auf z. B. 81,5 % aller Deckungsdarlehen würden sich demnach die Grundsatz I BAKred-Anforderungen an das Eigenkapital der Modell-Hypothekenbank auf 240 Mio DM (= 40 % von 600 Mio DM) vermindern, so daß die Auslastung des Grundsatzes I BAKred nur noch das 7,2 fache (= 4325 : 600) ihres Eigenkapitals betragen würde. Hinzuweisen ist in diesem Zusammenhang darauf, daß die Ausschöpfung der Pfandbriefumlaufsgrenze durch die Modell-Hypothekenbank die umgekehrte Verhaltensweise, nämlich eine Erhöhung der Hypothekendarlehen zu Lasten der Kommunaldarlehen, die mit höheren Grundsatz I BAKred-Anforderungen an das Eigenkapital der Modell-Hypothekenbank verbunden wäre, nicht zuläßt.

Um nun die Eigenkapital-Beanspruchung einer Kreditinstitutsgruppe gemäß § 10 a KWG durch die Einbeziehung einer Hypothekenbank in die Konsolidierung ermitteln zu können, wird im folgenden davon ausgegangen, daß an der Modell-Hypothekenbank, deren Bilanz in Tabelle 3 dargestellt worden ist, eine Modell-Mutterbank zu 100 % beteiligt ist. Gemäß § 10 a Abs. 3 KWG ist die Eigenkapital-Konsolidierung einer Kreditinstitutsgruppe grundsätzlich wie folgt durchzuführen (Goedecke (1983), S. 508):

Eigenkapital der Mutterbank gemäß § 10 KWG
+ anteiliges Eigenkapital der Töchter gemäß § 10 KWG
./. Buchwerte der Beteiligungen der Mutterbank an den Töchtern
./. Buchwerte der Vermögenseinlagen stiller Gesellschafter und der Genußrechte, die auf gruppenangehörige Kreditinstitute entfallen
= konsolidiertes Eigenkapital der Kreditinstitutsgruppe.

Bei einem angenommenen Eigenkapital der Modell-Hypothekenbank von 600 Mio DM und einem Buchwert der Beteiligung der Modell-Mutterbank von ebenfalls 600 Mio DM wird demnach das Eigenkapital der aus beiden Banken gebildeten Modell-Kreditinstitutsgruppe in voller Höhe des nach Grundsatz I BAKred erforderlichen Eigenkapitals der Modell-Hypothekenbank beansprucht, im Beispiel also je nach der Geschäftsstruktur der Modell-Hypothekenbank gemäß Tabelle 5 zwischen 518 und 240 Mio DM. Ist allerdings der Buchwert der Beteiligung der Modell-Mutterbank (bei 100 %iger Beteiligung) geringer als das Eigenkapital der Modell-Hypothekenbank, so vermindert sich die Beanspruchung des Eigenkapitals der Modell-Kreditinstitutsgruppe durch die Modell-Hypothekenbank in Höhe der Differenz zwischen dem Eigenkapital der Modell-Hypothekenbank und dem Buchwert der Beteiligung der Modell-Mutterbank. Der Grund für eine solche Differenz kann sowohl darin liegen, daß die Modell-Hypothekenbank ihre offenen Rücklagen aus selbst erwirtschafteten Gewinnen dotiert, als auch darin, daß die Modell-Mutterbank den Buchwert ihrer Beteiligung abschreibt (Treuarbeit (1985), S. 33). Bei abnehmendem Buchwert der Beteiligung der Modell-Mutterbank und gleichbleibendem Eigenkapital der Modell-Hypothekenbank sinkt die Beanspruchung des Eigenkapitals der Modell-Kreditinstitutsgruppe durch die Modell-Hypothekenbank wie in Tabelle 6 angegeben.

Bei einem Buchwert der Beteiligung der Modell-Mutterbank in Höhe von 30 % des Eigenkapitals der Modell-Hypothekenbank beträgt demnach die Grundsatz I BAKred-Beanspruchung des Eigenkapitals der Modell-Kreditinstitutsgruppe nur noch 98 Mio DM. Verbindet man mit dieser Verminderung das Sinken der Grundsatz I BAKred-Anforderungen an das Eigenkapital der Modell-Hypothekenbank durch das Ansteigen ihrer Direktkredite an öffentliche Haushalte gemäß Tabelle 5, so erscheinen die in Tabelle 7 ermittelten Ergebnisse möglich.

Bei einem Buchwert der Beteiligung der Modell-Mutterbank von nur noch 30 % des Eigenkapitals der Modell-Hypothekenbank und gleichzeitiger Erhöhung des Anteils der Direktkredite der Modell-Hypothekenbank an öffentliche Haushalte auf 81,5 % der gesamten Deckungsdarlehen können also der Modell-Kreditinstitutsgruppe von der Modell-Hypothekenbank 180 Mio DM zur Verfügung gestellt werden. Es kann infolgedessen nicht generell davon ausgegangen werden, daß durch die Konsolidierung der Hypothekenbanken das Eigenkapital der Kreditinstitutsgruppen belastet wird, sondern es können sich Konstellationen ergeben, bei denen das Eigenkapital einer Kreditinstitutsgruppe durch die Konsolidierung einer Hypothekenbank sogar entlastet wird.

3.3. Anpassung der Eigenkapitalvorschriften des HBG an veränderte Rahmenbedingungen

Angesichts der gravierenden Änderungen wirtschaftlicher und rechtlicher Rahmenbedingungen der Hypothekenbanken, die im 2. Abschnitt aufgezeigt worden sind, wird gegenwärtig eine Anpassung des HBG erwogen, deren Schwergewicht auf der Änderung der Eigenkapitalvorschriften liegen soll. Der Referentenentwurf für ein "Gesetz zur Änderung des Hypothekenbankgesetzes und anderer Vorschriften für Hypothekenbanken", der im Juli 1987 den Verbänden der Kreditwirtschaft zur Stellungnahme zugeleitet worden ist, befindet sich (im September 1987) bereits im Anhörungsverfahren.

3.3.1. Anpassung der Eigenkapitaldefinition

Geplant ist im Referentenentwurf zur Novellierung des HBG zunächst eine Anpassung des engen Eigenkapitalbegriffs gemäß § 7 Abs. 1 HBG an den weiteren Begriff des hEK in § 10 KWG. Damit würde nicht nur die Erfaßbarkeit aller offenen Rücklagen der Hypothekenbanken in den eigenkapitalbezogenen Begrenzungsnormen des HBG erreicht, sondern den Hypothekenbanken auch die Möglichkeit eröffnet werden, ihr Eigenkapital durch die Aufnahme von Genußrechtskapital, die seit der KWG-Novellierung von 1985 allen Kreditinstituten zusteht, zu erhöhen. Der in der Literatur (besonders für den Fall der Einbeziehung der Hypothekenbanken in die bankaufsichtlichen Konsolidierungsvorschriften) für erforderlich gehaltenen Anpassung des Eigenkapitalbegriffs (Rode (1982), S. 520, (1986), S. 504 und 596) würde dies voll entsprechen. Auch der Referentenentwurf zur Novellierung des HBG begründet die geplanten Änderungen des Eigenkapitalbegriffs einerseits mit einer Beseitigung der bisherigen Benachteiligung der Hypothekenbanken und andererseits mit ihrer Einbeziehung in die bankaufsichtlichen Konsolidierungsvorschriften für Kreditinstitutsgruppen (BMJ (1987), Begründung S.1). Dennoch ist an dieser Stelle zu fragen, ob die Aufnahme von Genußrechtskapital dem bisherigen Sicherheitsstandard der Hypothekenbanken tatsächlich noch entspricht. Im folgenden Abschnitt wird darauf nochmals zurückzukommen sein.

3.3.2. Anpassung der eigenkapitalbezogenen Begrenzungsnormen der Geschäftstätigkeit

Als wichtigste Anpassung der Eigenkapitalvorschriften des HBG an die veränderten Rahmenbedingungen sieht der Referentenentwurf eine Erhöhung der Gesamtumlaufsgrenze für Pfandbriefe und Kommunalschuldverschreibungen vom 50fachen auf das 60fache des neugefaßten hEK der Hypothekenbanken vor, wobei die bisherige interne Umlaufsgrenze für Pfandbriefe ganz entfallen soll (§ 7 Abs. 1 HBG neu und § 41 Abs. 2 HBG alt). Diese Erweiterung der Gesamtumlaufsgrenze bei gleichzeitiger „Erhöhung der Flexibilität bezüglich des Pfandbriefumlaufs" (BMJ (1987), Begründung S. 3) erscheint allerdings „nur vertretbar, wenn auch die Hypothekenbanken künfig dem vom BAKred nach § 10 Abs. 1 KWG aufgestellten Grundsatz I über das angemessene Eigenkapital unterliegen" (BMJ (1987), Begründung S. 3). Das würde - nach der bisher nur mittelbaren - nunmehr auch eine unmittelbare Unterstellung der Hypothekenbanken unter den Grundsatz I BAKred und folglich eine doppelte eigenkapitalbezogene Begrenzung ihrer Geschäftstätigkeit bedeuten.

Geplant ist weiterhin eine Erhöhung der Grenze für Einlagen, Darlehen und ungedeckte Schuldverschreibungen vom 3fachen auf das 5fache des neugefaßten hEK (§ 5 Abs. 1 Nr. 4 HBG neu), eine Anhebung der Grenze für die gesamten Beteiligungen von 15 % auf 20 % (§ 5 Abs. 1 Nr. 7 HBG neu) sowie der Beteiligungen an ausländischen Realkreditinstituten und Wohnungsbauträgergesellschaften von 5 % auf 10 % des neugefaßten hEK (§ 5 Abs. 1 Nr. 7 b HBG neu).

Schließlich soll die Grenze für Beleihungen im zweitstelligen Raum von 10 % auf 15 % des Gesamtbetrages der hypothekarischen Beleihungen angehoben (§ 5 Abs. 1 Nr. 2 HBG neu) und zugleich ein Einstieg in das Auslandshypothekarkreditgeschäft in der EG durch die Erlaubnis zur erststelligen Beleihung von Grundstücken in EG-Mitgliedsstaaten bis zur Höhe des hEK ermöglicht werden (§ 5 Abs. 1 Nr. 2 a HBG neu).

Die im Referentenentwurf vorgesehenen Änderungen des HBG werden in der Begründung als eine „maßvolle Lockerung der Beschränkungen" deklariert, die den Hypothekenbanken „ohne Änderung des Spezialprinzips" eine Anpassung ihrer Geschäftstätigkeit an die veränderten Rahmenbedingungen ermöglichen soll (BMJ (1987), Begründung S. 2). Hinter den diesbezüglichen Wünschen der Hypothekenbanken (Rode (1986), S. 504 - 511; v. Köller (1987), S. 10) bleiben diese Änderungen allerdings teilweise nicht unbeträchtlich zurück.

Von besonderer Bedeutung erscheint in diesem Zusammenhang die doppelte eigenkapitalbezogene Begrenzung der Geschäftstätigkeit der Hypothekenbanken durch die Umlaufsgrenze des HBG und die Vorschriften des KWG, konkretisiert durch den Grundsatz I BAKred. Die Auswirkungen dieser doppelten Begrenzung lassen sich für die Modell-Hypothekenbank wie folgt aufzeigen. Eine Erhöhung der Umlaufsgrenze auf das 60fache des hEK bedeutet, daß die Modell-Hypothekenbank (bei unverändertem Eigenkapital von 600 Mio DM) Pfandbriefe und Kommunalschuldverschreibungen in Höhe von insgesamt 36000 Mio DM, zusätzlich also in Höhe von 6000 Mio DM ausgeben kann. Sie würde jedoch c. p. bereits bei einer Erhöhung ihrer (im Grundsatz I BAKred mit 50 % anzurechnenden) erststelligen Hypothekendarlehen von 12690 Mio DM um 2950 Mio DM auf 15640 Mio DM gemäß Grundsatz I BAKred ihr Eigenkapital voll auslasten, so daß sie den Rest ihres gewonnenen Spielraums in Höhe von 3050 Mio DM nur noch zur Erhöhung der (im Grundsatz I nicht anrechenbaren) Direktkredite an öffentliche Haushalte verwenden könnte. Wollte sie dagegen diejenigen Geschäfte forcieren, die eine 100 %ige Anrechnung im Grundsatz I erfordern, wie insbesondere die Beleihungen im zweitstelligen Raum und die Beteiligungen, deren Grenzen im Referentenentwurf zur Novellierung des HBG ebenfalls angehoben worden sind, so würde sie c. p. bereits bei einer Erhöhung dieser Geschäfte um 1475 Mio DM an die Grenze der Grundsatz I BAKred-Anforderungen an ihr Eigenkapital stoßen. Es zeigt sich also, daß die Umlaufsgrenzen des HBG zwar nicht generell, aber doch immer dann enger sind als die im Grundsatz I BAKred festgelegten Begrenzungen, wenn die bei der Ermittlung der Umlaufsgrenzen des HBG voll und bei der Ermittlung der Grundsatz I BAKred-Anforderungen überhaupt nicht zu berücksichtigenden Direktkredite an die öffentliche Hand zu Lasten der im Grundsatz I BAKred zu 50 % oder 100 % anzurechnenden Geschäfte ausgedehnt werden. Insoweit bleibt infolgedessen auch der Wettbewerbsnachteil der Hypothekenbanken gegenüber den öffentlich-rechtlichen Grundkreditanstalten und den sonstigen öffentlich-rechtlichen Kreditinstituten, die Pfandbriefe und Kommunalschuldverschreibungen ohne Umlaufsgrenzen ausgeben dürfen, bestehen. Bei der geplanten Privatisierung der Deutschen Pfandbriefanstalt und der Deutschen Siedlungs- und Landesrentenbank (Rode (1986), S. 508; Schmidt, (1987), S. 528/530) könnten sich daraus bedeutsame Anpassungsprobleme ergeben.

Überprüft man die im Referentenentwurf vorgesehenen Änderungen des HBG in risikopolitischer Hinsicht, so ist zunächst festzustellen, daß sie eine weitere Verminderung der Eigenkapitalunterlegung des Aktivgeschäfts der Hypothekenbanken ermöglichen. Beträgt die Mindesteigenkapitalquote bei einer Umlaufsgrenze für Pfandbriefe und Kommunalschuldverschreibungen in Höhe des 50fachen des hEK 1,96 % der Bilanzsumme, so verringert sie sich beim 60fachen des hEK auf 1,64 % der Bilanzsumme. Hinzu kommt, daß die Möglichkeit der Aufnahme von Genußrechtskapital auch zur Minderung der Qualität des hEK der Hypothekenbanken zu führen tendiert. Bedenkt man weiterhin, daß mit der Lockerung der Beschränkungen des HBG gerade diejenigen Aktivgeschäfte der Hypothekenbanken begünstigt werden sollen, die - wie insbesondere die Beleihungen im zweistelligen Raum, die ausländischen Beleihungen und die Beteiligungen - in stärkerem Maße mit Risiken behaftet sind als die durch strenge Deckungsvorschriften gebundenen Aktivgeschäfte, so zeigt sich, daß auf Grund der neuen HBG-Novellierung tendenziell mit einer Erhöhung des Risikopotentials der Hypothekenbanken gerechnet werden muß. Die bereits auf Grund von Veränderungen der wirtschaftlichen und rechtlichen Rahmenbedingungen konstatierte Erhöhung des Risikopotentials ihrer Geschäftstätigkeit (Rode (1986), S. 510) wird auf diese Weise nicht abgebaut, sondern eher verstärkt. Die verständlichen Wünsche der Hypothekenbanken nach freierer Betätigung im Wettbewerb der das langfristige Geschäft betreibenden Kreditinstitute stoßen infolgedessen hier an die durch das Spezialprinzip und den Pfandbriefstandard „zum Schutz der Anleger und im Interesse der Funktionsfähigkeit des Rentenmarktes" (Schmidt (1986), S. 518, (1987), S. 528) verkörperten Anforderungen an die Sicherheit der Hypothekenbanken. In der Literatur wird diesbezüglich durch die im Referentenentwurf geplanten Änderungen des HBG zwar noch keine Gefahr gesehen (Schmidt (1986), S. 518, (1987), S. 530 f.). Gleichwohl ist man sich aber der Grenzen bewußt, die weiteren Lockerungen der Beschränkungen des HBG entgegenstehen würden (Rode (1982), S. 520; Schmidt (1987), S. 531).

4. Perspektiven der Risikobegrenzung durch Eigenkapitalvorschriften

Die Zukunft der Hypothekenbanken wird in hohem Maße durch die Veränderungen wirtschaftlicher und rechtlicher Rahmenbedingungen geprägt werden, die im Zuge der Realisierung des EG-Binnenmarktes zu erwarten sind. Einer erheblichen Verstärkung des Wettbewerbs, die eine Tendenz zu weiteren Lockerungen der Beschränkungen des HBG in sich birgt, um den deutschen Instituten im internationalen Rahmen die Geschäftstätigkeit im Vergleich zu ihren Konkurrenten zu erleichtern oder mindestens nicht zu erschweren, stehen dabei die Gepflogenheiten der internationalen Kapitalmärkte gegenüber, an denen

„eher höhere als niedrigere Eigenkapitalausstattungen erwartet und verlangt" werden (Rode (1986), S. 508). Insofern wird daher in der Literatur - unter der Voraussetzung gleicher Wettbewerbsbedingungen - eine Beibehaltung der Umlaufsgrenzen des HBG zur Verhinderung eines „unbegrenzten Absinkens der Eigenkapitalquote der Hypothekenbanken", die bei ausschließlicher Abstellung auf Grundsatz I BAKred möglich erscheint, durchaus positiv beurteilt (Rode (1986), S. 508). In die gleiche Richtung weisen die Bemühungen der Bankenaufsicht, die Anforderungen an die Eigenkapitalunterlegung besonders risikobehafteter Geschäfte, insbesondere bestimmter Finanzinnovationen, im Grundsatz I BAKred zu erhöhen, ohne dabei freilich die Grundstruktur dieser eigenkapitalbezogenen Risikobegrenzungsnorm verändern zu wollen, wie sie bereits in der Literatur vorgeschlagen wird (Philipp u. a. (1987)). Daß dabei im Zusammenhang mit der weltweit feststellbaren Tendenz zur Securitization auch an eine Gleichbehandlung von Krediten und Wertpapieren im Grundsatz I BAKred gedacht wird (Kuntze (1986), S. 35 - 37), läßt die Hypothekenbanken allerdings eine Gefährdung des deutschen Kapitalmarktes befürchten (Verband Deutscher Hypothekenbanken (1986), S. 32 - 34 und 67).

Ob bzw. inwieweit es gelingen wird, „die Besonderheiten des deutschen Pfandbriefs und des damit refinanzierten Hypothekarkredits auch in den einschlägigen Richtlinien der Europäischen Gemeinschaft zur Geltung zur bringen" (Schmidt (1986), S. 518), läßt sich heute noch nicht abschätzen. Die intensiven Bemühungen der deutschen Hypothekenbanken zur Erhaltung des Spezialprinzips und des Pfandbriefstandards werden hierbei konfrontiert mit der weit verbreiteten Tendenz zur Aufhebung des Prinzips der Arbeitsteilung an den Finanzmärkten zwischen den Instituten des erststelligen und des nachrangigen Kredits, die letztlich „der Risikozuordnung und -verteilung unter den beteiligten Institutsgruppen" (Rode (1986), S. 510) dient. „Für die Hypothekenbanken stellt sich damit die Alternative, Gefahr zu laufen, sich in schöner Reinheit langsam vom Markt zu verabschieden, oder dafür zu sorgen, daß ihr Geschäftsrahmen unter Wahrung der Spezialität in vertretbarem Umfang erweitert wird" (Rode (1986), S. 510). Zweifellos werden sich die Hypothekenbanken für die letztere Alternative entscheiden. Voraussetzung ihrer weiteren Entwicklung ist dann aber, daß der Risikobegrenzung durch Eigenkapitalvorschriften auch künftig die gebührende Aufmerksamkeit geschenkt wird.

Tab. 1: *Beteiligung an Hypothekenbanken (Mitgliedsinstitute des Verbandes Deutscher Hypothekenbanken laut Geschäftsbericht 1986)*

Mutter-Institute Hypothekenbank-Töchter	Höhe der Beteil. unmittelbar und mittelbar in %	Bilanzsumme d. Hypothekenbank per 31.12.1986 in Mrd DM
Deutsche Bank AG		
Frankfurter Hypothekenbank AG	91,9	29,242
Deutsche Centralbodenkredit-AG	88,7	28,471
Lübecker Hypothekenbank AG	100,0	7,738
		65,451
Dresdner Bank AG		
Deutsche Hypothekenbank Frankfurt-Bremen AG	85,9	22,118
Pfälzische Hypothekenbank AG	82,3	13,623
Hypothekenbank in Hamburg AG	82,6	12,572
Norddeutsche Hypotheken- und Wechselbank AG	58,2	4,935
		53,248
Commerzbank AG		
Rheinische Hypothekenbank AG	94,2	33,811
Bayerische Vereinsbank AG		
Bayerische Handelsbank AG	76,4	19,569
Süddeutsche Bodencreditbank AG	54,2	15,292
Vereinsbank in Nürnberg AG	50,5	14,483
		49,344
Bayerische Hypotheken- und Wechsel-Bank AG		
Westfälische Hypothekenbank AG	74,8	16,322
Württembergische Hypothekenbank AG	75,0	10,872
		27,194
Berliner Bank AG		
Braunschweig-Hannoversche Hypotheken-Bank AG	60,0	11,405
Berliner Handels- und Frankfurter Bank (BHF-Bank)		
Deutsche Hypothekenbank (Actien-Gesellschaft)	51,0	9,305
Beteiligungsgesellschaft für Gemeinwirtschaft AG		
Bank für Gemeinwirtschaft		
Deutsche Beamtenversicherung		
Volksfürsorge Lebensversicherung		
Beamtenheimstättenwerk		
Allgemeine Hypothekenbank AG	95,0	11,125
Sal. Oppenheim jr. & Cie.		
Konzernverhältnis zu		
Rheinisch-Westfälische Boden-Credit-Bank AG	>50,0	8,776
DG-Bank Deutsche Genossenschaftsbank		
Deutsche Genossenschafts-Hypothekenbank AG	100,0	32,702
48665 Genossenschaftsmitglieder		
Münchener Hypothekenbank eG		10,754

Quellen: Bundesverband deutscher Banken, Köln, fernmündliche Auskunft
    Commerzbank (Hrsg.), Wer gehört zu wem, 15. Aufl., 1985
    o. V., Die privaten Hypothekenbanken im Jahre 1985, in: Die Bank 1986, S. 434
    Schmacke, E. (Hrsg.), Die großen 500, Loseblatt, Neuwied 1976–1987
    Schmidt, G., Die deutschen Hypothekenbanken 1986, in: DLK 1987, S. 557

Tab. 2: *Eigenkapitalvorschriften gemäß HBG von 1974, KWG von 1985 und HBG-Referentenentwurf von 1987*

	HBG von 1974	KWG von 1985	HBG-Referentenentwurf von 1987
Eigenkapital-definition	§ 7 Abs. 1 HBG eingezahltes Grundkapital − eigene Aktien + gesetzliche Rücklage + andere (beschlossene) Rücklagen Mindesteigenkapital § 2 Abs. 2 HBG 8 Mio DM Grundkapital BAkred auf Grund von § 33 KWG 30 Mio DM Eigenkapital (Bellinger/Kerl 1979, S. 106/112)	§ 10 Abs. 2 − 8 KWG, für AGs: eingezahltes Grundkapital − eigene Aktien + offene Rücklagen (ohne Eingrenzung) + Reingewinn, soweit Zuweisung beschlossen + Vermögenseinlagen stiller Gesellschafter + Genußrechtskapital bis zu 25 % d. hEK Angemessenes hEK § 10 KWG, konkretisiert durch Grundsatz I BAKred für das einzelne Kreditinstitut §§ 10 a und 10 KWG, konkretisiert durch Grundsatz I Abs. 2 BAKred für Kreditinstitutsgruppen	§ 7 Abs. 1 HBG neu Übernahme der Eigenkapitalde-finition von § 10 KWG
Begrenzung des Gesamtumfangs der Geschäfts-tätigkeit	§§ 7 Abs. 1, 41 Abs. 2 HBG Umlaufsgrenze für Pfandbriefe: 25faches des Eigenkapitals Gesamtumlaufsgrenze für Pfand-briefe und Kommunalschuldver-schreibungen: 50faches des Eigenkapitals §§ 6, 41 Abs. 1 HBG Deckung der umlaufenden Pfand-briefe und Kommunalschuldver-schreibungen in mindestens glei-cher Höhe und Verzinsung durch erststellige Hypothekendarlehen und Kommunaldarlehen, Ersatz-deckung nur bis zu 10 % der Um-laufsgrenzen	Grundsatz I BAKred Begrenzung der Kredite und Beteiligun-gen (./. einiger Abzugsposten) auf das 18fache des hEK eines Kreditinstitutes und einer Kreditinstitutsgruppe §§ 13 und 13 a KWG Begrenzung der Kredite an einen Kredit-nehmer, die 15 % des hEK übersteigen (Großkredite), auf das 8fache, des ein-zelnen Großkredits auf 50 % des hEK sowohl beim einzelnen Kreditinstitut als auch bei Kreditinstitutsgruppen	§ 7 Abs. 1 HBG neu Anhebung der Gesamtumlaufsgren-ze für Pfandbriefe und Kommu-nalschuldverschreibungen auf das 60fache des hEK und Aufhe-bung der internen Umlaufsgrenze für Pfandbriefe + § 10 KWG, konkretisiert durch Grundsatz I BAKred
Begrenzung ein-zelner Ge-schäftsarten	§§ 5 Abs. 1 Nr. 4, 7 Abs. 2 HBG Begrenzung der Einlagen, Darlehen und ungedeckten Schuldverschrei-bungen auf das 3fache des Eigen-kapitals unter Anrechnung auf die Gesamtumlaufsgrenze		§§ 5 Abs. 1 Nr. 4, 7 Abs. 2 HBG neu Anhebung der Grenze für Einla-gen, Darlehen und ungedeckte Schuldverschreibungen auf das 5fache des hEK unter Anrechnung auf die Gesamtumlaufsgrenze

	HBG von 1974	KWG von 1985	HBG-Referentenentwurf von 1987
Begrenzung einzelner Geschäftsarten	§ 5 Abs. 1 Nr. 7 HBG Begrenzung der Beteiligungen auf 15% des Eigenkapitals, davon 5% für ausländische Beteiligungen	§ 12 KWG Begrenzung der Anlagen in Grundstücken, Gebäuden, Betriebs- und Geschäftsausstattung, Schiffen, Anteilen an Kreditinstituten und sonstigen Unternehmen sowie in Forderungen aus Vermögenseinlagen als stiller Gesellschafter und aus Genußrechten auf die Höhe des hEK	§ 5 Abs. 1 Nr. 7 HBG neu Anhebung der Begrenzung der Beteiligungen auf 20% des hEK, davon 10% für ausländische Beteiligungen
	§ 12 Abs. 3 HBG Begrenzung der Hypotheken an Bauplätzen und (unfertigen) Neubauten auf das 2fache des Eigenkapitals		
	§ 5 Abs. 1 Nr. 1 HBG Begrenzung der Darlehen an EG-inst. und EG-Mitgl. Staaten auf 10% des Kommunaldarlehensbestandes insgesamt		
	§ 5 Abs. 1 Nr. 2 HBG Begrenzung der Beleihungen im zweitstelligen Raum auf 10% des Gesamtbetrages der hypothekarischen Beleihungen		§ 5 Abs. 1 Nr. 2 HBG neu Anhebung der Begrenzung der Beleihungen im zweitstelligen Raum auf 15% des Gesamtbetrages der hypothekarischen Beleihungen
		Grundsatz I a BAKred Begrenzung des Unterschiedsbetrages zwischen Aktiv- und Passivdevisenpositionen in fremder Währung sowie in Gold, Silber oder Platinmetallen (Edelmetallen) auf 30% des hEK unabhängig von ihrer Fälligkeit, auf 40% des hEK bei Fälligkeit innerhalb eines Kalendermonats bzw. eines Kalenderhalbjahres	§ 5 Abs. 1 Nr. 2 a HBG neu Erlaubnis zur Beleihung von Grundstücken in EG-Mitgl. Staaten bis zur Höhe des hEK

Tab. 3: Bilanz einer Modell-Hypothekenbank bei weitestgehender Ausschöpfung der eigenkapitalbezogenen Begrenzungsnormen des HBG

Aktiva		Mio DM	Passiva	
Hypothekendarlehen (§§ 1 Abs. 1, 6 Abs. 1 – 3)		12 690	Pfandbriefe (§§ 1 Abs. 1, 7 Abs. 1)	14 100
Kommunaldarlehen (§§ 1 Abs. 2, 6 Abs. 1, 41 Abs. 1)		12 690	Kommunalschuldverschreibungen (§§ 1 Abs. 2, 41 Abs. 2)	14 100
davon:				
an öfftl. Haushalte	(10 690)			
an öfftl.rechtl. Kred.Inst.	(1000)			
verbürgte Kredite	(1000)			
Zweitstell. Hypothekendarl. (§ 5 Abs. 1 Nr. 2)		900	Einlagen, Darlehen und nichtdeckungsfähige Schuldverschr. (§§ 5 Abs. 1 Nr. 4, 7 Abs. 2)	1800
Kommunaldarl. an EG-Inst. u. EG-Mitgl.Staaten (§ 5 Abs. 1 Nr. 1)	900	1800		
		27 180		
Ersatzdeckung für:				
Pfandbriefe (§ 6 Abs. 5)		1410		
Kommunalschuldverschreibungen (§§ 6 Abs. 5, 41 Abs. 1)	1410	2820		
davon:				
(§§ 6 Abs. 4, 41 Abs. 1)				
Geldanlagen bei Kred.Inst.	(1400)			
Schuldverschr. öfftl. Haush.	(1400)			
Bargeld	(20)			
		30 000		30 000
Beteiligungen (§ 5 Abs. 1 Nr. 7)		90	Eigenkapital (§ 7 Abs. 1)	600
Anlage verfügbarer Mittel (§ 5 Abs. 3)		510	davon:	
davon:			Grundkapital	(70)
Geldanlagen bei Kred.Inst.	(500)		Gesetzliche und andere (beschlossene) Rücklagen	(530)
Bundesbankfähige Wechsel und Schecks	(10)			
Bilanzsumme		30 600	Bilanzsumme	30 600

Tab. 4: Grundsatz I BAKred-Anforderungen an das Eigenkapital der Modell-Hypothekenbank

Anrechnungsfaktoren gemäß Grundsatz I BAKred		Betrag lt. Bilanz Mio DM	Anrechnung im Grundsatz I Mio DM
0 %	Bargeld	20	–
0 %	Wertpapiere	1400	–
0 %	Kredite an inländische juristische Personen des öfftl. Rechts (ausgenommen Kred. Inst.)	10 690	–
20 %	Kredite an inländische Kred. Inst. einschl. solche, die juristische Personen des öfftl. Rechts. sind	2900	580
50 %	Kredite, die den Erfordernissen von § 12 Abs. 1 und 2 HBG entsprechen, soweit sie 60 % des Grundstückswertes nicht übersteigen	12 690	6345
50 %	Von inländischen juristischen Personen des öfftl. Rechts verbürgte Kredite	1000	500
100 %	Zweitstellige Hypothekendarlehen	900	900
100 %	Kommunaldarlehen an EG-Inst. und EG-Mitgl. Staaten	900	900
100 %	Wechsel und Schecks	10	10
100 %	Beteiligungen	90	90
Erforderliches Eigenkapital = 9325 : 18 = 518 Mio DM		30 600	9325

Tab. 5: Verminderung der Grundsatz I BAKred-Anforderungen an das Eigenkapital der Modell-Hypothekenbank bei einer Erhöhung der Direktkredite an öffentliche Haushalte

Erststellige Hypothekendarlehen Mio DM	Direktkredite an öffentliche Haushalte Mio DM	Anteil der Direktkredite an den gesamten Deckungsdarl. %	Verminderung der Anrechnung im Grundsatz I Mio DM	Erforderliches Eigenkapital Mio DM
12 690	10 690	42,1		518
10 690	12 690	50,0	- 1000	463
8 690	14 690	57,9	- 2000	407
6 690	16 690	65,8	- 3000	351
4 690	18 690	73,6	- 4000	296
2 690	20 690	81,5	- 5000	240

Tab. 6: *Verminderung der Grundsatz I BAKred-Beanspruchung des Eigenkapitals der Modell-Kreditinstitutsgruppe bei Erhöhung der Differenz zwischen dem Eigenkapital der Modell-Hypothekenbank und dem Buchwert der Beteiligung der Modell-Mutterbank*

Eigenkapital der Modell-Hypothekenbank	Buchwert der Beteiligung der Modell-Mutterbank	Grundsatz I BAKred-Anforderungen an das Eigenkapital der Modell-Hypothekenbank gemäß Tabelle 4	Grundsatz I BAKred-Beanspruchung des Eigenkapitals der Modell-Kreditinstitutsgruppe
Mio DM	Mio DM	Mio DM	Mio DM
600	– 600 (= 100 %)	– 518	= – 518
600	– 420 (= 70 %)	– 518	= – 338
600	– 300 (= 50 %)	– 518	= – 218
600	– 180 (= 30 %)	– 518	= – 98

Tab. 7: *Grundsatz I BAKred-Beanspruchung des Eigenkapitals der Modell-Kreditinstitutsgruppe auf Grund kombinierter Einflußfaktoren*

Eigenkapital der Modell-Hypothekenbank	Buchwert der Beteiligung der Modell-Mutterbank	Grundsatz I BAKred-Anforderungen an das Eigenkapital der Modell-Hypothekenbank gemäß Tabelle 5	Grundsatz I BAKred-Beanspruchung des Eigenkapitals der Modell-Kreditinstitutsgruppe
Mio DM	Mio DM	Mio DM	Mio DM
600	– 420 (= 70 %)	– 351 (bei 65,8 % Dir.Kr.)	= – 171
600	– 300 (= 50 %)	– 296 (bei 73,6 % Dir.Kr.)	= + 4
600	– 180 (= 30 %)	– 240 (bei 81,5 % Dir.Kr.)	= + 180

Literaturverzeichnis

Becker, Jürgen, Das Ende der Hypothekenbanken? in: ZfgK 1983, S. 604–610.
Bellinger, Dieter, Zwischen Expansion und Restriktion des Eigenkapitalbegriffs in: DLK 1982, S. 508–516.
Bellinger, Dieter, Ende der Hypothekenbanken? - Eine Erwiderung in: ZfgK 1983, S. 652–655.
Bellinger, Dieter, EG-Hypothekarkredit: Tendenzen und Konsequenzen in: DLK 1986, S. 526–528.
Beyer, Hans-Joachim, Zulassung des „unechten" Realkreditsplittings bei der Neufassung des Grundsatzes I in: DLK 1986, S. 68–70.
Bundesjustizministerium (BMJ), Referentenentwurf eines Gesetzes zur Änderung des Hypothekenbankgesetzes und anderer Vorschriften für Hypothekenbanken, Fassung Juli 1987.
Christians, Wilhelm, Novelle des Kreditwesengesetzes ist eine Weichenstellung für Jahrzehnte in: HB vom 29./30. 3.1985, S. 25.
Commerzbank (Hrsg), Wer gehört zu wem? Mutter- und Tochterbanken von A - Z , 15. Aufl. 1985.
Cumming, J.A., Anmerkungen und Argumente zur Hypothekarkreditrichtlinie der EG in: DLK 1985, S. 460–461.
Deutscher Bundestag, Gesetzentwurf der Bundesregierung, Entwurf eines Dritten Gesetzes zur Änderung des Gesetzes über das Kreditwesen, Drucksache 10/1441 vom. 14. 5.1984.
Drukarczyk, Jochen, Unternehmen und Insolvenz, Wiesbaden 1987.
Engau, Herwigh, Das neue gesetzliche Kreditkündigungsrecht in: Sparkasse 1987, S. 18–26.
Fey, Hans, Dienstleistungspalette der privaten Hypothekenbanken in: Die Bank 1985, S. 124–127.
Fleischmann, Rudolf/ Bellinger, Dieter/ Kerl, Volkher, Hypothekenbankgesetz, Kommentar, München 1979.
Geßler, Ernst, Die Einbeziehung von Hypothekenbanken in die Konsolidierung nach § 10 a der Novelle zum Kreditwesengesetz in: AG 1983, S. 261–277.
Goedecke, Wolfgang, Die kreditwirtschaftlichen Aktivitäten der Europäischen Wirtschaftsgemeinschaft aus der Sicht der Pfandbriefinstitute in: DLK 1982, S. 4–7.
Goedecke, Wolfgang, Quotales Zusammenfassungsverfahren als Mittel einer präventiven Bankenaufsicht? - Aus der Sicht der Hypothekenbanken in: DLK 1983, S. 504–519.
Goedecke, Wolfgang, Neue Aspekte im Auslandsgeschäft in: ZfgK 1984, S. 245–250.
Goedecke, Wolfgang, Das Auslandsgeschäft der Pfandbriefinstitute - Ein kommentierter Rückblick in: DLK 1985 a, S. 688–694.
Goedecke, Wolfgang, Europaweiter Hypothekarkredit? - Ein Vorschlag der Kommission der Europäischen Gemeinschaften - in: DLK 1985 b, S. 164–169.
Herrmann, Armin, Veränderte Stellung des Realkredits auf dem deutschen Geldmarkt in: DLK 1986, S. 636–637.
Kolbeck, Rosemarie, Geschäftspolitische Auswirkungen der Konsolidierungsvorschriften des Kreditwesengesetzes in: Rechnungswesen im Dienste der Bankpolitik, hrsg. von Jürgen Krumnow und Matthias Metz, Stuttgart 1987.
v. Köller, Karsten, Gesetzliche Hemmnisse müssen abgebaut und neue Geschäftsspielräume geschaffen werden in: HB vom 26. 2.1987, S. 10.
Kuntze, Wolfgang, Risikopotentiale durch Finanzinnovationen als bankaufsichtsrechtliches Problem in: Bankinnovationen, hrsg. von Rosemarie Kolbeck, Frankfurt am Main 1986.
Leeb, Wolfgang, Universalbank-Mütter und Hypothekenbank-Töchter, in: ZfgK 1984, S. 237–240.
Mertin, Klaus, Von der Großbank zum internationalen Bankkonzern in: BZ vom 17.2.1984, S. 5.
Mittermüller, Horst, Die Auswirkungen des Strukturwandels im Hypothekenbankgeschäft auf die Refinanzierung in: DLK 1981, S. 672–676.
o.V., Die privaten Hypothekenbanken im Jahre 1985 in: Die Bank 1986, S. 434.
Philipp, Fritz u.a., Bankaufsichtsrechtliche Begrenzung des Risikopotentials von Kreditinstituten in: DBW 1987, S. 285–302.
Reichstein, Eberhard, 35 Jahre langfristiger Kredit der Hypothekenbanken - Gedanken zur Entwicklung dieser Spezialinstitute von 1950 bis 1985 in: DLK 1985, S. 644–657.
Riebell, Klaus, Die Großkredit-, Millionenkredit- und Organkreditvorschriften nach der Dritten KWG-Novelle in: B.Bl. 1985, S. 454–467.

Rode, Detlev, Die Quotenkonsolidierung - Zwangsjacke für Hypothekenbanken in: DLK 1982, S. 517–520.
Rode, Detlev, Aktuelles um das Hypothekenbankgeschäft und -gesetz in: DLK 1986, S. 504–511.
Röller, Wolfgang, Die Position der Hypothekenbanken in der deutschen Kreditwirtschaft in: DLK 1986, S. 512–517.
Schäfer, Otto, Die Hypothekarrichtlinie der EG - ein Ansatz zur Freizügigkeit im Wohnungskredit in: DLK 1985, S. 696–698.
Schebesta, Michael, Neuregelung des Darlehenskündigungsrechts, Aufhebung des § 247 BGB in: BI 1986, S. 15–17.
Schmacke, Ernst (Hrsg.), Die großen 500 Deutschlands führende Unternehmen und ihr Management, Loseblatt, Neuwied 1976–1987.
Schmidt, Gertraut, Die deutschen Hypothekenbanken 1986: Im Jahr der Stabilität in: DLK 1987, S. 553–568.
Schmidt, Hans - Walter, Die Hypothekenbanken im veränderten Umfeld in: DLK 1985, S. 500–503.
Schmidt, Hans - Walter, Anmerkungen zur HBG-Novelle in: DLK 1987, S. 528–532.
Schmuck, Herbert/Otten, Herbert, Die Vereinheitlichung des Realkreditbegriffs im KWG 1985 und ihre Folgen in: DLK 1985, S. 492–499.
Schönmann, Hans G., Zuviel Kommunalkredit der Hypothekenbanken? in: ZfgK 1984 a, S. 240–244.
Schönmann, Hans G., Unzumutbare Sonderopfer in: DLK 1984 b, S. 404–408.
Schubäus, Klaus, Hypothekenbanken und gemeinsamer Markt in: DLK 1987, S. 496–502.
Treuarbeit AG, KWG-Novelle 1985, Frankfurt am Main 1985.
Ullmann, Klaus, Der Realkredit auf dem Weg in den gemeinsamen Markt: Ziele und Tätigkeiten der Fédération Hypothécaire in: DLK 1983, S. 372–378.
Verband Deutscher Hypothekenbanken, Geschäftsberichte 1983, 1984, 1985, 1986.

Die Auswirkungen von Risikonormen auf die Finanzierung von Innovationen – eine Analyse am Beispiel der Gesetze über Unternehmensbeteiligungsgesellschaften und Beteiligungssondervermögen

Von Prof. Dr. Wolfgang Gerke und Dipl.-Volkswirt Manfred A. Schöner

1. Anlegerschutz versus Innovationsfinanzierung

Fritz Philipp definiert Risikopolitik „als planvolles, zielgerichtetes Verhalten gegenüber dem Phänomen des Risikos... Dieses Verhalten kann seinen Ausdruck finden in der Festlegung der Risikobereitschaft und/oder in der Suche nach sowie der Entscheidung für Maßnahmen zur Ausschaltung oder Begrenzung des Risikos." (Philipp (1976), Sp. 3457.) Risikoaverse Wirtschaftssubjekte müssen stets ein Interesse an einem so verstandenen risikopolitischen Handeln haben, wenn der durch die Risikoreduktion entstehende Nutzenzuwachs die Kosten der risikopolitischen Maßnahmen übersteigt. Das Bankrecht - gemeint ist damit an dieser Stelle das Gesamtsystem normativer Regelungen, die Banken und banknahe Institutionen betreffen - steckt dabei die Rahmenbedingungen für die am Markt vertretenen Finanzintermediäre ab.

Die Bereitstellung des öffentlichen Gutes „Bankrecht" ist insbesondere eine risikopolitische Maßnahme des Staates. Dabei beruht die Einschränkung des Handlungsspielraums von Kapitalmarktinstitutionen in der Regel auf Anlegerschutzmotiven, die aber nicht nur die Verringerung der Vermögensrisiken der Anleger bezwecken, sondern vor allem das Vertrauen in die Kreditwirtschaft bewahren sollen. Ein Vertrauensverlust würde die Funktionsfähigkeit des Kapitalmarktes bedrohen, dessen volkswirtschaftliche Bedeutung als so groß eingeschätzt wird, daß dies ein Risiko für das ökonomische Gesamtsystem bedeutet. Der Gesetzgeber muß folglich ein ureigenes Interesse an risikopolitischem Handeln in Form der Zurverfügungstellung bankrechtlicher Normen besitzen, um diese Gefahren auszuschalten oder zu begrenzen. Mit steigender Vielfalt und Intensität risikobegrenzender Normen werden jedoch die Handlungsspielräume der Finanzintermediäre eingeengt und insbesondere ihre Fähigkeit zur Finanzierung von Innovationen verringert. Der Innovationsbegriff umfaßt in der hier benutzten objektbezogenen Bedeutung Produkte, Verfahren, Organisationsformen, soziale Regelungen oder Kontraktformen, die eine grundlegende Neuerung darstellen.

Zwei spezielle, vor kurzem neu hinzugekomme Mosaiksteine aus dem Gesamtbild des Bankrechts sollen im folgenden näher auf ihre risikopolitische Funktionsweise und Auswirkungen auf die Innovationsfinanzierung untersucht werden: Das Gesetz über Unternehmensbeteiligungsgesellschaften vom 17.12.1986 (UBGG (1986)) und die Ergänzung des Gesetzes über Kapitalanlagegesellschaften (KAGG) um die Vorschriften über Beteiligungssondervermögen im Rahmen des zweiten Vermögensbeteiligungsgesetzes vom 19.12.1986 (2. VermBetG (1986), Artikel 3.). Beide Gesetze entsprechen mit ihrer risikomäßigen Zweigleisigkeit alten Gesetzentwürfen von Gerke zur Schaffung von „Beteiligungsparten" und „Beteiligungszertifikaten" (Gerke (1974)) und bieten die Möglichkeit, die speziellen Risiken der Finanzierung nicht-emissionsfähiger Unternehmen aus dem traditionellen Bankgeschäft auszulagern. Dabei soll im folgenden insbesondere die Finanzierung von nicht-emissionsfähigen Unternehmen mit Innovationsvorhaben im Mittelpunkt der Betrachtung stehen. Diese Unternehmen wachsen häufig besonders schnell und sind aufgrund der damit verbundenen niedrigen Eigenkapitalquoten und hohen Risiken bei der Kapitalbeschaffung über Kreditinstitute benachteiligt. Zwar können Beteiligungsgesellschaften auch nicht-emissionsfähige Unternehmen mit niedrigem Innovationsniveau finanzieren, für diese ist deren Finanzierungsleistung betriebswirtschaftlich und gesamtwirtschaftlich jedoch von zweitrangigem Interesse, da sie bereits vom traditionellen Bankensystem zufriedenstellend erfüllt wird.

Die Finanzierung von nicht-emissionsfähigen, innovativen Unternehmen über Beteiligungsgesellschaften empfiehlt sich als Ergänzung und Ersatz zu den Finanzierungsleistungen der Kreditwirtschaft, denn die Banken sind weder aufgrund ihrer eigenen Kapitalstruktur noch aufgrund ihres häufig in Kreditwürdigkeitskategorien denkenden Personals geeignete Partner zur Beteiligung an Innovationsvorhaben kleiner und mittlerer Unternehmen (Gerke (1983)).

2. Relevanz der Kapitalstruktur für das Innovationsverhalten nicht-emissionsfähiger Unternehmen

Die Zusammenhänge zwischen Innovationsaktivität, Existenzgründungen, Investitionstätigkeit, Rentabilität sowie Insolvenzanfälligkeit und Eigenkapitalausstattung der mittelständischen Unternehmen wurden in der Literatur sowohl auf theoretischer als auch auf empirischer Ebene für die Bundesrepublik Deutschland ausführlich diskutiert. Es würde den Rahmen dieses Beitrages sprengen, die vielfältigen Hypothesen würdigend zu rezitieren. Aus ihnen werden jedoch zwei Grundaussagen destilliert, die nicht Gegenstand, sondern Ausgangspunkt der hier vorgenommenen Betrachtungen sind.

Die erste Hypothese lautet, daß die in der Finanzierungstheorie entwickelten Trennungstheoreme, insbesondere aber das Kapitalstrukturirrelevanztheorem, zumindest in ihrer engen Fassung das praktische Finanzierungsverhalten nicht hinreichend erklären können. Die Kritik der Theoreme stützt sich nicht nur auf die Erfahrung, sondern vor allem auf die mangelnde Realitätsnähe der Prämissen des vollkommenen Kapitalmarktes für Innovationsfinanzierungen. Insbesondere die Existenz von Transaktionskosten, Steuern, institutionellen Marktzutrittsbarrieren und informationsökonomisch bedingten Marktverzerrungen bewirken, daß durchaus von einer Relevanz der Kapitalstruktur für die Innovationsfinanzierung ausgegangen werden kann.

Die zweite Hypothese unterstellt als empirisch genügend gesichert, daß die Eigenkapitalausstattung - gemessen durch die Eigenmittelquote - der deutschen Unternehmen seit der zweiten Hälfte der sechziger Jahre bis Mitte der achtziger Jahre rückläufig war und erst die letzten Jahre zu einer Konsolidierung auf niedrigem Niveau führten. Unberührt von dieser allgemeinen Trendaussage ist der zusätzliche Bedarf an Differenziertheit und die mangelnde internationale Vergleichbarkeit dieser Zahlen.

Erkennt man beide Grundaussagen als gültig an, so läßt sich aus ihnen eine Schlußfolgerung ableiten. Ist die Kapitalstruktur - und damit die Eigenkapitalausstattung - relevant für die Investitions- und Innovationsaktivitäten, so wirkt sich eine sinkende Eigenkapitalausstattung auch in verändertem Innovationsverhalten aus. Aufgrund der Eigenschaften des Eigenkapitals als Haftungsmittel und als Grundlage für unsichere Residualeinkommen ist es schlüssig, daß gerade riskante Investitionen ausbleiben werden, wenn die Risikokapitalbasis sinkt (Gerke (1985)). Fremdkapital verbrieft dagegen Festbetragsansprüche, die periodengerecht befriedigt werden müssen. Um solvent zu bleiben, sind vorwiegend fremdfinanzierte Investitionsprogramme deshalb nach Möglichkeit so auszuwählen, daß sie mit sehr hoher Wahrscheinlichkeit genügend Rückflüsse erbringen. Innovationen erfüllen diese Forderung i.d.R. nicht. Je höher der Neuerungsgrad einer Investition aber ist, desto höher ist in der Regel ihr Entwicklungs-, Produktions- und Marktrisiko, insbesondere auch aus Sicht der Kapitalgeber. Diese Risiken resultieren insbesondere aus der geringen Informationsbasis, da über die einzelnen Innovationen als grundlegenden Neuerungen jeweils nur wenig spezielle Erfahrungen bestehen.

Bei technologischen Produktinnovationen und Forschungsinvestitionen sind die Informationen über Chancen und Risiken des Projekts besonders ungleich verteilt. Häufig sind nur sehr wenige Personen in der Lage, solche Vorhaben hinlänglich zu beurteilen. Das Management eines innovativen Unternehmens oder der Erfinder verfügen über erhebliche Informationsvorteile gegenüber potentiellen Kapitalgebern. Doch selbst bei einem Abbau der Informationsrisiken des Kapitalgebers durch Bereitstellung relevanter Informationen durch den Innovator bleibt das „natürliche" Investitionsrisiko einer Innovation charakteristischerweise überdurchschnittlich hoch. Eine geringe Risikokapitalausstattung begrenzt deshalb die Innovationsaktivität von Unternehmen.

Da Innovationen unerläßlich sind, um die Wettbewerbsfähigkeit auf die Dauer zu erhalten oder zu steigern, bestehen sowohl einzel- als auch gesamtwirtschaftliche Anreize, die Risikokapitalausstattung zu verbessern. Insbesondere kleine und mittlere Unternehmen besitzen häufig hohe Innovationspotentiale, die aufgrund von Eigenkapitalbeschaffungsproblemen nicht realisierbar sind. Der Gesetzgeber verfolgt mit den genannten Gesetzen das Ziel, den bisher nicht emissionsfähigen Unternehmen einen indirekten Zugang zu den organisierten Kapitalmärkten zu verschaffen, um Wettbewerbsnachteile dieser Unternehmen bei der Finanzierung zu mildern.

3. Mangel an Innovationsfinanzierung über hochorganisierte Märkte

Die am höchsten organisierte Form der Eigenkapitalmärkte stellt die Aktienbörse dar. Sie ermöglicht den zugelassenen Unternehmen die breit gestreute Aufnahme von Eigenkapital und versetzt die Aktionäre prinzipiell in die Lage, ihre Engagements am Zirkulationsmarkt jederzeit zu Marktpreisen in Geld umzuwandeln oder umzuschichten. Auf diese

Weise wird unkündbar emittiertes Beteiligungskapital in eine hochliquide Anlageform transformiert. Der Anleger hat zudem die Möglichkeit, durch geeignete Diversifikation ein Aktienportefeuille zusammenzustellen, dessen Portefeuillerisiko wesentlich niedriger ist als der Durchschnitt der Einzelrisiken.

Insbesondere zur Innovationsfinanzierung ließen sich aus Anlegersicht die risikosenkenden Wirkungen der Diversifikation gut nutzen, indem die erhöhten Einzelrisiken der Innovationen bei negativer Korrelation der innovativen Projekte im Gesamtportefeuille aufgefangen werden. Die hohe Leistungsfähigkeit der Wertpapierbörsen kommt jedoch nur den Unternehmen zugute, die die Zulassungsbedingungen erfüllen. Hierbei scheitern innovative mittelständische Unternehmen bisher zumeist an den Anforderungskriterien der emissionsbegleitenden Kreditinstitute. Neben den Größenklassenanforderungen und unternehmenshistorischen Voraussetzungen erfordert die Zulassung die Rechtsform der Aktiengesellschaft. Die AG zeichnet sich durch detaillierte Vorschriften über die Rechtsverhältnisse der Aktionäre gegenüber der Gesellschaft, die Rechnungslegung und Gewinnverwendung sowie die Vermögensrechte der Aktionäre aus. Dies macht Aktien aus rechtlicher Perspektive zu weitgehend homogenen Produkten, die sich fast nur noch in wirtschaftlicher Hinsicht voneinander unterscheiden. Die Substitutionsrate zwischen zwei Aktien wird im wesentlichen nur noch von unternehmensspezifischen Daten determiniert. Erst die Homogenität eines Gutes ermöglicht seine Fungibilität, Marktgängigkeit und die allgemeine Preisfeststellung.

Das Normensystem des Aktien- und Handelsrechts, verbunden mit den Regelungen des Börsengesetzes und restriktiven Zulassungsvorschriften machen die börsennotierte Aktiengesellschaft jedoch auch zu einer relativ teuren Rechtsform. Dies schlägt sich beispielsweise in den Emissionskosten nieder, die in der Bandbreite von 6% bis 13% des Emissionsvolumens liegen (Hopt (1986), S. 112.). Aufgrund eines hohen Fixkostenanteils sind die Kosten bei unterdurchschnittlich kleinen Emissionen regelmäßig im oberen Bereich dieser Spanne zu finden. Gerade für kleine und mittlere Unternehmen, auch wenn sie bereits in der Rechtsform der AG firmieren, bestehen folglich Marktzutrittskosten in einer Höhe, die den Gang an die Börse häufig behindern. Der geregelte Markt und die „Kleine AG" sind Schritte auf dem Weg zur Senkung dieser Kosten und mindern mithin die Wettbewerbsnachteile bei der Beschaffung von Beteiligungskapital für das Segment der Unternehmen, die groß genug sind, um als AG zu firmieren.

Anders zu beurteilen ist jedoch die Situation der Vielzahl kleiner und mittlerer Unternehmen, für die sich eine Rechtsformkonvertierung zur AG nicht lohnt. Potentielle Beteiligungsgeber schrecken häufig selbst bei innovativen Unternehmen mit hohen Wachstumschancen vor einem Engagement zurück, weil dies mit einer Reihe von Nachteilen - verglichen mit dem Erwerb börsennotierter Aktien - verbunden ist. Zunächst sind die angebotenen Eigenkapitallosgrößen für einen einzelnen privaten Anleger oft zu groß. Daneben bereitet es in der Regel Probleme, die Beteiligung an Dritte weiterzuveräußern - sei es aus Satzungs- oder gesellschaftsrechtlichen Gründen, sei es aufgrund eines fehlenden Sekundärmarktes. Die Folge ist, daß eine Beteiligung zumeist eine langfristige Bindung an das Unternehmen bedeutet. Das angelegte Kapital ist illiquide und der Anleger verliert im Umfang seines Engagements jegliche finanzielle Flexibilität.

4. Agency-Costs der Innovationsfinanzierung

Risiko und Rendite der Beteiligung an einem innovativen Unternehmen sind häufig besonders schwer einzuschätzen, weil Rechnungslegung, Publizität und Informationspolitik den Informationsbedürfnissen der Anleger nicht entsprechen. Der Anleger besitzt keine Garantie, daß die vom Unternehmen in Aussicht gestellten Innovationsvorhaben so realisiert werden, wie es der Informationslage des Financiers bei Antritt der Beteiligung entspricht. Auch während des Engagements ist es relativ schwierig, die in der Regel ohnehin begrenzten Informations- und Mitspracherechte so zu verwerten, daß einigermaßen zuverlässige Gewinnerwartungen gebildet werden können. Der Kapitalgeber ist stets der Gefahr ausgesetzt, daß die Unternehmensleitung ihre Informationsvorteile bei der Innovationsbewertung zu seinem Nachteil ausnutzt. Er trägt das Risiko, die Vorteilhaftigkeit der zu finanzierenden Innovationsprojekte falsch einzuschätzen (Hartmann-Wendels (1987), S. 18.). Die Kapitalgeber sind sich im allgemeinen ihrer Informationsnachteile bewußt. Es entstehen ihnen mißtrauensbedingte Prüfungs- und Kontrollkosten (Agency-Costs) sowie Kosten zur Deckung des verbleibenden Informationsrisikos, die sich in zusätzlichen Prämien auf die zu fordernde erwartete Rendite bei Informationsgleichgewicht niederschlagen. Ist das Unternehmen nicht bereit, diese zusätzlichen Kapitalkosten zu tragen, kann das Innovationsprojekt aufgrund der Informationsasymmetrien nicht finanziert werden. Durch den „gap of mistrust" (Stiglitz, o. J., zitiert nach Schmidt (1981), S. 141.) verteuern sich oder scheitern zahlreiche innovative Projekte kleiner und mittlerer Unternehmen.

Im Vergleich zur aktienrechtlichen Beteiligung sind andere Beteiligungsformen in Bezug auf die Regelung der Mitbestimmungs-und Informationsrechte, der Beteiligung am Erfolg und am Liquidationserlös sowie der Haftung und Übertragbarkeit weniger standardisiert. Die rechtliche und wirtschaftliche Ausgestaltung insbesondere von stillen Beteiligungen und Genußrechten unterliegt weitgehend dispositivem Recht und ist in erster Linie ein Problem der Verhandlung zwischen Financier und Unternehmen. Das Ergebnis des Verhandlungsprozesses und die Frage, welche der Parteien ihre Interessen in stärkerem Maße durchsetzen kann, ist ex ante offen. Die Verhandlungsmacht spielt eine dominante Rolle. Sie ist unter anderem abhängig von der Informationslage der Parteien über das innovative Projekt und der Konkurrenz auf dem Beteiligungsmarkt. Ein solcher „Bargaining-Prozeß" verursacht zusätzliche Kosten bei der Finanzierung von Innovationen, ohne daß sein Erfolg für eine der beiden Seiten gewiß ist.

Die Wahrscheinlichkeit, daß ein Kapitalgeber und ein Kapitalnehmer mit kompatiblen Interessen zusammenfinden und sich dann auch auf einen Vertragsabschluß einigen können, ist relativ gering. Insgesamt läßt sich festhalten, daß aufgrund der Heterogenität des Wirtschaftsgutes „Beteiligung" der Entstehung eines funktionsfähigen Marktes zur Finanzierung von Innovationen in kleinen und mittleren Unternehmen ohne weitergehende institutionelle Vorkehrungen enge Grenzen gesetzt sind.

Die Gesetze über Unternehmensbeteiligungsgesellschaften (UBG) und Beteiligungssondervermögen (BetSV) sollen dazu beitragen, durch die Institutionalisierung von Finanzintermediären Transformationsleistungen zu induzieren, die die aufgrund der Heterogenität der Finanztitel bestehenden Markthemmnisse abbauen und die Beteiligungsmärkte in gewisser Weise „standardisieren". Die Intermediation der UBG und BetSV besteht darin, daß sie Beteiligungen an der Zielgruppe der kleinen und mittleren Unternehmen erwerben und sich über die Ausgabe von Aktien bzw. Anteilsscheinen beim breiten Publikum refinanzieren. Die Anleger bei diesen Beteiligungsgesellschaften sind somit indirekt Teilhaber an kleinen und mittleren Unternehmen, an denen sie sich direkt nicht beteiligen würden. Das Zusammenfinden von Investitionsprojekten und Anlagemitteln beruht auf mehreren Ursachen.

Die Transformationsleistungen von UBG und BetSV erschöpfen sich nicht in der Diversifikation hoher Einzelrisiken und der Ausgabe vergleichsweise weniger riskanter Aktien und Anteilsscheine. Durch die Refinanzierung über kleingestückelte Parten ermöglichen sie es Kleinanlegern, indirekt auch in riskanten innovativen Unternehmen zu investieren, an denen sie sich schon allein aufgrund hoher Mindestlosgrößen nicht direkt beteiligen können. Selbst wenn ein Kleinanleger durch Verschuldung genügend Kapital für ein Direktengagement aufbringen könnte, so wäre die Taktik, alles auf eine Karte zu setzen, dennoch für ihn unvorteilhaft, da sie im Widerspruch zum Diversifikationsstreben risikoaverser Anleger steht. Desweiteren transformiert die Intermediation schwer übertragbare und illiquide Beteiligungen in Anteile, für die täglich ein Preis festgestellt wird und die prinzipiell jederzeit in Geld umgetauscht werden können. Außerdem profitiert der Anleger von der häufig besseren Informationslage, der professionellen Anlageselektion und der Verhandlungsmacht der Finanzintermediäre, die sich in den Konditionen der Beteiligungsverträge niederschlagen.

Die Finanzintermediäre bereiten viele Einzelinformationen über die Innovationen der Beteiligungsunternehmen und deren Bonität auf, selektieren die wichtigsten Daten und leiten sie, wenn auch in reduzierter, so doch in überschaubarer Form an die Anlageinteressierten weiter. Die übermittelten Informationen gewinnen durch die Aufsicht der zuständigen Behörde an Glaubwürdigkeit. Dies senkt die Kontrollkosten für das Publikum. Aufgrund ihrer starken Verhandlungsposition haben die Intermediäre die Möglichkeit, Informationen zu bekommen, die der Direktanleger gar nicht oder nur bei hohen Such- und Auswertungskosten erlangt hätte.

In einem indirekten Beteiligungsverhältnis entstehen Agency-Costs aus zwei verschiedenen Vertragsbeziehungen, nämlich aus den Verhältnissen zwischen Beteiligungsgesellschaft und Intermediär sowie zwischen Intermediär und Anleger. Dabei wird der Intermediär im allgemeinen in der Lage sein, die Agency-Costs seiner eigenen Kapitalanlage voll auf den Endanleger zu überwälzen. Dennoch sind die mißtrauensbedingten Kontrollkosten und die Opportunitätskosten der ungünstigeren Verhandlungsposition in den meisten Fällen bei der Direktanlage höher als im Falle der Intermediation.

Die Höhe der Agency-Costs ist weitgehend unabhängig von der Höhe der Beteiligung. Eine große Beteiligung verursacht prozentual gesehen wesentlich geringere Kosten als viele kleine. Insofern entsteht ein Rationalisierungseffekt im Bereich der Agency-Costs bei der Übernahme der Beteiligung durch den Intermediär. Während die Kontrollkosten im Vertragsverhältnis mit dem Beteiligungsunternehmen recht hoch sind, ist der Umfang der Agency-Costs bei einem stark institutionalisierten Vertragsverhältnis, wie z.B. beim Kauf von Aktien und Anteilsscheinen, relativ niedrig. Außerdem können die Intermediäre, wenn sie genügend groß sind, ihr eigenes Beteiligungsportefeuille soweit diversifizieren, daß den Bonitätsprüfungs-, Vertragsabschluß- und Kontrollkosten Erträge in Form eingesparter Risikokosten gegenüberstehen.

Die Rechtsformenvielfalt der Beteiligungen und die heterogenen Vertragsabsprachemöglichkeiten sind für den Anleger kein Hindernis mehr, da er sich lediglich in Finanztiteln engagiert, die einem umfangreichen Normensystem unterliegen (Aktiengesetz, Börsengesetz, UBGG und KAGG), das u.a. gerade das Ziel hat, den Anleger zu schützen. Der heterogene Markt für Beteiligungen an nicht-emissionsfähigen Unternehmen wird so aus Sicht des Anlegers normiert und standardisiert. Dieser Effekt wird dadurch verstärkt, daß Beteiligungsgesellschaften ihrerseits zum Zwecke der Senkung der Verwaltungskosten versuchen werden, bestimmte vorgeformte Standardverträge gegenüber den Unternehmen durchzusetzen.

Indem sich die Finanzintermediäre dem Sanktionsmechanismus dieses Normensystems freiwillig unterwerfen, signalisieren sie gegenüber den Anlegern ihren Willen, sich den diversen Anlegerschutzvorschriften zu beugen. Ziel des „Signalling" ist es, sich von Finanzhasardeuren zu distanzieren, Bonität zu gewinnen und das Anlegermißtrauen, das sich in erhöhten Renditeanforderungen widerspiegelt, zu senken. Der gute Ruf, das „Standing" des Intermediärs, wird zum Pfand der Anleger (Schmidt (1981), S. 145.).

Zusammenfassend läßt sich sagen, daß die Kapitalbereitstellung über den Intermediär insbesondere bei der Finanzierung schwer zu bewertender Innovationen kostengünstiger erfolgen kann als die Direktanlage des Anlegers. Die Wahrscheinlichkeit der Deckung des Risikokapitalbedarfs der Unternehmen für Innovationen steigt. Durch die Implementierung dieser Finanzinstitutionen wird die Kapitalmarkteffizienz verbessert. Im Rahmen eines „neo-institutionalistischen Ansatzes" (Schmidt (1981); Gerke (1980), S. 130 ff.) der Finanzierungstheorie läßt sich somit die Existenz von Beteiligungsgesellschaften grundsätzlich begründen.

Zu prüfen bleibt jedoch, ob die Anteile der Beteiligungsgesellschaften für breite Anlegerkreise attraktiv genug sind, damit eine so umfassende Refinanzierungsbasis entsteht, daß der in innovativen Unternehmen investierbare Portefeuilleanteil der Intermediäre quantitativ bedeutsam ist. Im Rahmen der Vermögenspolitik versucht der Gesetzgeber, besondere Anreize für den Erwerb von Produktivkapitalanteilen zu setzen. Von dieser Förderung sollen auch die Beteiligungsgesellschaften profitieren.

5. Vermögensbildung

Eine nähere Betrachtung der Vermögensbestände, ihrer Entwicklung und Verteilung zeigt, daß trotz starken Wachstums des Gesamtvermögens eine aktive Vermögenspolitik weiterhin gerechtfertigt ist. Nach wie vor bleibt eine sehr ungleiche relative Verteilung der Vermögen festzustellen. Der Besitz an Produktiv- und Geldvermögen ist in der ärmeren Hälfte der bundesdeutschen Haushalte mit durchschnittlich rund 14.200 DM pro Haushalt (1985) gering. Im Bereich des Geldvermögens nimmt die ohnehin starke Konzentration sogar zu (Gerke/Schöner (1986), S. 687.). Zu berücksichtigen ist jedoch, daß die Verteilungsverhältnisse im Immobilienbereich wesentlich günstiger aussehen.

Um simultan die Eigenkapitalbasis der Unternehmen zu stärken und breite Bevölkerungskreise an für sie neue Anlageformen heranzuführen, hat der Gesetzgeber die Vermögenspolitik auf eine Forcierung der Produktivkapitalanlage ausgerichtet. Im Rahmen dieser

Neuorientierung ist es notwendig, die Facetten der Anlagemöglichkeiten zu vervollständigen und neben die Förderung der direkten betrieblichen Mitarbeiterbeteiligung und der außerbetrieblichen Beteiligung an börsennotierten Unternehmen die Förderung der überbetrieblichen Vermögensbeteiligung an nicht-emissionsfähigen Unternehmen zu stellen. UBG-Aktien und Anteilscheine an BetSV gelten nach dem 2. VermBetG als Produktivvermögensanlageformen, deren Erwerb bei den Prämienberechtigten mit einer Arbeitnehmersparzulage von 23% auf einen Sparhöchstbetrag von 936 DM p.a. gefördert wird. Dabei ist der Wettbewerb konkurrierender Formen von Beteiligungsgesellschaften grundsätzlich ein geeigneter Weg, einer simultanen Erreichung des breiten Fächers gesetzgeberischer Ziele möglichst nahe zu kommen (Schöner (1985), S. 467.).

Die Akzeptanzchancen der überbetrieblichen Anlageformen in der Vermögensbildung sind jedoch eher zurückhaltend zu beurteilen. Zwar haben die überbetrieblichen Titel für den Anleger erhebliche Vorteile im Vergleich zu einem Direktengagement bei einem mittelständischen Unternehmen. Solange jedoch andere, weniger riskante Anlageformen in genauso starkem Maße gefördert werden, wird das Interesse der vermögensbildenden Arbeitnehmer an UBG-Aktien und Zertifikaten von BetSV niedrig bleiben. Von Bankinstituten emittierte Gewinnschuldverschreibungen, Anteilscheine an klassischen Aktien- oder Mischfonds und vor allem Bausparverträge werden mit demselben Zulagesatz gefördert und gehören somit zu den Anlageformen, die mit den überbetrieblichen Beteiligungen konkurrieren. Eine Steuerung der Anlagebeträge in die gewünschte Richtung ließe sich mit einer deutlicheren Differenzierung der Zulagesätze erreichen, sei es durch stärkere Förderung der überbetrieblichen Beteiligung, sei es durch Senkung der Sätze für die oben genannten Anlagealternativen.

Daneben gibt es aber auch Förderungsmöglichkeiten, bei denen nicht der Gesetzgeber, sondern Aktivitäten der Tarifparteien bzw. Betriebsvereinbarungen gefordert sind. Zwar können Tarifverträge nach herrschender Meinung nicht soweit in die Individualrechte von Arbeitnehmern eingreifen, daß diesen die Verwendung vermögenswirksamer Leistungen in bestimmten Anlageformen vorgeschrieben wird; die Tarifparteien können aber Empfehlungen an die Arbeitnehmer aussprechen, bei solchen BetSV oder UBG anzulegen, die selbst wiederum Beteiligungen an den Unternehmen eines Tarifbezirks halten. Somit erfolgt ein Rückfluß der erbrachten vermögenswirksamen Leistungen an dieselben kleinen und mittleren Unternehmen in Form von Risikokapital. Die betroffenen Unternehmen können einen zusätzlichen finanziellen Anreiz zur Wahl dieser Anlageform dadurch setzen, daß sie die Anteile der Finanzintermediäre den Arbeitnehmern verbilligt anbieten und ihnen so die Möglichkeit der Förderung nach § 19a EStG einräumen.

Ohne die Details dieses Dreiecksverhältnisses zwischen den Unternehmen, Beteiligungsgesellschaften und Arbeitnehmern hier erschöpfend diskutieren zu wollen, ist festzustellen, daß eine solche Lösung zu einem vorteilhaften Interessenausgleich zwischen allen beteiligten Parteien führen kann. Die Unternehmen verbreitern ihre Finanzierungsbasis, und den Arbeitnehmern eröffnet sich eine indirekte Anlagemöglichkeit am arbeitgebenden Unternehmen, ohne daß sich Arbeitsplatz- und Kapitalrisiko kumulieren. Die Sozialpartner erhalten ein neues Betätigungsfeld abseits der verkrusteten Konfliktstrukturen.

Erkennen die betroffenen Gesellschaftsgruppen diese Chancen, so ist auf längere Sicht ein so großer Mittelzufluß an die Beteiligungsgesellschaften möglich, daß diese einen nennenswerten Beitrag auch zur Finanzierung innovativer Unternehmen erbringen könnten. Die finanzierungstheoretischen und vermögenspolitischen Argumente für die grundsätzlichen Leistungspotentiale von Beteiligungsgesellschaften sind jedoch um eine genaue Analyse der Detailregelungen des UBGG und 2. VermBetG zu ergänzen, um mögliche Zielkonflikte, Hindernisse und Widersprüche bei der vorgenommenen Realisierung des Konzepts aufzudecken.

6. Konstruktion und Risikonormen des UBGG

Das UBGG ist ein reines Organisationsgesetz. Mit seinem Inkrafttreten wurde weder unmittelbar eine neue Kapitalmarktinstitution geschaffen noch wurden Subventionen oder Sparförderungen mit ihm induziert, wie dies beispielsweise beim österreichischen Genußscheinmodell der Fall ist. Durch das UBGG wurde lediglich der Rahmen für zu gründende Beteiligungsgesellschaften gesetzt. In welchem Maße dieses Regelwerk jedoch in Anspruch genommen wird, hängt letztlich von der Marktsituation und den Aktivitäten der Initiatoren ab.

Das Gesetz ist in vier Abschnitte untergliedert. Der erste Abschnitt (§§1-2) enthält allgemeine Vorschriften. §1 bestimmt, daß eine UBG der Anerkennung der zuständigen obersten Landesbehörde (§14) bedarf und den Anforderungen und der Aufsicht nach diesem Gesetz unterliegt. Auf diese Weise wird das Rechtskonstrukt UBG institutionalisiert. Um die Bezeichnung „Unternehmensbeteiligungsgesellschaft" tragen zu dürfen, muß sich die Gesellschaft den Mindestanforderungen des Gesetzes unterwerfen. Die Einschätzung der Bonität der UBG wird damit für Außenstehende vereinfacht, und der Bezeichnungsschutz (§§20 und 26) enthält die Funktion eines Gütezeichens. Der §2 sieht für die UBG ausschließlich die Rechtsform der Aktiengesellschaft vor. Damit unterliegt die UBG den detaillierten Vorschriften des Aktiengesetzes und des HGB, die eine hohe Rechtssicherheit garantieren. Gleichzeitig wird jede andere Rechtsform, z.B. die GmbH, verboten. Damit sind alle UBG rechtlich homogene Konstrukte. Der Gesellschafterwechsel ist bei Aktiengesellschaften unproblematisch.

Auch bei der Kapitalbeschaffung unterliegt die UBG Beschränkungen. So ist eine Kapitalbeschaffung über Schuldverschreibungen, stille Beteiligungen oder Genußrechte verboten (§ 7). Eine Kreditaufnahme - mit Ausnahme öffentlicher Darlehen - ist solange untersagt, bis die UBG 80% ihres Eigenkapitals in Beteiligungen angelegt hat (§ 5 Abs. 1). Das Kreditvolumen darf 30% des UBG-Eigenkapitals nicht überschreiten (§ 5 Abs. 2). Auch diese Regelungen erhöhen die Transparenz für die Anleger. Die Beschränkung des Kreditrahmens bedeutet allerdings eine finanzierungspolitische Starrheit der UBG, da Veränderungen der Finanzbasis nur noch durch aufwendige Herauf- und Herabsetzungen des Aktienkapitals ermöglicht werden. Ein bestimmtes Maß an zügig abwickelbaren Fremdfinanzierungsmöglichkeiten benötigt der Fonds, um auf Marktchancen flexibel reagieren zu können und die jederzeitige Zahlungsfähigkeit zu gewährleisten. Andererseits ist aus risikopolitischen Gründen zu verhindern, daß eine Risikokapitalbereitstellung überwiegend durch Fremdkapitalaufnahme refinanziert wird.

Das Grundkapital der UBG muß gemäß § 2 Abs. 4 mindestens 2 Mio DM betragen und voll eingezahlt sein. Bei der Festsetzung dieser Mindestgröße stand der Gesetzgeber in einem

Konflikt: Einerseits muß das Kapital so hoch sein, daß die Wahrscheinlichkeit unseriöser Gründungen sinkt. Andererseits würde ein zu hoch angesetztes Mindestgrundkapital eine Marktzutrittsbarriere darstellen, die besonders private Initiatoren abhalten könnte, eine UBG zu gründen. Dies wäre jedoch aus Wettbewerbsgründen zu bedauern. Das Grundkapital muß so hoch angesetzt werden, daß genügend Vermögensmasse bereitsteht, um zum Zwecke der Diversifikation eine ausreichende Anzahl von Beteiligungen erwerben zu können. Dabei ist zu berücksichtigen, daß aufgrund des hohen Fixkostenanteils an den Vertragsabschluß- und Verwaltungskosten Beteiligungsgrößen unter 500.000 DM nur relativ selten eingegangen werden (Feldbausch (1971), S.27.). Selbst wenn dieser Betrag etwas zu hoch angesetzt sein mag, so erscheint es dennoch zweifelhaft, ob bei einem Grundkapital von 2 Mio DM die zur Anerkennung einer UBG erforderlichen 10 Beteiligungen (§ 4 Abs. 1) zu vertretbaren Kosten erworben und verwaltet werden können.

In § 2 Abs. 2 ist der Unternehmensgegenstand der UBG geregelt. Er umfaßt ausschließlich Erwerb, Verwaltung und Veräußerung von Beteiligungen. Der Kreis der Beteiligungsunternehmen ist auf inländische Unternehmen, deren Anteile an keinem organisierten Zirkulationsmarkt gehandelt werden, beschränkt, denn für diese Zielgruppe bestehen bei der Risikokapitalaufnahme Wettbewerbsnachteile. Damit ist es den UBG nicht erlaubt, auch Anteile von börsennotierten Unternehmen zu erwerben. Dadurch sinken die Diversifikationsmöglichkeiten und die Fähigkeit, Beteiligungen an einem Sekundärmarkt zu liquidieren. Die Flexibilität der Portefeuillepolitik wird folglich eingeschränkt und dies kann sich in Einzelfällen zu Lasten der Aktionäre auswirken. Das Ziel der Risikokapitalversorgung nicht-emissionsfähiger Unternehmen und die Absicht, attraktive Anlegertitel emittierende Finanzinstitutionen zu regulieren, hätten besser miteinander in Einklang gebracht werden können, wenn die UBG einen Teil (z.B. 30%) ihres Portefeuilles auch in börsennotierten Titeln anlegen könnte. Erfolgreiche innovative Unternehmen erreichen aufgrund ihres schnellen Wachstums teilweise schon in wenigen Jahren ausreichende Börsenreife. Für die UBG könnte es besonders interessant sein, solche Unternehmen an der Börse einzuführen und über einen längeren Zeitraum mit eigenem Engagement und Beratervertrag weiter zu betreuen.

Ansonsten ist der Unternehmensgegenstand durch das UBG nicht weiter eingeengt. Es wird auch nicht vorgeschrieben oder empfohlen, die Beteiligungspolitik auf bestimmte Unternehmensgruppen, beispielsweise junge, innovative Unternehmen, zu konzentrieren. Innovationsfinanzierung ist lediglich ein Nebenprodukt der UBG. Ebenso läßt der Gesetzentwurf völlig offen, in welchem Maße die emittierten Aktien als Anlageform für die Vermögensbildung dienen sollen. Zwar ist es erklärte Zielsetzung des Gesetzes, eine überbetriebliche Anlageform der Vermögensbildung zu schaffen, die Umsetzung dieses Zieles wird jedoch den Marktkräften überlassen. Nähere Regelungen enthält das Gesetz nicht.

Der zweite Abschnitt (§§ 3-12) des Gesetzes enthält Vorschriften über die Tätigkeit der UBG. § 3 regelt, in welcher Form sich die UBG beteiligen kann. In Frage kommen nicht-börsennotierte Aktien, Bezugsrechte, GmbH- und Kommanditanteile sowie stille Beteiligungen. Der Erwerb von Genossenschaftsanteilen oder die Beteiligung als vollhaftender Gesellschafter sind nicht erlaubt. Gleiches gilt auch für den Erwerb von Genußrechten.

Diese Regelung erscheint unschlüssig, da die dispositivem Recht unterliegenden stillen Beteiligungen wirtschaftlich und rechtlich genauso ausgestaltet sein können wie Genußrechte. Beide Rechtsformen können zudem starken Fremdkapitalcharakter besitzen, wenn Mindestverzinsung, Ausschluß der Verlustbeteiligung und nachrangige Haftung vereinbart werden. Die Eigenkapitalausstattung der Unternehmen verbessert sich nicht bei einer solchen Finanzierung. Indem durch § 30 UBGG das Umsatzsteuergesetz dahingehend geändert wird, daß der Erwerb von stillen Beteiligungen von der Umsatzsteuer befreit wird, betont der Gesetzgeber jedoch die Möglichkeit des Engagements in stillen Beteiligungen. Die UBG darf auch Darlehen vergeben, allerdings nur bis zur Höhe des Buchwerts der an einem Unternehmen bereits gehaltenen Beteiligung und nur bis zu einem Gesamtbetrag aller Darlehen in Höhe von 20% des Eigenkapitals der UBG. Darüber hinaus darf die UBG börsennotierte DM-Schuldverschreibungen bis zu einer Höhe von 30% des Eigenkapitals (§ 4 Abs. 6) erwerben. Schließlich darf sie - in unbegrenzter Höhe - verfügbares Geld bei inländischen Kreditinstituten anlegen. Sowohl der Erwerb fremdkapitalähnlicher stiller Beteiligungen, als auch die Darlehensvergabe und die unbegrenzte Geldanlage bei Kreditinstituten gehen an dem Ziel des UBGG vorbei, den Unternehmen Produktivkapital bereitzustellen.

§ 4 enthält Mindestvorschriften über die Diversifikation des Beteiligungsportefeuilles. Eine UBG soll mindestens 10 Beteiligungen besitzen, wobei Beteiligungen an mehreren Unternehmen eines Konzerns grundsätzlich als eine Beteiligung gezählt werden. Zwingend ist diese Regelung nur zum Zeitpunkt des ersten öffentlichen Aktienangebots und zur Anerkennung als zum Börsenhandel zugelassene UBG (§§ 23-24). Jede einzelne Beteiligung darf 20% des Eigenkapitals der UBG nicht übersteigen. Die Vorschriften sind also bereits erfüllt, wenn die UBG 4 Beteiligungen à 20%, eine Beteiligung à 15% und 5 Beteiligungen à 1% erwirbt (Vgl. Kap. 8 dieses Beitrags.). Gleichzeitig darf die UBG bei keinem der Beteiligungsunternehmen mehr als 49% der Stimmrechte erwerben, es sei denn, das Unternehmen ist weniger als 5 Jahre alt. Diese Regelung soll einerseits einen dominanten Einfluß der UBG auf die Geschäftspolitik der Unternehmen vermeiden und andererseits verhindern, daß die Altgesellschafter des Unternehmens den Großteil der Kapitalrisiken auf die UBG überwälzen (risk-sharing).

Die Ausnahmeregelung für junge Unternehmen ermöglicht der UBG auch echte Venture Capital-Geschäfte. Da in der Anlaufphase der jungen Unternehmen oft andere Kapitalgeber nicht zur Verfügung stehen, soll die UBG in der Lage sein, den Risikokapitalbedarf dieser Unternehmen in ihrer häufig innovativsten Phase zu decken.

§ 4 Abs. 4 bestimmt, daß UBG Aktien nur bis zur Höhe von 50% ihres Eigenkapitals erwerben dürfen. Da Aktiengesellschaften - auch wenn sie nicht an der Börse gehandelt werden - in erster Linie dem Bereich der älteren, etablierteren und größeren Unternehmen angehören, werden ihre Beteiligungsrisiken häufig niedriger als bei Unternehmen anderer Rechtsformen eingeschätzt. Aktiengesellschaften, denen meist andere Möglichkeiten zur Kapitalaufnahme offenstehen, sollen andere, häufig innovative Unternehmen bei der Risikofinanzierung durch die UBG nicht verdrängen. Die Eigenkapitalaufnahme bei UBG könnte die größeren Aktiengesellschaften außerdem veranlassen, auf ein „Going-Public" zu verzichten. Dennoch ist die Regelung des §4 Abs. 4 unschlüssig. Eine Erwerbsgrenze für stille Beteiligungen, die oft nur geringe Beiträge zur Innovationsfinanzierung leisten und fremdkapitalähnliche Risiken tragen, hätte den Zielsetzungen des Gesetzes eher entsprochen. Zusätzlich ermöglicht diese Rechtsform eine Anonymität des Portefeuilles, die den Anlageinteressenten nicht gerecht wird, denn bei stillen Beteiligungen kann die UBG auf die

Angabe von Firma, Rechtsform, Sitz und Gründungsjahr im Börsenzulassungsprospekt, Unternehmensbericht, Lagebericht und im Zwischenbericht verzichten (§11 Abs. 1 u. 2, §12 Abs. 2, §13 Abs. 1).

Innerhalb von 10 Jahren nach Anerkennung der UBG müssen mindestens 70% der Aktien öffentlich über den amtlichen oder geregelten Markt zum Erwerb angeboten werden (§§9-10). Die sehr lange Frist und die Beschränkung auf 70% der anzubietenden Aktien liegen im Interesse der UBG-Gründer, die auf diese Weise genügend Zeit haben, Wertsteigerungen des Portefeuilles wahrzunehmen. Zudem erleichtern diese Regelungen den Gründern die Erhaltung eines maßgeblichen Einflusses auf die Geschäftspolitik der UBG auch nach der Börseneinführung. Werden 50% des Nennkapitals in Form stimmrechtsloser Vorzugsaktien verbrieft, so können nach einem Angebot von 70% der Aktien 60% der Stimmrechte bei den Altinhabern verbleiben. Eine derartige Politik würde jedoch im Widerspruch zu der Zielsetzung stehen, breiten Anlegerkreisen aktive Mitspracherechte über das Produktivvermögen zu verschaffen.

Voraussetzung des öffentlichen Angebots ist ein Börsenzulassungsprospekt oder Unternehmensbericht, der folgende Mindestangaben (§11) über jedes Beteiligungsunternehmen enthalten muß: Firma, Rechtsform, Sitz, Gründungsjahr, Unternehmensgegenstand, Eigenkapitalausstattung, Höhe des Anteils der UBG am Kapital, Erwerbszeitpunkt und ggf. Laufzeit der Beteiligung sowie die Höhe der Beteiligungserträge im letzten Geschäftsjahr. Für stille Beteiligungen gilt die obengenannte Ausnahmeregelung. Außerdem ist die Anzahl und der Gesamtbetrag der Darlehen auszuweisen. Diese müssen nicht namentlich nach den einzelnen Unternehmen aufgeschlüsselt werden. Der Sinn der letztgenannten Regelung ist uneinsichtig, da es für den interessierten Anleger wichtig ist, wie hoch das Gesamtengagement (Beteiligung + Darlehen) an den einzelnen Unternehmen ist. Außerdem wird aus der Formulierung des §11 Abs. 1 Nr. 4 nicht klar, ob lediglich der Nominalbetrag oder der Kaufpreis einer Beteiligung anzugeben ist. Da im Beteiligungsgeschäft häufig mit einem hohen Agio, das über 100% des Nominalwertes betragen kann, gehandelt wird, ist ein Ausweis der Erwerbspreise zur richtigen Beurteilung des UBG-Portefeuilles unverzichtbar. Diese Angaben sind jedoch lediglich für Lageberichte und Zwischenberichte börsennotierter UBG (§§12 Abs. 2 und 13 Abs. 1) vorgeschrieben und in nach einzelnen Unternehmen aufgeschlüsselter Form auch hier nur bei Neuzugängen, Aufstockungen oder Abgängen. Hält die UBG lediglich diese Mindestpublizitätsanforderungen ein, so ist die Entwicklung eines realistischen, detaillierten Bildes des Portefeuilles nur durch Sammlung der verschiedenen Berichte mehrerer Jahre und Kombination der Informationen möglich. Die Aufbereitung dieser Informationen ist für den Anleger zeitraubend und kostenintensiv.

Der 3. und 4. Abschnitt des Gesetzes enthalten genauere Regelungen des Verfahrens, der Aufsicht und des Bezeichnungsschutzes, sowie Übergangs-, Bußgeld-, Änderungs- und Schlußvorschriften, die an dieser Stelle in detaillierter Form nicht widergegeben werden müssen. Wichtig erscheinen lediglich zwei weitere Gesichtspunkte.

Mit der in §31 UBGG vorgenommenen Änderung des §2 des Gesetzes über das Kreditwesen (KWG) wird klargestellt, daß UBG keine Kreditinstitute im Sinne des KWG darstellen. Damit unterliegen UBG auch nicht den weitergehenden Regulierungsvorschriften des KWG und auch nicht der Aufsicht durch das Bundesaufsichtsamt für das Kreditwesen (BAK), sondern lediglich der Kontrolle durch die „zuständige oberste Landesbehörde"

(§14 Abs. 1 UBGG). Der Gesetzgeber verzichtet bewußt auf das Qualitätssiegel der Aufsicht durch das BAK. Dies könnte den Abbau von Anlegermißtrauen gegenüber dem Intermediär erschweren. Gleichzeitig wird mit der Devise „nicht mehr Kontrolle als unbedingt nötig" der liberale Charakter des UBGG betont. Der Gesetzgeber vertraut auf ausreichende Marktkräfte für die Entwicklung der vorgesehenen Finanzinstitution im Rahmen der gesetzten Mindestnormen.

Schließlich haben §§28-29 UBGG die Wirkung, daß UBG von der Vermögen- und Gewerbesteuer befreit werden. Ziel dieser Regelung ist es, die Erwerber der Aktien einer UBG steuerlich grundsätzlich so zu stellen wie den Privatanleger, der sich direkt an einem nicht börsennotierten Unternehmen beteiligt (UBGG-Entwurf, 1985, Begründungsteil S. 13.).

Bei einer Direktbeteiligung an einer Kapitalgesellschaft werden Veräußerungsgewinne von privaten Anlegern, soweit sie nicht auf Spekulationsgeschäften oder „wesentlichen Beteiligungen" i.S.d. §17 EStG beruhen, nicht besteuert; dagegen unterliegen die Veräußerungsgewinne einer UBG immer einer Besteuerung. Schüttet die UBG die Gewinne voll aus, so sind darauf 36% Körperschaftsteuer zu entrichten. Diese 36%ige Ausschüttungsbelastung kann der UBG-Aktionär bei seiner Steuerschuld zwar als Steuergutschrift in Abzug bringen, aber damit wird lediglich eine Doppelbesteuerung vermieden. Eine einfache Besteuerung der Veräußerungsgewinne bleibt erhalten. Insofern wird der UBG-Aktionär gegenüber dem Direktanleger diskriminiert. Dadurch, daß Fondsvermögen (auch BetSV) von Kapitalanlagegesellschaften (KAG) völlig von der Körperschaftsteuer befreit sind (§38 Abs. 1 KAGG), stellt sich der Zertifikatsinhaber bei dieser Konstruktion sogar besser als ein Direktanleger, da bei diesen Fonds Gewinne aus Spekulationsgeschäften und Veräußerungen wesentlicher Beteiligungen steuerfrei bleiben. Im Ergebnis führt folglich - im Gegensatz zur Zielsetzung des Gesetzes - der Verzicht auf eine Körperschaftsteuerbefreiung der UBG zu einer Schlechterstellung der UBG-Anleger im Vergleich zu Direktanlegern.

In steuerlicher Hinsicht bestehen damit Wettbewerbsnachteile gegenüber Kapitalanlagegesellschaften, insbesondere aber BetSV. Diese steuerliche Benachteiligung geht zu Lasten der Risikokapitalbereitstellung über UBG.

7. Die gesetzliche Regelung der Beteiligungssondervermögen (BetSV)

Bei den BetSV handelt es sich um eine neue Fondsart, die von Kapitalanlagegesellschaften gebildet werden darf. Die gesetzliche Regelung besteht in einer Erweiterung des KAGG um die §§25a-25j und 43a-43b. BetSV unterliegen damit den allgemeinen Vorschriften des Investmentgesetzes. Insbesondere ist der Fondsträger - im Gegensatz zur UBG - ein Kreditinstitut i.S.d. §1 Abs. 1 Nr. 6 KWG und unterliegt den Anlegerschutzbestimmungen des Kreditwesengesetzes und der Bankenaufsicht durch das BAK.

Für ein BetSV darf die Kapitalanlagegesellschaft neben börsennotierten Wertpapieren auch stille Beteiligungen an inländischen Unternehmen, deren Anteile an keinem organisierten Markt gehandelt werden, erwerben (§25b Abs. 1, Nr. 1 und 2a). Voraussetzung ist die Bestätigung eines Abschlußprüfers, „. . .daß für die aus dem BetSV zu leistende Einlage eine Gegenleistung vereinbart ist, die zum Zeitpunkt der Leistung angemessen ist" (§25b

Abs. 1, Nr. 2b). Um dies beurteilen zu können, hat der Abschlußprüfer zumindest den Jahresabschluß des letzten Geschäftsjahres des Beteiligungsunternehmens heranzuziehen. Die Jahresabschlüsse eines Beteiligungsunternehmens müssen den entsprechenden Vorschriften für große Kapitalgesellschaften i.S.d. §267 Abs. 3 HGB genügen. Der Abschlußprüfer hat bei der geforderten Beurteilung folgende Einflußgrößen zu berücksichtigen: die erwarteten Gewinnanteile, den erwarteten gewinnunabhängigen Mindestzins, den erwarteten Rückzahlungsbetrag, die Veräußerbarkeit und das Risiko der stillen Beteiligung sowie die Rendite der umlaufenden Anleihen des Bundes und der Sondervermögen Deutsche Bundesbahn und Deutsche Bundespost mit annähernd gleicher Restlaufzeit. Auch nach ihrem Erwerb muß jede stille Beteiligung nach den genannten Grundsätzen laufend und regelmäßig bewertet werden (§25d); beim Vorliegen wichtiger Gründe, z.B. der Veränderung der wirtschaftlichen Verhältnisse des Beteiligungsunternehmens, ist eine Neubewertung unverzüglich vorzunehmen.

Die Bundesregierung wird ermächtigt, das genaue Berechnungsverfahren für die Bewertung der stillen Beteiligungen auf dem Verordnungswege näher zu regeln. Zwar besteht Einigkeit darüber, die Bewertung nach einer Ertragswertformel vorzunehmen, wie jedoch die Besonderheiten des Risikos stiller Beteiligungen (mangelnde Veräußerbarkeit, Vergleichbarkeit mit „risikolosen" Festverzinslichen, spezifische Vertragsgestaltung) berücksichtigt und gleichzeitig Sprünge vermeidende, aber dem tatsächlichen Wert nahekommende Bewertungen vorgenommen werden sollen, ist bis heute im Detail noch umstritten.

Ertragswertkalkulationen werden gewöhnlich eingesetzt, um den theoretischen Kurs festverzinslicher Wertpapiere durch eine an den Marktpreisen vergleichbarer Erträge orientierte Bewertung zu errechnen (Moxter/Ballwieser (1986), S. 22.). Zur Bewertung risikobehafteter Eigenkapitaltitel ist eine solche Formel ungeeignet, wenn sie keine spezifische Risikokomponente enthält. Grundsätzlich bestehen die Möglichkeiten, die spezifischen Liquiditäts-, Ertrags-, Informations- und Ausfallrisiken jeder einzelnen stillen Beteiligung nach dem Risikozuschlagskonzept durch einen erhöhten Diskontierungsfaktor (i) oder nach der Sicherheitsäquivalenzmethode durch eine Verminderung der dann einheitlich zu diskontierenden Erträge (E) und/oder Rückzahlungssumme (R) in der Ertragswertformel zu berücksichtigen. Auch Kombinationen beider Methoden sind denkbar. Bei mathematisch richtiger Anwendung müssen alle Ertragswertkonzepte bei gleichem ökonomischen Sachverhalt zum gleichen Ergebnis führen. Nuancen bestehen lediglich im Rechenaufwand, in unterschiedlicher Transparenz für den interessierten Außenstehenden sowie in der Formulierung der Anforderungen an die beauftragten Wirtschaftsprüfer.

Auseinandersetzungen über die Art des Ertragswertkonzepts gehen somit an den ökonomischen Problemen vorbei. Wichtig ist lediglich, eine einheitliche Regelung zu finden. Die Bundesregierung entscheidet sich für die reine Risikozuschlagsmethode, „. . .weil mit ihr praxisüblich und ohne die Gefahr von Mißverständnissen die Veräußerbarkeit und das Risiko einer stillen Beteiligung bei der Bewertung berücksichtigt werden können." (KAGG-BewVO, 1987, Begründungsteil S. 6.)

Die Grundstruktur der Ertragswertformel gemäß §3 des Verordnungsentwurfs der Bundesregierung zur Bewertung stiller Beteiligungen (KAGG-BewVO) lautet:

$$W = E \cdot \frac{1 - (1 + i)^{-n}}{i} + \frac{R}{(1 + i)^n}$$

W = Wert der stillen Beteiligung
E = Erwarteter durchschnittlicher Jahresertrag bis zum Ende der Laufzeit in DM
R = Rückzahlungsbetrag in DM
n = Restlaufzeit in Jahren, tagesgenau
i = Diskontierungszinsfuß

Die Wertbestimmung nach dieser Formel ist in verschiedener Hinsicht problematisch. Zunächst ist zu bemängeln, daß die Ertragsgröße E als „jährlich gleicher Betrag festzustellen" (§2 Abs. 1 KAGG-BewVO) ist. Eine solche Durchschnittsgröße berücksichtigt Schwankungen oder Trends in der zukünftigen Gewinnerwartung nicht. Die Beteiligung an einem Unternehmen mit kurzfristig sehr hohen, langfristig jedoch niedrigen Gewinnerwartungen wird bei einer Durchschnittsertragsbildung unterbewertet. Die Feststellung des Ertrags nach der Bewertungsverordnung wird zusätzlich dadurch verzerrt, daß die Zuverlässigkeit von Gewinnschätzungen i.d.R. um so unsicherer wird, je weiter sie in die Zukunft reicht. Die Varianz der Gewinnerwartungen (d.h. das Risiko) nimmt mit der Länge des Planungshorizontes zu. Dieser Aspekt wird in der Ertragswertformel jedoch vernachlässigt und könnte lediglich bereits in die Feststellungen der Gewinnerwartungen durch die Wirtschaftsprüfer eingehen, indem diese weit in der Zukunft erwartete Erträge um ein Sicherheitsäquivalent bereinigen. In diesem Falle liegt jedoch keine „reine Risikozuschlagsmethode" mehr vor, wie sie in der Bewertungsverordnung gefordert wird. Gerade bei Unternehmen mit stark schwankenden und besonders unsicheren Ertragsaussichten bleibt eine Bewertung nach der vorgeschlagenen Ertragswertformel deshalb konzeptionell unbefriedigend. Erschwert werden die Gewinnschätzungen zudem durch die Möglichkeit der Nutzung von Bewertungswahlrechten, denn mit der Legung stiller Reserven können den Beteiligten Gewinnausschüttungen zumindest temporär vorenthalten werden; die vorgesehene Form der stillen Beteiligungen erzielt jedoch bei Erhöhung des Substanzwertes der Unternehmung keinen Wertzuwachs, der die Gewinnverschiebung ausgleichen würde (Moxter/Ballwieser (1986), S. 27 ff.).

Im Mittelpunkt der aktuellen Diskussion des Bewertungsproblems, die vor allem zwischen der Bundesregierung und Vertretern der Investmentbranche stattfindet, steht der Diskontierungszinsfuß (i). Nach Vorschlag der Bundesregierung berechnet er sich additiv aus der Umlaufrendite festverzinslicher Wertpapiere mit (annähernd) gleicher Restlaufzeit (k) sowie einer Risikoprämie (p). Diese Risikoprämie ist vom Wirtschaftsprüfer festzustellen. Nach Erwerb der stillen Beteiligung, aber vor der ersten Neufeststellung durch den Wirtschaftsprüfer, ist die Risikoprämie gleich der Differenz von Umlaufrendite und Rendite der stillen Beteiligung (r) (vereinbarte Risikoprämie oder „individueller Strukturzuschlag"). Während der gesamten Laufzeit ist die Risikoprämie mit mindestens 3% anzusetzen, um dem strukturellen Risiko stiller Beteiligungen gerecht zu werden. Bis zur ersten Neufeststellung der Risikoprämie durch den Wirtschaftsprüfer weicht der laufende Wert der stillen Beteiligung nach dieser Berechnungsmethode vom Anfangswert nur durch Veränderungen der Anleiherendite und der Restlaufzeit ab. Nach Ansicht der Kritiker führt der ungefähr nach einem Jahr stattfindende Übergang von der rein rechnerisch festzustellenden vereinbarten Risikoprämie zu der vom Wirtschaftsprüfer geschätzten Risikoprämie in bestimmten Fällen zu systemimmanenten Bewertungssprüngen (Laux (1987), S. 2.).

Das nach seinem Verfasser benannte „Laux-Modell" vermeidet diesen Nachteil. Es unterscheidet sich vom Verordnungsentwurf nur in der Definition der im Diskontierungszinsfuß enthaltenen Risikoprämie. Dieser besteht hier aus dem Produkt von vereinbarter Risikoprämie zum Erwerbszeitpunkt ("individueller Strukturzuschlag" = $r_0 - k_0$) und dem Verhältnis der vom Wirtschaftsprüfer geschätzten Risikoprämie zum Bewertungszeitpunkt (p_t) zu der von ihm in der Angemessenheitsprüfung für den Erwerb der Beteiligung zugrunde gelegten Prämie (p_0) (Laux (1987), S. 4.). Die folgende Gegenüberstellung soll den Vergleich der beiden Modelle erleichtern.

Diskontierungszinsfuß im

Verordnungsentwurf der Bundesregierung	„Laux-Modell"
Für ca. das 1. Jahr: $i_t = k_t + (r_0 - k_0)$ Danach: $i_t = k_t + p_t$	Für jeden Zeitpunkt: $i_t = k_t \dfrac{(r_0 - k_0)}{P_0} p_t$
Mindestens: $i_t = k_t + 0{,}03$	Mindestens: $i_t = k_t + 0{,}02$

i = Diskontierungszinsfuß
k = Umlaufrendite festverzinslicher Wertpapiere mit gleicher Restlaufzeit
p = Risikoprämie nach Ermessen des Wirtschaftsprüfers
r = Rendite der stillen Beteiligung
t = Periode (t = O: Erwerbszeitpunkt)

Eine Analyse der beiden Formeln macht deutlich:

- Während des ersten Bewertungsjahres ergeben sich keine Bewertungsunterschiede, da bis zu der ersten Neufeststellung der Risikoprämie nach der Angemessenheitsprüfung bei Erwerb $p_t = p_0$ gilt.
- $(r_0 - k_0)/p_0$ ist eine Konstante, die sich während der gesamten Laufzeit der stillen Beteiligung nicht verändert. Für den Zeitraum nach der ersten Neufeststellung der Risikoprämie handelt es sich folglich bei der „Laux-Formel" um eine lineare Transformation des Verordnungsentwurfs. Die Abzinsungsrate des „Laux-Modells" weicht dann vom Regierungsvorschlag ab, wenn der „individuelle Strukturzuschlag" von der vom Wirtschaftsprüfer bei Erwerb angesetzten Risikoprämie p_0 abweicht. Eine solche Abweichung bedeutet jedoch, daß der Wirtschaftsprüfer in der Angemessenheitsprüfung vor Erwerb die Beteiligung mit einem anderen Preis als dem tatsächlich zwischen Unternehmen und KAG vereinbarten Marktpreis bewertet hat. Dieser Fall könnte in der Praxis relevant werden. Ist die vereinbarte Risikoprämie ($r_0 - k_0$) größer (kleiner) als p_0, so ist die Abzinsungsrate nach dem „Laux-Modell" stets größer (kleiner), der Wert der stillen Beteiligung also jeweils niedriger (höher) als nach dem Regierungsentwurf.

- Einen Unterschied stellt die anzusetzende Mindestrisikoprämie dar, die im „Laux-Modell" 2 %, im Verordnungsentwurf der Bundesregierung dagegen 3 % betragen soll.
- Durch die Vermeidung von Bewertungssprüngen gelingt es im „Laux-Modell", alle Fondsanleger unabhängig vom Zeitpunkt des Anteilsscheinerwerbs systematisch gleich zu behandeln. Die Unterschiede zwischen beiden Modellen bewegen sich jedoch in engen Grenzen. Es ist anzunehmen, daß die rechnerischen Abweichungen der beiden Formeln niedriger sind als die Fehlergrößen bei der Schätzung des Wirtschaftsprüfers, der das Ergebnis der Bewertung in beiden Fällen maßgeblich determiniert. Ohnehin ist nur die Größenordnung potentieller Marktpreise festzustellen (Moxter/Ballwieser (1986), S. 55.). Weitere Auseinandersetzungen um die „richtige" Formel sollten deshalb vermieden werden. Es ist eine Konvention zu treffen, um das Instrument Beteiligungssondervermögen auf den Weg zu bringen.

Je risikobehafteter eine Beteiligung ist, desto schwieriger ist es für den Wirtschaftsprüfer, die Risikoprämie annähernd richtig zu quantifizieren. Bei einem Engagement des Fonds in stillen Beteiligungen eines jungen, innovativen Unternehmens mit hohen Ertragschancen, aber auch hohen Ausfallrisiken, ist der Wirtschaftsprüfer vermutlich überfordert, weil er die technische Qualität und die Marktchancen einer Innovation nur unzureichend beurteilen kann und somit selbst einem Informationsdefizit ausgesetzt ist. Da die Bewertung von Risiken auf individuellen Risikoneigungen beruht, wird der vom Wirtschaftsprüfer subjektiv geschätzte Wert um so mehr von potentiellen Marktpreisen einer Direktbeteiligung von Anlegern mit anderer Risikopräferenz abweichen, je höher das Risiko ist. Für die Bewertung stiller Beteiligungen an innovativen Unternehmen mag ein Gutachten eines Wirtschaftsprüfers eine hilfreiche Information sein, als alleinige Grundlage der Preisfestsetzung ist es jedoch unbefriedigend. Das vorgesehene Bewertungskonzept wird deshalb für fremdkapitalähnliche Kapitalbeteiligungen in der Realität funktionieren, es erschwert jedoch gleichzeitig die Leistung eines Beitrages der BetSV zur Finanzierung junger, dynamischer und innovativer Unternehmen.

Bezüglich der Fonds-Diversifikation enthalten §25b Abs. 2-5 i.V.m. §25e Abs. 1 folgende Vorschriften: Ein BetSV muß spätestens 8 Jahre nach seiner Bildung stille Beteiligungen an mindestens 10 Unternehmen enthalten (Konzernunternehmen gelten als ein Unternehmen), deren Gesamtwert mindestens 10%, höchstens aber 30% des Fondsvermögens beträgt. Pro Unternehmen darf die Summe der stillen Beteiligungen 5% des Sondervermögens nicht überschreiten; eine Begrenzung der Höhe der stillen Beteiligung bezogen auf das Eigenkapital des Unternehmens existiert nicht (im Gegensatz zu §8 Abs. 4 KAGG, wonach Aktien und Kuxe nur bis zur Höhe von 10% des Nennkapitals einer Aktiengesellschaft erworben werden dürfen).

Die Erwerbsgrenze für Schuldverschreibungen beträgt 30%. Füllt die Investmentgesellschaft die 30%-Grenze für stille Beteiligungen voll aus, so könnte die quantitative Zusammensetzung eines die Mindestdiversifikationsvorschriften gerade einhaltenden Fonds aus 5 stillen Beteiligungen à 5%, 5 stillen Beteiligungen à 1%, 4 Aktienpaketen à 10% und 6 Aktienpaketen à 5% des Sondervermögens bestehen (Vgl. Kap. 8 dieses Beitrags.). Eine nicht innerhalb eines Jahres beseitigte Unterschreitung des Mindestbestandes an stillen Beteiligungen hat zur Folge, daß keine neuen Anteilsscheine ausgegeben werden dürfen. Eine fortdauernde Unterschreitung löst bankaufsichtsrechtliche Sanktionen aus (§25e Abs. 2).

Das Gesetz setzt auch Rahmenbedingungen für die vertragliche Ausgestaltung der stillen Beteiligungen (§25c). Festzulegen sind u.a. die Dauer der stillen Beteiligung, die Fälligkeiten der Erträge, Voraussetzungen für die Übertragung an Dritte sowie Informations-, Kontroll- und Zustimmungsrechte der KAG. Eine substanzbeteiligende atypische stille Gesellschaft ist verboten (§25c Abs. 2), das Aufleben einer Mitunternehmerschaft i.S.d. §15 Abs. 1, Nr. 2 EStG aufgrund anderer vertraglicher Absprachen jedoch erlaubt (vgl. §43a 2. Satz). Aus den Bewertungsvorschriften (hier: §25 Abs. 1, Nr. 2, 2. Halbsatz) geht hervor, daß die Beteiligungsverträge eine gewinnunabhängige Mindestverzinsung vorsehen. Einseitig zulasten der Beteiligungsunternehmen ausgestaltete Vertragsklauseln induzieren jedoch das Problem der „adverse selection", indem nur solche Beteiligungsunternehmen die Vertragsbedingungen akzeptieren, die zu günstigeren Usancen keine Kapitalgeber finden.

Aus Sicht der nicht-emissionsfähigen Unternehmen und insbesondere der Innovationsfinanzierung ist grundsätzlich zu kritisieren, daß stille Beteiligungen, die nicht in vollem Maße an Gewinn und Verlust teilhaben, die nicht nachrangig haften und den Kapitalgeber nicht an der Unternehmenssubstanz beteiligen, kein vollwertiges Risikokapital, sondern allenfalls ein Eigenkapitalsurrogat in Form eines langfristigen Gläubigerverhältnisses darstellen (Schöner, 1985, S. 467; Gerke, 1986, S. 2; Gerke / Schöner, 1986, S. 690.). Das Ziel des Gesetzgebers, nicht-emissionsfähige Unternehmen mit zusätzlichem Risikokapital auszustatten, kann also auf diesem Wege nur sehr eingeschränkt erreicht werden. Innovationsfinanzierung über BetSV scheidet weitgehend aus.

Die gesetzliche Regelung der BetSV sieht eine Übertragung wesentlicher neuer Aufgaben auf die Depotbanken vor. Sie haben zu überwachen, daß die Beteiligungsverträge den genannten Vorschriften entsprechen (§25c Abs. 1, Satz 2). Damit sind sie für ein Vertragsverhältnis verantwortlich, ohne selbst einer der Vertragspartner zu sein. Der Zentrale Kreditausschuß (ZKA) kritisiert diese Regelung, die der Depotbank „. . .eine völlig neuartige Qualität von Aufgaben mit Managementfunktion auferlegt, die der Eigenverantwortlichkeit der Kapitalanlagegesellschaften widersprechen würde und auch wegen der unschätzbaren Haftungsrisiken abzulehnen wäre." (o.V., 1986.). Die Depotbanken haben darüber hinaus „. . .den Bestand an stillen Beteiligungen laufend zu überwachen und die stillen Beteiligungen nach §25d Abs. 1, Satz 1 zu bewerten" (§25g Abs. 1, Satz 1) und müssen bei Verfügungen oder Vertragsänderungen von stillen Beteiligungen zustimmen (§25g Abs. 2). Auch diese Aufgaben gehen über die üblichen Pflichten der Depotbanken (§§12-14 KAGG) hinaus.

Stille Beteiligungen dürfen nur veräußert werden, wenn die Gegenleistung den bei der Bewertung ermittelten Wert „nicht oder nur unwesentlich" unterschreitet (§25i). Diese Regelung hat zur Folge, daß Beteiligungen solcher Unternehmen kurzfristig unverkäuflich werden, bei denen sich die wirtschaftlichen Verhältnisse stark verschlechtern. Das BetSV kann nur aktuell vom Käufer hoch bewertete Beteiligungen abgeben und bleibt ggfs. auf den im Wert fallenden Engagements bis zur Neubewertung oder Fälligkeit sitzen. Zum Zeitpunkt der Fälligkeit könnte dann jedoch die Prolongation verboten sein, da eine Verlängerung dem Neuerwerb gleichsteht (§25b Abs. 1, letzter Satz), eine „angemessene Gegenleistung"

(§25b Abs. 1, Nr. 2, Buchst. b) aber nicht zu erwarten ist. Diese Regelungen schränken die Möglichkeiten eines „Krisenmanagements" schlechter Einzelrisiken teilweise ein. Es ist deshalb fraglich, ob sie wirklich im Interesse der Anteilsscheininhaber sind.

Um das Portefeuille eines BetSV beurteilen zu können, sind den Anlegern eine Reihe von über die Vorschriften für Aktienfonds hinausgehende Informationen mitzuteilen, die insbesondere die stillen Beteiligungen betreffen (§25j). In ihren Vertragsbedingungen haben KAG Angaben darüber zu machen, welche Informations-, Kontroll- und Zustimmungsrechte dem Fondsmanagement der Beteiligungen zustehen. Bestandsentwicklungen und Abgänge der stillen Beteiligungen sind im Rechenschaftsbericht anzugeben. In den Vermögensaufstellungen sind mindestens der Gesamtwert aller Beteiligungen, Gründungsjahr, Gegenstand und Eigenkapital des Unternehmens sowie Erwerbszeitpunkt, Laufzeit und letztjährige Erträge der stillen Beteiligungen auszuweisen.

Den genauesten Einblick vermitteln die Anzeigen an die Bankaufsichtsbehörde, die neben den Informationen der Vermögensaufstellung auch die jeweilige Höhe der Einzelbeteiligung, den ermittelten Wert sowie Firma, Rechtsform und Sitz des Beteiligungsunternehmens enthalten; diese Anzeigen sind jedoch dem Anleger nicht zugänglich. Er muß sich also mit der Anonymität der Beteiligungsunternehmen und mit saldierten Beträgen zufriedengeben, sofern die KAG nicht über die Mindestvorschriften hinaus Informationen weitergibt.

Zusammenfassend kann positiv bewertet werden, daß Anteilscheine von BetSV eine Anlageform darstellen, die tendenziell auch den Bedürfnissen und Sparzielen des Kleinanlegers gerecht werden. Sie sind diversifiziert, klein gestückelt, liquide und unterliegen den strengen Normen des KAGG und KWG sowie der Aufsicht durch das BAK. Damit können auch nicht-emissionsfähigen Unternehmen Anlagemittel breiter Bevölkerungsschichten zugeführt werden. Aufgrund des starken Fremdkapitalcharakters der stillen Beteiligungen wird jedoch das Ziel weitgehend verfehlt, nicht-emissionsfähigen Unternehmen zusätzliches Risikokapital für innovative Investitionen zuzuführen.

Das Gesetz muß solange als unfertig qualifiziert werden, wie die Lösung des Bewertungsproblems noch in der Schwebe ist. Weiterhin könnten die Vertragsgestaltungen sowie die Flexibilität des Fondsmanagements einengende Erwerbs- und Veräußerungsbedingungen Probleme der „adverse selection" induzieren. Liquiditätsrisiken bei umfangreichen Anteilscheinrückgaben können dadurch entstehen, daß der Fonds kurzfristig nur seine liquiden Anlageformen - Aktien und Schuldverschreibungen - veräußern kann und dadurch der Portefeuilleanteil der stillen Beteiligungen ungewollt und zwangsläufig steigt.

Die Regelungen über die Vertragsverhältnisse zwischen KAG und Beteiligungsunternehmen sowie Anleger und Fonds dienen einer Institutionalisierung und Standardisierung eines bisher weitgehend unorganisierten Kapitalmarktsegmentes, soweit sie die Finanzierung nicht-emissionsfähiger Unternehmen durch stille Beteiligungen betreffen. Die Vielschichtigkeit der Aufgaben des Abschlußprüfers, die zusätzlichen Lasten für Depotbanken, die neuen Anforderungen in der Rechnungslegung der Beteiligungsunternehmen und die zusätzlichen Informationspflichten der KAG lassen vermuten, daß stille Beteiligungen eine äußerst kostenintensive Anlageform darstellen. Dem stehen auf der anderen Seite wenig Anreize für die Fonds gegenüber, die in ihrer Handlungsfreiheit eingeschränkt sind und nicht in vollem Maße an Wertzuwächsen der Beteiligungsunternehmen teilhaben können.

8. Risikotheoretische Auswirkungen der Diversifikationsvorschriften

Die Diversifikationsvorschriften für BetSV (§§ 25 b Abs. 2 und 3; 25 e Abs. 1 KAGG), UBG (§ 4 Abs. 1 und 2 UBGG) sowie „klassische" Aktienfonds (§8 Abs. 3 KAGG) unterscheiden sich - wie festgestellt - in qualitativer und quantitativer Hinsicht. Die gesetzlichen Normen schränken die Handlungsfreiheit des Fondsmanagements ein und sollen das Risiko der Financiers begrenzen. Die Fähigkeit zur Risikofinanzierung innovativer Unternehmen wird durch die Restriktionen eingeschränkt.

Da an dieser Stelle nur risikobehaftete Eigenkapitalbeteiligungen betrachtet werden, stellt die Portefeuilletheorie das geeignete Analyseinstrumentarium dar, um die Portefeuillerisiken der drei Formen von Finanzintermediären zu vergleichen.

Um die wesentlichen Unterscheidungsmerkmale und ihre Auswirkungen transparent darstellen zu können, sind einige Prämissen zu formulieren, die zwar die Untersuchung vereinfachen, gleichzeitig jedoch ihre Relevanz für die Realität reduzieren.

Zunächst werden drei gleich große „Modellfonds" konstruiert, die so wenig diversifizieren, wie die normativen Vorschriften es zulassen. Zugrunde gelegt wurden die genannten Vorschriften des KAGG bzw. UBGG. Keine Beteiligung ist kleiner als 1 % des Sondervermögens; diese Prämisse berücksichtigt implizit die Prüfungs- und Verwaltungskosten einer Beteiligung. Die Risiken aller Einzelbeteiligungen seien voneinander unabhängig, es gilt also für alle Korrelationskoeffizienten $\varrho = 0$. Diese Annahme verringert den Rechenaufwand erheblich, beeinflußt die Schlußfolgerungen in ihrer Tendenz jedoch nicht. Alle Beteiligungen weisen zudem das gleiche Risiko auf ($\sigma_1, \ldots, \sigma_n = \sigma$). Lediglich die beschriebenen zusätzlichen Risiken der Beteiligungen an nicht-emissionsfähigen Unternehmen werden durch eine einheitliche Strukturkomponente ($s \geq 0$) berücksichtigt. Bei gleich hohen unabhängigen Einzelrisiken und identischen Fondsvolumina lassen sich die gesetzlichen Diversifikationsvorschriften vergleichen. Es läßt sich feststellen, bei welcher der drei Konstruktionen von Beteiligungsgesellschaften das Portefeuillerisiko am höchsten ist, wenn sie die Gesetzesrestriktionen soeben erfüllen.

Die drei Formen von Finanzintermediären (j = 1, 2, 3) stellen ein minimal diversifiziertes Portefeuille zusammen, wenn für sie gilt:

	Beteiligungs-sondervermögen (j = 1)		„klassischer" Aktienfonds (j = 2)		Unternehmensbeteiligungsgesellschaft (j = 3)	
	Anzahl	Höhe %	Anzahl	Höhe %	Anzahl	Höhe %
börsennotierte Beteiligungen	4 6	10 5	4 12	10 5	— —	— —
nichtbörsennotierte Beteiligungen	5 5	5 1	—	—	4 1 5	20 15 1
Minimale Anzahl an Beteiligungen	20	100	16	100	10	100
gesetzl. Vorschriften	§ 25b Abs. 2 u. 3, § 25e Abs. 1 KAGG		§ 8 Abs. 3 KAGG		§ 4 Abs. 1 u. 2 UBGG	

Unterstellt wird dabei eine maximale Ausschöpfung des Anteils stiller Beteiligungen am Beteiligungssondervermögen.

Das Portefeuillerisiko errechnet sich allgemein als (Gerke/Philipp (1985), S. 57.):

(1) $\quad \sigma_{pj}^2 = \sum_{i=1}^{m} \sum_{h=1}^{m} x_i x_h \varrho_{i,h} \sigma_i \sigma_h$

mit

$j = 1, 2, 3$

m : Anzahl der Beteiligungen

x_i : relativer Anteil der Beteiligung i am Gesamtportefeuille

x_h : relativer Anteil der Beteiligung h am Gesamtportefeuille

und $\quad \sum_{i=1}^{m} x_i = \sum_{h=1}^{m} x_h = 1$

Mit Hilfe der vereinfachenden Prämissen läßt sich (1) auch schreiben als:

(2) $\quad \sigma_{pj}^2 = x_1^2 \sigma_1^2 + x_2^2 \sigma_2^2 + \ldots + x_m^2 \sigma_m^2$

mit $\sigma_1, \ldots, \sigma_k = \sigma$ (börsennotierte Beteiligungen)

und $\sigma_{k+1}, \ldots, \sigma_m = \sigma (1 + s)$ (Beteiligungen an nicht-emissionsfähigen Unternehmen)

Die Portefeuillerisiken der drei Finanzinstitutionen betragen dann:

$\sigma_{p1}^2 = 4 (0,1 \sigma)^2 + 6 (0,05 \sigma)^2 + 5 (0,05 \sigma (1 + s))^2 + 5 (0,01 \sigma (1 + s))^2$
$\quad\quad = 0,055 \sigma^2 + 0,013 (\sigma (1 + s))^2$

$$\sigma_{p2}^2 = 4\,(0{,}1\,\sigma)^2 + 12\,(0{,}05\,\sigma)^2$$
$$= 0{,}07\,\sigma^2$$
$$\sigma_{p3}^2 = 4\,(0{,}2\,\sigma\,(1+s))^2 + (0{,}15\,\sigma\,(1+s))^2 + 5\,(0{,}01\,\sigma\,(1+s))^2$$
$$= 0{,}183\,(1+s)^2\,\sigma^2$$

Die Portefeuillerisiken des BetSV und des Aktienfonds sind gleich hoch, wenn gilt:

$$\frac{\sigma_{p1}^2}{\sigma_{p2}^2} = 1 = \frac{0{,}055 + 0{,}013\,(1+s)^2}{0{,}07}$$

Die Bedingung ist erfüllt für s = 0,074172. Wenn das strukturelle Risiko für Beteiligungen an nicht-emissionsfähigen Unternehmen knapp 7,5 % höher ist als für sonst wirtschaftlich identische Beteiligungen an börsennotierten Unternehmen, sind die Diversifikationsvorschriften für BetSV und klassische Aktienfonds aus risikotheoretischer Sicht gleich „gut". Setzt man das strukturelle Risiko höher an, so ist das BetSV riskanter. Läßt man das strukturelle Risiko außer Betracht (s = 0), so ist das minimal diversifizierte BetSV sicherer als ein minimal diversifizierter Aktienfonds. Die Risiken beider Fonds liegen jedoch eng beieinander.

Der Vergleich von BetSV und UBG ergibt ein anderes Bild. Bei Nichteinbeziehung des strukturellen Risikos (s = 0) in das Kalkül ergibt sich, daß das Risiko der UBG rund 2,7 mal so hoch ist wie das eines minimal diversifizierten BetSV:

$$\frac{\sigma_{p3}^2}{\sigma_{p1}^2} = \frac{0{,}183\,(1+s)^2}{0{,}055 + 0{,}013\,(1+s)^2} = 2{,}691176 \qquad \text{(für } s = 0\text{)}$$

Da BetSV im Gegensatz zu UBG nicht nur Beteiligungen an nicht-emissionsfähigen, sondern auch an börsennotierten Unternehmen besitzen, ist hier ebenfalls eine Berechnung von Interesse, bei welchem strukturellen Risiko die beiden Institutionen das gleiche Portefeuillerisiko haben.

$$\frac{\sigma_{p3}^2}{\sigma_{p1}^2} = \frac{0{,}183\,(1+s)^2}{0{,}055 + 0{,}013\,(1+s)^2} = 1$$
$$=> s = -0{,}431203$$

Das Ergebnis zeigt, daß die Diversifikationsregeln des UBGG nur dann zu einem gleich hohen Portefeuillerisiko führen würden, wenn Beteiligungen an nicht-emissionsfähigen Unternehmen ein um 43 % niedrigeres Risiko besäßen als börsennotierte Beteiligungen. Geht man jedoch beispielhaft von der Vermutung aus, daß die fehlende Fungibilität einen Risikoaufschlag von 20 % rechtfertige (s = 0,2), so ist das Risiko einer minimal diversifizierten UBG um ungefähr das 3,6fache höher als das des BetSV.

Schließlich läßt sich noch ein Vergleich zwischen UBG und Aktienfonds vornehmen. Es gilt:

$$\frac{\sigma_{p2}^2}{\sigma_{p3}^2} = \frac{0{,}07}{0{,}183\,(1+s)^2}$$

Auch in diesem Fall liegt ein gleich hohes Portefeuillerisiko nur in der unrealistischen Situation vor, daß s negativ wird (s = − 0,382). Bei s = 0 ist das Portefeuillerisiko der UBG mehr als 2,6 mal so hoch, bei s = 0,2 ungefähr 3,8 mal so hoch wie dasjenige des Aktienfonds.

Die Modellrechnungen zeigen unter den gesetzten vereinfachenden Prämissen, daß die Diversifikationsregeln des UBGG in weit geringerem Maße Anlegerschutzinteressen berücksichtigen als dies bei Aktienfonds und BetSV der Fall ist. Andererseits schränken die Diversifikationsvorschriften des UBGG die Entscheidungsfreiheit des Fondsmanagements am wenigsten ein und ermöglichen diesem eine risiko- und chancenreichere Portefeuillepolitik, die sehr viel Spielraum für Anlagen in innovativen, nicht-emissionsfähigen Unternehmen läßt.

9. Die Bedeutung der Diversifikation für die Innovationsfinanzierung

Die im vorigen Abschnitt berechneten Ergebnisse gelten unter sehr restriktiven Bedingungen und nur für den Fall, daß die Diversifikationsvorschriften in minimalem Ausmaß befolgt werden. Dem Fondsmanagement steht es jedoch frei, die Mindestbedingungen in dem Maße, wie es geschäftspolitisch sinnvoll erscheint, überzuerfüllen. Durch Beimischung weiterer Beteiligungen kann die UBG das Risikoniveau des BetSV erreichen oder gar unterschreiten. Allein durch die Variation der Anzahl und des relativen Gewichts der Einzelbeteiligungen kann das Portefeuillerisiko beeinflußt werden.

Die wichtigere Komponente der Diversifikation besteht jedoch nicht in der quantitativen, sondern der qualitativen Zusammensetzung des Portefeuilles. Im Extremfall reichen bereits zwei negativ korrelierte Beteiligungen aus, um die Einzelrisiken vollständig zu vernichten (Hedging).

Bei einer sehr großen Anzahl von Beteiligungen ist das Portefeuillerisiko von der Höhe der Einzelrisiken weitgehend unabhängig und wird nur noch von den Korrelationen zwischen den Wertentwicklungen der einzelnen Beteiligungen beeinflußt. Es kommt also bei großen Portefeuilles nicht darauf an, hohe Einzelrisiken zu vermeiden, sondern die Beteiligungen so zu mischen, daß ihre Korrelationen möglichst niedrig sind: Je größer ein Portefeuille folglich ist, desto eher ist es möglich, hochriskante Beteiligungen von innovativen Unternehmen beizumischen, ohne daß dadurch das Portefeuillerisiko wesentlich steigt.

Hieraus ist eine Empfehlung für den strategischen Aufbau der Portefeuilles von BetSV und UBG abzuleiten. Solange die anzulegende Vermögensmasse des Fonds klein ist, sollte das Management nach dem Prinzip der Risikomischung vorgehen und möglichst nur Beteiligungen erwerben, deren Einzelrisiken ein bestimmtes Höchstniveau nicht überschreiten. Diese vorsichtige Portefeuillepolitik kann aber bei wachsendem Fondsvolumen reduziert und Venture-Capital für einzelne Unternehmen bereitgestellt werden, wobei es nunmehr nicht auf die Höhe des Einzelrisikos, sondern insbesondere auf seinen Beitrag zum Portefeuillerisiko ankommt. Die Fähigkeit der Intermediäre zur Innovationsfinanzierung nimmt mit ihrer Größe zu, ohne daß die Anleger erhöhte Risiken zu tragen haben.

Nicht nur durch Übererfüllung der Diversifikations-, sondern auch der anderen Anlegerschutz- und Publizitätsvorschriften ist das Fondsmanagement in der Lage, seine Leistungsfähigkeit im Bereich der Innovationsfinanzierung zu steigern. Insbesondere die informationstheoretischen Argumente, die gegen einen funktionsfähigen Risikokapitalmarkt sprechen, lassen sich durch entsprechende Geschäftspraktiken entkräften. Die Anlegerakzeptanz steigt in dem Maße, wie die Intermediäre an Vertrauen gewinnen können. Beispielsweise können UBG ihre Seriosität und Marktmacht signalisieren, indem sie ein höheres Grundkapital als die in § 2, Abs. 4 UBGG geforderten 2 Mio DM einsetzen und die Initiatoren selbst am Kapital des Finanzinstituts beteiligt bleiben, also einen Teil des Geschäftsrisikos selbst tragen.

Von namhaften Kreditinstituten gegründete UBG und BetSV können - besonders bei entsprechender Firmierung - vom „Standing" des Mutterunternehmens profitieren. Diesen Wettbewerbsvorteil können privat initiierte Beteiligungsgesellschaften dadurch auszugleichen versuchen, indem sie durch über die Vorschriften der §§ 11-13 UBGG und 25 j KAGG hinausgehende Publizitäts- und Rechnungslegungsbereitschaft um Vertrauen werben und Renditechancen und -risiken ihres Fonds interessierten Kapitalgebern transparent, detailliert und glaubhaft nahebringen.

Die Refinanzierung mit stimmrechtslosen Vorzugsaktien bis zur Höchstgrenze des § 139, Abs. 2 AktG mag zwar vordergründig im Interesse der Gründer liegen, sie könnte aber die Plazierung der Aktien eines vertrauensempfindlichen Finanzinstituts erschweren oder verteuern, da es die Anleger nachdenklich stimmen muß, in einem sensiblen Vertragsverhältnis auf Mitspracherechte verzichten zu sollen.

Auch im Verhältnis zwischen Intermediär und Beteiligungsgesellschaft ist ein Abbau von Informationsasymmetrien bedeutsam für die Chancen und Kosten einer Risikokapitalfinanzierung. Die „Kluft des Mißtrauens", die sich in erhöhten Renditeforderungen, einengenden Beteiligungsverträgen oder im Scheitern der Verhandlungen niederschlagen könnte, kann überwunden werden, indem die kapitalsuchenden Unternehmen dem Financier Mitsprache- und Sanktionsmöglichkeiten einräumen. Die Beteiligungsgesellschaft kann ihrerseits die Übernahme von Management- und Beratungsfunktionen anbieten. Bei der Wahrnehmung dieser Aufgaben erhält sie die für die Beurteilung der Kapitalanlage wichtigen Informationen und kann darüber wachen, daß die Investitionspläne der Unternehmen nicht zu ihren Lasten revidiert werden.

10. Schlußfolgerungen

Im vorliegenden Beitrag wurde die Eignung zweier gesetzlich geregelter neuer Kapitalmarktinstitutionen, der Unternehmensbeteiligungsgesellschaft (UBG) und der Kapitalanlagegesellschaft mit Beteiligungssondervermögen (BetSV), zur Eigenkapitalversorgung nicht-emissionsfähiger Unternehmen und als Anlageinstitut untersucht. Den Schwerpunkt der Analyse bildete die Frage, ob diese Intermediäre zur Finanzierung von Innovationen beitragen können. Innovationen ließen sich risikotechnisch als Projekte mit hoher Ungewißheit über den zukünftigen Erfolg und - damit eng verbunden - starken Informationsasymmetrien zwischen Innovator und Kapitalgeber typisieren. Diese Charakteristika wurden als die entscheidenden Probleme der Innovationsfinanzierung identifiziert.

Eine Institutionalisierung heterogener Beteiligungsmärkte führt in der Tendenz zu einer Verringerung informatorisch bedingter Markthemmnisse und erhöht die Vertragsabschlußwahrscheinlichkeit zwischen Kapitalgeber und innovativem Unternehmen. Deshalb kann durch Beteiligungsgesellschaften grundsätzlich die Kapitalmarkteffizienz erhöht werden. Da bei der Finanzierung innovativer Unternehmen Markthindernisse in Form von Informationsasymmetrien und hoher Ungewißheit in starkem Maße vorliegen, sind Beteiligungsgesellschaften durch ihre diese Hemmnisse reduzierenden Transformationsleistungen zur Innovationsfinanzierung besonders geeignet. Die Attraktivität der von diesen Institutionen emittierten Anlagetitel hängt nicht nur von der Art und Struktur der Beteiligungsportefeuilles ab, sondern auch von der staatlichen Förderung im Rahmen der Vermögensbildung und der Behandlung konkurrierender Anlageformen sowie der Nutzung der Institutionen durch die Tarifpartner.

Eine genauere Analyse der normativen Regelungen ließ eine Reihe von Ungereimtheiten in beiden Gesetzen erkennen. Während die Erfüllung des Anlegerschutzprinzips bei der UBG zu wünschen übrig läßt, ist die Investmentlösung für einen Beitrag zur Innovationsfinanzierung zwar unter dem Diversifikationsaspekt besser geeignet, ihre Verträge besitzen jedoch starken Fremdkapitalcharakter und scheiden damit für die Innovationsfinanzierung weitgehend aus.

Eine Untersuchung der Qualität der Diversifikationsregeln bei gleichen geschäftspolitischen Voraussetzungen ergab, daß das Portefeuillerisiko einer die gesetzlichen Mindestnormen soeben erfüllenden UBG um ein Mehrfaches höher ist als das eines Aktienfonds oder BetSV. Abschließend wurden einige Hinweise darauf gegeben, mit welchen Strategien das Fondsmanagement die Leistungsfähigkeit einer UBG oder eines BetSV erhöhen könnten und auf welche Weise insbesondere von der UBG nachhaltige Beiträge zur Finanzierung innovativer Unternehmen bei weitgehender Wahrung der Interessen risikoaverser Anleger erbracht werden können.

Literaturverzeichnis

Entwurf eines Gesetzes über Unternehmensbeteiligungsgesellschaften (UBGG-Entwurf), Bundesrats-Drucksache 140/85 v. 12.04.85.
Entwurf einer Verordnung über die Bewertung stiller Beteiligungen gemäß § 25d Abs. 3 des Gesetzes über Kapitalanlagegesellschaften vom 11.5.1987 (KAGG-BewVO), Bundesministerium der Finanzen.
Feldbausch, Friedrich K., Die Kapitalbeteiligungsgesellschaft, Frankfurt 1971.
Gerke, Wolfgang, Kapitalbeteiligungsgesellschaften, Frankfurt a.M./Zürich 1974.
Gerke, Wolfgang, Gleitklauseln im Geld- und Kapitalverkehr, Mark = Mark?, Wiesbaden 1980.
Gerke, Wolfgang, Die Rolle der Kapitalbeteiligungsgesellschaften und Kreditinstitute bei der Technologiefinanzierung - Innovationsbörse Berlin. In: Venture Capital für junge Technologieunternehmen, Workshop '83, Haar bei München 1983, S. 25-34.
Gerke, Wolfgang, Die Verbesserung der Wettbewerbsfähigkeit durch Bereitstellung von Risikokapital, in: WiSt 7/1985, S. 359-362.
Gerke, Wolfgang, Schriftliche Stellungnahme zu den Gesetzentwürfen zur überbetrieblichen Vermögensbeteiligung von Arbeitnehmern anläßlich der öffentlichen Anhörung von Sachverständigen am 22. Okt. 1986 (unveröffentlicht).

Gerke, Wolfgang / Philipp, Fritz, Finanzierung, Stuttgart, Berlin, Köln, Mainz 1985.
Gerke, Wolfgang / Schöner, Manfred, Aspekte der Vermögensverteilung und -bildung in der Bundesrepublik Deutschland, in: Der langfristige Kredit, Heft 22/23/1986 (37. Jg.), S. 684-691.
Gesetz über Unternehmensbeteiligungsgesellschaften (UBGG) vom 17.12.1986, BGBl I, 1986, S. 2488-2495.
Hartmann-Wendels, Thomas, Venture Capital aus finanzierungstheoretischer Sicht, in: Zfbf 1/1987 (39. Jg.), S. 16-30.
Hopt, Klaus, Segmentspezifischer Anlegerschutz für börsengehandelte Titel, in: Risikokapital über die Börse, hrsg. v. Gerke, Wolfgang, Berlin/Heidelberg/New York/Tokyo 1986, S. 103-119.
Laux, Manfred, Stellungnahme des Bundesverbands Deutscher Investment-Gesellschaften e.V. zum Entwurf der Bewertungsverordnung für stille Beteiligungen, Schreiben an das Bundesministerium der Finanzen vom 25.6.1987.
Moxter, Adolf / Ballwieser, Wolfgang, Gutachten über die Bewertung stiller Beteiligungen in Beteiligungssondervermögen, im Auftrag des Bundesministers für Arbeit und Sozialordnung, September 1986.
o.V., Depotbanken wehren sich gegen zusätzliche Pflichten, in: Handelsblatt, Nr. 198 v. 15.10.86, S.11
Philipp, Fritz, Risiko und Risikopolitik, in: Handwörterbuch der Betriebswirtschaft, hrsg. v. Grochla, Erwin / Wittmann, Waldemar, Band I/3, 4. Aufl., Stuttgart 1976, Sp. 3453-3460.
Schmidt, Reinhard, Ein neo-institutionalistischer Ansatz der Finanzierungstheorie, in: Unternehmensführung aus finanz- und bankwirtschaftlicher Sicht, hrsg. v. Edwin Rühli / Jean-Paul Thommen, Stuttgart 1981, S. 135-154.
Schöner, Manfred, Unternehmensbeteiligung / Beteiligungssondervermögen, in: Der langfristige Kredit, Heft 15/1985 (36.Jg.), S. 467.
Stiglitz, Joseph E., Information und Capital Markets, Unpublished Manuscript, Stanford Cal., o.J., zitiert nach Schmidt, R., a.a.O..
Zweites Gesetz zur Förderung der Vermögensbildung der Arbeitnehmer durch Kapitalbeteiligungen (2. VermBetG) vom 19.12.1986, BGBl. I, 1986, S.2595-2609.

Hemmnisse für die Börsenneueinführung innovativer Mittelstandsunternehmen durch Beschränkung der Gewerbefreiheit für Investmentbanken

Von Wolfgang Gerke

1. Interessenkonflikte zwischen Anlegerschutz und liberalem Kapitalverkehr

Das deutsche Bank- und Börsenwesen unterliegt verhältnismäßig strengen Reglementierungen. Diese die Liberalität des Kapitalverkehrs und die Gewerbefreiheit begrenzenden Normen entstanden größtenteils als Reaktionen auf Fehlentwicklungen an den Geld- und Kapitalmärkten. Insbesondere mit dem Kreditwesengesetz bekundet der Staat sein Interesse an einer funktionsfähigen Kreditwirtschaft, an einem Schutz der Bankkunden vor unseriöser Geschäftspolitik eines Kreditinstitutes und an einer Begrenzung der kreditwirtschaftlichen Risiken. Als Folge von zahlreichen Bankzusammenbrüchen und unter dem Eindruck der großen Bankenkrise des Jahres 1931 hat der Gesetzgeber die Gewerbefreiheit der Kreditinstitute ganz erheblich eingeschränkt und einem speziellen, von dem Bundesaufsichtsamt für das Kreditwesen ausgeübten Konzessionssystem unterworfen.

Analog zur zunehmenden Einschränkung der Gewerbefreiheit in der Kreditwirtschaft läßt sich auch für das deutsche Börsenwesen der historische Trend zu mehr Anlegerschutz durch strengere Zulassungskriterien beobachten. Als positive Konsequenz dieser Entwicklung sind Fälle von Gründungsschwindel über Börsenneuemissionen kaum noch zu beobachten.

Der Staat, die Anleger, aber auch die Kreditinstitute selbst, haben ein legitimes Interesse an einer Sicherung des Geld- und Kapitalverkehrs durch vertrauenschaffende und anlegerschützende Maßnahmen. Die Zielsetzung der Vertrauensbildung durch risikobegrenzende Normen steht jedoch zugleich mit der Zielsetzung eines möglichst liberalen Geld- und Kapitalverkehrs sowie mit der Zielsetzung einer weitreichenden Gewerbefreiheit in einem Interessenkonflikt. Wenn man zur Gewinnung des Vertrauens möglichst vieler Anleger Risiken im Geld- und Kapitalverkehr unterbindet oder begrenzt, so kann dies zu einer Fehlallokation von Ressourcen führen. Innovative aber zugleich auch riskante Investitionen, die für die Zukunftssicherung einer Wirtschaft von großer Bedeutung sein können, werden gegebenenfalls durch zu restriktive Normen verhindert.

Am leichtesten lassen sich in diesem Zielkonflikt noch Maßnahmen rechtfertigen, die die Anleger vor Betrug schützen sollen. Aber auch schon hier gibt es bei der Frage, ob der Schutz vor Betrug durch ex ante erfolgende Kontrollen oder durch ex post wirkende Strafbestimmungen vollzogen werden soll, unterschiedliche Auffassungen. Besonders schwer läßt sich der Nutzen von risikobegrenzenden Normen einschätzen, die ökonomische Risiken verbieten oder begrenzen. In diesem Bereich der Risiken des Geld- und Kapitalverkehrs sollte man statt des Verbotes vorzugsweise den Weg der Risikenkennzeichnung beschreiten.

Im folgenden wird untersucht, ob die zur Gewährleistung eines größeren Anlegerschutzes vorgenommene Einschränkung der Gewerbefreiheit für auf das Effektengeschäft spezialisierte Institute bzw. Broker überstreng ausfällt, und ob die staatlich fixierten Restriktionen die Versorgung innovativer mittelständischer Unternehmen mit breitgestreutem Risikokapital behindern. Weiterhin wird geprüft, inwieweit eine weniger restriktive Handhabung der Konzessionspolitik für ausschließlich das Wertpapiergeschäft betreibende Effektenbanken den Wettbewerb im Neuemissionsgeschäft beleben und neue Anleger für börsengehandelte Titel gewinnen kann.

2. Desinvestment von Kapitalbeteiligungsgesellschaften über Wertpapierbörsen

Das Wirtschaftsgeschehen in der Bundesrepublik Deutschland wird maßgeblich durch mittelständische Unternehmen mitgeprägt, die häufig sehr gute Zukunftsaussichten aufweisen und hohe Renditen erwirtschaften. Trotz günstiger wirtschaftlicher Daten haben diese Unternehmen aufgrund ihrer Größe und teilweise auch aufgrund ihrer Rechtsform keinen Zugang zu den hochorganisierten deutschen Börsenmärkten. Sie sind damit insbesondere bei der Versorgung mit Eigenkapital für innovative und riskante Zukunftsprojekte gegenüber ihren Großkonkurrenten benachteiligt. Unternehmen wie z.B. die BASF, Daimler Benz oder die VEBA sind durch ihr internationales Standing und ihr eigenes bank- und finanzwirtschaftliches Know-how auf die Risikokapitalaufbringung auf dem deutschen Kapitalmarkt viel weniger angewiesen als mittelständische Unternehmen. Um so folgenschwerer wiegt es für die Innovationsfähigkeit der deutschen Unternehmen, daß an den Wertpapierbörsen oder an mit Wertpapierbörsen vergleichbaren Märkten anderer westlicher Industrieländer wesentlich leichter Risikokapital für mittelständische Unternehmen aufgebracht wird.

Der britische Unlisted Securities Market, der französische Second Marché, aber auch kleinere Börsen wie der Parallelmarkt in Amsterdam und der Tweede Markt in Belgien belegen, daß sich auch Aktien mittelständischer Unternehmen erfolgreich öffentlich plazieren lassen. Während des fünfjährigen Bestehens des französischen Second Marché wurden an diesem Markt fast 200 Unternehmen neu mit Risikokapital ausgestattet. Noch beeindruckender sind die Neuzulassungszahlen auf dem amerikanischen Markt. Im Gegensatz zu den deutschen Börsen stehen hier die Märkte in einem sehr dynamischen Wettbewerb untereinander. Insbesondere das unterste Marktsegment, der Over-the-Counter-Markt, leistet schon seit mehreren Jahren einen wichtigen Beitrag zum raschen Unternehmenswachstum und zur unternehmerischen Umsetzung von Innovationen.

Darüber hinaus erleichtern die Parallelmärkte auch noch nicht börsenfähigen Unternehmen, die sich über Kapitalbeteiligungsgesellschaften refinanzieren wollen, den Zugang zu zusätzlichem Risikokapital außerhalb der Börse. Eines der Hauptprobleme für Kapitalbeteiligungsgesellschaften stellt das erfolgreiche Desinvestment dar. Leistungsfähige Börsensegmente mit Zulassungsbedingungen und Usancen, die auch mittelständischen Unternehmen gerecht werden, geben den Kapitalbeteiligungsgesellschaften die Möglichkeit, über Börsenneuemissionen erfolgreiche Engagements bei einem breiteren Publikum zu plazieren. Mit einem derartigen Desinvestment über die Börse wird gleich mehreren Interessen gedient. Die Kapitalbeteiligungsgesellschaften werden in die Lage versetzt, innerhalb relativ kurzer Frist ihre Beteiligungsgewinne zu realisieren, dem Anlegerpublikum werden interessante zusätzliche Anlagemöglichkeiten eröffnet, und die Altinhaber der mittelständischen Unternehmen werden besser vor Überfremdung geschützt. Ohne den Zugang zu den Börsenmärkten müßte gerade bei rasch wachsenden innovativen Unternehmen, die zusätzliches Kapital benötigen, das Desinvestment der Kapitalbeteiligungsgesellschaften über einen Großaktionär erfolgen, da die Altinhaber kaum zur Aufbringung des benötigten Ablösekapitals in der Lage sind. Der Gang an die Börse - gegebenenfalls auch über die nicht sehr aktionärsfreundlichen stimmrechtslosen Vorzugsaktien - schützt die kapitalsuchenden mittelständischen Unternehmen bei zwischenzeitlicher Finanzierung über Kapitalbeteiligungsgesellschaften am besten vor Beteiligungsversuchen von Konkurrenten oder anderen Großaktionären.

3. Divergenz zwischen rechtlichen und faktischen Börsenzugangshemmnissen

Auch in der Bundesrepublik Deutschland sind die formalen Zugangsvoraussetzungen zu den verschiedenen Börsen und Börsensegmenten nicht so restriktiv, daß erfolgreich arbeitende mittelständische Unternehmen grundsätzlich an den rechtlich fixierten Zugangskriterien scheitern müßten. Der neu installierte Geregelte Markt (§§ 71-77 Börsengesetz) verlangt als Zulassungsvoraussetzung unter anderem lediglich ein Mindestemissionsvolumen von DM 500.000,- nominal und ein Unternehmensalter von nur einem Jahr. Diese formalen Mindestanforderungen sind auch nach internationalem Maßstab als den Börsenzutritt kaum behindernd zu kennzeichnen.

Wie schon in der Vergangenheit, so liegen auch in der Zukunft die Haupthemmnisse des Zugangs mittelständischer Unternehmen zur deutschen Börse in den faktischen Marktstrukturen. Insbesondere erfolgreiche mittelständische Unternehmen müssen vor der Entscheidung zum „going public" mit viel Überzeugungsarbeit durch spezialisierte Finanzintermediäre mit den Vorteilen einer Börsenemission vertraut gemacht werden. Da die erfolgreichen Mittelstandsunternehmen im allgemeinen über guten Zugang zu den Kreditmärkten verfügen, bedarf es einer aktiven Akquisition durch Börsenspezialisten, um diesen sehr innovativen und schnell wachsenden Unternehmen die Notwendigkeit einer Zukunftssicherung durch die Aufnahme von zusätzlichem Risikokapital vor Augen zu führen. Anders als in den USA gibt es in der Bundesrepublik jedoch kaum Broker, die sich intensiv und im harten Wettbewerb um potentielle Börsenkandidaten unter den mittelständischen Unternehmen bemühen. Der neue § 71 Abs. 2 Satz 3 des Börsengesetzes schränkt zwar das Emissionshausmonopol der Kreditinstitute für den Geregelten Markt etwas ein, indem auch Nichtbanken Mitantragsteller bei der Börseneinführung sein können; dem deutschen Markt fehlt jedoch bisher eine ausreichend große Zahl qualifizierter Wettbewerber im Neuemissionsgeschäft an kleinen Börsensegmenten.

4. Die Zugangsmöglichkeiten zu amerikanischen und deutschen Wertpapierbörsen

4.1. Hierarchisch abgestufte Zugangsbarrieren am amerikanischen Markt

Der Wettbewerb zwischen den amerikanischen Börsen wird durch die harte Konkurrenz unter den Brokern verstärkt. Außerdem versuchen die Marktteilnehmer an den Börsen und am Over-the-Counter-Market, durch möglichst niedrige Transaktionskosten Marktanteile an sich zu ziehen. Als Folge dieses sehr dynamischen Marktsystems weisen die USA eine große Anzahl von Neuemissionen auf. So wurden zwischen 1980 und 1984 laut Angaben der SEC (Securities and Exchange Commission) 2.754 Neuemissionen von Stammaktien mit einem Emissionsvolumen von insgesamt ca. 17 Mrd. $ durchgeführt. Dabei betrug bei 2.322 der Emittenten die bisherige Summe der Aktiva weniger als 10 Mio $ (vgl. Abb. 1 und Abb. 2).

Summe der bisherigen Aktiva

Jahr	bis 0,5 Mio $		über 0,5 Mio bis 1 Mio $		über 1 Mio bis 5 Mio $		über 5 Mio bis 10 Mio $		über 10 Mio $		Gesamt	
	Zahl	Betrag	Zahl	Betrag	Zahl	Betrag	Zahl	Betrag	Zahl	Betrag	Zahl	Betrag
1975	14	23.8	0	0	2	1.8	1	0.8	6	46.3	23	73.5
1976	12	38.8	0	0	4	5.7	7	22.3	19	96.4	42	163.2
1977	30	53.4	4	5.0	7	16.5	7	26.0	7	17.3	55	118.2
1978	38	100.0	2	2.1	4	5.5	7	22.4	17	133.7	68	263.7
1979	54	182.0	15	43.8	11	50.2	9	53.6	20	175.0	109	504.6
1980	149	424.2	24	71.9	37	150.1	20	95.1	43	507.5	273	1248.8
1981	269	1112.3	34	123.8	120	484.6	43	330.8	78	925.9	544	2977.4
1982	189	676.4	30	81.0	40	130.1	22	171.2	34	459.4	315	1518.1
1983	462	1704.6	51	228.0	124	775.4	77	880.9	187	4009.6	901	7598.5
1984	487	1672.3	24	69.9	84	755.0	36	552.0	90	1139.6	721	3888.8

Abb. 1: *Anzahl und Emissionsvolumen der bei der SEC registrierten Neuemission von Stammaktien in den USA 1975 – 1984*

Quelle: Securities and Exchange Commission (Hrsg.) 1985
SEC Government-Business Forum on Small-Business Capital Formation. Final Report, Washington 1986, S. 79

Bei einem Vergleich des amerikanischen Wertpapiermarktes mit deutschen Verhältnissen darf nicht übersehen werden, daß der Erwerb von Neuemissionen in den USA für die Anleger mit erheblichen wirtschaftlichen Risiken verbunden ist. Die in den letzten Jahren von den großen deutschen Universalbanken neu-emittierten Unternehmen haben sich weitgehend gut am Markt behauptet, während in den USA das Neuemissionsgeschäft mit zahlreichen Unternehmenszusammenbrüchen verbunden ist. So stellten von den 3.784 Unternehmen, die in den USA zwischen 1968 und 1973 erstmals Aktien in einer öffentlichen Emission anboten, ca. 40% bis Anfang 1981 ihre Geschäftstätigkeit wieder ein (Holman/Young (1983), S. 31). Trotz dieser hohen Quote langfristig erfolgloser Neugründungen ist der amerikanische Markt für Neuemissionen nicht zusammengebrochen. Dies ist im wesentlichen darauf zurückzuführen, daß die Ursachen der amerikanischen Unterneh-

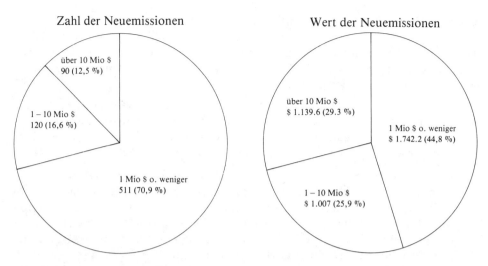

Abb. 2: *Anzahl und Emissionsvolumen der bei der SEC registrierten Neuemissionen für das Jahr 1984*

Quelle: Securities and Exchange Commission (Hrsg.) 1985
SEC Government-Business Forum on Small-Business Capital Formation. Final Report. Washington 1986, S. 82

menszusammenbrüche auf unternehmerischen Risiken basierten, die den Anlegern bereits bei Zeichnung der neuen Unternehmensanteile weitgehend bekannt waren. Schädigungen der Anleger infolge von Betrugsfällen, wie sie z.B. auf dem deutschen Nebenkapitalmarkt häufig zu beobachten sind, waren nur vereinzelt die Auslöser des Mißerfolges amerikanischer Börsenunternehmen. Der Schutz der amerikanischen Börsenanleger vor Betrug wird durch hohe Publizitätsanforderungen, durch die Kontrolle des gesamten Wertpapiermarktes über die Securities and Exchange Commission sowie durch strenge Insiderregeln und Verhaltensvorschriften für Broker und Dealer, deren Einhaltung außer durch die SEC durch Selbstregelungsorgane kontrolliert wird, weitgehend sichergestellt (Loss (1983); Schacht (1980), S. 56-100).

Der Wertpapiermarkt in den Vereinigten Staaten weist eine starke hierarchische Gliederung der Marktsegmente auf. Dabei nimmt die New York Stock Exchange unter den amerikanischen Börsen eine herausragende Marktstellung ein. Sie stellt sowohl an die Emittenten als auch an ihre Mitglieder die höchsten Anforderungen und unterscheidet sich damit in ihrer Neuemissionspolitik nicht allzusehr von den traditionellen Vorgehensweisen deutscher Universalbanken und Börsen. Eine Notierung und damit eine Risikokapitalaufnahme über dieses Marktsegment ist im allgemeinen nur etablierten Großunternehmen möglich. Auch die Mitgliedschaft an der New York Stock Exchange ist nur größeren Brokerhäusern vorbehalten, wobei zwischen diesen ein gegenüber dem deutschen Universalbankensystem wesentlich härterer Wettbewerb herrscht. Ende 1985 waren 599 Brokerhäuser Mitglied an dieser Börse. Für frei werdende Börsensitze wurden in den öffentlichen Versteigerungen im Jahre 1985 Preise zwischen 310.000 und 480.000 $ erzielt (NYSE, Fact Book (1986), S. 82). Zusätzlich zu den gesetzlichen Vorschriften wird der Anlegerschutz durch die Überwachung der Geschäftstätigkeit der Mitgliedsfirmen der New York Stock Exchange durch Selbstregulierungsorgane sichergestellt. Außerdem übernimmt bei Zahlungsschwierigkeiten einzelner Mitglieder ein gemeinsamer Fonds über die gesetzlichen Ansprüche an die SIPC (Securities Investor Protection Corporation) hinaus die Befriedigung der Ansprüche kleiner Anleger.

Die Anforderungen an Unternehmen für eine Notierung als auch an Brokerhäuser für eine Mitgliedschaft sind an den anderen amerikanischen Wertpapierbörsen niedriger als an der New York Stock Exchange. Sie eröffnen damit auch kleineren Unternehmen die Möglichkeit einer Börsennotierung bzw. kleineren Brokerhäusern eine Mitgliedschaft.

Neben den Börsen bietet der amerikanische Over-the-Counter-Market den Emittenten und Anlegern ein leistungsfähiges Marktsegment an. Dieser Markt basiert auf einer über die ganze USA verteilten losen Verbindung einzelner Broker und Dealer, die über Telefon oder Standleitung mit börsenzugelassenen und außerbörslichen Wertpapieren handeln (Jakobs/Farwell (1972), S. 429-435). An diesem Marktsegment wurden nach Angaben der National Association of Security Dealers (NASD) Ende Juni 1986 für die Wertpapiere von insgesamt ca. 26.000 Unternehmen regelmäßig bid- und ask-Kurse genannt, wobei die aktuellen Kurse von 22.000 Unternehmen nur in Kurslisten, sogenannten „Pink Sheets", veröffentlicht werden. Auch wenn man die Größenunterschiede zwischen den USA und der Bundesrepublik Deutschland berücksichtigt, so sind dies Handelsdimensionen, von denen der deutsche Börsenmarkt weit entfernt ist.

Die Kurse der Wertpapiere von 4.000 amerikanischen Unternehmen werden im NASDAQ-System, einem Automated Quotation System der National Association of Security Dealers, „real time" an ein großes Publikum in der ganzen Welt verbreitet. Insgesamt waren Ende 1985 bereits 136.538 Terminals angeschlossen, davon waren 14.578 Terminals ausserhalb der USA installiert (NASDAQ Fact Book (1986), S. 110-111): In das NASDAQ-System werden die aktuellen Kurse der Market Maker eingegeben, die dann von den Marktteilnehmern über Terminals abgerufen werden können (Hamilton (1978), S. 487-488; Louis (1984), S. 80-92). Das NASDAQ-System bietet eine mit traditionellen Börsen vergleichbare Leistungsfähigkeit, ohne daß eine Versammlung von Händlern und eine örtliche Konzentration erforderlich ist (Winder (1984), S. 80-91).

Voraussetzung für eine Registrierung als Broker bei der SEC ist außer einem guten Leumund nur ein Eigenkapital von mindestens 25.000 $. Als Market Maker im NASDAQ-System kann jeder Broker tätig werden, der über ein Eigenkapital von 50.000 $ verfügt und bei der NASD in den jeweiligen Wertpapieren registriert ist. Die relativ leicht zu erfüllenden Zulassungsanforderungen für Broker begünstigen die Gründungen von kleinen Investmentbanken, die einen wichtigen Beitrag zu der hohen Dynamik des amerikanischen Wertpapiermarktes leisten. Von den Ende 1985 in den USA insgesamt 12.424 tätigen Brokern wurden 2.010 1985 neu registriert (Securities and Exchange Commission (1985), S. 101). In demselben Jahr wurde die Registrierung von 1.020 Brokern zurückgenommen. Auch diese Fluktuation demonstriert die geringen Marktzutrittsbarrieren sowie deren Chancen und Risiken.

In den einzelnen Marktsegmenten sind Finanzintermediäre unterschiedlicher Größe und Leistungsfähigkeit tätig. Die große Anzahl von Emissionshäusern, von denen die meisten relativ klein und nur regional tätig sind, führt auch auf dem Primärmarkt zu einem dynamischen Wettbewerb und zu einem leistungsfähigen Angebot von Intermediationsleistungen bei der Emission von mittelständischen Unternehmen.

Bei den amerikanischen Neuemissionen nehmen kleine und nur regional tätige Broker eine wichtige Stellung ein. Sie haben zwischen 1972 und 1980 fast 80% der Erstemissionen und damit über 50% des Neuemissionsvolumens auf den Markt gebracht (Securities and Exchange Commission/ Small Business Administration (1981), S. 18). Dabei ist eine hohe Korrelation zwischen der Größe des Emittenten und der Größe des Emissionshauses festzustellen. Die Neuemissionen mittelständischer Unternehmen werden im allgemeinen von kleineren Emissionshäusern durchgeführt, während größere Unternehmen bei Neuemissionen generell von größeren und überregional tätigen Brokerhäusern betreut werden.

Die mittelständischen amerikanischen Unternehmen profitieren davon, daß sich der Wettbewerb im Neuemissionsgeschäft nicht nur an der New York Stock Exchange abspielt, sondern auch den Handel mit kleineren Unternehmen umfaßt. Die Akquisitionsbemühungen zahlreicher Broker bei der Gewinnung von Anlegern im In- und Ausland und bei der Beratung und Betreuung börsenreifer Unternehmen finden ihren Niederschlag auch in den vielfältigen Distributionswegen bei der Aktienneuemission. Dabei zeigen die Abb. 3 und 4 die erheblich gestiegene Bedeutung der Finanzintermediation bei der öffentlichen Plazierung von mittelständischen Unternehmen auf.

Jahr	Agenturübernahme		Agenturvertrieb „bestens"		Direktplazierung		Gesamt	
	Zahl	Betrag in Mio $	Zahl	Betrag in Mio $	Zahl	Betrag in Mio $	Zahl	Betrag in Mio $
1975	0	0	0	0	17	26.2	17	26.4
1976	7	24.4	0	0	16	42.4	23	66.8
1977	16	43.4	21	21.1	11	36.5	48	101.1
1978	13	27.8	30	76.3	8	26.0	51	130.1
1979	31	142.1	47	143.2	11	44.3	89	329.6
1980	93	413.2	117	261.5	20	66.5	230	741.2
1981	258	1263.9	175	671.7	33	116.2	466	2051.8
1982	87	498.6	141	374.6	53	185.4	281	1058.6
1983	387	2717.0	240	604.2	85	267.8	712	3589.0
1984	222	1229.3	290	990.3	119	529.6	631	2749.2

Abb. 3: Anzahl und Emissionsvolumen der neu emittierten Stammaktien mittelständischer Unternehmen in den USA 1975 – 1984

Quelle: Securities and Exchange Commission (Hrsg.) 1985
SEC Government-Business Forum on Small-Business Capital Formation. Final Report, Washington 1986, S. 83

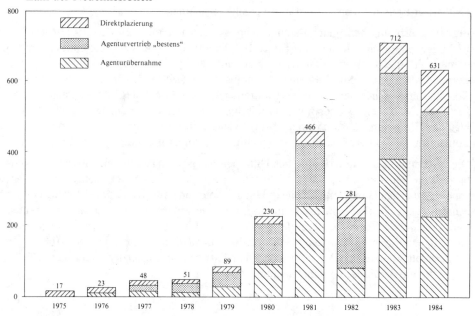

Abb. 4: *Plazierungsmethode für Neuemissionen von Stammaktien mittelständischer Unternehmen mit einem Wert bis zu 10 Mio $ in den USA 1975 – 1984*

Quelle: Securities and Exchange Commission (Hrsg.) 1985
SEC Government-Business Forum on Small-Business Capital Formation. Final Report, Washington 1986, S. 84

Während 1975 noch 100% der Neuemissionen mittelständischer Unternehmen direkt plaziert werden mußten, waren es 1980 nur noch 9% und 1984 bei einem stark gestiegenen Emissionsvolumen 19%. Indem die amerikanischen Marktzugangsanforderungen den mittelständischen Unternehmen verschiedene Wege der Plazierung ihrer Neuemission eröffnen, erhalten diese die Möglichkeit, die Leistungen der Finanzintermediäre dahingehend zu untersuchen, inwieweit sie ihnen die günstigsten Emissionsbedingungen bieten. Dabei spielen Gesichtspunkte der unterschiedlichen Kurspflege, der Plazierungskosten, und der Anlegerakquisition einzelner Emissionshäuser eine ausschlaggebende Rolle.

Insgesamt betrachtet kann man feststellen, daß die amerikanischen Wertpapiermärkte gegenüber den deutschen Wertpapierbörsen auf allen Hierarchieebenen durch wesentlich größere Wettbewerbsintensität unter den Finanzintermediären gekennzeichnet sind. Die relativ niedrigen Zugangsbarrieren für Finanzintermediäre in den unteren Marktsegmenten und die niedrigeren Anforderungen an die neu zu emittierenden Unternehmen in diesen Märkten bewirken als Begleiterscheinung nicht nur ein sehr hohes Marktvolumen, sondern auch eine verhältnismäßig große Fluktuation zwischen den aus dem Markt verdrängten und den neu in den Markt eintretenden Brokern und Unternehmen. Dabei sind sich die Marktteilnehmer dieser Risiken weitgehend bewußt. Ihre Bereitschaft zur Innovationsfinanzierung wird hierdurch jedoch kaum eingeschränkt, denn den Verlustrisiken stehen beachtliche Erfolgschancen gegenüber, und die Marktreglementierungen gewährleisten einen relativ hohen Schutz gegen Fälle von Emissionsbetrug.

4.2. Der deutsche Markt für Neuemissionen

Im Gegensatz zum amerikanischen Wertpapiermarkt ist der deutsche Wertpapiermarkt in den letzten Jahrzehnten durch einen ständigen Rückgang der Zahl der gehandelten Titel geprägt. Neuemissionen von Risikokapitaltiteln mittelständischer Unternehmen waren in der Zeit nach dem zweiten Weltkrieg eine Seltenheit. Auch wenn seit 1981 eine Belebung des Neuemissionsgeschäftes zu verzeichnen ist, so bleibt der Anteil der mittelständischen Unternehmen am gesamten Emissionsvolumen weiterhin sehr niedrig.

Emissionsvolumen real

Jahr	bis 5 Mio. DM		über 5 Mio. DM bis 20 Mio. DM		über 20 Mio. DM bis 100 Mio. DM		über 100 Mio. DM		Summe	
	Anzahl	Volumen	Anzahl	Volumen	Anzahl	Volumen	Anzahl	Volumen	Anzahl	Volumen
1977	0	0,0	2	24,5	2	81,4	2	754,6	6	860,4
1978	0	0,0	1	6,6	0	0,0	0	0,0	1	6,6
1979	0	0,0	0	0,0	2	77,0	0	0,0	2	77,0
1980	0	0,0	0	0,0	3	82,0	0	0,0	3	82,0
1981	0	0,0	1	7,1	1	48,3	0	0,0	2	55,4
1982	0	0,0	2	17,3	0	0,0	1	315,4	3	332,7
1983	4	11,3	3	43,4	3	81,0	1	184,4	11	320,0
1984	2	6,7	7	88,7	6	301,1	6	1499,0	21	1895,5
1985	0	0,0	4	49,8	5	274,4	3	1486,4	12	1810,6
1986	1	3,6	4	51,1	11	658,3	8	3909,9	24	4622,9

Abb. 5: Anzahl und reales Emissionsvolumen der Erstemissionen von Aktien in Deutschland 1977 – 1986 (Volumen in Millionen DM)

Quelle: Commerzbank AG (Hrsg.), Rund um die Börse, Frankfurt, verschiedene Jahrgänge; eigene Berechnungen

Ein mit amerikanischen Verhältnissen vergleichbarer Börsenmarkt für mittelständische Unternehmen läßt sich in der Bundesrepublik Deutschland nicht ohne Schwierigkeiten installieren, denn die amerikanischen Marktgegebenheiten können nicht unkorrigiert auf das deutsche Marktsystem übertragen werden. So hat auch die geringe Chance mittelständischer Unternehmen auf einen Börsenzugang zu Risikokapital sehr differenzierte Ursachen und kann keineswegs einseitig dem deutschen Gesetzgeber, den Kreditinstituten, den Kapitalmarktanlegern oder den mittelständischen Unternehmen angelastet werden.

4.3. Mentalitätsunterschiede der Marktteilnehmer am deutschen und amerikanischen Markt

Neben den divergierenden kapitalmarktmäßigen Rahmenbedingungen bestehen zwischen den amerikanischen und deutschen Marktteilnehmern zum Teil sehr große Mentalitätsunterschiede.

Stärker als der amerikanische Unternehmer fürchtet der deutsche Unternehmer, durch den Gang seines Unternehmens an die Börse Informationen preisgeben zu müssen, die er den eigenen Mitarbeitern, der Konkurrenz sowie der gesamten Öffentlichkeit nur ungern zur Verfügung stellen möchte. Außerdem glauben viele deutsche Unternehmer, durch den Gang an die Börse im eigenen Unternehmen an Einfluß zu verlieren.

Besonders groß sind die Mentalitätsunterschiede zwischen amerikanischen Brokerhäusern und deutschen Universalbanken. Dabei ist das amerikanische Bankensystem dem deutschen Universalbankensystem insgesamt keineswegs überlegen. Im Teilgeschäft der Börsenneuemissionen sind die zahlreichen amerikanischen Broker jedoch wesentlich leistungsfähiger als die deutschen Kreditinstitute. Es ist kein Kunststück, Nixdorf oder Porsche beim Anlegerpublikum zu plazieren. Derartige Emissionen bergen aufgrund der Bonität und des großen Bekanntheitsgrades der Emittenten kaum Gefahren für das Image einer Emissionsbank. Ganz anders sieht die Entscheidungssituation eines Kreditinstitutes jedoch bei der Börseneinführung mittelständischer Unternehmen aus. Ursachen sind einerseits die im Universalbankensystem bestehenden Interessenskonflikte zwischen Einlagen und Wertpapiergeschäft und Emissions- und Kreditgeschäft. Andererseits steht der Emissionsgewinn des Kreditinstitutes häufig nicht mehr in vertretbarer Relation zu dem Risiko der Imageverschlechterung, welches das Emissionshaus im Falle einer erfolglosen Neuemission eingeht.

Die großen Universalbanken müssen bei einer weniger erfolgreichen Emission mit scharfer Kritik der Emissionszeichner und mit vernichtender Analyse von sogenannten sachkundigen Wirtschaftsjournalisten rechnen, die mit spektakulärer Akribie ihren Lesern die von ihnen „schon lange" erkannten Fehler der Emissionsbank aufzeigen. Dies zeigt beispielsweise die Kommentierung der Emissionspolitik der Kreditinstitute in der Tagespresse (z.B. o.V. (10.8.1987), S. 9). Ursprünglich wurde an die Kreditinstitute zurecht die Forderung nach einer aktiveren Emissionspolitk gestellt. Teilweise wurde den Banken der Vorwurf gemacht, sie würden erstens nur sehr große Unternehmen an die Börse bringen und zweitens die Neuemissionskurse so niedrig ansetzen, daß sie bei der Plazierung keinerlei Risiken einzugehen bräuchten und die Altaktionäre schädigten.

Plaziert ein Kreditinstitut zwischen mehreren erfolgreichen Neuemissionen auch einige Unternehmen beim breiten Anlegerpublikum, deren Gewinnentwicklung keine steigende oder gleichbleibende Dividende beschert, so wird ihm wie bei Puma oder Nino - von der deutschen Schutzvereinigung für Wertpapierbesitzer e.V. - anlegerschädigendes Verhalten durch die Plazierung nicht-börsenreifer Unternehmen vorgeworfen. Es ist jedoch nicht die Börsenreife der plazierten Emissionen in Frage zu stellen sondern vielmehr die Börsenreife der Anleger, für die die Schutzvereinigung und die Presse glauben sprechen zu müssen.

Mentalitätsunterschiede bestehen auch zwischen amerikanischen und deutschen Anlegern. Zahlreiche deutsche Zeichner von Neuemissionen schließen ihre Geschäfte mit der aktienuntypischen Erwartung ab, daß die emissionsbegleitenden Kreditinstitute durch ihre Unternehmensselektion und durch ihre kursstützenden Maßnahmen dafür sorgen werden, daß die neuen Unternehmen im Börsenkurs nicht unter den Emissionspreis sinken und eine hohe Dividendenstabilität bzw. wachsende Ausschüttungen aufweisen werden. So wie sich Eisen auch durch Alchimisten nicht zu Gold umwandeln läßt, so läßt sich echtes Risikokapital auch durch eine noch so kluge Emissionspolitik nicht zu risikolosem Beteiligungskapital umfunktionieren. Mit der verbreiteten Mißachtung dieser primitiven Erkenntnis haben deutsche Kreditinstitute beim Anlegerpublikum zu kämpfen. Zum Teil sind sie selbst an dieser Entwicklung Schuld, indem sie beim Anleger den Eindruck erwecken, dank ihrer hauseigenen Analyse- und Sachkenntnis risikoarme Überrenditen für ein breites Publikum ausfindig machen zu können.

Deutsche Anleger, die ihr Geld in den USA anlegen, erwarten von den dortigen Brokern keineswegs Dividendengarantien für die von ihnen betreuten Börsenunternehmen. Sie legen im Bewußtsein des an den Beteiligungsmärkten bestehenden Risikos ihr Geld dennoch in großem Umfang in den USA an, wobei sie zusätzlich sogar noch Währungsrisiken übernehmen müssen. Wo Risiken drohen, locken auch Chancen. Wo man Risiken wegzudefinieren oder grundsätzlich zu vermeiden versucht, verzichtet man zum Schaden der Gesamtwirtschaft und zum Nachteil der innovativen kapitalsuchenden Unternehmen auf Chancen.

Mentalitätsunterschiede treten schließlich auch bei der Rechtsformenpräferenz auf. Auch in Zukunft stellt die Aktie das am besten geeignete Papier dar, um sich über ein breites Anlegerpublikum zu refinanzieren, und sollte deshalb allen die Börsenzulassung anstrebenden Unternehmen empfohlen werden. Anders als beispielsweise in der Schweiz erfreut sich in der Bundesrepublik die AG jedoch aus verschiedenen Gründen häufig wesentlich geringerer Beliebtheit als die GmbH oder KG. Obwohl die GmbH und KG als Rechtsformen nicht für den börsenmäßigen Handel gedacht sind, lassen sich mit relativ geringen Eingriffen in bestehendes Recht auch diese Titel an Nebenbörsen handelbar machen. Das Land Baden-Württemberg, das besonders viele innovative mittelständische Unternehmen vorweisen kann, hat eine Kommission ins Leben gerufen, die Vorschläge zum Handel mit GmbH- und KG-Anteilen entwickeln soll.

4.4. Wettbewerb zwischen den Emissionshäusern

Außerdem sollte versucht werden, der Risikokapitalversorgung mittelständischer Unternehmen durch die Nutzung neuer Wertpapiermarktsegmente nachhaltige Impulse zu verschaffen. Aus diesem Grund wird die Errichtung einer sogenannten „Innovationsbörse" vorgeschlagen, die unterhalb des „geregelten Marktes" angesiedelt werden kann (Gerke (1983), S. 25-34; Gerke/Aignesberger (1987), S. 209-220; Aignesberger (1987)). Dieses Börsensegment für dynamische mittelständische Unternehmen sollte bewußt aus den traditionellen Börsensegmenten ausgegliedert werden, um dem Anleger die besonderen Chancen und Risiken der an der Innovationsbörse gehandelten mittelständischen Unternehmen besser zu verdeutlichen. Dieser Weg des Anlegerschutzes durch Anlegerinformation macht es auch den Banken leichter, mittelständische Unternehmen an der Innovationsbörse einzuführen, da sie in diesem Börsensegment weniger der Gefahr ausgeliefert sind, mit erfolglosen Emissionen folgenschwere Imageverluste hinnehmen zu müssen. Voraussetzung für den Erfolg dieser Maßnahmen ist jedoch die Gewährleistung eines differenzierten Dienstleistungsangebotes leistungsfähiger Emissionshäuser.

In Deutschland arbeiten über 4.500 Kreditinstitute (Deutsche Bundesbank (1987), S. 2), von denen ca. 240 Mitglied an mindestens einer deutschen Börse sind (Giersch/Schmidt (1986), S. 74). Die meisten dieser im wesentlichen auf die Kreditvergabe und das Einlagengeschäft spezialisierten Universalbanken verfügen jedoch über keine Erfahrung im Neuemissionsgeschäft kleiner und mittlerer Unternehmen. Von den 61 Neuemissionen zwischen 1975 und 1985 wurden 29 von der Deutschen Bank initiiert (Giersch/Schmidt (1986), S. 71). Die Tätigkeit als Emissionshaus konzentriert sich auf eine kleine exklusive Anzahl relativ großer Banken. Diese im Neuemissionsgeschäft zu beobachtende Kartellbildung wird auch noch durch die Ausnahme der Kreditinstitute von wesentlichen Vorschriften des Gesetzes gegen Wettbewerbsbeschränkungen begünstigt.

Das Neuemissionsgeschäft mit Risikokapitaltiteln stellt das die Emission begleitende Kreditinstitut vor Anforderungen, die in ihrer Komplexität und Art mit den sonstigen Bankgeschäften nur bedingt zu vergleichen sind. Das Kreditinstitut muß eine Auswahl der geeigneten Emittenten treffen. Seine fachkundige Beratung des Emittenten ist sowohl vor der Emission als auch zur langfristigen Sicherung des Erfolges nach der Emission erforderlich (Perez (1984), S. 54; Scholze (1973), S. 403). Insbesondere muß eine Beurteilung der Erfolgsaussichten der Produkte, der Fähigkeiten und Schwachstellen des Managements sowie der Organisation des Emittenten vorgenommen werden, zu der meist nur ungenügende Daten zur Verfügung stehen. Diese Tätigkeiten bedingen hohe Spezialisierungsgrade der für das Emissionsgeschäft zuständigen Mitarbeiter.

5. Belebung des Neuemissionsgeschäftes in Deutschland durch niedrigere Anforderungen an Investmentbanken

5.1. Die Leistungen kleiner Emmissionshäuser für mittelständische Unternehmen

Spezialisierte kleine Emissionshäuser haben, wie die Erfahrungen in den USA zeigen, bei der Emission von Aktien mittelständischer Unternehmen größenspezifische Vorteile und könnten damit auch in der Bundesrepublik Deutschland dieses Segment des Neuemissionsmarktes weitgehend dominieren. Die sich bei der Neuemission mittelständischer Unternehmen für kleine Emissionshäuser ergebenden Marktchancen resultieren insbesondere aus der Flexibilität der Mitarbeiter. Das leitende Management eines kleinen Emissionshauses befaßt sich direkt mit der Vorbereitung und Durchführung der Emission. Im Gegensatz dazu sind bei größeren Emissionshäusern Angehörige des mittleren Managements für kleinere Emittenten zuständig. Diese verfügen bei Schwierigkeiten oft nicht über die erforderliche Entscheidungsbefugnis. Kleinere Emissionshäuser betreuen außerdem insbesondere Emittenten aus der unmittelbaren Umgebung. Dadurch ergibt sich eine hohe Sachkenntnis und gute persönliche Beziehung zwischen Unternehmens- und Emissionshausmanagement. Demgegenüber sind die für Neuemissionen zuständigen Abteilungen großer Emissionshäuser meistens in der Zentrale untergebracht. Sie besitzen nur wenig direkte Kontakte zu kleinen Emittenten; außerdem funktioniert bei einigen deutschen Universalbankengruppen die Kooperation zwischen der Emissionsabteilung der Zentrale bzw. Landesbank und der jeweiligen Bankniederlassung oder Sparkasse vor Ort nur unvollkommen.

Der ständige Erfolgszwang, unter dem kleine Emissionshäuser stehen, sorgt bei ihnen für ein hochmotiviertes und spezialisiertes Management. Außerdem unterliegen diese auf das Wertpapiergeschäft spezialisierten Emissionshäuser keinen Interessenkonflikten zwischen den einzelnen Bankgeschäften, die bei Universalbanken oft zu einer Bevorzugung des Einlagen- bzw. des Kreditgeschäftes führen.

Mittelständische Unternehmen mit einem hohen Drang zur Selbständigkeit können mit der Durchführung einer Emission über ein kleines Emissionshaus eine Machtkonzentration bei ihrer Hausbank vermeiden und die Gefahr der Weitergabe von vertraulichen Unterlagen aus einer mit der Emission betrauten Abteilung an die Kreditabteilung derselben Bank ausschließen. Ein funktionsfähiger Markt für die Neuemission mittelständischer Unternehmen sollte daher insbesondere auch leistungsfähigen kleinen und mittleren Emissionshäusern Geschäftschancen eröffnen. Um dies zu ermöglichen, muß die Struktur des deutschen Kapitalmarktes geändert werden. Außer der geforderten Erleichterung des Börsenzutritts durch eine eigenständige, zentrale und auf die Bedürfnisse mittelständischer Unternehmen ausgerichtete Innovationsbörse müssen leistungsfähige Finanzintermediäre den Emittenten bei der Vorbereitung und Durchführung der Emission unterstützen.

5.2. Eigenmittelerfordernisse für kleinere Investmentbanken

Die Kreditwirtschaft nimmt im marktwirtschaftlichen System eine Sonderstellung ein und ist speziellen wettbewerbsrelevanten Einflußnahmen des Staates unterworfen. Nach § 32 Abs. 1 KWG bedarf der Betrieb von Bankgeschäften der schriftlichen Erlaubnis des Bundesaufsichtsamtes für das Kreditwesen. Zu den Bankgeschäften werden nach § 1 Abs. 1 Ziffer 4 KWG auch die „Anschaffung und die Veräußerung von Wertpapieren für andere" und nach Ziffer 5 „die Verwahrung und die Verwaltung von Wertpapieren für andere" gezählt. Damit sind auch Effektengeschäfte dem Bundesaufsichtsamt für das Kreditwesen unterstellt. Die de facto hohen Anforderungen insbesondere in bezug auf das erforderliche Eigenkapital für das Erteilen einer Erlaubnis und die insbesondere für kleine Kreditinstitute hohe laufende Kosten verursachenden Prüfungs- und Rechnungslegungsvorschriften verhindern weitgehend den Zutritt dynamischer neuer Investmentbanken zum Markt für Brokerdienstleistungen. Selbst die meisten in Deutschland tätigen Tochtergesellschaften amerikanischer Brokerhäuser führen nicht selbst Kundendepots, sondern vermitteln nur die ihrer amerikanischen Muttergesellschaft. Dies dürfte im wesentlichen mit den deutschen Zulassungsanforderungen und den damit verbundenen hohen Kosten für eine Tätigkeit als Kreditinstitut zusammenhängen.

Grundsätzlich besteht auch für geeignete Nichtbanken nach § 71 des geänderten Börsengesetzes die Möglichkeit, als Emissionshaus tätig zu werden und den Antrag auf Zulassung von Wertpapieren zu den deutschen Wertpapierbörsen zu stellen. Voraussetzung für die erfolgreiche Tätigkeit kleiner Emissionshäuser ist jedoch langfristig die Übernahme von weiteren Finanzdienstleistungen auf dem Wertpapiermarkt. Zur Gewährleistung eines attraktiven und konkurrenzfähigen Leistungsangebotes erweist sich daher das Betreiben des Effekten- und Depotgeschäftes für solche Finanzintermediäre als erforderlich (Giersch/Schmidt (1986), S. 66 und 75). Bei der derzeitigen Rechtslage sind diese nach § 1 KWG Bankgeschäfte, zu deren Betrieb nach § 32 KWG eine schriftliche Erlaubnis durch das Bundesaufsichtsamt für das Kreditwesen erforderlich ist. Bei den hohen gesetzlichen Anforderungen und der restriktiven Handhabung der Erteilung einer Erlaubnis haben kleine Emissionshäuser keine Möglichkeit, Brokergeschäfte durchzuführen, denn sie müssen zur Zeit ca. 3 Mio DM (mit Einlagengeschäft 6 Mio DM) Eigenkapital nachweisen (Reischauer/Kleinhans (1987), § 33 Anm. 6).

Für das Betreiben von Wertpapiergeschäften sollten zum Schutz der Depotkunden auch für Investmentbanken Mindestqualitätsanforderungen erlassen werden. Ein ausschließlich marktwirtschaftlich organisierter Ausleseprozeß und das damit verbundene Ausscheiden zahlreicher Investmentbanken würde das Gesamtansehen dieser Spezialbanken zu sehr belasten. Jedoch erscheinen differenzierte Anforderungen für die Spezialisierung auf eine begrenzte Bankgeschäftsart nach § 1 Abs. 1 Ziffer 4 KWG und damit für das Erteilen einer Erlaubnis zum Betreiben von Wertpapiergeschäften zweckdienlich.

Wertpapierkunden werden in der Lage sein, die Risiken einer Anlage zu beurteilen. Bei einer Änderung des Systems sollte dennoch ein Mindestmaß an Anlegerschutz auch für die Kunden von neu geschaffenen Investmentbanken weiterhin gewährleistet bleiben. Der Schutz muß demnach vorrangig gegen Risiken einer Veruntreuung von sich in den Depots befindlichen Wertpapieren und gegen Betrugsfälle bei der Abwicklung der Transaktionen wirken.

Für die Zulassung als Investmentbank zum Betreiben des Effekten und Depotgeschäftes sind allzu restriktive Anforderungen nicht erforderlich. Es sollten in etwa die in den USA an Broker gestellten Mindestanforderungen (Loss (1983), S. 676-732) übernommen werden. Für die Genehmigung zur ausschließlichen Betreibung des Wertpapiergeschäftes würde ein Mindesteigenkapital von 500.000 DM ausreichen. Man läge hiermit schon erheblich über den 25.000$, die ein US-Broker für die Registrierung bei der SEC an Eigenmitteln nachweisen muß. Eine derartige Erlaubnisbeschränkung für Investmentbanken auf einzelne Bankgeschäfte kann nach § 32 Abs. 2 KWG erlassen werden, wobei es sich anbietet, an die Geschäftsleiter der Investmentbanken Mindestqualifikationsanforderungen nach § 33 Abs. 2 bis 4 KWG zu stellen. Diese an die Person zu stellenden Eignungsanforderungen sollten jedoch auf das von ihnen zu betreibende spezielle Geschäft ausgerichtet sein.

5.3. Aufsicht über Investmentbanken

Auch Investmentbanken sollten weiterhin einer staatlichen Aufsicht unterliegen. Eine Selbstverwaltungslösung nach dem Vorbild der NASD reicht für sich allein zum Anlegerschutz nicht aus. Auch auf dem amerikanischen Kapitalmarkt bestehen neben den Selbstverwaltungsorganen staatliche Aufsichtsbehörden, so z.B. die SEC, und staatliche Einrichtungen wie die Securities Investors Protection Corporation (SIPC), die einen weitgehenden Schutz der Anleger vor Betrug gewährleisten. Die Gründung einer neuen Aufsichtsbehörde für Investmentbanken und eine Änderung des § 1 KWG dahingehend, daß Effekten- und Depotgeschäfte nicht mehr als Bankgeschäfte gelten (Giersch/Schmidt, (1986), S. 66-67) ist nicht erforderlich.

Das Bundesaufsichtsamt für das Kreditwesen verfügt über die notwendige Kompetenz, um auch reine Investmentbanken zu beaufsichtigen. Die Errichtung einer weiteren Aufsichtsbehörde würde zu einer Ausweitung der Bürokratie beitragen und stünde insbesondere in den ersten Jahren in keinem Verhältnis zu der nur kleinen Anzahl von zu beaufsichtigenden Investmentbanken. Nicht verzichtet werden kann jedoch auf die Errichtung eines Sicherungsfonds zur Befriedigung von Anlegeransprüchen gegenüber zahlungsunfähigen Investmentbanken. Die Mitgliedschaft in einem solchen Fonds sollte Voraussetzung für die Erteilung der Betriebserlaubnis als Investmentbank sein.

6. Schlußbetrachtung

Innovative mittelständische Unternehmen verfügen in der Bundesrepublik Deutschland über einen wesentlich schlechteren Zugang zu börsenmäßig organisierten Risikokapitalmärkten als Unternehmen gleicher Größe in den USA und anderen großen westlichen Industrienationen. Die Ursachen hierfür sind sehr vielfältiger Natur und beruhen auf erheblichen Mentalitätsunterschieden der Marktteilnehmer in den verschiedenen Ländern und auf unterschiedlichen personellen und organisatorischen Strukturen am Wertpapiermarkt. Ziel einer Reform des deutschen Wertpapierhandels sollte deshalb eine Öffnung des Marktes für spezialisierte Broker als Konkurrenz zu den traditionellen Kreditinstituten und die Börseneinführung innovativer mittelständischer Unternehmen als Konkurrenz zu den traditionellen großen Börsenunternehmen sein.

Kleine Investmentbanken weisen gegenüber großen Universalbanken größenspezifische Vorteile im Neuemissionsgeschäft für mittelständische Unternehmen auf. Für sie könnten die Mindesteigenkapitalanforderungen von ca. 3 Mio DM auf 500.000 DM gesenkt werden, wenn durch zusätzliche aufsichtsrechtliche Maßnahmen und einen speziellen Sicherungsfonds ein ausreichender Schutz des Wertpapierkunden gewährleistet bleibt. Insbesondere für den deutschen Markt bietet es sich an, diesen Investmentbanken durch die Schaffung einer speziellen Innovationsbörse, an der dann auch GmbH- und KG-Anteile gehandelt werden sollten, ein neues Betätigungsfeld zu eröffnen.

Investmentbanken mit neuen Ideen werden den Wettbewerb im Wertpapiergeschäft beleben, die Leistungsfähigkeit des Neuemissionsgeschäftes für mittelständische Unternehmen steigern und somit die Verkrustung des deutschen Wertpapiermarktes beseitigen. Diese Spezialkreditinstitute werden den traditionellen großen Emissionsbanken auf einem Gebiet Konkurrenz machen, das bisher von den Kreditinstituten aus verschiedenen geschäftspolitischen Motiven vernachlässigt wurde. Neue Technologien erleichtern nicht nur die kostengünstige Installation einer Innovationsbörse ohne Parketthandel, sondern bieten auch kleinen Investmentbanken dank kostengünstiger Datenübertragung und -verarbeitung den direkten Börsenzugang zu verhältnismäßig günstigen Konditionen.

Bei der Neugestaltung des Wertpapiergeschäftes mit mittelständischen Unternehmen wird man in der Bundesrepublik Deutschland nicht einfach den amerikanischen Wertpapiermarkt imitieren können, sondern einen eigenständigen Weg gehen müssen. Dies zeigt sich beispielsweise auch in den Maßnahmen zur Gewährleistung der Handelbarkeit von GmbH- und KG-Anteilen. Die Akquisitionspolitik kleiner Investmentbanken wird einerseits innovativen mittelständischen Unternehmen die Vorteile einer Kapitalzuführung und Zukunftssicherung über den Gang an die Börse verdeutlichen und andererseits das Anlegerpublikum auf die speziellen Risiken beim Handel mit mittelständischen Unternehmen aufmerksam machen, ihm gleichzeitig aber auch überdurchschnittliche Gewinnchancen durch die Beteiligung an innovativen mittelständischen Unternehmen eröffnen.

Literaturverzeichnis

Aignesberger, Christof, Die Innovationsbörse als Instrument zur Risikokapitalversorgung mittelständischer Unternehmen, Heidelberg 1987.
Commerzbank (Hrsg.), Rund um die Börse, Frankfurt, verschiedene Jahrgänge.
Deutsche Bundesbank (Hrsg.), Statistische Beihefte zu den Monatsberichten der Deutschen Bundesbank, Nr. 8, August 1987, Reihe 1, Bankenstatistik nach Bankengruppen.
Gerke, Wolfgang, Die Rolle der Kapitalbeteiligungsgesellschaften und Kreditinstitute bei der Technologiefinanzierung - Innovationsbörse Berlin, in: Venture Capital für junge Technologieunternehmen - Workshop 1983, hrsg. von Heilmayr, Eduard, Haar bei München 1983, S. 25-34.
Gerke, Wolfgang/Aignesberger, Christof, Computergestützte Handelsverfahren und deren Anwendbarkeit an einer Innovationsbörse, in: Österreichisches Bank Archiv, 35. Jg., Heft 4, 1987, S. 209-220.
Giersch, Herbert/Schmidt, Hartmut, Offene Märkte für Beteiligungskapital: USA-Großbritannien-Bundesrepublik Deutschland. Studie anläßlich des 125jährigen Jubiläums der Baden-Württembergischen Wertpapierbörse zu Stuttgart, Stuttgart 1986
Hamilton, James, Market Place Organisation and Market Ability: NASDAQ, the Stock Exchange and the National Market System, in: The Journal of Finance, Vol. 33, 1978, S. 487-503.
Holman, Walter/Young, Allen, Small Business in the United States: Failures and Public Financings, in: Stratholyde Convergencies, Issues in Accountability, Nr. 9, 1983, S. 31.
Jakobs, Donald/Farwell, Loring, Financial Institutions, 5. Aufl., Georgetown 1972.
Loss, Louis, Fundamentals of Securities Regulation, Boston, Toronto 1983.
Louis, Arthur, The Stock Market of the Future - Now, in: Fortune, Vol. 110, 29.10.1984, S. 80-92.
NASD (Hrsg.), NASDAQ Fact Book 1986, Washington 1986.
NYSE (Hrsg.), NYSE Fact Book 1986, New York 1986.
O.V., Die Banken gehen bei Neuemissionen zu forsch vor, in: FAZ Nr. 182 v. 10.8.1987, S. 9.
Perez, Robert, Inside Investment Banking, New York 1984.
Reischauer, Friedrich/Kleinhans, Joachim, Kreditwesengesetz, Berlin 1963, Kommentar zu § 33, Erg.-Lfg. 2/87.
Schacht, Guido, Die deutsche Kapitalmarktaufsicht im internationalen Vergleich. Ein Beitrag zur Diskussion um die Notwendigkeit eines Wertpapieraufsichtsamtes in der Bundesrepublik Deutschland, München 1980.
Scholze, Herbert, Das Konsortialgeschäft der deutschen Banken, Berlin 1973.
Securities and exchange commission (Hrsg.), 1985 SEC Government-Business Forum on Small-Business Capital Formation. Final Report, Washington 1986.
Securities and exchange commission/small business administration (Hrsg.), The Role of Regional Broker-Dealer in the Capital Formation Process: Underwriting, Market Making and Securities Research Activities, Phase II, Washington 1981.
Winder, Robert, The Final Days of the Trading Floor, in: Euromoney, Nr. 10, 1984, S. 80-91.